Schwarze · Projektmanagement mit
Netzplantechnik

NWB - Studienbücher · Wirtschaftswissenschaften

Projektmanagement mit Netzplantechnik

Von Prof. Dr. Jochen Schwarze

8., vollständig überarbeitete und wesentlich erweiterte Auflage

Verlag Neue Wirtschafts-Briefe
Herne/Berlin

Die Deutsche Bibliothek – CIP-Einheitsaufnahme

Schwarze, Jochen:
Projektmanagement mit Netzplantechnik / von Jochen Schwarze.
– 8., vollst. überarb. und wesentlich erw. Aufl.. – Herne ; Berlin :
Verl. Neue Wirtschafts-Briefe, 2001
   (NWB-Studienbücher Wirtschaftswissenschaften)
   Früher u.d.T.: Schwarze, Jochen: Netzplantechnik
   ISBN 3-482-56068-4

ISBN 3-482-**56068**-4 – 8., vollständig überarbeitete und wesentlich erweiterte Auflage 2001
© Verlag Neue Wirtschafts-Briefe GmbH & Co., Herne/Berlin 1970
Alle Rechte vorbehalten.
Dieses Buch und alle in ihm enthaltenen Beiträge und Abbildungen sind urheberrechtlich geschützt.
Mit Ausnahme der gesetzlich zugelassenen Fälle ist eine Verwertung ohne Einwilligung des Verlages
unzulässig.
Druck: Druckerei Plump OHG, Rheinbreitbach.

Vorwort

Seit Jahrzehnten spielt Projektmanagement, d.h. die Planung, Steuerung und Überwachung von Projekten, in Wirtschaft und Verwaltung eine wichtige Rolle bei der Aufgabenabwicklung. In jüngster Zeit zeichnet sich eine zunehmende Bedeutung des Projektmanagements ab, die durch einen Paradigmenwechsel in der Organisationsbetrachtung von Unternehmen, Behörden und anderen Einrichtungen ausgelöst wurde. Prozessorientierung, Kundenorientierung und Individualisierung von Produkten und Dienstleistungen haben dazu geführt, dass Leistungen immer mehr über Projekte erbracht werden, die bei zunehmendem Wettbewerb und wachsendem Kostendruck ein effizientes Projektmanagement erfordern.

Dieses Buch will in die Grundlagen des Projektmanagements so weit einführen, dass der Leser zu einer selbständigen Anwendung der Grundsätze, Methoden und Techniken in der Lage ist. Dabei nimmt die Netzplantechnik als ein wichtiges Werkzeug des Projektmanagements breiten Raum ein.

Das Buch richtet sich sowohl an Studierende der Ingenieurwissenschaften, der Wirtschaftswissenschaften, der Informatik und der Wirtschaftsinformatik an Universitäten, Fachhochschulen, Berufsakademien und anderen Bildungseinrichtungen als auch an Praktiker in Wirtschaft und Verwaltung.

Gegenüber der 7. Auflage, die unter dem Titel *Netzplantechnik – Eine Einführung in das Projektmanagement* erschien, ist das Buch wesentlich erweitert und ergänzt worden. Mehrere Kapitel wurden neu oder fast neu geschrieben. Der übrige Text wurde intensiv überarbeitet und aktualisiert. Sämtliche Abbildungen sind neu erstellt worden. Bei der Überarbeitung hat sich der Schwerpunkt so sehr in Richtung Projektmanagement verlagert, dass der Titel entsprechend geändert wurde.

Wegen der inhaltlichen Breite des Projektmanagements und der damit zusammenhängenden Gebiete kann auf Spezialprobleme nur in Grundzügen eingegangen werden. Das betrifft vor allem Kostenplanung und -kontrolle, Ressourcenplanung, Finanzplanung sowie Projektmanagement-Software.

Zur Ergänzung wird auf das ebenfalls im NWB-Verlag erschienene Buch *Übungen zur Netzplantechnik (3. Aufl. 1999)* verwiesen. Es enthält umfangreiches Übungsmaterial zum Selbststudium, das sich inhaltlich an der 7. Auflage dieses Buches orientiert.

Für ihre Unterstützung bei der Vorbereitung der 7. Auflage habe ich Frau cand.-oec. Heike Beißner für Literaturrecherchen sowie Frau cand.-oec. Cornelia Störmer, Herrn Dipl.-Oek. Tobias Brüggemann und Herrn Dipl.-Oek. Marc Forte für eine kritische Durchsicht des Manuskripts zu danken. Zu danken habe ich auch meiner Tochter Melanie und ihrem Freund Alexander, die das gesamte Manuskript durchgearbeitet haben und dabei einige Fehler und Verbesserungsvorschläge entdeckten.

Zu danken ist ferner einigen Lesern, die mich auf Unstimmigkeiten in der 7. Auflage hingewiesen haben.

Meine kleine Dackelhündin Nanna ist nur insofern zu erwähnen, als sie erneut ihre Projektuntauglichkeit durch permanentes und penetrantes Einfordern von Spaziergängen bewies, wobei sie ihr gerade in den Flegeljahren befindlicher Rottweilerfreund Kiro lautstark und manuskriptzerbeißend unterstützte.

Im Juni 2001 *J. Schwarze*

Inhaltsverzeichnis

Teil I: Grundlagen 13

1 Begriff, Aufgaben und Bedeutung des Projektmanagements 13
1.1 Projekte und Projektmanagement 13
1.2 Ziele des Projektmanagements 15
1.3 Aufgaben des Projektmanagements 16
1.4 Problembereiche des Projektmanagements 19
1.5 Zur Bedeutung des Projektmanagements 20

2 Einführung in die Grundgedanken der Netzplantechnik 23
2.1 Ein einführendes Beispiel 23
2.2 Entstehung und heutige Bedeutung der Netzplantechnik 28
2.3 Methodische Grundlagen der Netzplantechnik 29
    2.3.1 Graphen und Netzpläne 29
    2.3.2 Netzplandarstellung von Projektabläufen 32

3 Anforderungen und Grundsätze für ein Projektmanagement 35
3.1 Anforderungen und Voraussetzungen für das Projektmanagement 35
3.2 Anforderungen an Projektmanager 37
3.3 Erfolgsfaktoren des Projektmanagements 38
3.4 Prinzipien für ein erfolgreiches Projektmanagement 40
3.5 Strategien für das Management von Projekten 41
3.6 Vorgehensmodelle 46

Teil II: Projektvorbereitung 53

4 Projektinitialisierung und Projektskizze 53
4.1 Projektinitialisierung 53
4.2 Projektskizze 54
4.3 Projektziele 55

5	Durchführbarkeitsuntersuchung und Aufwandsschätzung	57
5.1	Ziele und Aufgaben von Durchführbarkeitsuntersuchungen	57
5.2	Bereiche einer Durchführbarkeitsuntersuchung	58
5.3	Wirtschaftliche Durchführbarkeit	61
	5.3.1 Aufgabe einer Wirtschaftlichkeitsuntersuchung	61
	5.3.2 Kritische Erfolgsfaktoren und Wirtschaftlichkeit	62
	5.3.3 Wirtschaftlichkeitsrechnung	62
	5.3.4 Nutzwertanalyse	65
	5.3.5 Ein Vorgehensmodell für die Untersuchung der wirtschaftlichen Durchführbarkeit	69
5.4	Argumentenbilanz	70
5.5	Aufwandsschätzungen für Projekte	72
	5.5.1 Aufgaben und Ziele von Aufwandsschätzungen	72
	5.5.2 Ansätze zur Aufwandsschätzung	73

6	Projektauftrag und Projektvorüberlegungen	77
6.1	Projektauftrag	77
6.2	Pflichtenheft	79
6.3	Vorüberlegungen zur Projektplanung	80

7	Projektanalyse	83
7.1	Projektstrukturpläne	83
7.2	Aufgabenmatrix	87
7.3	Ablaufanalyse	88
	7.3.1 Vorgänge, Ereignisse und Meilensteine	88
	7.3.2 Anordnungsbeziehungen	90
	7.3.3 Vorgangslisten	91
	7.3.4 Probleme der Ablaufanalyse	92
7.4	Zeitanalyse	95
	7.4.1 Aufgaben der Zeitanalyse	95
	7.4.2 Ermittlung bzw. Schätzung der Vorgangsdauern	95
	7.4.3 Ein- und Mehrzeitenschätzung	99
	7.4.4 Zeitbedingungen und Meilensteine	100

Teil III: Ablaufplanung ... 101

8	Die Planung einfacher Projektabläufe mit Netzplänen	101
8.1	Projektablauf im einfachen Vorgangsknotennetz	101
8.2	Projektablauf im Vorgangspfeilnetz	105
8.3	Projektablauf im Ereignisknotennetz	109
8.4	Gemischtorientierte Netzpläne	111
8.5	Praktische Hinweise zur Netzplandarstellung von Projektabläufen	112
8.6	Vor- und Nachteile von Netzplänen	114
8.7	Gegenüberstellung der verschiedenen Netzplantypen	115
8.8	Nummerierung der Knoten bzw. Ereignisse	116

Inhaltsverzeichnis 9

9	**Netzpläne für komplexe Projektabläufe**	**119**
9.1	Zeitabstände zwischen Vorgängen	119
9.2	Anordnungsbeziehungen zwischen Vorgängen	122
9.3	Vorgangsüberlappung im Vorgangsknotennetz	127
9.4	Vorgangsüberlappung im Vorgangspfeilnetz	131
9.5	Netzpläne mit unterschiedlichen Anordnungsbeziehungen	132
9.6	Überblick zu den Formen der Netzplandarstellung von Projektabläufen	134
10	**Spezielle Aspekte der Ablaufplanung von Projekten**	**138**
10.1	Teilnetze	138
10.2	Mehrebenenplanung und Meilensteinnetze	139
10.3	Phasenweise Planung	141
11	**Weitere Techniken der Ablaufplanung**	**143**
11.1	Listen	143
11.2	Balkendiagramme	143
11.3	Weg-Zeit-Diagramme	145
12	**Entscheidungsnetzpläne**	**148**
12.1	Einfache Erweiterungen der Ablauflogik eines Projekts	148
12.2	Entscheidungsknoten	149
12.3	Ablauflogische Verknüpfungen in Projekten	151
12.4	Entscheidungsnetzpläne mit Schleifen	153

Teil IV: Zeit- und Terminplanung 155

13	**Aufgaben der Zeitplanung**	**155**
13.1	Überblick	155
13.2	Vorgehensmodell für die manuelle Zeitplanung	156
14	**Zeitplanung im einfachen Vorgangsknotennetz**	**157**
14.1	Berechnung der Vorgangszeitpunkte im Netzplan ohne Zeitabstände	157
14.2	Berechnung der Vorgangszeitpunkte im Netzplan mit Zeitabständen	165
14.3	Berechnung und Interpretation der Pufferzeiten	166
14.4	Pufferzeiten bei Zeitabständen und Meilensteinen	174
14.5	Ergänzende Bemerkungen	174
15	**Zeitplanung im Vorgangspfeilnetz**	**177**
15.1	Berechnung der Ereigniszeitpunkte im Vorgangspfeilnetz	177
15.2	Bestimmung der Vorgangszeitpunkte	183
15.3	Berechnung der Pufferzeiten	184

16	**Stochastische Zeitplanung**	**186**
16.1	Zeitplanung bei PERT	186
16.2	Stochastische Zeitplanung mit Simulation	190
17	**Zeitplanung bei komplexen Netzen**	**198**
17.1	Berechnung der Vorgangszeitpunkte	198
17.2	Berechnung der Pufferzeiten	202
17.3	Ergänzende Bemerkungen zu Pufferzeiten	203
18	**Zusammenfassung zur Zeitplanung**	**209**

Teil V: Projektrealisierung ... 211

19	**Vorbereitung der Projektrealisierung**	**211**
19.1	Plananpassung bzw. Planrevision	211
19.2	Terminplanung	214
	19.2.1 Grundlagen	214
	19.2.2 Kalendrierung	214
	19.2.3 Pufferzeitverteilung und Terminvorgaben	219
20	**Projektdurchführung**	**222**
20.1	Projektsteuerung	222
	20.1.1 Aufgaben der Projektsteuerung	222
	20.1.2 Hilfsmittel der Projektsteuerung	223
20.2	Projektüberwachung	228
	20.2.1 Aufgaben der Projektüberwachung	228
	20.2.2 Ermittlung des Projektfortschritts	230
	20.2.3 Soll-Ist-Vergleich	232
	20.2.4 Planrevision	234
20.3	Änderungsmanagement	235
20.4	Projektcontrolling	236
20.5	Zusammenfassung	237

Teil VI: Kosten- und Kapazitätsplanung ... 239

21	**Ansätze zur Kosten- und Kapazitätsplanung**	**239**
21.1	Grundsätzliche Bemerkungen	239
21.2	Bedarfs- bzw. Bereitstellungsplanung	240
21.3	Optimierungs- und Beschränkungsplanung	241
22	**Kostenplanung**	**242**
22.1	Grundlagen	242
	22.1.1 Aufgaben und Ziele der Kostenplanung	242
	22.1.2 Zum Kostenbegriff	244
22.2	Kostenanalyse	245

22.3 Kostenplanung und -kontrolle 249
22.4 Kostenoptimierung 253
22.5 Kosten im Projektlebenszyklus 257

23 **Kapazitätsplanung** 259
23.1 Einsatzplanung für Arbeitskräfte und Maschinen 259
23.2 Optimierungsprobleme der Kapazitätsplanung 263
    23.2.1 Kapazitätsausgleich 263
    23.2.2 Berücksichtigung von Kapazitätsbeschränkungen 264

24 **Weitere Projektplanungsaspekte** 267
24.1 Überlagerung mehrerer Netzpläne 267
24.2 Finanzplanung 267

Teil VII: Allgemeine Aufgaben des Projektmanagements 269

25 **Projektdokumentation und Projektinformationssystem** 269
25.1 Dokumentation 269
    25.1.1 Aufgaben einer Projektdokumentation 269
    25.1.2 Aufbau einer Projektdokumentation 271
    25.1.3 Grundsätze für eine Projektdokumentation 272
25.2 Projektinformationssystem 273
    25.2.1 Aufgaben eines Projektinformationssystems 273
    25.2.2 Aufbau eines Projektinformationssystems 275
25.3 Projektberichtswesen 276

26 **Organisation des Projektmanagements** 279
26.1 Organisationsaufgaben eines Projektmanagements 279
26.2 Organisatorische Eingliederung des Projektmanagements 280
26.3 Organisatorische Einbindung von Projekten 284
26.4 Interne Organisation des Projektmanagements 284
26.5 Projekt-Lenkungsgruppe und Arbeitsgruppen 286
26.6 Projektsitzungen 288
26.7 Organisatorische Regelungen für das Projektmanagement 291
26.8 Hilfsmittel für das Projektmanagement 291
26.9 Projektmanagement-Handbuch 292

27 **Mitarbeiterführung** 295
27.1 Projektteam 295
27.2 Mitarbeitermotivation 296
27.3 Schulung 297
27.4 Konfliktmanagement 299

28 Projektmanagement-Software 302
28.1 Grundsätzliche Überlegungen 302
28.2 Beurteilungskriterien für Projektmanagement-Software 303

Literaturverzeichnis 307

Abkürzungsverzeichnis 311

Stichwortverzeichnis 313

Teil I:
Grundlagen

Der erste Teil dieses Buches ist wichtigen Grundlagen des Projektmanagements gewidmet. Neben grundlegenden Begriffen geht es in Kapitel 1 zunächst um Aufgaben und Bedeutung des Projektmanagements. Ein sehr wichtiges Hilfsmittel des Projektmanagements ist die Netzplantechnik, in die Kapitel 2 einführt. In Kapitel 3 werden allgemeine Grundsätze für ein Projektmanagement behandelt: Anforderungen, Voraussetzungen, Prinzipien, Strategien und Vorgehensmodelle.

1 Begriff, Aufgaben und Bedeutung des Projektmanagements

1.1 Projekte und Projektmanagement

Projektmanagement bezieht sich auf Projekte.

> **Projekt**
> Ein Projekt ist ein zeitlich, räumlich und sachlich begrenztes komplexes Arbeitsvorhaben, bei dem durch den Einsatz von Verbrauchsgütern (Material, Energie usw.), Nutzungsgütern (z.B. Maschinen) und Arbeitskräften eine bestimmte Zielsetzung (Aufgabe) zu erreichen ist.

Ein Projekt ist immer individuell, und es ist insbesondere zeitlich und sachlich abgegrenzt.

Projekte können z.B. sein:
- Bau eines Hauses, einer Brücke, eines Schiffes,
- Einführung eines neuen Produkts in einen Markt,
- Entwicklung eines neuen Medikaments,
- Wartungsarbeiten,
- Verlegung einer Gasleitung,
- Jahresabschluss in einem Unternehmen,

- Montage einer Anlage,
- Vorbereitung und Durchführung einer Tagung,
- Umzug,
- Fertigung von Maschinen,
- Werbeaktion für ein bestimmtes Produkt,
- Entwicklung einer Software.

Für die Projektplanung, die Steuerung der Projektdurchführung und die Projektüberwachung wird ein Projekt in seine Elemente zerlegt. Dabei handelt es sich im wesentlichen um Arbeitsgänge im weitesten Sinne, wie Fertigungsverrichtungen, Beschaffungsvorgänge, Transporte oder Prüf- und Testmaßnahmen. Ein solches Element, das ein zeitforderndes Geschehen mit definiertem Anfang und Ende darstellt, heißt **Vorgang**[1].

Zu einem Projekt gehören auch Zeitpunkte oder **Ereignisse**, die das Eintreten eines bestimmten Projektzustands markieren.

Ein Projektablauf ist durch eine bestimmte **Reihenfolge** der Vorgänge und Ereignisse gekennzeichnet. Für eine Beschreibung des Projektablaufs benötigt man daher außer den Vorgängen und/oder Ereignissen die Reihenfolgebedingungen oder **Anordnungsbeziehungen** zwischen den Vorgängen und/oder Ereignissen[2]. Damit ergibt sich:

> Die Grundstruktur eines Projekts besteht aus Vorgängen, Ereignissen und Anordnungsbeziehungen.

Projektmanagement bezieht sich auf die Managementaufgaben bei der Durchführung von Projekten.

> **Management**
> umfasst alle Aufgaben der Planung, Steuerung und Koordinierung sowie Überwachung[3].

Planung bezeichnet die Ordnung, Vorbereitung und gedankliche Vorwegnahme zukünftiger Aktivitäten, um Aufgaben und Ziele sicher und ohne Umwege zu erreichen. In der Anwendung ist eine wirksame und wirtschaftliche Planung immer verbunden mit der Umsetzung der Planung, d.h. mit einer Steuerung der Durchführung (Planrealisierung) und einer Überwachung (Plankontrolle).

Steuerung und **Koordinierung** bezieht sich auf die Durchführung des Geplanten und dient der ziel- und anforderungsgerechten Umsetzung bzw. Realisierung der Planung.

---

1 Vgl. auch die Definition in Abschnitt 7.3.1.
2 Vgl. hierzu Abschnitt 7.3.2.
3 Es handelt sich hier um eine vereinfachte Definition.

Die **Überwachung** dient der Plankontrolle und ist erforderlichenfalls mit einem korrigierenden Eingreifen verbunden.
Damit kann Projektmanagement wie folgt definiert werden:

> **Projektmanagement**
> umfasst alle Aufgaben, Konzepte und Verfahren der Planung, Steuerung und Überwachung von Projekten.

Allgemeine Aufgabe der **Projektplanung** ist die Vorbereitung der Projektdurchführung, um eine zielgerechte und reibungslose Projektabwicklung sicherzustellen und die Beteiligten dementsprechend zu koordinieren.

Aufgabe der **Projektsteuerung** ist die wirtschaftliche sowie anforderungs- und termingerechte Realisierung des Projekts.

Die **Projektkontrolle** dient der Sicherstellung einer anforderungs- und plangerechten Projektrealisierung. Bei unerwünschten Abweichungen ist sie mit einem steuernden oder regulierenden Eingreifen verbunden.

Projektmanagement erfordert besondere Planungsverfahren und Planungstechniken. Eines der wichtigsten Hilfsmittel ist die **Netzplantechnik**, auf die in diesem Buch ausführlich eingegangen wird.

> **Projektmanager**
> ist eine Person, die für Planung, Steuerung und Überwachung eines Projekts verantwortlich ist.

1.2 Ziele des Projektmanagements

Generelles Ziel eines Projektmanagements ist es, Projekte
- zielgerecht,
- termingerecht,
- wirtschaftlich,
- vollständig,
- konfliktfrei,
- fehlerfrei und
- unter optimaler Ausnutzung der verfügbaren Ressourcen

abzuwickeln.

Das Projektmanagement
- trägt dabei die Gesamtverantwortung für ein Projekt und
- übernimmt die Koordination und Steuerung aller internen und externen Beteiligten.

Bei den Zielen des Projektmanagements ist zu beachten, dass die verschiedenen möglichen Ziele nicht immer konfliktfrei erreicht werden können. Anhand der Ziele „Qualität", „Funktionalität", „Wirtschaftlichkeit" und „Termintreue" veranschaulicht Abb. 1-1 diesen Zielkonflikt.

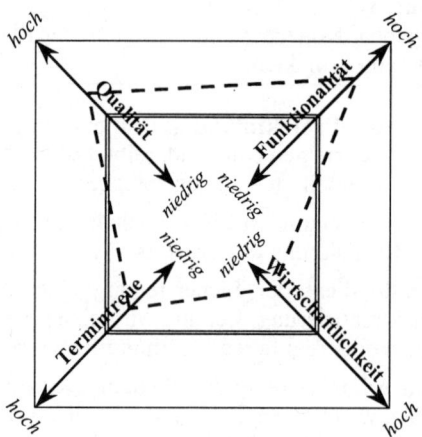

Abb. 1-1: Zielkonflikt des Projektmanagements

Die vier Ziele in Abb. 1-1 konkurrieren um eine begrenzte Kapazität (symbolisiert durch die Fläche des doppelt umrandeten inneren Quadrats). Verbesserungen bei der Erreichung eines Ziels haben Einbußen in der Erreichung anderer Ziele zur Folge. Das wird beispielhaft durch das gestrichelte Viereck dargestellt, dessen Fläche der des doppelt umrandeten Quadrats entspricht.

Das Projektmanagement muss derartige Zielkonflikte erkennen und für die konfliktären Ziele Prioritäten setzen.

1.3 Aufgaben des Projektmanagements

Allgemeine Aufgabe des Projektmanagements
ist die ziel- und anforderungsgerechte sowie wirtschaftliche Realisierung eines Projekts.

Im Einzelnen erstrecken sich die **Aufgaben des Projektmanagements** auf folgende Bereiche:
- Projektvorbereitung,
- Projektablauf (Reihenfolge),
- zeitliche Projektabwicklung,
- Materialbereitstellung,

1.3 Aufgaben des Projektmanagements

- Arbeitskräfteeinsatz,
- Ressourcenbeanspruchung,
- Kosten und Ausgaben,
- Kapitaleinsatz.

Dabei werden, je nach Bereich, spezielle organisatorische Konzepte, spezielle Methoden und spezielle Techniken (vor allem Netzplantechnik) eingesetzt, häufig computerunterstützt.

Zum Projektmanagement gehören ferner auch folgende Aufgaben:
- Projektrevisionen, die z.B. bei Planabweichungen, geänderten Projektzielen oder geänderten Projektanforderungen erforderlich werden,
- Entwicklung, Einrichtung und Betrieb einer optimalen Projektorganisation, und zwar sowohl
  - die „interne Organisation" von Projekten, als auch
  - die organisatorische Eingliederung von Projekten in die Unternehmensorganisation („externe Organisation"),
- Projektdokumentation,
- Entwicklung und Auswahl optimaler Konzepte, Hilfsmittel und Methoden für das Projektmanagement,
- Entwurf von Projektinformationssystemen.

Ständige **Aufgaben eines** für ein Projekt verantwortlichen **Projektmanagers** sind neben den Managementgrundaufgaben
- Planen,
- Steuern und Koordinieren sowie
- Kontrollieren

auch
- Setzen von Zielen,
- Entscheiden,
- Delegieren und
- Organisieren.

Diese Aufgaben kann man zu den Aufgabenbereichen
- Motivieren,
- Steuern,
- Informieren und
- Kommunizieren

verdichten.

Abb. 1-2 veranschaulicht die Aufgaben bzw. Aufgabenbereiche eines Projektmanagers.

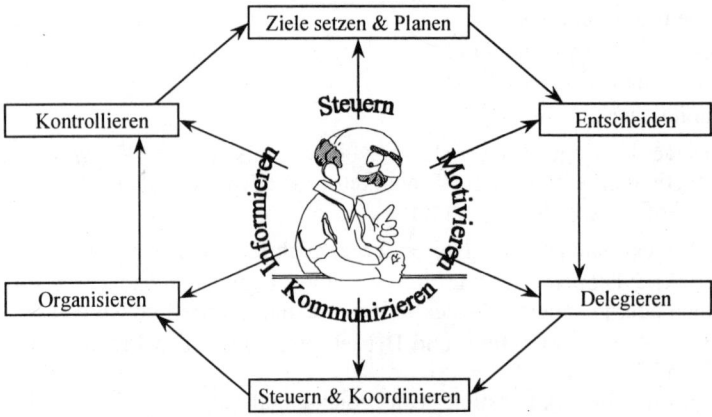

Abb. 1-2: Aufgaben eines Projektmanagers[1]

Ein Projektmanager ist für die erfolgreiche Abwicklung eines Projekts verantwortlich. Da Projekte nicht immer reibungslos laufen, sind dabei häufig unvorhergesehene Probleme zu lösen sowie Konflikte oder Krisen zu bewältigen. Es gilt daher:

Für einen Projektmanager ist Projektmanagement in hohem Maße
- Problemmanagement,
- Krisenmanagement und
- Konfliktmanagement.

Für die folgenden Ausführungen werden die Aufgaben des Projektmanagements in drei Aufgabenbereiche getrennt:

- **Kernaufgaben**
  sind die Projektmanagementaufgaben im engeren Sinne. Dazu gehören[2]:
  - Projektvorbereitung (Teil II des Buches),
  - Projektablaufplanung (Teil III),
  - Projektzeitplanung (Teil IV),
  - Projektsteuerung und Koordinierung sowie Projektkontrolle (Teil V).

  Diese Kernaufgaben werden in den Teilen II bis V auf den Projektablauf und die zeitliche bzw. terminliche Projektabwicklung beschränkt.

- **Sekundäraufgaben**
  sind die die Kernaufgaben ergänzenden Projektmanagementaufgaben, die den Arbeitskräfteeinsatz, den Einsatz anderer Ressourcen, die Kosten und

---

1 In Anlehnung an FEYHL/FEYHL [1996, S. 4].
2 Vgl. dazu die Definition von Projektmanagement auf S. 15.

die Finanzierung betreffen, und die man auch in Aufgaben der Vorbereitung, der Planung, sowie der Steuerung und Kontrolle untergliedern kann. Ihnen ist Teil VI des Buches gewidmet.
* **Allgemeine Aufgaben**
sind einmal die in allen Phasen einer Projektabwicklung anfallenden Querschnittsaufgaben, zu denen insbesondere gehören:
  - Qualitätsmanagement,
  - Projektdokumentation,
  - Betrieb eines Projektinformationssystems.

Zum anderen gibt es eine Reihe von Aufgaben des Projektmanagements, die sich nicht auf spezifische Projekte beziehen, insbesondere
- interne und externe Projektorganisation,
- Entwicklung und Pflege eines Projektmanagement-Handbuchs,
- Entwicklung von hausinternen Standards und Richtlinien,
- Methodenwahl,
- Mitarbeiterführung.

Die allgemeinen Aufgaben des Projektmanagements werden in Teil VII behandelt.
In Abb. 1-3 sind die Projektmanagementaufgaben zusammenfassend veranschaulicht.

Projektspezifische Aufgaben		Allgemeine Projektmanagementaufgaben
Querschnittsaufgaben Qualitätsmanagement Projektdokumentation Projektinformationssystem	**Kernaufgaben** Projektvorbereitung Ablauf- und Zeitplanung Ablauf- und Terminsteuerung Ablauf- und Terminüberwachung	interne Projektorganisation externe Projektorganisation Projektmanagement-Handbuch Standards und Richtlinien Methodenwahl Mitarbeiterführung
	Sekundäraufgaben Arbeitskräfteeinsatz Ressourceneinsatz Kosten Finanzierung	

Abb. 1-3: Aufgaben des Projektmanagements

1.4 Problembereiche des Projektmanagements

Projektmanagement bzw. die Abwicklung von Projekten ist meistens auch mit Problemen verbunden. Typische Problembereiche sind:
* keine eindeutigen Ziele,
* Zielkonflikte,
* unklare Zuständigkeiten und Verantwortlichkeiten,
* zu wenig Entscheidungskompetenzen beim Projektmanagement,

- keine klaren Vereinbarungen mit „Kunden" bzw. Betroffenen,
- unzureichende Integration der „Kunden" bzw. Betroffenen,
- Interessenkonflikte,
- unverständliche und uneinheitliche Begriffe,
- ungeeignete Projektorganisation,
- schlechte Planung,
- fehlende oder schlecht organisierte Projektüberwachung,
- unzureichende Kommunikation,
- Verwendung ungeeigneter Werkzeuge und Hilfsmittel,
- unzureichende methodische Kenntnisse über Projektmanagement.

In konkreten Fällen lassen sich weitere Problemverursacher finden. Bei gutem Projektmanagement wird man versuchen, potentielle Probleme frühzeitig zu identifizieren und durch geeignete Maßnahmen zu vermeiden. Das gehört zu den Kernaufgaben eines Projektmanagements bzw. eines Projektmanagers.

1.5 Zur Bedeutung des Projektmanagements

Als Fachdisziplin, insbesondere aber als Aufgabenbereich in Unternehmen[1], hat Projektmanagement in den letzten Jahren eine zunehmende Bedeutung erlangt. Dieser Trend wird sich in den nächsten Jahren fortsetzen. Maßgeblich dafür sind vor allem folgende Aspekte:

(1) Projekte spielen in zahlreichen Bereichen des wirtschaftlichen und gesellschaftlichen Lebens eine Rolle. Die Entwicklung in diesen beiden Bereichen ist dabei durch eine **zunehmende Größe der Projekte** gekennzeichnet. Je größer die Projekte sind, desto wichtiger wird ein systematisches und effizientes Projektmanagement.

Beispiele für sehr große Projekte sind:
- Veranstaltung einer Weltausstellung,
- Durchführung von sportlichen Großveranstaltungen,
- Errichtung eines Automobilwerks.

(2) Die **Organisationsstrukturen von Unternehmen** verändern sich. Diese Veränderungen werden vor allem durch folgende Faktoren ausgelöst:
- zunehmender Wettbewerbsdruck und verstärkte Kundenorientierung,
- Umdenken des Managements,
- Entstehen neuer Unternehmenskulturen,

aber auch durch die
- Entwicklung im Bereich Informationsverarbeitung und Kommunikation.

---

[1] Wenn hier und im folgenden von „Unternehmen" gesprochen wird, schließt das Behörden, Verbände und andere Organisationen ein. Es geht generell um alle Institutionen, in denen Projekte abgewickelt werden.

1.5 Zur Bedeutung des Projektmanagements

In der „klassischen" Organisationsbetrachtung standen die Aufbauorganisation und die damit zusammenhängenden Fragen im Vordergrund. Heute betrachtet man vorrangig die Ablauforganisation, denn die Marktleistungen eines Unternehmens stehen am Ende der internen Abläufe oder **Prozesse**. Kunden- und Wettbewerbsorientierung ist nur über optimale Prozesse zu erreichen. Man spricht dabei von **Prozessorientierung** oder **Prozessorganisation**. Abb. 1-4 veranschaulicht diesen Paradigmenwechsel.

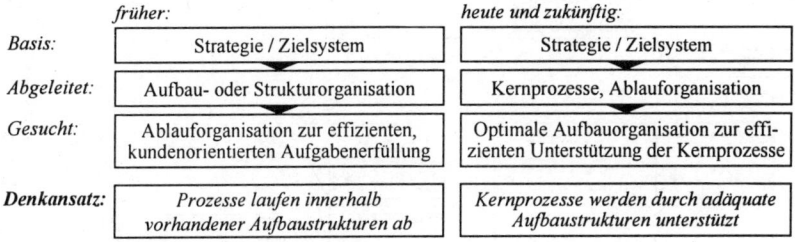

Abb. 1-4: Paradigmenwechsel in der Organisationsbetrachtung

Grundlage der **Prozessorganisation** sind Geschäftsprozesse.

Ein **Geschäftsprozess** (Unternehmensprozess, Business Process):
- besteht aus logisch zusammengehörigen Vorgängen,
- ist ziel- bzw. ergebnisorientiert,
- ist verbunden mit dem Austausch von Informationen bzw. Leistungen zwischen Objekten bzw. Stellen in der Organisation,
- wird durch ein auslösendes Starterereignis aktiviert (Informationsinput),
- wird durch ein Endereignis beendet (Informationsoutput und evtl. physisches Ergebnis).

Ein **Vorgang** eines Geschäftsprozesses besteht aus Aufgaben, die durch Stellen in der Organisation unter Anwendung bestimmter Verfahren oder Methoden und unter Einsatz von Ressourcen ausgeführt werden. Logisch zusammengehörige Vorgänge bezeichnet man auch als **Vorgangskette**. Abb. 1-5 zeigt ein einfaches, schematisches Beispiel eines Geschäftsprozesses.

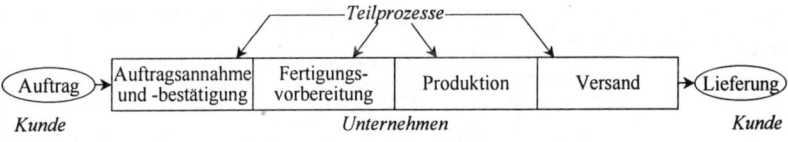

Abb. 1-5: Beispiel eines Geschäftsprozesses

In Abb. 1-6 ist ein realer Prozess dargestellt. Der Leser möge dabei die Ähnlichkeit in der Darstellung von Geschäftsprozessen und der Darstellung von Projektabläufen durch Netzpläne beachten[1].

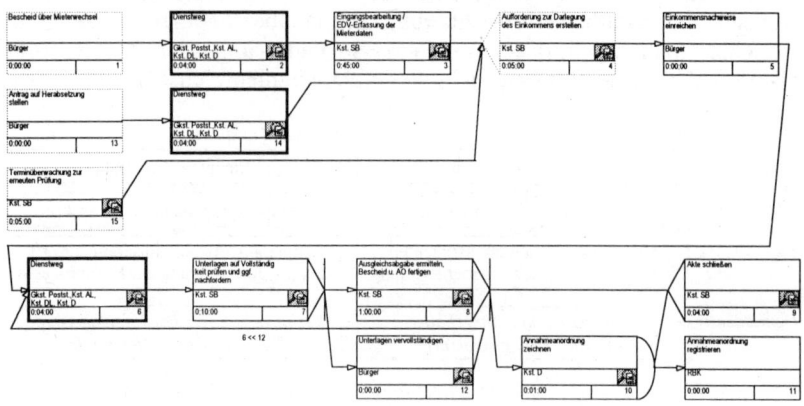

Abb. 1-6: Geschäftsprozess

Der Trend zur Prozessorientierung bei Organisationsbetrachtungen geht einher mit einer zunehmenden **Kundenorientierung**. Im Vordergrund unternehmerischer Aktivitäten steht die Zufriedenstellung der Kunden und das Eingehen auf individuelle Kundenwünsche.

Die Befriedigung individueller Kundenwünsche geschieht über individuelle Leistungen, die spezifische Aktivitäten im Unternehmen erfordern. Damit können Leistungen nicht mehr über standardisierte Prozesse erbracht werden, sondern nur noch über individuelle Prozessvarianten. Dadurch wird die Erbringung einer individuellen Leistung für einen Kunden über einen Geschäftsprozess zu einem Projekt.

Eine konsequente Kundenorientierung und das Eingehen auf individuelle Kundenwünsche führt folglich dazu, dass sich die Prozessorientierung zu einer „**Projektorientierung**" weiterentwickeln wird. Projekte und Projektmanagement werden deshalb zukünftig eine wachsende Bedeutung haben. Man kann davon ausgehen, dass es einen Trend zur „**Projektorganisation**" geben wird.

Damit wird Projektmanagement eine wichtige Rolle in Unternehmen und anderen Organisationen spielen.

---

1 Dazu wird auf das nächste Kapitel verwiesen, z.B. Abb. 2-4 (S. 25) und Abb. 2-13 (S. 33).

2 Einführung in die Grundgedanken der Netzplantechnik

Wie schon in Kapitel 1 erwähnt wurde, ist die Netzplantechnik das wichtigste Hilfsmittel für die Planung und Steuerung von Projekten. Deshalb werden in diesem Kapitel die Grundgedanken dieses Hilfsmittels behandelt.

2.1 Ein einführendes Beispiel

Um den Leser zur Erleichterung der Lektüre dieses Buches mit den wesentlichen Merkmalen der Netzplantechnik vertraut zu machen, werden die Grundprinzipien der Netzplantechnik zunächst an einem einfachen Beispiel erläutert[1].

Die drei Freunde Paul, Franz und Otto planen eine gemeinsame Urlaubsreise ins Ausland. Sie setzen sich zusammen und überlegen, welche Vorbereitungen sie für die Reise zu treffen haben. Sie entschließen sich, dafür einen Plan aufzustellen. Das Projekt, um das es hier geht, ist die „Vorbereitung einer Urlaubsreise".

Der erste Planungsschritt – und hierin unterscheidet sich die Netzplantechnik nicht von anderen Planungsverfahren – ist die Analyse des Projekts, d.h. hier die Anfertigung einer Liste mit allen zu dem Projekt gehörenden Vorgängen (Arbeitsgängen, Aktivitäten) und deren Dauer (vgl. Abb. 2-1).

Vorgang	Dauer in Tagen
Visabeschaffung	5
Hotelreservierungen	15
Ausrüstung überprüfen und ergänzen	25
Auto überprüfen	20
Proviantbeschaffung	5

Abb. 2-1: Liste von Vorgängen mit geschätzter Ausführungsdauer

---

[1] Der Leser möge bei diesem und allen folgenden Beispielen folgendes beachten: Die Beispiele dieses Buches dienen der Erläuterung der Verfahrenstechniken. Um das Verständnis zu erleichtern, knüpfen sie an reale Probleme an. Sie sind jedoch sehr stark vereinfacht und können den jeweiligen realen Sachverhalt deshalb immer nur unvollständig wiedergeben.

Die Freunde einigen sich, dass Paul zunächst die Visabeschaffung und daran anschließend die Hotelreservierungen übernimmt, Franz die Überprüfung und Ergänzung der Ausrüstung und Otto die Überprüfung des Autos. Die Proviantbeschaffung wollen Paul und Franz im Anschluss an die Hotelreservierungen bzw. Überprüfung und Ergänzung der Ausrüstung gemeinsam vornehmen. Die Freunde wollen nun den zeitlichen Ablauf ihres Projekts planen.

Ein auch heute noch häufig verwendeter Planungsansatz ist die Darstellung der einzelnen Vorgänge in Form eines sogenannten **Balkendiagramms**.

Ein Balkendiagramm enthält für jeden Vorgang eines Projekts einen waagerechten Balken über einer Zeitachse. Die Länge des Balkens entspricht der für die Durchführung des Vorgangs benötigten Zeit. Aus der Lage des Balkens über der Zeitachse kann abgelesen werden, wann jeder Vorgang beginnt und endet. Ein Balkendiagramm enthält immer die Bezeichnungen der Vorgänge und eine Beschriftung der Zeitachse. Gegebenenfalls können weitere Informationen in das Balkendiagramm aufgenommen werden. Die drei Freunde zeichnen sich ein solches Balkendiagramm und erhalten das Ergebnis in Abb. 2-2.

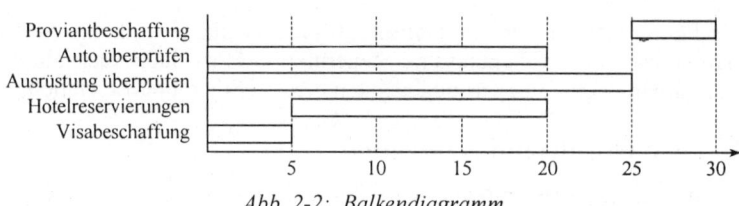

Abb. 2-2: Balkendiagramm

Aus dem Balkendiagramm lässt sich sofort ablesen, dass die Reisevorbereitungen 30 Tage dauern und wann mit den einzelnen Vorgängen zu beginnen ist bzw. wann diese jeweils beendet sind. Mit den Hotelreservierungen beginnt Paul z.B. nach 5 Tagen und ist 20 Tage nach Projektbeginn damit fertig.

Als die Freunde sich 15 Tage nach Projektbeginn treffen, um zu sehen, ob alles wunschgemäß verläuft, stellen sie fest, dass Otto mit der Überprüfung des Autos bereits fertig ist. Paul und Franz sind mit den laufenden Arbeiten (Hotelreservierungen; Ausrüstung überprüfen und ergänzen) jedoch nicht so weit gekommen, wie ihn Plan vorgesehen war. Sie benötigen noch 6 bzw. 11 Tage, d.h. jeder ist um einen Tag in Verzug. Der Stand der Vorbereitungen ist in dem Balkendiagramm in Abb. 2-3 durch entsprechende Schraffur der Balken eingetragen.

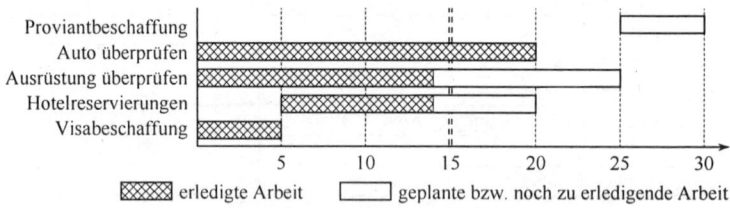

Abb. 2-3: Balkendiagramm mit Fortschrittskontrolle

Bei der Betrachtung des Balkendiagramms kommen die Freunde zu dem Ergebnis, dass es um ihre Reisevorbereitungen gut bestellt ist, da bereits mehr erledigt ist, als sie geplant hatten. Dieser Schluss ist voreilig, denn eine genaue Betrachtung des Projekts zeigt, dass die Verzögerung bei der Überprüfung und Ergänzung der Ausrüstung um 1 Tag das Ende der Reisevorbereitungen verzögert. Franz kann dann nämlich auch erst 1 Tag später (gemeinsam mit Paul) mit

2.1 Ein einführendes Beispiel

der Proviantbeschaffung beginnen, und das bedeutet, dass die Reisevorbereitungen erst nach 31 Tagen beendet sein werden.

Jedes normale Balkendiagramm verleitet zu solchen Fehlschlüssen, da ein Balkendiagramm meistens keine Angaben über die Reihenfolge der Vorgänge enthält. Aus einem Balkendiagramm lässt sich im Allgemeinen auch nicht ersehen, welche Konsequenzen Terminüberschreitungen oder Änderungen im Projektablauf für die Projektdurchführung haben und welche Maßnahmen zum Auffangen unerwünschter Änderungen zweckmäßigerweise zu ergreifen sind. Andererseits ist darauf hinzuweisen, dass ohne detaillierte Kenntnisse der Reihenfolgebedingungen des Projektablaufs auch der im Balkendiagramm zum Ausdruck kommende Zeitplan nicht ermittelt werden kann.

Diese Probleme weist die Netzplantechnik nicht auf, da die Reihenfolge der Vorgänge des Projekts explizit bei der Planung berücksichtigt wird. Fehlschlüsse der oben beschriebenen Art sind dadurch ausgeschlossen. Die Analyse des durchzuführenden Projekts erstreckt sich im ersten Schritt also nicht nur auf eine vollständige Erfassung der Vorgänge, sondern auch auf die Untersuchung der Reihenfolgebedingungen bzw. Anordnungsbeziehungen zwischen den Vorgängen, die dann bei der Ablaufplanung explizit berücksichtigt und einzeln dargestellt werden.

In dem Beispiel ergeben sich die Reihenfolgebedingungen vor allem daraus, dass keiner der drei Freunde mehrere Dinge auf einmal tun kann. Einige Vorgänge können dadurch nur nacheinander ausgeführt werden, z.B. Visabeschaffung und Hotelreservierungen. Andere Vorgänge können dagegen – wegen der Aufteilung der Arbeiten auf die drei Freunde – parallel ausgeführt werden; beispielsweise die Überprüfung und Ergänzung der Ausrüstung und die Überprüfung des Autos. Die Überprüfung des Autos ist also unabhängig von den anderen Reisevorbereitungen, die Proviantbeschaffung kann dagegen erst beginnen, wenn Franz die Ausrüstung überprüft hat und Paul zunächst die Visabeschaffung und danach die Hotelreservierungen vorgenommen hat.

Der Ablauf des Projekts vollzieht sich somit folgendermaßen: Otto überprüft nach Projektbeginn das Auto und macht bis zum Projektende nichts anderes. Franz beginnt mit der Überprüfung und Vervollständigung der Ausrüstung. Paul nimmt zunächst die Visabeschaffung vor und erledigt im Anschluss daran die Hotelreservierungen. Erst wenn beide mit diesen Arbeiten fertig sind, beginnen sie gemeinsam mit der Proviantbeschaffung.

Stellt man die zu dem Projekt gehörigen **Vorgänge mit** den **Reihenfolgebedingungen** graphisch dar, dann erhält man den Ablaufplan in Abb. 2-4, in dem die Ausführungszeiten nicht berücksichtigt worden sind. Diese Form der Darstellung eines Projektablaufs bezeichnet man als **Netzplan**.

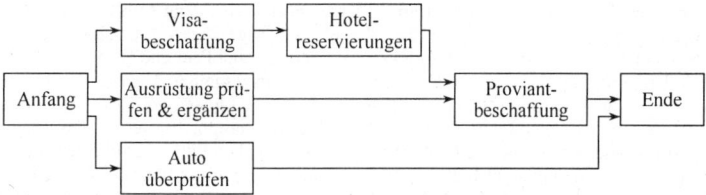

Abb. 2-4: Netzplan mit Vorgängen und Reihenfolgebedingungen

Gegenüber Balkendiagrammen haben Netzpläne den Vorteil, dass sie die Reihenfolge der Vorgänge berücksichtigen und dass die Darstellung unabhängig von den Zeiten bzw. dem zeitlichen Ablauf ist. Bei Zeitänderungen oder Terminverschiebungen bleibt der Netzplan unverändert, während ein Balkendiagramm ganz oder teilweise neu gezeichnet werden muss.

Elemente eines Netzplans sind die einzelnen Vorgänge und die Reihenfolgebedingungen bzw. **Anordnungsbeziehungen**, die angeben, in welcher Reihenfolge die Vorgänge auszuführen sind. In dem Netzplan der Abb. 2-4 sind die Vorgänge durch die Knoten (Rechtecke, Kästen) des Netzplans dargestellt. Die Knoten sind mit den Bezeichnungen der Vorgänge beschriftet. Die Anordnungsbeziehungen für die Reihenfolge der Vorgänge sind in Abb. 2-4 durch Pfeile dargestellt. Diese Pfeile verbinden die Vorgangsknoten entsprechend der Reihenfolge der Vorgänge.

Eine andere Form der Darstellung des Projektablaufs zeigt Abb. 2-5. Die Vorgänge sind hier als Pfeile dargestellt. Die Pfeile sind über Ereignisse (Knoten des Netzplans) so verknüpft, wie es der Reihenfolge der Vorgänge entspricht. Die Ereignisse sind nummeriert. Für die Vorgänge wurden Kurzbezeichnungen eingeführt. Unter den Pfeilen der Vorgänge ist die jeweilige Ausführungsdauer vermerkt.

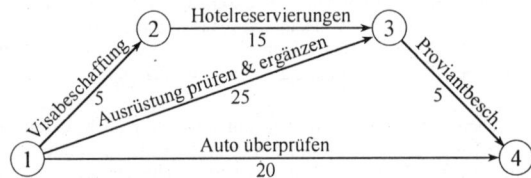

Abb. 2-5: Netzplan mit Vorgängen als Pfeile

Die eigentliche **Ablaufplanung** eines Projekts ist mit dem Zeichnen des Netzplans beendet. Der Netzplan enthält detaillierte Informationen über die Vorgänge des Projekts und ihre Beziehungen zueinander. Er ist Grundlage für die anschließende **Zeitplanung**. Die erste Frage, die dabei auftaucht, ist die nach der Dauer des Projekts. In dem Beispiel kann diese Frage dadurch beantwortet werden, dass man die längste Zeit bestimmt, die einer der drei Freunde mit Reisevorbereitungen beschäftigt ist. Es ergibt sich:

Paul: 25 = 5 (Visabeschaffung) + 15 (Hotelreservierung) + 5 (Proviantbeschaffung)
Franz: 30 = 25 (Ausrüstung prüfen und ergänzen) + 5 (Proviantbeschaffung)
Otto: 20 (Auto überprüfen).

Die Reisevorbereitungen dauern also 30 Tage. Da die Arbeiten von Franz das Ende der Reisevorbereitungen bestimmen, bewirkt jede Verzögerung, die bei seinen beiden Arbeiten eintritt, eine Verschiebung des Abschlusses der Reisevorbereitungen. Die Arbeiten von Franz sind also kritisch in dem Sinn, dass von ihnen das Ende der Reisevorbereitungen abhängt. Die Beendigung der Reisevorbereitungen nach 30 Tagen setzt demnach voraus, dass die Überprüfung und Ergänzung der Ausrüstung pünktlich nach 25 Tagen beendet ist, dann sofort mit der Proviantbeschaffung begonnen wird und diese nicht länger als 5 Tage dauert. Franz hat also keinerlei Spielraum bei der Ausführung seiner Arbeiten. Anders ist es bei Paul und Otto. Otto weiß, dass er für die Überprüfung des Autos 20 Tage benötigt, aber insgesamt 30 Tage zur Verfügung hat. Er kann also, wenn eine Unterbrechung seiner Arbeit ausgeschlossen wird, an irgendeinem der ersten 10 Tage beginnen und dann zwischen dem 20. und 30. Tag fertig. Somit hat er die Möglichkeit, seine Arbeit um maximal 10 Tage zu verschieben oder auszudehnen. Paul muss mit den Hotelreservierungen nach 25 Tagen fertig sein, d.h. er muss spätestens am 10. Tag der Projektlaufzeit damit beginnen. Die Visabeschaffung dauert 5 Tage. Beginnt er sofort damit, ist diese Arbeit nach 5 Tagen erledigt; beginnt er erst nach 5 Tagen, ist er nach 10 Tagen damit fertig. Das reicht aus, da er dann nach 25 Tagen mit den Hotelreservierungen fertig sein kann.[1]

---

1 Die Zeitplanung ist in diesem Beispiel anschaulich vorgenommen worden. Später werden auf Algorithmen der Graphentheorie basierende Verfahren behandelt, mit denen die Zeitplanung systematisch vorgenommen werden kann.

2.1 Ein einführendes Beispiel

Die Ergebnisse dieser Überlegungen zur Zeitplanung sind in den Netzplan in Abb. 2-6 eingetragen, der auf dem Netzplan in Abb. 2-4 basiert. In den Knoten wurden abgekürzte Vorgangsbezeichnungen verwendet.

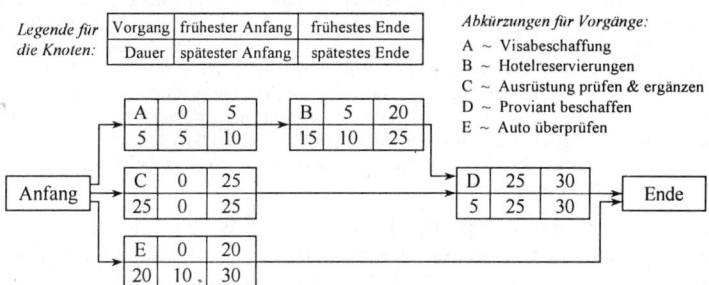

Abb. 2-6: Netzplan mit Anfangs- und Endzeitpunkten

Paul hat, wie aus Abb. 2-6 und den davor angestellten Überlegungen hervorgeht, bei der Visabeschaffung und bei den Hotelreservierungen zeitlichen Spielraum. Es zeigt sich hier, dass ein Teil der Vorgänge des Projekts in der Ausführung nicht streng an Termine gebunden ist. Das lässt sich bei fast allen Projekten feststellen. Zeitliche Spielräume, um die Vorgänge verschoben oder um die deren Dauer ausgedehnt werden kann, heißen in der Netzplantechnik **Pufferzeit**.

Die genaue Kenntnis der Ausführungsdauer der einzelnen Vorgänge und der Reihenfolgebedingungen der Vorgänge, wie sie im Netzplan dargestellt sind, schafft die Grundlage für eine aussagefähige Zeitplanung. Im Rahmen dieser Zeitplanung kann mit Hilfe einfacher Verfahren ermittelt werden, welche Vorgänge die Dauer des Projekts bestimmen, wann mit diesen Vorgängen begonnen werden kann und wann sie abgeschlossen sein müssen. Alle übrigen Vorgänge können zeitlich verschoben werden. Für sie wird errechnet, wann mit ihnen frühestens bzw. spätestens zu beginnen ist und wann sie frühestens bzw. spätestens beendet sein müssen. Frühester Anfang und frühestes Ende eines Vorgangs sind dabei immer auf den Zeitpunkt des Projektbeginns bezogen, spätester Anfang und spätestes Ende dagegen auf den Fertigstellungstermin des Projekts. Außer den Anfangs- und Endzeitpunkten wird für jeden Vorgang die Pufferzeit berechnet. Dazu ist an dieser Stelle darauf hinzuweisen, dass es für einen Vorgang verschiedene Pufferzeiten gibt, die unterschiedliche Werte annehmen können und die sich in ihrer Bedeutung für den Zeitplan unterscheiden[1].

Die Ergebnisse der Zeitplanung können auch in einer Tabelle dargestellt werden (Abb. 2-7).

Vorgang	frühestmöglicher Anfang	spätestnotwendiger Anfang	frühestmögliches Ende	spätestnotwendiges Ende	Pufferzeit
Visabeschaffung	0	5	5	10	5
Hotelreservierungen	5	10	20	25	5
Ausrüstung	0	0	25	25	0
Auto überprüfen	0	10	20	30	10
Proviantbeschaffung	25	25	30	30	0

Abb. 2-7: Projektzeitplan in Tabellenform

---

1 Vgl. dazu die Ausführungen in Abschnitt 14.3.

Vergleicht man die aus dem Netzplan gewonnenen Ergebnisse mit Abb. 2-3, in der der Stand der Reisevorbereitungen nach 15 Tagen vermerkt ist, dann sieht man sofort, dass die Verzögerung bei den Hotelreservierungen für den rechtzeitigen Abschluss der Reisevorbereitungen belanglos ist, da dieser Vorgang nicht zeitkritisch ist. Die Verspätung bei der Überprüfung und Ergänzung der Ausrüstung hat dagegen ein verspätetes Ende der Reisevorbereitungen zur Folge. Die Netzplantechnik gibt also nicht nur ein genaues Bild des Projektablaufs mit allen Verknüpfungen zwischen den Vorgängen, sondern sie liefert auch detaillierte Informationen über den zeitlichen Ablauf des Projekts. Sie zeigt die Vorgänge eines Projekts, die bei der Abwicklung besonders im Auge zu behalten sind, da von ihrer fristgerechten Ausführung die Einhaltung des Fertigstellungstermins abhängt. Bei den „nichtkritischen" Vorgängen wird angegeben, innerhalb welcher Zeitspannen sie auszuführen sind, und welcher zeitliche Spielraum (Pufferzeit) zur Verfügung steht.

Ablaufplanung und **Zeitplanung** eines Projekts, wie sie eben skizziert wurden, sind die wesentlichen Bestandteile der Netzplantechnik. Sie sind inhaltlicher Schwerpunkt von Teil III und IV des Buchs. Die Einbeziehung von **Kapazitätsbeschränkungen** und **Kostengesichtspunkten** wird im vierten Teil behandelt. In den beiden folgenden Abschnitten werden noch einige wichtige Grundlagen der Netzplantechnik behandelt.

2.2 Entstehung und heutige Bedeutung der Netzplantechnik

Die Netzplantechnik entstand in den 50er Jahren. Damals hatten sich die seinerzeit bekannten bzw. in der Praxis verwendeten Verfahren zur Planung, Steuerung und Überwachung von Projekten mit zunehmendem Umfang der Projekte in immer stärkerem Maße als unzulänglich erwiesen; insbesondere dann, wenn an einem Projekt mehrere Unternehmen oder unabhängige Stellen beteiligt waren, die koordiniert werden mussten. Die Probleme bei der Projektabwicklung wurden zusätzlich verstärkt durch die zunehmende Größe von Betrieben bzw. Unternehmen. Durch die mit dem Anwachsen der Betriebsgröße einhergehende Dezentralisierung von Planungs-, Lenkungs- und Überwachungsfunktionen wurde es immer schwieriger, größere Projekte zuverlässig und wirtschaftlich abzuwickeln.

Die damals bekannten Planungsansätze, wie z.B. Balkendiagramme oder Listen, erfassten jeweils nur Teilaspekte der Planung, z.B. Arbeitsablaufplanung, Terminplanung, Kapazitätsbelastungs- bzw. Maschinenbelegungsplanung, Ausgaben- und Liquiditätsplanung oder Kostenplanung und -überwachung. Eine vollständige, sämtliche Teilaspekte gleichzeitig berücksichtigende, integrierte Planung gab es nicht.

Aufgrund zunehmender Probleme bei der Abwicklung von Projekten setzte ab 1956 in den USA und fast gleichzeitig auch in Europa eine Entwicklung ein mit dem Ziel, die aus der Elektrotechnik bekannte **Netzwerkanalyse** bei der Planung und Durchführung größerer Projekte zu verwenden. Es entstand

2.3 Methodische Grundlagen der Netzplantechnik

die **Netzplantechnik**. Ihr war von Anfang an großer Erfolg beschieden. So erzielte die US-Navy beim Polaris-Raketen-Projekt durch Anwendung der neuen Verfahren einen Zeitgewinn von fast 2 Jahren.

Die beiden damals unabhängig voneinander in den USA entwickelten Ansätze sind CPM (Critical Path Method) und PERT (Program Evaluation and Review Technique). Zeitgleich wurde in Frankreich die Potential-Methode entwickelt, die unter der Abkürzung MPM (METRA Potential Methode) verbreitet wurde. Inzwischen sind diese Ansätze in vielfältiger Weise verfeinert und modifiziert worden. Allen Varianten haben jedoch das gleiche Grundkonzept. Dieses gemeinsame Grundkonzept steht in diesem Buch im Vordergrund.

Die guten Erfahrungen, die gleich zu Beginn mit der Netzplantechnik gemacht wurden, haben in den 60er Jahren auch in Deutschland zu ihrer schnellen Verbreitung geführt. In vielen mittleren und nahezu allen größeren Betrieben und Behörden, aber auch bei Verbänden und ähnlichen Institutionen, wird heute die Netzplantechnik als außerordentlich wirkungsvolles Instrument des Projektmanagements eingesetzt. Dabei ist auf folgendes hinzuweisen:

Während die Netzplantechnik früher als mehr oder weniger eigenständiges Planungsinstrument angesehen wurde, wird sie heute in einem übergeordneten Zusammenhang des Projektmanagements gesehen. Netzplantechnik ist ein Hilfsmittel des Projektmanagements, aber nicht das Einzige. Insbesondere bei der Anwendung kommt es auf einen optimalen Einsatz der Netzplantechnik im Zusammenwirken mit anderen Instrumenten des Projektmanagements an.

2.3 Methodische Grundlagen der Netzplantechnik
2.3.1 Graphen und Netzpläne

Mathematische Grundlage der Netzplantechnik ist die **Graphentheorie**. Die folgenden Ausführungen sollen den interessierten Leser auf anschauliche Art mit einigen Grundbegriffen der Graphentheorie vertraut machen[1].

> **Graph**
> Unter einem Graph versteht man eine Menge von **Knoten**, die durch eine Menge von **Kanten** einander zugeordnet sind.

Zeichnerisch kann man einen Graph darstellen, indem man die Knoten als Kreise und die Kanten als Verbindungslinien der Kreise zeichnet. Abb. 2-8

---

[1] Eine Einführung in die Graphentheorie enthält das letzte Kapitel von SCHWARZE [2000b]. Zu den theoretischen Grundlagen der Netzplantechnik wird verwiesen auf SCHWARZE [1983].

zeigt zwei Beispiele. Sind je zwei Knoten eines Graphen durch eine Folge von Kanten einander zugeordnet, d.h. ist jeder Knoten von jedem anderen Knoten des Graphen über eine oder mehrere Kanten erreichbar, so spricht man von einem **zusammenhängenden Graph**. Der Graph in Abb. 2-8a ist zusammenhängend, der in Abb. 2-8b nicht.

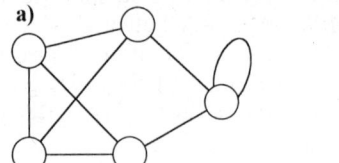 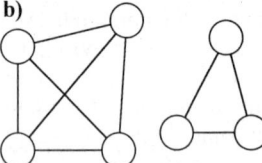

Abb. 2-8: a) zusammenhängender Graph; b) nichtzusammenhängender Graph

Ein Straßennetz lässt sich z.B. durch einen zusammenhängenden Graphen darstellen, indem man die Kreuzungspunkte den Knoten eines Graphen zuordnet und die Straßenabschnitte zwischen den Kreuzungspunkten als Kanten auffasst.

Versieht man die Kanten eines Graphen mit einer Richtung, dann hat man es mit einem **gerichteten Graph** zu tun (vgl. Abb. 2-9a, in der außerdem die Knoten nummeriert sind). Eine gerichtete Kante wird häufig auch als **Pfeil** bezeichnet.

Bei der Darstellung eines Straßennetzes durch einen Graph muss man z.B. für Einbahnstraßen gerichtete Kanten verwenden. Einen gerichteten Graph kann man auch zur Darstellung der Informationsstruktur eines Unternehmens verwenden. Die Knoten verkörpern dabei die informationsabgebenden bzw. -empfangenden Stellen. Erhält eine Stelle A von einer Stelle B Informationen, so zeichnet man von Knoten B zu Knoten A einen Pfeil.

Eine **Schleife** ist ein Pfeil, der einen Knoten mit sich selbst verbindet (vgl. Knoten 5 in Abb. 2-9a). Ein gerichteter Graph ohne Schleifen, in dem je zwei Knoten nur durch eine Kante verbunden sind, heißt **Digraph**. Abb. 2-9b zeigt einen Digraph, Abb. 2-9a dagegen nicht, da der Graph eine Schleife sowie zwei Pfeile von Knoten 4 zu Knoten 2 enthält.

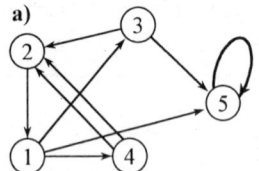 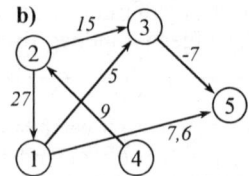

Abb. 2-9: a) gerichteter Graph mit Zyklus und Schleife; b) bewerteter Digraph

Kann man von einem Knoten über mehrere Pfeile zu diesem Knoten zurück gelangen, so spricht man von einem **Zyklus**. In Abb. 2-9a führt ein Zyklus von Knoten 3 über die Knoten 2 und 1 zurück nach 3. Ordnet man jeder

2.3 Methodische Grundlagen der Netzplantechnik

Kante eines Graphen einen Wert zu (Abb. 2-9b), so spricht man von einem **bewerteten Graph**.

Einen Graph, der ein Straßennetz darstellt, kann man z.B. dadurch bewerten, dass man jeder Kante die Länge des entsprechenden Straßenabschnitts zuordnet.

Eine Folge von gerichteten Pfeilen, bei denen der Endknoten eines Pfeils der Anfangsknoten des nächsten Pfeils ist, wird als **Weg** bezeichnet. In Abb. 2-9b führt z.B. ein Weg vom Knoten 4 über 2 und 3 nach 5.

Die Graphentheorie findet in zunehmendem Maße Anwendung auf wirtschaftliche und soziale Fragestellungen. Meistens handelt es sich um Probleme, bei denen Strukturen (z.B. Organisationen, Verkehrsnetze, Leitungsnetze) abzubilden sind und bei denen Entscheidungen oder Optimierungsaufgaben für diese Strukturen zu lösen sind (z.B. Bestimmung kürzester Wege in einem Verkehrsnetz, Bestimmung der Durchlassmenge eines Leitungssystems).

Netzplan
Ein zusammenhängender Digraph heißt Netzplan.

Ein Netzplan besteht also aus Knoten, die durch Pfeile miteinander verbunden sind. Netzpläne sind häufig bewertet. Mögliche Darstellungsformen für Knoten und Pfeile zeigt Abb. 2-10.

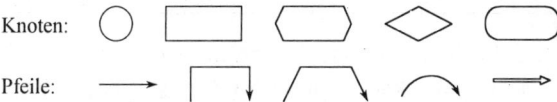

Abb. 2-10: Darstellungsmöglichkeiten für Knoten und Pfeile

Abb. 2-11 zeigt zwei Beispiele für Netzpläne ohne Bewertungen.

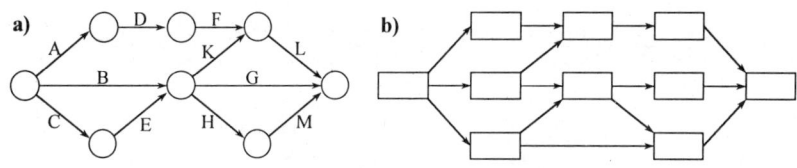

Abb. 2-11: Netzpläne

Eine Folge von Pfeilen in einem Netzplan, bei denen der Endknoten eines Pfeils der Anfangsknoten des nächsten Pfeils ist, heißt auch hier **Weg**. In Abb. 2-11a bilden die Pfeile C, E, K und L einen Weg.
Ein Weg ohne Abzweigungen heißt **Kette**. Die Pfeile A, D und F in Abb. 2-11a bilden eine Kette.

Ist ein Knoten durch einen Weg mit sich selbst verbunden, so spricht man bei einem Netzplan statt von einem Zyklus von einer **Schleife**. Der Netzplan in Abb. 2-11a enthält keine Schleife.

2.3.2 Netzplandarstellung von Projektabläufen

Für die Darstellung des Projektablaufs durch einen Netzplan gibt es verschiedene Möglichkeiten.

> **Vorgangsorientierter Netzplan**
> Werden bei der Planung nur die Vorgänge und keine Ereignisse betrachtet und im Netzplan dargestellt, so ergibt sich ein vorgangsorientierter Netzplan.

In einem vorgangsorientierten Netzplan werden die Vorgänge eines Projekts und deren Reihenfolge beschrieben. Das ist auf die folgenden zwei Arten möglich:

> **Vorgangspfeilnetz** (VPN)
> Ein Vorgangspfeilnetz ist ein Netzplan, in dem die Vorgänge beschrieben und durch Pfeile dargestellt sind.
> Die Vorgangspfeile werden durch Knoten so miteinander verknüpft, wie es der Reihenfolge der Vorgänge im Projektablauf entspricht.

Die Knoten werden üblicherweise als Kreise gezeichnet.

Abb. 2-12 zeigt ein Beispiel für ein Vorgangspfeilnetz. Der gestrichelte Pfeil ist ein sogenannter **Scheinvorgang**, der eine Anordnungsbeziehung darstellt. Er ist in dem Beispiel notwendig, um zu vermeiden, dass zwei Knoten durch zwei parallele Pfeile verbunden werden.

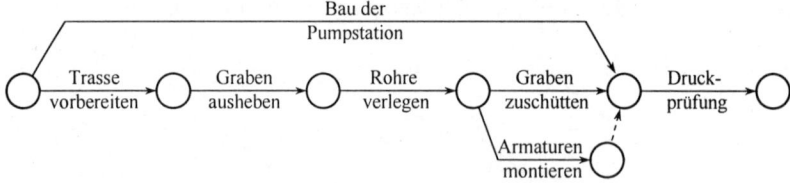

Abb. 2-12: Vorgangspfeilnetz

> **Vorgangsknotennetz** (VKN)
> In einem Vorgangsknotennetz werden die Vorgänge beschrieben und durch Knoten dargestellt.
> Die Vorgangsknoten werden durch Pfeile so miteinander verknüpft, wie es der Reihenfolge der Vorgänge im Projektablauf entspricht.

2.3 Methodische Grundlagen der Netzplantechnik

Die Vorgangsknoten werden meistens als Rechtecke gezeichnet. Abb. 2-13 zeigt das Beispiel aus Abb. 2-12 als Vorgangsknotennetz.

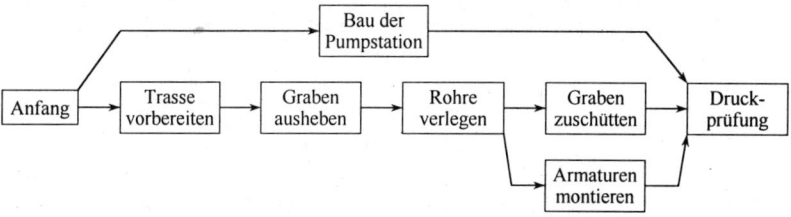

Abb. 2-13: Vorgangsknotennetz

Wird die Reihenfolge der Vorgänge nur als zeitliches Nacheinander im Netzplan berücksichtigt, so spricht man von einem **einfachen Vorgangsknotennetz**. Man kann aber auch komplexe Abläufe in einem Netzplan darstellen[1].

> **Ereignisorientierter Netzplan**
> Liegt das Schwergewicht der Projektplanung und der Darstellung des Projektablaufs bei den zeitpunktbezogenen Ereignissen, so spricht man von einem ereignisorientierten Netzplan.

Es ist nicht üblich, Ereignisse als Pfeile darzustellen, so dass sich nur eine Form ereignisorientierter Netzpläne ergibt.

> **Ereignisknotennetz** (EKN)
> In einem Ereignisknotennetz werden die Ereignisse beschrieben und durch Knoten dargestellt.
> Die Ereignisknoten werden durch Pfeile so verknüpft, wie es ihrer Reihenfolge im Projektablauf entspricht.

Abb. 2-14 (S. 34) zeigt das Beispiel aus Abb. 2-12 und Abb. 2-13 als Ereignisknotennetz.

Ereignisknotennetze enthalten keine direkten Informationen über Vorgänge. Ihnen kommt vor allem eine Bedeutung für Übersichtsnetzpläne zu. Eine Rolle spielen sie aber auch dort, wo im Planungsstadium eines Projekts noch nicht feststeht, welche Vorgänge im Einzelnen für das Projekt ausgeführt werden müssen. Das ist z.B. bei Projekten im Bereich Forschung und Entwicklung der Fall.

---

1 Vgl. dazu Abschnitt 9.2.

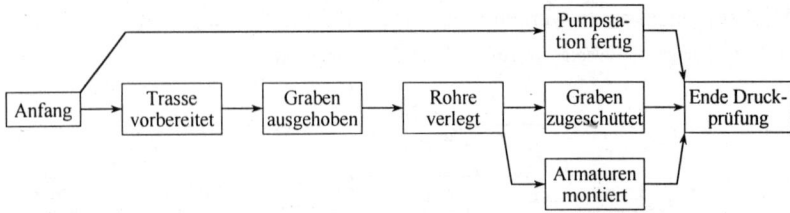

Abb. 2-14: Ereignisknotennetz

Werden sowohl Vorgänge als auch Ereignisse im Netzplan dargestellt, liegt ein **gemischtorientierter Netzplan** vor. Da in einem vorgangsorientierten Netzplan problemlos zusätzlich Ereignisse explizit berücksichtigt werden können, wird darauf nicht gesondert eingegangen.

Während in den Anfängen der Netzplantechnik fast ausschließlich Vorgangspfeilnetze (manchmal auch heute noch als CPM-Netzpläne bezeichnet[1]) verwendet wurden, ist man heute weitgehend zu Vorgangsknotennetzen (bisweilen als MPM-Netzpläne bezeichnet[2]) übergegangen. Letztere bieten eine Reihe von Vorzügen, auf die erst später eingegangen werden kann. Ereignisknotennetze werden nur für spezielle Aufgaben oder Anwendungen aufgestellt. In diesem Buch stehen Vorgangsknotennetze im Vordergrund.

---

[1] Vgl. S. 29.
[2] Vgl. S. 29.

3 Anforderungen und Grundsätze für ein Projektmanagement

3.1 Anforderungen und Voraussetzungen für das Projektmanagement

Um ein Projekt wirtschaftlich und termingerecht realisieren zu können, sind an ein leistungsfähiges Projektmanagement verschiedene **Anforderungen** zu stellen.

Allgemeine Anforderungen sind:
- Wirtschaftlichkeit,
- Effizienz,
- Transparenz,
- Einfachheit,
- Flexibilität,
- Vollständigkeit.

Spezifische Anforderungen an das Projektmanagement sind:
- vollständige Erfassung aller Vorgänge, Reihenfolgebedingungen und sonstigen Projektelemente,
- leicht verständliche und übersichtliche Darstellung des Arbeitsablaufs,
- detaillierter Zeitplan mit Projektdauer, Anfangs- und Endterminen der Vorgänge sowie Angabe der kritischen Stellen und der Zeitreserven,
- zuverlässige und einfach zu handhabende Unterlagen für die Arbeitsvorbereitung,
- Möglichkeit zur sofortigen Erkennung von Planabweichungen und zur schnellen Reaktion darauf,
- Möglichkeit zur Integration aller Phasen der Projektabwicklung (z.B. Konstruktion, Fertigung, Montage, Einkauf, Finanzierung usw.),
- Planung von Kapazitäten, Materialbereitstellung, Kosten usw.,
- Schaffung der Grundlagen für ein Projektinformationssystem.

Die Netzplantechnik als Projektmanagementwerkzeug und als Ansatz für eine systematische Planung, Steuerung und Überwachung von Projekten unterstützt die genannten Forderungen weitgehend[1].

Kennzeichen guter Projektarbeit, die auch als Anforderungen an ein Projektmanagement formuliert werden können, sind z.B.:
* hohe Kundenzufriedenheit,
* Projektzielerreichung und zielorientiertes Arbeiten,
* Einhaltung von Qualitätszielen,
* zuverlässige Planung,
* hohe Termintreue,
* Einhaltung eines Kostenrahmens.

Grundvoraussetzungen für ein wirksames Projektmanagement liegen in folgenden Bereichen:
* **Projektleitung**
  - fachliche und menschliche Qualifikation,
  - ausreichende Kompetenzen und Entscheidungsbefugnisse,
  - Unterstützung durch das obere Management,
  - klare Regelung der Zuständigkeiten,
  - Verfügbarkeit ausreichender, adäquater Ressourcen (Personal, Geräte, Hilfsmittel usw.),
* **Mitarbeiter**
  - ausreichend hoher Ausbildungsstand in den Grundsätzen der Projektplanung, -steuerung und -kontrolle,
  - hohe Motivation,
  - eindeutige und klare Regelungen über die Rolle der einzelnen Mitarbeiter im Projekt,
* **Organisation**
  - reibungslose Integration der Projekte in das organisatorische Umfeld,
  - adäquate interne Projektorganisation,
  - klare und umfassende organisatorische Regelungen für das Projektmanagement (z.B. durch ein Projektmanagementhandbuch),
  - Benennung von Ansprechpartnern in den betroffenen Bereichen,
  - eindeutig festgelegte Berichtswege,
  - klare Abgrenzungen und eindeutige Definition von Schnittstellen zu angrenzenden Bereichen,

---

1 Dabei ist entscheidend, dass die Netzplantechnik im konkreten Fall unterschiedlich ausgestaltet und individuellen Bedürfnissen angepasst werden kann. Man kann den Projektablauf durch unterschiedliche Netzplan-Formen (s.o.) darstellen, die Vorgangsknoten können unterschiedlich aufgeteilt werden, die Reihenfolge von Vorgängen kann durch verschiedenartige Anordnungsbeziehungen ausgedrückt werden (vgl. Abschnitte 9.2 und 9.5) usw.

- **Hilfsmittel**
  - Bereitstellung effizienter Werkzeuge und Hilfsmittel sowie Software,
  - individuelle Ausgestaltung der Hilfsmittel für das Projektmanagement, z.B. bei Vordrucken, Listen, Balkendiagrammen und Netzplänen.

Weitere Voraussetzungen für ein erfolgreiches Projektmanagement sind:
- klarer Projektauftrag,
- leistungsfähiges Rechnungswesen.

3.2 Anforderungen an Projektmanager

Auch an einen **Projektleiter** oder **Projektmanager** sind Anforderungen zu stellen. Die folgende Aufstellung gibt einen Überblick[1]:
- grundlegende Sachkenntnisse bezüglich des Projektgegenstands[2],
- umfassende Kenntnisse in Projektmanagementmethoden und -konzepten,
- Erfahrungen im Projektmanagement,
- fachliche Kenntnisse (wenigstens Grundkenntnisse) in den Bereichen
  - betriebswirtschaftliches Grundlagenwissen,
  - Rechnungswesen,
  - Psychologie,
  - Planungsmethoden,
  - Organisation,
- unternehmensbezogene Kenntnisse über
  - Firmenziele,
  - Unternehmensorganisation,
  - Betriebsrat oder Personalrat,
- Fähigkeit
  - zur Früherkennung von Entwicklungen, Problemen und Konflikten,
  - zum Führen und Motivieren von Mitarbeitern,
  - andere zu überzeugen,
  - zu kommunizieren,
  - zuzuhören,
- Erfahrungen in folgenden Bereichen:
  - Verhandeln mit Auftraggebern,
  - Problembewältigung,
  - Konfliktbewältigung,
  - Organisieren,
  - Mitarbeiterführung,
  - Präsentation,

---

1 Teilweise in Anlehnung an: FEYHL/FEYHL [1996, S. 256].
2 Spezialkenntnisse sind für einen Projektmanager normalerweise nicht erforderlich.

- Umgang mit unerwarteten Ereignissen,
- Verhandeln mit Betriebsräten,
* Entscheidungsfähigkeit,
* Durchsetzungsvermögen,
* Verhandlungsgeschick,
* Improvisationsvermögen,
* Fähigkeit zu Konflikt- und Krisenmanagement.

Ein Projektmanager sollte außerdem
* ausgeglichen,
* offen für Anregungen und
* bereit zum Delegieren

sein.

Insbesondere unter Führungsaspekten ist zu beachten, dass die Projektmanagementaufgaben auch in die folgenden beiden Kategorien eingeteilt werden können:
* **Aufgaben auf der Sachebene** eines Projekts, die sich beispielsweise beziehen können auf
  - Projektstruktur,
  - im Rahmen des Projekts zu erbringende Leistungen,
  - einzusetzende Methoden und Werkzeuge,
  - Projektablauf,
  - Ressourcen.
* **Aufgaben auf der psycho-sozialen Ebene** eines Projekts, die folgende Bereiche betreffen können:
  - Kooperation und Koordination,
  - Kommunikation,
  - Konfliktbewältigung.

3.3 Erfolgsfaktoren des Projektmanagements

Für ein wirksames Projektmanagement ist es erforderlich, die Erfolgsfaktoren von Projekten und vom Projektmanagement zu identifizieren.

Allgemein sind **Erfolgsfaktoren** die Größen, die den Unternehmenserfolg bestimmen. Die **kritischen Erfolgsfaktoren** beeinflussen den Erfolg eines Unternehmens maßgeblich. Sie spielen bei Planungs-, Steuerungs- und Kontrollprozessen in Unternehmen eine entscheidende Rolle.

Beispiele für kritische Erfolgsfaktoren eines Unternehmens sind:
* Wettbewerbsposition,
* Macht und Verhalten der Kunden,
* Macht und Verhalten von Lieferanten,
* Standort.

3.3 Erfolgsfaktoren des Projektmanagements

Erfolgsfaktoren können für ein Unternehmen, einen Geschäftsbereich, einzelne Produkte, einzelne Unternehmensaktivitäten oder in anderer Weise festgelegt werden[1], also auch für Projekte und für das Projektmanagement.

> **Erfolgsfaktoren eines Projekts**
> sind die Größen, die den Projekterfolg bestimmen.
> Die **kritischen Erfolgsfaktoren** eines Projekts beeinflussen Erfolg bzw. Misserfolg maßgeblich.

Für Projekte lassen sich allgemeine Erfolgsfaktoren identifizieren und, je nach Gegenstand eines Projekts, projektspezifische. Diese können teilweise aus den Voraussetzungen und Anforderungen an Projekte und an das Projektmanagement abgeleitet werden.

Allgemeine **Erfolgsfaktoren für Projekte** sind beispielsweise:
- eindeutige Projektziele,
- systematisches und für die Beteiligten transparentes Projektmanagement,
- Schaffung eines adäquaten organisatorischen Konzepts,
- laufende Überwachung der Projektdurchführung und erforderlichenfalls Revision der ursprünglichen Projektplanung,
- systematische Erfolgskontrolle,
- Qualitätssicherung,
- mitlaufende Projektdokumentation,
- kooperativer Führungsstil der Projektleitung,
- regelmäßige und gezielte Informationsversorgung aller Betroffenen.

Die Identifizierung von Erfolgsfaktoren für Projekte ist die Basis für eine ziel- und anforderungsgerechte Planung und Durchführung von Projekten.

Neben den Erfolgsfaktoren für Projekte gibt es **auch Erfolgsfaktoren für das Projektmanagement**. Dazu gehören z.B.:
- eindeutige Planungs-, Steuerungs- und Kontrollprozesse,
- eindeutig definierte Entscheidungskompetenzen,
- eindeutige Zuordnung von Verantwortungen,
- verursachungsorientierte Kostenverantwortung,
- Einsatz adäquater Methoden und Hilfsmittel,
- angemessene Organisation des Projektmanagements,
- aufgabengerechte Qualifikationen des Projektmanagement-Personals.

Die Erfolgsfaktoren des Projektmanagements sind die Basis für eine erfolgreiche Arbeit in diesem Bereich.

---

[1] Die Fixierung von Erfolgsfaktoren ist allerdings grundsätzlich subjektiv geprägt und kann nicht nach absoluten, objektiven Maßstäben erfolgen.

3.4 Prinzipien für ein erfolgreiches Projektmanagement

Im Zusammenhang mit den Anforderungen, Voraussetzungen und Erfolgsfaktoren spielen auch Prinzipien, Leitlinien oder Grundsätze für das Projektmanagement eine Rolle. Dabei ist zu beachten, dass diese Bereiche – wie die vorangegangenen Abschnitte bereits deutlich gemacht haben – kaum überschneidungsfrei dargestellt werden können.
Für die praktische Arbeit mit Projekten ist es wichtig, unternehmensindividuelle, allgemein verbindliche Prinzipien zu entwickeln und für die Projektarbeit als Projektmanagement-Grundsätze oder Projektmanagement-Prinzipien vorzugeben.
Wichtige Prinzipien werden nachfolgend im Überblick dargestellt.

Ziele[1]

- Projektziele müssen allen Projektbeteiligten bekannt sein und mit dem Auftraggeber gemeinsam festgelegt werden.
- Die Ziele sollten folgende Anforderungen erfüllen:
  - eindeutig,
  - widerspruchsfrei,
  - zeitbezogen,
  - realistisch,
  - messbar und kontrollierbar,
  - mit Prioritäten versehen.
- Projektziele können sich während der Ausführung eines Projekts ändern. Deshalb sind sie regelmäßig zu evaluieren und gegebenenfalls zu revidieren. Globale Projektziele sollten während der Projektabwicklung sukzessive verfeinert werden.

Organisation

- Jedes Projekt bedarf einer adäquaten internen Projektorganisation[2] und einer angemessenen Einbindung in die Gesamtorganisation.
- Organisatorische Regelungen sind allen Beteiligten und Betroffenen bekannt zu machen.

Mitarbeiter

- Ein wichtiger Grundsatz für das Projektmanagement ist, nur qualifizierte und motivierte Mitarbeiter für ein Projekt einzusetzen.
- Wichtige Aspekte der Mitarbeitermotivation[3] sind:
  - Ziele realistisch setzen, denn nichts ist demotivierender als unrealistische Ziele,
  - alle Mitarbeiter wichtig nehmen, denn Anerkennung ist das „tägliche Brot" der Projektarbeit,
  - Mitarbeiter nach Interesse und Neigung einsetzen,

---

1 Diese können teilweise aus den Erfolgsfaktoren (s.o.) hergeleitet werden.
2 Vgl. hierzu beispielsweise die Ausführungen zu „Strategien der Projektorganisation" in Abschnitt 3.5, insbesondere S. 44, sowie Kapitel 26.
3 In Anlehnung an: FEYHL/FEYHL [1996, S. 7].

- schnell und sicher entscheiden, denn verschleppte Entscheidungen demotivieren,
- Projektteam in Entscheidungsprozesse integrieren, denn dadurch wird die Entscheidungsakzeptanz erhöht,
- das Projektteam nach außen „als Anwalt" vertreten,
- kooperativ führen und Verantwortung delegieren,
- klare Konzepte entwickeln, denn konzeptionslose Ad-hoc-Maßnahmen schaden der Effektivität,
- informieren und kommunizieren.

Projektführung
- Das Projektmanagement muss einen die Mitarbeitermotivation und die Projektarbeit unterstützenden Führungsstil[1] praktizieren.
- Das Projektmanagement muss von den Projektmitarbeitern akzeptiert werden.

Werkzeugeinsatz
- Das Projektmanagement sollte bei seiner Arbeit wirksame Werkzeuge und Hilfsmittel einsetzen. Dazu gehören Planungstechniken und -verfahren, Organisationshilfsmittel (z.B. Planungstafeln, Formulare), Software, Telekommunikationseinrichtungen usw.

Wirtschaftlichkeit
- Ein elementarer Grundsatz des Projektmanagements ist das Wirtschaftlichkeitsprinzip. Im Vordergrund der Projektarbeit muss das Projekt stehen. Das Projektmanagement darf nicht zum Selbstzweck werden.

Dokumentation
- Die Projektarbeit sollte dokumentiert werden. Diese Dokumentation beginnt mit der Projektinitialisierung und endet mit dem Projektabschlussbericht.

Qualität
- Für die Sicherstellung ziel- und anforderungsgerechter Projektergebnisse ist ein Qualitätsmanagement einzurichten.
- Das Qualitätsmanagement sollte von der Projektleitung unabhängig sein.

3.5 Strategien für das Management von Projekten

Ein effizientes Projektmanagement erfordert immer auch eine optimale Herangehensweise an Planung, Steuerung und Kontrolle eines Projekts. Dafür stehen verschiedene Strategien zur Verfügung.

---

[1] Vgl. hierzu beispielsweise die Ausführungen zu „Strategien der Projektführung" in Abschnitt 3.5, insbesondere S. 45.

Allgemein legt eine Strategie die Art und Weise fest, wie an ein Problem herangegangen wird.

> **Projektmanagementstrategie**
> Durch eine Projektmanagementstrategie wird festgelegt, wie an Planung, Steuerung und Überwachung eines Projekts heranzugehen ist, um optimal und wirtschaftlich die Projektziele zu erreichen.

Die folgenden Ausführungen geben einen Überblick über wichtige Projektmanagementstrategien.

Nach der **Anzahl der Realisierungsstufen** unterscheidet man:
- **einmalige Strategie**, bei der ein Projekt als Ganzes geplant und realisiert wird, und
- **iterative Strategie**, bei der eine Zerlegung in Teil- und Unterprojekte erfolgt, die weitestgehend getrennt abgewickelt werden können. Projektstrukturpläne sind ein wichtiges Hilfsmittel einer iterativen Strategie.

Bei größeren Projekten wird sich häufig eine iterative Strategie empfehlen.

Strategien nach der **Vorgehensrichtung** (vgl. Abb. 3-1):
- **Top-Down-Strategie** bedeutet, dass das Projekt schrittweise vom Gesamtprojekt her über Teilprojekte, Unterprojekte und Arbeitspakete geplant und/oder realisiert wird.
- Bei einer **Bottom-Up-Strategie** wird bei einzelnen Teilaufgaben begonnen, die dann von unten nach oben schrittweise zum Gesamtprojekt „zusammengefügt" werden.

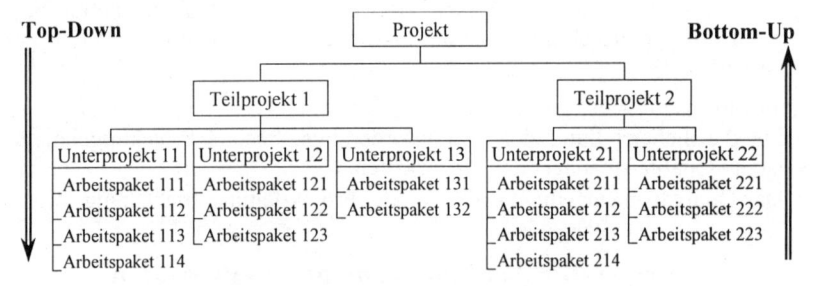

Abb. 3-1: Top-Down- und Bottom-Up-Strategie

In den meisten Fällen werden bei einem Projekt sowohl Top-Down- als auch Bottom-Up-Strategie angewendet. „Top-Down" geht man üblicherweise bei der Projektanalyse und bei der Projektplanung vor, während Projektdurchführung und -überwachung „Bottom-Up" erfolgen.

3.5 Strategien für das Management von Projekten

Strategien nach **Ausgangspunkt** oder **Zeitorientierung**:
- Beim **Ist-Zustands-** oder **vergangenheitsorientierten Ansatz** sind die derzeitigen Strukturen und Abläufe Ausgangspunkt einer Projektplanung. Man bezeichnet diesen Ansatz auch als **induktive Strategie**.
- Beim **Soll-Zustands-** oder **zukunftsorientierten Ansatz** sind zielorientierte Sollvorgaben Ausgangspunkt, unabhängig von derzeitigen Strukturen und Abläufen.
  Man spricht auch von einer **deduktiven Strategie**.

Strategien nach dem **Bezug zur Projektumwelt** (vgl. Abb. 3-2):
- Wird ein Projekt von den Rahmenbedingungen der Projektumwelt (bzw. vom Projektumfeld) her geplant und realisiert und dann schrittweise nach innen verfeinert, spricht man von **Outside-In-Ansatz** bzw. **Outside-In-Strategie**.
- Geht man umgekehrt vor, dann wird ein **Inside-Out-Ansatz** bzw. eine **Inside-Out-Strategie** verfolgt.

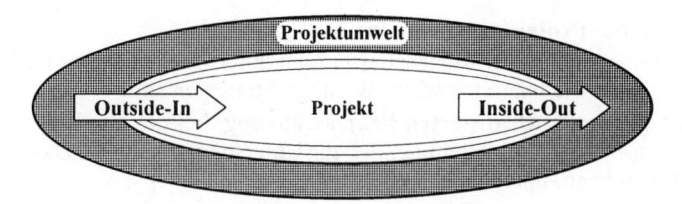

Abb. 3-2: Outside-In- und Inside-Out-Strategie

Der Outside-In-Ansatz gewährleistet, dass die Projektergebnisse sich optimal in die Umwelt einfügen. Beim Inside-Out-Ansatz muss diese Anpassung am Projektende vorgenommen werden.

Strategien nach dem **Schwierigkeitsgrad der Projektaktivitäten**:
- Bei einer **Easiest-first-Strategie** beginnt man – soweit der logische Projektablauf das zulässt – mit den (relativ) leichten Aufgaben bzw. Teilprojekten.
- Bei der **Hardest-first-Strategie** beginnt man mit den schwierigsten Teilen bzw. Aufgaben des Projekts.

Die Easiest-First-Strategie hat häufig den Vorteil, dass relativ schnell Ergebnisse vorliegen und dadurch die Projektmitarbeiter zusätzlich motiviert werden. Die Hardest-First-Strategie empfiehlt sich, wenn die Realisierung eines Projekts an schwierigen Aktivitäten scheitern kann.

Strategien nach der **Verwendungshäufigkeit von Planungskonzepten**:
- Können sich in einem Unternehmen oder einem bestimmten Aufgabenbereich Projekte oder Teilprojekte in gleicher oder ähnlicher Form wiederholen, dann empfiehlt es sich, die Planungsunterlagen so zu erstellen, dass

sie unverändert oder in möglichst wenig modifizierter Form wieder verwendet werden können.
Man spricht vom Prinzip oder der Strategie der **Mehrfachverwendung**.
- Wird auf eine Mehrfachverwendung kein Wert gelegt, handelt man nach der Strategie der **Einfachverwendung**.

Sofern möglich, sollte man immer die Strategie der Mehrfachverwendung verfolgen, da dadurch die Wirtschaftlichkeit des Projektmanagements gesteigert werden kann.

Strategien nach der **Art der Projektfertigstellung**:
- Bei einer **Simultan-Strategie** erfolgt die Übergabe und/oder Inbetriebnahme aller Projektergebnisse gleichzeitig nach Beendigung des Gesamtprojekts.
- Eine **Sukzessiv-Strategie** liegt vor, wenn Übergabe und/oder Inbetriebnahme nicht komplett für das Gesamtprojekt erfolgt, sondern für Teilprojekte jeweils nach deren Beendigung.

Es hängt natürlich von der Art oder dem Gegenstand des Projekts ab, ob eine Sukzessiv-Strategie überhaupt möglich ist.

Strategien der **Projektorganisation**:
Für die Organisation der Mitarbeiterführung durch die Projektleitung gibt es ebenfalls verschiedene Strategien. Wichtige Strategien sind[1]:
- **Strategie der zentralisierten Projektführung**, bei der alle Projektmitarbeiter direkt der Projektleitung, der zur Unterstützung ein Assistent beigestellt sein kann, unterstehen (vgl. Abb. 3-3).

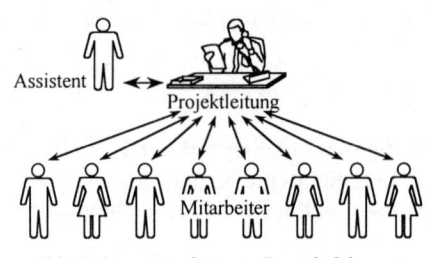

Abb. 3-3: zentralisierte Projektführung

- Bei größeren Projekten werden üblicherweise Teilprojekte gebildet, für die dann eigene Teilprojektleitungen benannt werden.

Dafür empfiehlt sich eine **Strategie der mehrstufigen Projektführung**, die in Abb. 3-4 veranschaulicht ist.

---

[1] Auf Projektorganisation wird in Kapitel 26 ausführlich eingegangen.

3.5 Strategien für das Management von Projekten

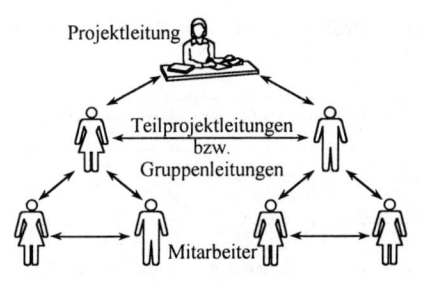

Abb. 3-4: zentralisierte Projektführung mit starker Delegation

- Bei der **Strategie der Gleichberechtigung** wird von Mitarbeitern mit unterschiedlichen Qualifikationen ausgegangen, die innerhalb des Projekts gleichberechtigt sind (vgl. Abb. 3-5).

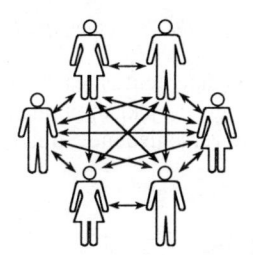

Abb. 3-5: Projektteam von Gleichberechtigten

Strategien des **Projektführungsstils**:
Wichtige Strategien für die Art der Führung der Mitarbeiter durch die Projektleitung sind:
- **autoritärer Führungsstil**, bei dem alle Entscheidungskompetenzen bei der Projektleitung liegen und
- **kooperativer Führungsstil**, mit starker Delegation von Verantwortung und Entscheidungskompetenzen auf die Projektmitarbeiter.

Strategien nach der **Verhaltensdynamik des Projektmanagements**:
Projektverantwortliche, aber auch andere von einem Projekt betroffene Personen, lassen sich durch unterschiedliche Verhaltensweisen oder Verhaltensstrategien charakterisieren:
- **innovative Strategie**, die durch intensives Vorwärtsstreben und Bereitschaft zur sofortigen Übernahme von Neuerungen geprägt ist,
- **abwartende Strategie**, die Neues erst nach ausreichend Erfahrungen bei anderen oder Bewährung einzusetzen bereit ist,
- **abwehrende Strategie**, die tendenziell am Althergebrachten festhält.

In Abb. 3-6 sind die Strategien für das Projektmanagement noch einmal zusammenfassend dargestellt[1].

Strategien des Projektmanagements nach				
Anzahl Realisierungsstufen	Ausgangspunkt oder Zeitorientierung	Schwierigkeitsgrad der Projektaktivitäten	Art der Projektfertigstellung	Projektführungsstil
– einmalig – iterativ	– induktiv – deduktiv	– Easiest-first – Hardest-first	– simultan – sukzessive	– autoritär – kooperativ
	Vorgehensrichtung	Bezug zur Projektumwelt	Verwendungshäufigkeit der Konzepte	Projektorganisation	Verhaltensdynamik
	– Top-Down – Bottom-Up	– Inside-Out – Outside-In	– Einfachverw. – Mehrfachverw.	– zentralisiert – mehrstufig – gleichberechtigt	– innovativ – abwartend – abwehrend

Abb. 3-6: Übersicht über die Strategien des Projektmanagements

Für ein effizientes Projektmanagement ist es erforderlich, die für das Unternehmen bzw. für das jeweilige Projekt optimalen Strategien zu finden und anzuwenden. Dabei können verschiedene Strategien durchaus miteinander kombiniert werden.

3.6 Vorgehensmodelle

Erfolgreiches Projektmanagement erfordert ein systematisches Vorgehen bei Planung, Steuerung und Kontrolle.

> **Vorgehensmodell**
> Ein Vorgehensmodell beschreibt einen bestimmen Ansatz für die Art der Durchführung und die Reihenfolge der Teilaufgaben zur Lösung eines Problems, wobei man sich sehr stark an der logischen und/oder chronologischen Reihenfolge der Einzelaktivitäten orientiert.

---

[1] Bei differenzierter Betrachtung kann man bei der Verhaltensdynamik sechs Strategien unterscheiden:
  explosive Strategie: Neuerungen werden schnell und mit großer Intensität realisiert;
  aggressive Strategie: Einsatz neuester Technologien und steter Fortschrittswille;
  moderate Strategie: Vorwärtsstreben und Schritthalten mit neueren Entwicklungen, aber eine eher abwartende Haltung bei der Übernahme neuester Entwicklungen;
  retardierende Strategie: nicht von Fortschrittswillen geprägt, Neuerungen werden erst übernommen, wenn sie allgemeiner Standard sind;
  defensive Strategie: Festhalten am Althergebrachten;
  destruktive Strategie: nicht nur passiv, auch aktiv von einer abwehrenden Haltung geprägt.

3.6 Vorgehensmodelle

Für Projekte gibt es verschiedene Ansätze für Vorgehensmodelle. Ein allgemeines Vorgehensmodell enthält Abb. 3-7.

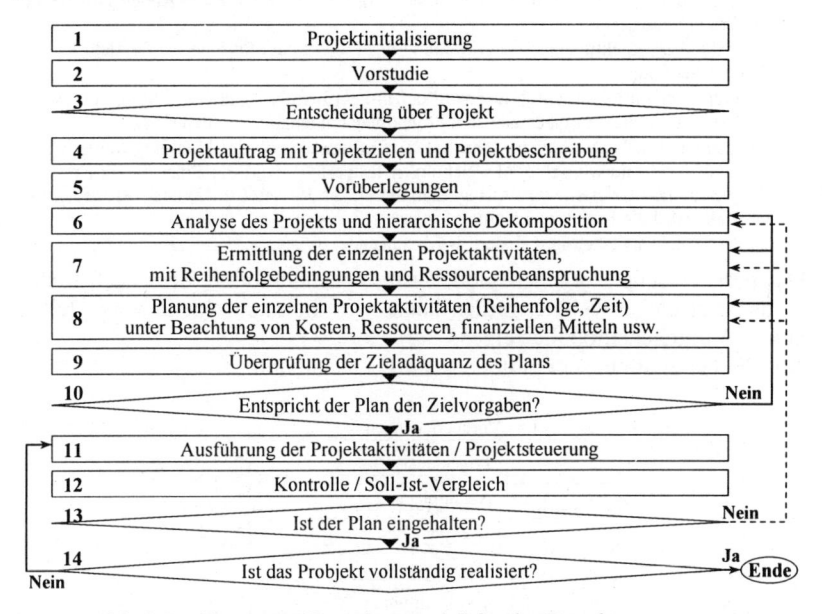

1	Projektinitialisierung
2	Vorstudie
3	Entscheidung über Projekt
4	Projektauftrag mit Projektzielen und Projektbeschreibung
5	Vorüberlegungen
6	Analyse des Projekts und hierarchische Dekomposition
7	Ermittlung der einzelnen Projektaktivitäten, mit Reihenfolgebedingungen und Ressourcenbeanspruchung
8	Planung der einzelnen Projektaktivitäten (Reihenfolge, Zeit) unter Beachtung von Kosten, Ressourcen, finanziellen Mitteln usw.
9	Überprüfung der Zieladäquanz des Plans
10	Entspricht der Plan den Zielvorgaben? — Nein
11	Ausführung der Projektaktivitäten / Projektsteuerung
12	Kontrolle / Soll-Ist-Vergleich
13	Ist der Plan eingehalten? — Nein
14	Ist das Projekt vollständig realisiert? — Ja → Ende / Nein

Abb. 3-7: allgemeines Vorgehensmodell für das Projektmanagement

Zu dem Vorgehensmodell in Abb. 3-7 ist folgendes anzumerken:
(1) Am Anfang steht die Initialisierung des Projekts durch eine Projektidee.
(2) Um entscheiden zu können, ob ein Projekt gestartet werden soll, wird eine Vorstudie angefertigt. Sie enthält den Anwendungsbereich, die Projektziele, eine grobe Aufwandsschätzung und weitere entscheidungsrelevante Fakten.
(3) Auf Basis der Vorstudie wird entschieden, ob ein Projekt begonnen werden soll oder nicht.
(4) Das eigentliche Projekt beginnt mit dem Projektauftrag. Dieser enthält die Projektziele bzw. den Projektzweck und eine ausführliche und umfassende Projektbeschreibung[1].
(5) Vor der eigentlichen Projektplanung werden Vorüberlegungen angestellt, auf die in Abschnitt 6.3 eingegangen wird.
(6) Das Projekt wird hinsichtlich besonderer Eigenschaften und Probleme analysiert. Insbesondere bei größeren Projekten ist das mit einer hierarchischen Zerlegung des Projekts in Teilprojekte, Unterprojekte usw. in Form eines Projektstrukturplans verbunden.
(7) Für die Projektplanung und -steuerung sind alle zur Projektrealisierung erforderlichen Aktivitäten und deren Reihenfolge zu ermitteln. Ferner ist die für die Aktivitätenausführung erforderliche Ressourcenbeanspruchung und die Ausführungsdauer festzustellen.
(8) In der nächsten Phase des Vorgehensmodells wird der Projektablauf hinsichtlich der Reihenfolge der Aktivitäten geplant. Dieser Ablaufplan ist die Basis für den Zeitplan. Bei beiden Plänen sind Beschränkungen der Ressourcen und der Finanzmittel zu beachten.

---

1 Vgl. dazu Abschnitt 6.1.

(9) Die Pläne sind mit den Zielvorgaben und Randbedingungen des Projekts abzustimmen.
(10) Entsprechen Ablauf- und/oder Zeitplan nicht den Zielvorgaben, sind die Pläne zu modifizieren. Dazu springt man in eine der Phasen (6), (7) oder (8) zurück. Andernfalls beginnt die Projektrealisierung.
(11) Aufgabe des Projektmanagements während der Projektdurchführung ist die zielorientierte Projektsteuerung.
(12) Während der Projektdurchführung wird der Projektfortschritt laufend erfasst, und es wird kontrolliert, ob die Vorgaben aus dem Projektplan eingehalten worden sind.
(13) Über einen Soll-Ist-Vergleich (Schritt (12)) wird geprüft, ob der Plan eingehalten wurde. Werden dabei unerwünschte Abweichungen festgestellt, sind die Pläne für das restliche Projekt zu modifizieren. Dazu springt man in eine der Phasen (6), (7) oder (8) zurück. Andernfalls wird die Projektrealisierung fortgesetzt.
(14) Ist das Projekt vollständig realisiert, wird es beendet.

Das beschriebene Vorgehensmodell ist ein Grundmodell, dass nach Bedarf modifiziert und erweitert werden kann, wie die nachfolgend vorgestellten beiden Vorgehensmodelle zeigen.
Abb. 3-8 enthält ein sehr einfaches Vorgehensmodell.

1	Vorüberlegungen
2	Projektanalyse
3	Ablaufplanung
4	Zeitplanung
5	Planrevision
6	Projektdurchführung
7	Projektkontrolle
	Ende

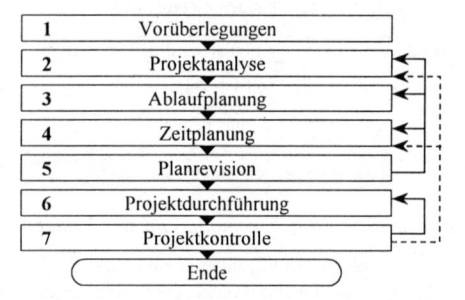

Abb. 3-8: einfaches Vorgehensmodell für das Projektmanagement

Dieses Vorgehensmodell enthält nur die wichtigsten Phasen einer Projektabwicklung und verzichtet auf Details. Es orientiert sich an den bereits in Abschnitt 1.2 erwähnten Aufgabenbereichen der Projektplanung, -steuerung und -kontrolle. Zu den Phasen gehören folgende Aufgaben:

(1) **Vorüberlegungen** (vgl. dazu Abschnitt 6.3).
(2) **Projektanalyse,** mit Ablaufanalyse (vor allem Ermittlung der Vorgänge und ihrer Reihenfolge), Zeitanalyse (Ermittlung der Ausführungszeiten und Terminvorgaben) sowie der Analyse der notwendigen Kosten, Kapazitäten, Materialien usw.
(3) **Ablaufplanung,** d.h. Planung der Vorgänge und ihrer Reihenfolge.
(4) **Zeitplanung,** mit Ermittlung der Informationen über den zeitlichen Ablauf eines Projekts.
(5) **Planrevision,** die erforderlich wird, wenn der Plan Vorgaben, Randbedingungen oder Anforderungen (z.B. Terminvorgaben) nicht gerecht wird und überarbeitet werden muss. Man springt dazu in die Zeitplanung oder die Projektanalyse zurück.
(6) **Projektdurchführung.**
(7) **Projektkontrolle,** durch die die Einhaltung des Plans überwacht wird. Bei Planabweichungen ist unter Umständen eine Planrevision erforderlich. Dazu wird wieder bei der Zeitplanung oder bei der Projektanalyse eingesetzt.

3.6 Vorgehensmodelle

Planung, Durchführung und Kontrolle bilden während der Projektdurchführung einen **Regelkreis**. Das Vorgehensmodell kann um die Einbeziehung von Kosten, Kapazitäten, Material und um andere Gesichtspunkte erweitert werden.

Ein ausführliches Vorgehensmodell, das auch die Projektinitialisierung und mehrere Schritte für einen ersten Projektentwurf enthält, zeigt Abb. 3-9.

Projektinitialisierung	1. Initialisierung durch eine interne oder externe Projektidee
	2. Diskussion der Projektidee mit Experten und Betroffenen
	3. Entscheidung über Projekt → Abbruch
Projektskizze	4. Auftrag Projektskizze
	5. Ausarbeitung der Projektidee zu einer Projektskizze
	6. erste Durchführbarkeitsuntersuchung
	7. Präsentation der Projektskizze vor Experten und Betroffenen
	8. Entscheidung über Projekt → Abbruch
Projektplanung	9. Projektauftrag und Benennung eines Projektverantwortlichen
	10. Projektvorbereitung (Vorüberlegungen)
	11. Projektanalyse und Projektstrukturplan
	12. Projektplan (Ablauf, Termine, Personal, Kosten, Finanzierung)
	13. erneute Durchführbarkeitsuntersuchung
	14. Präsentation des Projektplans vor Experten und Betroffenen
	15. Entscheidung über Projekt → Abbruch
Pilotprojekt	*16. Pilotprojekt/Erprobung*
	17. Auswertung
	18. Entscheidung → Abbruch
Projektrealisierung	19. Projektdurchführung
	Nein 20. Plan eingehalten? Ja
	21. Abschlußbericht / Projektdokumentation

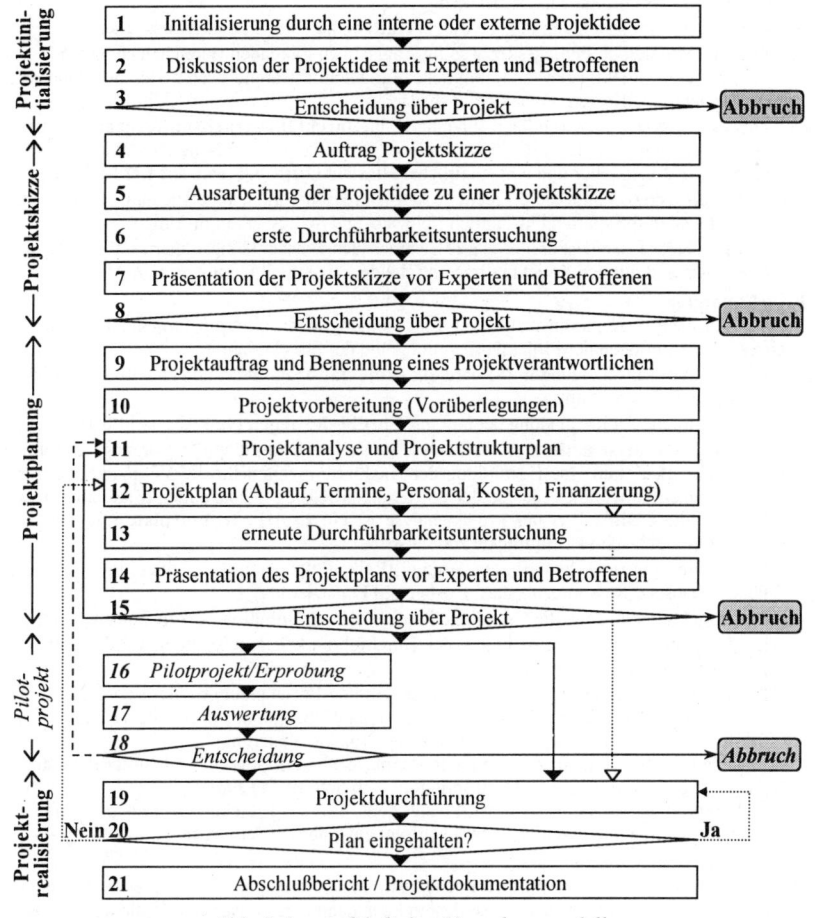

Abb. 3-9: ausführliches Vorgehensmodell

Zu diesem Vorgehensmodell ist folgendes anzumerken.
Projektinitialisierung
Am Anfang stehen Aktivitäten der Initialisierung eines Projekts.
(1) Projekte werden durch eine **Projektidee** initialisiert, die von eigenen Mitarbeitern oder von Externen (z.B. Beratern) kommen kann, oder durch einen Kundenauftrag.

(2) Die Projektidee wird mit den Betroffenen und mit Experten hinsichtlich Relevanz und Realisierbarkeit diskutiert.
(3) Das Ergebnis der Diskussion aus (2) wird Entscheidungsträgern vorgestellt, die über den Start eines Projekts entscheiden. Gegebenenfalls kommt es zum Abbruch.

Projektskizze
Die Projektskizze dient dazu, die Projektidee soweit zu konkretisieren, dass endgültig über den Start eines Projekts entschieden werden kann.
(4) Bei positiver Entscheidung in (3) wird ein **Auftrag zu einer Projektskizze** erteilt.
(5) Die auszuarbeitende **Projektskizze** sollte Angaben zu folgenden Bereichen enthalten: Projektziele, Projektgegenstand, mögliche Varianten, erwartete Dauer, Ressourcenbedarf, voraussichtliche Kosten, Finanzierungsbedarf.
(6) Die Projektskizze ist Grundlage für eine erste **Durchführbarkeitsuntersuchung**. Darin wird untersucht, ob das Projekt in personeller, sozialer, technischer, organisatorischer, rechtlicher, finanzieller und wirtschaftlicher Hinsicht überhaupt realisiert werden kann.
(7) Die Projektskizze und die Ergebnisse der Durchführbarkeitsuntersuchung werden mit Betroffenen und Experten hinsichtlich Relevanz und Schlüssigkeit diskutiert.
(8) Die Ergebnisse der Diskussion aus (7) werden den Entscheidungsträgern vorgestellt, die über einen endgültigen Projektauftrag entscheiden. Eventuell kommt es zum Abbruch.

Projektplanung
Führt die Projektskizze zu einer positiven Entscheidung, dann folgt ein Projektauftrag und es beginnen die Aktivitäten der Projektvorbereitung und der Projektplanung.
(9) Bei positiver Entscheidung in (8) wird ein **Projektauftrag** erteilt und es wird ein Projektverantwortlicher benannt.
(10) Die eigentliche Projektplanung beginnt mit **Vorüberlegungen** (vgl. Abschnitt 6.3).
(11) Die **Projektanalyse** umfasst Ablaufanalyse (vor allem Ermittlung der Vorgänge und ihrer Reihenfolge), Zeitanalyse (Ermittlung der Ausführungszeiten für die Vorgänge und Terminvorgaben) sowie die Analyse der notwendigen Kosten, Kapazitäten, Materialien usw. Ein wichtiges Hilfsmittel der Projektanalyse ist ein **Projektstrukturplan**, mit dem ein Projekt hierarchisch in Teilprojekte zerlegt wird.
(12) Die **Projektplanung** betrifft den Ablauf (Reihenfolgeplanung), Zeiten und Termine, Personaleinsatz, Ressourcenbedarf, Kosten und Finanzierung.
(13) Der Projektplan ist dann die Grundlage für eine erneute Durchführbarkeitsuntersuchung.
(14) Der Projektplan und die Ergebnisse der Durchführbarkeitsuntersuchung werden mit Betroffenen und Experten diskutiert.
(15) Die Ergebnisse der Diskussion aus (14) werden den Entscheidungsträgern vorgestellt, die über den Fortgang der Projektarbeiten entscheiden. Dabei können drei Fälle auftreten:
a) Der Plan ist zielgerecht. Es erfolgt dann die Projektrealisierung.
b) Der Plan ist noch nicht ziel- und anforderungsgerecht. In diesem Fall ist der Plan anzupassen bzw. zu modifizieren. Dazu springt man in Schritt (11) zurück.
c) Aufgrund der Projektplanung wird festgestellt, dass das Projekt nicht ziel- und anforderungsgerecht realisiert werden kann. Es erfolgt ein Abbruch der Arbeiten.

Pilotprojekt
Bei manchen Projekten, z.B. bei Softwareentwicklung oder Reorganisation, ist es zweckmäßig, zunächst ein Pilotprojekt durchzuführen. Damit kann dann erprobt werden, ob die angestrebten Projektziele überhaupt erreichbar sind. Außerdem kann das Pilotprojekt zur Optimierung der Projektergebnisse verwendet werden. Das Pilotprojekt ist folglich fakultativ. Deshalb sind die entsprechenden Phasen in Abb. 3-9 kursiv beschriftet.
(16) Je nach Anwendungsbereich kann es sinnvoll sein, die Projektrealisierung mit einem **Pilotprojekt** bzw. einer **Erprobungsphase** zu beginnen. Dadurch können Erfahrungen gesammelt werden.

3.6 Vorgehensmodelle

(17) An die Pilot- bzw. Erprobungsphase schließt sich eine **Auswertung und Analyse** der Ergebnisse an.

(18) Die Auswertungsergebnisse der Pilot- bzw. Erprobungsphase sind Grundlage einer weiteren Entscheidung über den Fortgang des Projekts, bei der wieder drei Fälle (ähnlich wie in Phase 15) möglich sind:
a) Die Erprobung liefert zufriedenstellende Ergebnisse. Es erfolgt dann die endgültige Projektrealisierung.
b) Die Ergebnisse der Erprobung sind noch nicht zufriedenstellend. In diesem Fall ist der Plan anzupassen bzw. zu modifizieren. Dazu springt man in Schritt (11) zurück.
c) Das Pilotprojekt zeigt, dass das Projekt nicht ziel- und anforderungsgerecht realisiert werden kann. Es erfolgt ein Abbruch der Arbeiten.

Projektrealisierung
Bei positiver Entscheidung in (15) bzw. (18) geht man zur Projektrealisierung über.

(19) Die Projektrealisierung umfasst alle Aufgaben der **Projektdurchführung**.

(20) Die Projektrealisierung ist verbunden mit einer laufenden **Projektüberwachung**. Bei unerwünschten Abweichungen ist eine Planrevision erforderlich und man springt zu Schritt (12) zurück. Je nach Situation können Abweichungen auch durch geeignete Steuerungsmaßnahmen aufgefangen werden.

(21) Nach Projektende wird ein **Abschlussbericht** erstellt. Dazu gehört auch die Projektdokumentation, die zweckmäßigerweise schon während der Projektrealisierung laufend angefertigt wird.

Die drei Vorgehensmodelle zeigen exemplarisch, wie ein systematisches Projektmanagement erfolgen kann. Für die praktische Anwendung ist dabei folgendes zu beachten:

Werden in einem Unternehmen häufiger Projekte durchgeführt, dann empfiehlt sich die Entwicklung eines spezifischen, auf die individuellen Bedürfnisse und Gegebenheiten zugeschnittenen Vorgehensmodells. Die hier behandelten Vorgehensmodelle können dazu als Orientierung dienen.

Bei der Entwicklung eines individuellen Vorgehensmodells sollte man auf eine schlüssige logische Grundstruktur achten, die immer die Phasen

- Projektinitialisierung,
- Projektvorbereitung und Projektanalyse,
- Projektplanung sowie
- Projektsteuerung und -überwachung bzw. Projektrealisierung

umfassen wird.

Ein Vorgehensmodell sollte ausreichend detailliert sein und die einzelnen Phasen sollten gegebenenfalls erläutert werden.

Für die praktische Arbeit kann es zweckmäßig sein, das individuelle Vorgehensmodell nicht als Ablaufdiagramm, wie in Abb. 3-7, Abb. 3-8 und Abb. 3-9 zu verwenden, sondern in einer tabellarischen Form. In eine solche Tabelle können dann für die einzelnen Vorgehensschritte auch zuständige Stellen, Termine und andere für das Projektmanagement relevante Informationen eingetragen werden.

Dazu zeigt Abb. 3-10 (S. 52) ein einfaches Beispiel.

Phasenplan zum Projekt:		
Projektbeginn: Projektende:		
Auftraggeber: Projektleiter:		
Projektschritt	**Verantwortlich**	**Termin**
Initialisierung durch eine interne oder externe Projektidee		
Diskussion der Projektidee mit Experten und Betroffenen		
Auftrag Projektskizze		
Projektskizze		
Entscheidung		
Projektauftrag		
Vorüberlegungen		
Projektstrukturplan		
Projektanalyse		
Projektplan		
Projektrealisierung		
Abschlussbericht / Projektdokumentation		

Abb. 3-10: Vorgehensmodell in Tabellenform

Die Entwicklung eines unternehmensspezifischen Vorgehensmodells gehört zu den allgemeinen Grundaufgaben des Projektmanagements.

Teil II:
Projektvorbereitung

In Abschnitt 1.3 wurde dargelegt, dass Projektmanagement alle Aufgaben der Planung, Steuerung und Überwachung von Projekten umfasst. Bevor mit der Planung begonnen werden kann, sind im Regelfall verschiedene Vorbereitungsmaßnahmen erforderlich. Der zweite Teil dieses Buches ist diesen vorbereitenden Aktivitäten und Überlegungen für die Planung und Durchführung eines Projekts gewidmet.

4 Projektinitialisierung und Projektskizze

In diesem Kapitel werden Überlegungen angestellt, die vor allem innovative Projekte betreffen. Werden Projekte durch feste Aufträge ausgelöst, entfallen die meisten der behandelten Aufgaben. Die Projektaufträge können von außen (z.B. durch Kunden) oder von innen (z.B. durch Reorganisationsmaßnahmen) ausgelöst werden.

4.1 Projektinitialisierung

Die **Anregung oder der Anstoß zu einem Projekt** kann auf unterschiedliche Art zustande kommen, je nach Initiator und je nach auslösenden Gründen.

Initiatoren eines Projekts können Mitarbeiter des Unternehmens sein, aber auch Außenstehende.

Unternehmensinterne Initiatoren können z.B. aus den folgenden Bereichen kommen:
- Unternehmensleitung,
- Stabsabteilungen (z.B. Organisationsabteilung),
- mittleres Management, das für einen Unternehmensbereich oder eine Fachabteilung verantwortlich ist,
- Mitarbeiter in Fachabteilungen.

Von außen können Projekte beispielsweise ausgelöst oder angeregt werden durch:
- Kundenaufträge,
- Wünsche oder Forderungen von Kunden,
- Wünsche oder Forderungen von Lieferanten,
- technologische Innovationen,
- Anregungen von im Unternehmen eingesetzten Unternehmensberatern,
- Mitteilungen und Anregungen von Kammern (IHK, Handwerkskammer u.a.), Wirtschaftsverbänden usw.

Geht die Initiative von Externen aus, ist allerdings im Regelfall ein interner „Mit-Initiator" erforderlich.

Mitunter werden Projekte auch **zeitgesteuert** initialisiert, z.B. ein Projekt „Jahresabschluss".

Die Gründe für die Initialisierung eines Projekts sind vielfältig und hängen vom jeweiligen Anwendungsbereich bzw. Gegenstand des Projekts ab. Deshalb ist es wenig sinnvoll, hier näher auf die möglichen auslösenden Gründe eines Projekts einzugehen.

Auf jeden Fall sollten Initiatoren und Gründe für ein Projekt für den späteren Projektbericht festgehalten werden.

Bei Projekten mit innovativem Charakter sollte die Projektidee mit Betroffenen, Experten und Entscheidungsträgern diskutiert werden, um anschließend darüber zu entscheiden, ob aus der Idee ein Projekt werden oder ob die Projektidee nicht weiter verfolgt werden soll.

4.2 Projektskizze

Die Projektidee liefert meistens nur eine vage Vorstellung über Ablauf und Ergebnisse eines Projekts. Um Fehlentwicklungen zu vermeiden, empfiehlt es sich deshalb, vor allem bei innovativen Projekten, die Projektidee in Form einer **Projektskizze** oder eines vorläufigen Projektplans zu konkretisieren. Dazu wird nach positiver Beurteilung der Projektidee ein Auftrag an einen Experten oder – bei größeren Projekten – an ein Expertenteam erteilt.

Für eine Projektskizze empfiehlt sich ein systematischer Aufbau, wie er in Abb. 4-1 exemplarisch dargestellt ist. Aus Abb. 4-1 gehen auch die wesentlichen Inhalte einer solchen Projektskizze hervor.

Die Projektskizze ist dann die Grundlage für eine erste Durchführbarkeitsuntersuchung, mit der die Projektskizze evaluiert wird (vgl. dazu Kapitel 5, S. 57ff.).

4.3 Projektziele

Projektskizze			
Projektbezeichnung:		erstellt von:	am: __/__/__
Auftraggeber:			
Ausgangslage:			
Gründe:			
Ziele:			
betroffene Bereiche:			
erwartete Projektergebnisse:			
Außenwirkungen:			
Risiken:			
Randbedingungen:	personelle:		
	organisatorische:		
	rechtliche:		
	technische:		
	politische:		
	finanzielle:		
	terminliche:		
Dauer:			
geschätzte Kosten:			
Finanzierungsbedarf:			
Ressourcenbedarf:			
Zuständigkeit für die Projektrealisierung (Projektleitung):			
Projektorganisation:			
grober Projektplan:			

Abb. 4-1: Aufbau einer Projektskizze

Projektskizze und Ergebnisse der Durchführbarkeitsuntersuchung werden – wie die Projektidee – mit Betroffenen, Experten und Entscheidungsträgern diskutiert. Anschließend wird entschieden, ob das Projekt weiter verfolgt werden soll oder nicht. Bei positiver Entscheidung wird ein Projektauftrag erteilt (Abschnitt 6.1, S. 72ff.).

4.3 Projektziele

Der Erfolg eines Projekts hängt in vielen Fällen von klaren, überprüfbaren und von Auftraggeber, Projektteam und anderen Betroffenen akzeptierten Zielen ab. Durch die Projektziele muss und soll unmissverständlich deutlich werden, was mit einem Projekt erreicht werden soll[1]. Die Formulierung bzw. Festlegung der Ziele muss deshalb schon mit der Initialisierung und in

---

1 Zu den Zielen des Projektmanagements vgl. Abschnitt 1.2.

der Projektskizze erfolgen. Im Verlauf eines Projekts können die Ziele dann nach und nach ergänzt, konkretisiert und detailliert werden.

Die Ziele müssen geeignet sein, allen Beteiligten und Betroffenen die Notwendigkeit eines Projekts deutlich zu machen. Während der Projektrealisierung und nach Abschluss eines Projekts sind die Projektziele Grundlage für die Messung und Beurteilung des Projekterfolgs.

An die Projektziele und die Zielformulierung sind verschiedene **Anforderungen** zu stellen:

- Projektziele sollten mit dem Auftraggeber gemeinsam festgelegt werden.
- Projektziele sind schriftlich festzuhalten.
- Projektziele müssen allen Projektbeteiligten bekannt sein.
- Alle an einem Projekt Beteiligten müssen ein einheitliches Verständnis der Ziele haben.
- Projektziele müssen von allen Beteiligten und Betroffenen akzeptiert werden.
- Um die unterschiedliche Bedeutung von Zielen für ein Projekt deutlich zu machen, sollten diese gewichtet und gegebenenfalls mit Prioritäten versehen werden.
- Die Ziele sollten folgende Eigenschaften besitzen:
  - eindeutig,
  - realistisch,
  - widerspruchsfrei,
  - flexibel,
  - messbar,
  - kontrollierbar,
  - zeitbezogen.
- Projektziele können sich während der Ausführung eines Projekts ändern. Deshalb sind sie regelmäßig zu evaluieren und gegebenenfalls zu revidieren bzw. anzupassen.
- Globale Projektziele sollten während der Projektabwicklung sukzessive verfeinert werden.

5 Durchführbarkeitsuntersuchung und Aufwandsschätzung

5.1 Ziele und Aufgaben von Durchführbarkeitsuntersuchungen

Projekte sind häufig mit hohem Aufwand verbunden, sie können weitreichende Konsequenzen in organisatorischer, technischer und sozialer Hinsicht haben, und sie sind meistens mit Risiken behaftet. Diese und eventuell andere Gründe erfordern sorgfältige und differenzierte Überlegungen zur Frage der Durchführbarkeit oder Realisierbarkeit eines Projekts.

Grundaufgabe von Durchführbarkeitsuntersuchungen
ist die Validierung der angestrebten Projektergebnisse und die Überprüfung, ob die Ergebnisse unter
- funktionellen,
- technischen,
- organisatorischen,
- personellen,
- sozialen,
- psychologischen,
- politischen,
- rechtlichen,
- zeitlichen,
- finanziellen und
- wirtschaftlichen

Anforderungen, Vorgaben und Randbedingungen erreichbar sind.
Durchführbarkeitsuntersuchungen dienen auch der
- Validierung alternativer Konzepte und der
- Realisierung eines im Hinblick auf Unternehmens- und Kundenziele optimalen Projektergebnisses.

Durchführbarkeitsuntersuchungen erfolgen nicht nur vor Projektbeginn, sondern häufig auch projektbegleitend für einzelne Projektphasen oder Projektschritte. Die Untersuchung der Durchführbarkeit ist dann auch Grundlage für die Entscheidung, ob das Projekt überhaupt weiter vorangetrieben werden soll, und, falls diese Entscheidung positiv ausfällt, welche der möglichen Projektvarianten oder Alternativen in nachfolgenden Phasen oder Schritten zugrunde gelegt werden sollen.

Teilprojekte können einzeln auf ihre Durchführbarkeit untersucht werden.

Durchführbarkeitsuntersuchungen sollen auch sicherstellen, dass die Projektergebnisse im Hinblick auf die Projektziele optimal sind. Mit Durchführbarkeitsuntersuchungen werden außerdem Fehlentwicklungen vermieden. Sie dienen damit auch der Risikoreduzierung.

Wichtig ist die Tatsache, dass es bei Durchführbarkeitsuntersuchungen im Regelfall nicht um „Ja-Nein-Entscheidungen" geht, sondern dass auch alternative Ansätze und Konzepte sowie graduelle Unterschiede überprüft und validiert werden müssen.

Nachfolgend werden die einzelnen Aspekte von Durchführbarkeitsuntersuchungen behandelt. Dabei ist zu beachten, dass die einzelnen Aspekte nicht für jedes Projekt gleich relevant sind. Bei jedem Projekt ist deshalb bei der Untersuchung der Durchführbarkeit auch festzulegen, welche Aspekte geprüft werden müssen und welches Gewicht sie im Rahmen der Untersuchung haben. Die konkreten Untersuchungsgegenstände sind dabei grundsätzlich projektspezifisch. Deshalb kann auf Einzelheiten nicht eingegangen werden.

5.2 Bereiche einer Durchführbarkeitsuntersuchung

Funktionelle Durchführbarkeit bezieht sich auf den geplanten Einsatzzweck bzw. Anwendungsbereich.

> **Funktionelle Durchführbarkeit**
> liegt vor, wenn die vorgesehenen Aufgabenbereiche bzw. die gewünschten Funktionalitäten durch das Projekt realisiert bzw. durch die Projektergebnisse abgedeckt werden.

Die Untersuchung der funktionellen Durchführbarkeit orientiert sich an den Vorgaben eines Anforderungskatalogs oder eines Pflichtenhefts[1].

Abb. 5-1 zeigt schematisch, wie eine solche Untersuchung aufgebaut sein kann.

---
1 Vgl. dazu Abschnitt 6.2, S. 79.

5.2 Bereiche einer Durchführbarkeitsuntersuchung

Durchführbarkeitsuntersuchung zum Projekt:		
Prüfung der funktionellen Durchführbarkeit für Teilprojekt:		
Basis: Projektskizze/-plan vom _/_/_	Bearbeiter:	Datum: _/_/_
Können die im Grobkonzept vorgesehenen Funktionen abgedeckt werden?		
Funktion A ○ Ja ○ Nein Einschränkungen oder Modifikationen: _____		
Funktion B ○ Ja ○ Nein Einschränkungen oder Modifikationen: _____		
Funktion C ○ Ja ○ Nein Einschränkungen oder Modifikationen: _____		
usw.		
Unvermeidbare funktionelle Einschränkungen:		
Bemerkungen:		

Abb. 5-1: Schema für die Untersuchung der funktionellen Durchführbarkeit

Technische Durchführbarkeit
liegt vor, wenn ein Projekt unter technischen Aspekten realisierbar ist bzw. keinen technischen Einschränkungen unterliegt.

Verbunden werden kann damit auch die Ermittlung einer „optimalen" Technologie.

Manche Projekte haben organisatorische Auswirkungen, wie z.B. die Einführung einer integrierten Standardsoftware in einem Unternehmen. In einem solchen Fall ist die organisatorische Durchführbarkeit zu untersuchen. Sie betrifft die Aufbauorganisation, die Ablauforganisation aber auch Aufgabenzuordnungen.

Organisatorische Durchführbarkeit
liegt vor, wenn die Projektdurchführung und die Projektergebnisse nicht an organisatorischen Hindernissen scheitern.

Personelle Durchführbarkeit
ist unter zwei Aspekten zu prüfen.
- Das für Planung und Durchführung eines Projekts erforderliche Personal muss in quantitativer und in qualitativer Hinsicht verfügbar sein.
- Werden durch ein Projekt Aufgabenfelder verändert, dann ist zu gewährleisten, dass für die neuen oder veränderten Aufgabenfelder ausreichend personelle Kapazitäten zur Verfügung stehen werden, und zwar sowohl in quantitativer als auch in qualitativer Hinsicht.

Dabei ist gegebenenfalls auch die Frage zu klären, ob durch Qualifizierungsmaßnahmen und/oder Neueinstellungen erkennbare Defizite ausgeglichen werden können.

Im Zusammenhang mit der personellen Durchführbarkeit ist besonders darauf hinzuweisen, dass Projekte mitunter an Personalfragen scheitern.

> **Soziale Durchführbarkeit**
> ist gegeben, wenn bei der Ausführung eines Projekts und/oder durch die Projektergebnisse keine sozialen und gesellschaftlichen Unzumutbarkeiten und Unverträglichkeiten auftreten bzw. diese gegebenenfalls ausgeglichen werden können.

Dabei spielt insbesondere auch die Frage der Freisetzung von Arbeitskräften eine Rolle.

Bei manchen Projekten muss man mit Widerstand von Betroffenen und mit Akzeptanzproblemen rechnen.

Das ist bei vielen internen Projekten der Fall, beispielsweise bei Reorganisationsprojekten oder bei einer Umstellung auf eine neue Software. Auch bei „öffentlichen" Projekten, wie im Straßenbau, im Bildungswesen oder bei Großveranstaltungen gibt es häufig Widerstände oder Akzeptanzprobleme.

> **Psychologische Durchführbarkeit**
> Die Untersuchung der psychologischen Durchführbarkeit dient der frühzeitigen Erkennung von Widerständen und Akzeptanzproblemen sowie der Evaluierung von Maßnahmen zu deren Überwindung.

Auch wenn auf diese drei Bereiche hier nur kurz eingegangen wird, sollte die Bedeutung von personeller, sozialer und psychologischer Durchführbarkeit für eine erfolgreiche Projektarbeit nicht unterschätzt werden. Die hier liegenden Probleme können schnell zum Scheitern von Projekten führen.

Die Frage der **politischen Durchführbarkeit** eines Projekts hängt eng mit der psychologischen zusammen. Es geht hier um die Frage, ob bei der Planung und Realisierung eines Projekts mit politischen Widerständen oder Problemen zu rechnen ist. Diese können sowohl von außen auftreten als auch interne Ursachen haben.

> **Rechtliche Durchführbarkeit**
> liegt vor, wenn durch ein geplantes Projekt keine rechtlichen Bestimmungen verletzt werden.

Je nach Art bzw. Gegenstand sind verschiedene Rechtsbereiche zu prüfen, z.B. aus dem Arbeitsrecht, dem Umweltrecht, dem Datenschutzrecht usw.

5.3 Wirtschaftliche Durchführbarkeit

Gegebenenfalls muss man sich der Unterstützung durch entsprechend spezialisierte Juristen versichern.

Selbstverständlich ist bei der Planung eines Projekts auch zu überprüfen, ob die Durchführung des Projekts und der spätere Betrieb der Projektergebnisse finanziell realisierbar sind. Dazu gehört die Untersuchung der Höhe des erforderlichen Kapitaleinsatzes, Finanzierungsmöglichkeiten, Dauer und Kosten der Kapitalbindung sowie die Aufstellung eines zeitbezogenen Finanzplans.

> **Finanzielle Durchführbarkeit**
> liegt vor, wenn die Finanzierung eines Projekts sichergestellt ist.

5.3 Wirtschaftliche Durchführbarkeit

5.3.1 Aufgabe einer Wirtschaftlichkeitsuntersuchung

Der wirtschaftliche Aspekt ist im Allgemeinen der wichtigste Teil einer Durchführbarkeitsuntersuchung – und häufig auch der Einzige.

> **Wirtschaftliche Durchführbarkeit**
> bezieht sich auf die Untersuchung der Frage, ob ein geplantes Projekt dem Grundsatz der Wirtschaftlichkeit gerecht wird.

Das Wirtschaftlichkeitsprinzip als Handlungsmaxime ist ein klassischer Grundsatz in Theorie und Praxis. Es sollte grundsätzlich auch auf Projekte Anwendung finden. Dabei ist allerdings zu beachten, dass nicht jedes Projekt uneingeschränkt und unmittelbar am Wirtschaftlichkeitsprinzip orientiert werden kann.

Das betrifft z.B. manche Projekte im Gesundheitswesen, im Sozialwesen oder im Bildungssektor. Ein Projekt „Einführung eines neuen Studiengangs" an einer Universität kann sich nicht primär am Wirtschaftlichkeitsprinzip orientieren.

Üblicherweise wird Wirtschaftlichkeit über monetär quantifizierbare Faktoren gemessen. Gelangt man dabei zu keinem brauchbaren Ergebnis, versucht man die Wirtschaftlichkeit durch die Einbeziehung nicht monetär quantifizierbarer und qualitativer Faktoren zu untersuchen. Vor allem die qualitativen Faktoren sind allerdings häufig nur schwierig zu messen und manchmal kaum zu konkretisieren.

Das betrifft z.B. den Einsatz von computergestützten Systemen zu Erreichung von Wettbewerbsvorteilen oder zur Sicherung der Konkurrenzfähigkeit.

Für die Untersuchung der wirtschaftlichen Durchführbarkeit können teilweise die betriebswirtschaftlichen Verfahren der Wirtschaftlichkeitsanalyse und der Investitionsrechnung verwendet werden.

5.3.2 Kritische Erfolgsfaktoren und Wirtschaftlichkeit

Bei manchen Projekten erübrigt sich eine detaillierte Wirtschaftlichkeitsanalyse dadurch, dass kritische Erfolgsfaktoren[1] oder bestimmte Situationen das Projekt erzwingen.

Wenn beispielsweise ein Versandhandel für die Bearbeitung der eingehenden Aufträge ein spezielles IV-System einsetzt, das die Bearbeitung sämtlicher Aufträge innerhalb von 24 Stunden ermöglicht, dann werden Konkurrenten dieses Versandhandels aus Wettbewerbsgründen gezwungen sein, ein vergleichbares IV-System einzuführen. In einer solchen Situation erhebt sich dann nur noch die Frage, ob ein solches System finanziert werden kann.

Bei der Initialisierung und bei der Planung von Projekten ist deshalb zunächst immer zu fragen, ob beherrschende Einflussfaktoren für die Wirtschaftlichkeit vorhanden sind, aufgrund derer eine Entscheidung ohne eine detaillierte Wirtschaftlichkeitsanalyse getroffen werden kann.

Solche, eine Wirtschaftlichkeitsanalyse erübrigenden Faktoren spielen besonders in der Initialisierungsphase eine Rolle[2]. Dies nicht zuletzt auch deshalb, weil in dieser Phase für eine detaillierte Wirtschaftlichkeitsuntersuchung häufig noch keine ausreichende Informationsbasis vorhanden ist.

5.3.3 Wirtschaftlichkeitsrechnung

In diesem Abschnitt wird zunächst auf die **Wirtschaftlichkeitsrechnung** eingegangen, und zwar vor allem auf die Vorgehensweise. Auf Einzelheiten der Methoden zur Wirtschaftlichkeitsrechnung wird verzichtet.

Für eine Wirtschaftlichkeitsrechnung werden alle monetär quantifizierbaren Größen verwendet[3]. Im wesentlichen handelt es sich dabei um Kostenpositionen. Hinzu kommen Erträge, die einem Projekt zugeordnet werden können. Mit den monetär quantifizierbaren Größen wird dann mit einem geeigneten Verfahren der Wirtschaftlichkeitsrechnung für jede Systemalternative die Wirtschaftlichkeit bestimmt bzw. es wird festgestellt, welche Alternative die Wirtschaftlichste ist.

Für eine Wirtschaftlichkeitsrechnung ist in einmalige und laufende Kosten zu trennen.

Die **einmaligen Kosten** oder **Projektkosten** entstehen mit der Planung und Durchführung des Projekts[4]. Es gehören dazu z.B.

---

1 Auf kritische Erfolgsfaktoren wurde bereits in Abschnitt 3.3 eingegangen.
2 Dabei hüte man sich jedoch vor einer „Koste-es-was-es-wolle-Mentalität"!
3 Auf die Berücksichtigung nicht monetär quantifizierbarer Einflussgrößen wird im Abschnitt 5.3.4 (S. 65) eingegangen.
4 Die Schätzung der einmaligen Kosten oder Projektkosten im Planungsstadium entspricht der Vorkalkulation eines Auftrags. Bei einer solchen Vorkalkulation werden alle auf einen Auftrag entfallenden Einzel- und Gemeinkosten ermittelt und summiert. Es wird dazu auf die einschlägige Literatur zur Kostenrechnung verwiesen.

5.3 Wirtschaftliche Durchführbarkeit

- Personalkosten,
- Materialkosten,
- Beraterhonorare,
- Reisekosten, Spesen usw.,
- Mitarbeiterschulungen (Reisekosten, Seminargebühren usw.),
- Reorganisationsmaßnahmen,
- Kosten für das Projektmanagement.

Viele Projekte führen zu internen Veränderungen oder zu Ergebnissen, die laufende Kosten während des Betriebs zur Folge haben.

Ein Projekt zur Reorganisation eines Unternehmens oder eines Unternehmensbereichs führt auch zu Veränderungen der laufenden Kosten. Ein Straßenbau-Projekt führt nach Abschluss zu laufenden Kosten des Betriebs, z.B. für Instandhaltung.

Laufende Kosten sind z.B.

- Personalkosten,
- Kosten für Wartung und Instandhaltung,
- Abschreibungen,
- Kapitalkosten,
- Kosten für Verbrauchsmaterial,
- laufende Organisationskosten,
- Raumkosten,
- Energiekosten,
- Steuern und Versicherungen.

Für eine konkrete Wirtschaftlichkeitsanalyse empfiehlt es sich, die groben Kostenartenkataloge der vorstehenden Übersichten weiter zu differenzieren, um Vollständigkeit und ausreichende Zuverlässigkeit der verwendeten Kosteninformationen sicherzustellen. Da die meisten Kosten zukunftsbezogene Werte sind, kann es in vielen Fällen sinnvoll sein, die zukunftsorientierten Schätzungen als **Intervallschätzungen** durchzuführen, indem untere und obere Grenzen angegeben werden.

Die meisten Ansätze klassischer Wirtschaftlichkeitsrechnungen versuchen, neben den Kosten auch die **Erträge** in die Untersuchung der Wirtschaftlichkeit einzubeziehen. Das ist aber nicht bei allen Projekten möglich.

Projekten im Gesundheitswesen, im Sozialwesen oder im Bildungsbereich lassen sich meistens keine Erträge zurechnen. Gleiches gilt für viele unternehmensinterne Projekte.

Mit den monetär quantifizierbaren Einflussgrößen ist dann eine **Wirtschaftlichkeitsrechnung** möglich. Dazu können die üblichen Verfahren der Wirtschaftlichkeits- bzw. Investitionsrechnung verwendet werden:

- **Statische Ansätze**:
  - Kostenvergleichsrechnung,
  - Gewinnvergleichsrechnung,
  - Rentabilitätsrechnung,
  - Amortisationsrechnung.

- **Dynamische Ansätze:**
  - Kapitalwertmethode,
  - Annuitätenmethode,
  - Methode des internen Zinsfußes.
- **Simultane Ansätze.**

Für Projekte kommen vor allem Kostenvergleichsrechnung und Kapitalwertmethode in Betracht.

> **Kostenvergleichsrechnung**
> Bei der Kostenvergleichsrechnung werden die durchschnittlichen jährlichen Kosten der in Betracht kommenden Konzepte bzw. Lösungsmöglichkeiten ermittelt und gegenübergestellt. Kostenreduzierungen werden dabei mit einem negativen Vorzeichen berücksichtigt.

Die Kostenvergleichsrechnung ist geeignet, um verschiedene Konzepte miteinander zu vergleichen und festzustellen, welche Alternative die Wirtschaftlichste ist. Sie setzt allerdings voraus, dass die verglichenen Alternativen etwa gleiche Leistungen erbringen und dass sowohl Nutzungsdauer als auch Investitionskapital (annähernd) gleich sind.

Die Kostenvergleichsrechnung setzt auch voraus, dass die laufenden jährlichen Kosten annähernd konstant sind. Gibt es hier größere Schwankungen und ist die zeitliche Kostenentwicklung bei den Alternativen unterschiedlich, dann empfiehlt es sich, einen dynamischen Ansatz der Wirtschaftlichkeitsrechnung zu verwenden. Dafür kommt insbesondere die Kapitalwertmethode infrage.

> **Kapitalwertmethode**
> Bei der Kapitalwertmethode werden alle mit einer Investition verbundenen Kosten und Erträge auf den Investitionszeitpunkt abgezinst. Dabei wird ein Zinsfuß zugrunde gelegt, der üblicherweise über dem Marktzinsfuß liegt, da er auch das Investitionsrisiko berücksichtigen soll.
> Der Kapitalwert C_0 einer Investition wird folgendermaßen berechnet:
> $$C_0 = \sum_{t=1}^{T} \frac{E_t - K_t}{q^t} - A$$
> Dabei bedeuten
> T die Nutzungsdauer in Jahren,
> E_t Erträge im Jahr t ($t = 1, ..., T$),
> K_t Kosten im Jahr t ($t = 1, ..., T$),
> q den Zinsfaktor: $q = 1 + \frac{p}{100}$, mit dem Kalkulationszinsfuß p,
> A Aufwendungen für das Projekt (einmalige Kosten).

Das folgende Beispiel zeigt den Einfluss des Kalkulationszinsfußes auf den Kapitalwert.

5.3 Wirtschaftliche Durchführbarkeit

		\multicolumn{10}{c}{Periode}	
		1	2	3	4	5	6	7	8	9	10
	E	1.500	4.000	5.000	6.000	7.000	8.000	8.000	8.000	7.000	7.000
	K	2.500	2.000	1.500	1.500	2.000	2.000	2.500	3.000	3.500	4.000
	E-K	-1.000	2.000	3.500	4.500	5.000	6.000	5.500	5.000	3.500	3.000
	A	18.000										Kapitalw.
Zinsfuß	6	-943	1.780	2.939	3.564	3.736	4.230	3.658	3.137	2.072	1.675	**7.847**
	7	-935	1.747	2.857	3.433	3.565	3.998	3.425	2.910	1.904	1.525	**6.429**
	8	-926	1.715	2.778	3.308	3.403	3.781	3.209	2.701	1.751	1.390	**5.110**
	9	-917	1.683	2.703	3.188	3.250	3.578	3.009	2.509	1.611	1.267	**3.880**
	10	-909	1.653	2.630	3.074	3.105	3.387	2.822	2.333	1.484	1.157	**2.734**
	11	-901	1.623	2.559	2.964	2.967	3.208	2.649	2.170	1.368	1.057	**1.664**
	12	-893	1.594	2.491	2.860	2.837	3.040	2.488	2.019	1.262	966	**665**
	13	-885	1.566	2.426	2.760	2.714	2.882	2.338	1.881	1.165	884	**-270**
	14	-877	1.539	2.362	2.664	2.597	2.734	2.198	1.753	1.076	809	**-1.145**

Die klassischen Verfahren der Investitions- und Wirtschaftlichkeitsrechnung sind bei der Wirtschaftlichkeitsanalyse von Projekten nur begrenzt verwendungsfähig, da
- die erforderlichen Daten häufig nicht oder nicht in der erforderlichen Genauigkeit beschafft oder geschätzt werden können und
- viele Einflussgrößen auf die Entscheidung über ein geplantes Projekt nicht monetär quantifizierbar sind und sich damit einer quantitativen Wirtschaftlichkeitsrechnung entziehen.

Auf einen Ansatz, der auch nicht monetär quantifizierbare Einflussgrößen berücksichtigt, wird im nächsten Abschnitt eingegangen.

5.3.4 Nutzwertanalyse

Da es eine Vielzahl von Einflussgrößen gibt, die nicht monetär quantifizierbar sind, ist es für die Untersuchung der wirtschaftlichen Durchführbarkeit von Projekten in den meisten Fällen notwendig, auch diese Einflussgrößen zu berücksichtigen. Bei diesen Einflussgrößen wird unterschieden in
- quantifizierbare, aber nicht monetär bewertbare Einflussgrößen und
- qualitative Einflussgrößen.

Quantifizierbare, aber nicht monetär bewertbare Einflussgrößen lassen sich metrisch messen und vergleichen.

Beispiele für solche Einflussgrößen sind:
- Dauer der Verkürzung von Auftragsdurchlaufzeiten,
- Zeit, um die Daten bzw. Informationen schneller bereitgestellt werden,
- Zeit bzw. Dauer, um die die Erteilung von Auskünften oder Angeboten an Kunden verkürzt wird.

Qualitative Einflussgrößen der wirtschaftlichen Durchführbarkeit sind nicht metrisch messbar bzw. nicht quantifizierbar.

Zu diesen qualitativen Einflussfaktoren gehören beispielsweise:
- klarere und übersichtlichere Organisationsstrukturen,
- erhöhte Aktualität der Informationsbereitstellung,
- verbesserte Ausnutzung von Kapazitäten,
- Erhöhung der Absatzchancen durch detailliertere und schnellere Marktforschung, Marktbeobachtung und Marktbeeinflussung.

Die **Bewertung qualitativer Einflussgrößen** kann auf einer Ordinal- oder Rangskala mit nicht zu vielen Ausprägungen erfolgen. Die Ausprägungen selbst richten sich nach der Art der Einflussgröße[1] (vgl. Abb. 5-2).

sehr gut	gut	befriedigend	ausreichend	nicht ausreichend
sehr hoch	hoch	durchschnittlich	niedrig	sehr niedrig
sehr schnell	schnell	durchschnittlich	langsam	sehr langsam
5	4	3	2	1
2	1	0	-1	-2

Abb. 5-2: Ordinal- oder Rangskalen zur Bewertung qualitativer Einflussgrößen

Anstelle von fünf Ausprägungen kann man auch eine andere Anzahl möglicher Ausprägungen verwenden. Es empfiehlt sich, auf keinen Fall mehr als zehn Ausprägungen zuzulassen, denn die Bewertung selbst ist außerordentlich schwierig und immer subjektiv geprägt. Eine zu differenzierte Skala täuscht eine Genauigkeit vor, die praktisch kaum erreicht werden kann.

Bei der **Nutzwertanalyse** werden die nicht in Geld bewertbaren Einflussgrößen auf einer Rangskala bewertet, um dadurch einen quantitativen Wirtschaftlichkeitsvergleich zu ermöglichen. Die Vorgehensweise ist vom methodischen Ansatz her verhältnismäßig einfach. Sie wird anhand von Abb. 5-3 erläutert.

Zunächst werden die zu berücksichtigenden Einflussfaktoren ermittelt. In Abb. 5-3 sind diese allgemein mit „Einflussfaktor 1", „Einflussfaktor 2" usw. bezeichnet worden. Für jeden Einflussfaktor wird ein Gewicht festgelegt, das die Bedeutung des Einflussfaktors für die zu treffende Entscheidung wiedergibt. Für die Festlegung der Gewichte gibt es zwei Ansätze:
- Die Einflussfaktoren werden mit Prozentwerten so gewichtet, dass die Summe der Gewichte 100% ergibt. Dieser Ansatz hat den Nachteil, dass bei zusätzlichen oder wegfallenden Einflussfaktoren die Gewichte neu festgelegt werden müssen, da sonst die Summe nicht mehr 100% ergibt.
- Es werden ganze Zahlen von 1 bis 5 oder von 1 bis 10 als Gewichte verwendet. Dabei ist es ohne Schwierigkeiten möglich, Einflussfaktoren wegzulassen oder zu ergänzen.

---

1 Zu Einzelheiten über Messskalen sei verwiesen auf SCHWARZE [2001, S. 32ff.].

5.3 Wirtschaftliche Durchführbarkeit

	Ge-wicht	Alternative 1		Alternative 2		Alternative 3	
		Bewer-tung	Punkt-wert	Bewer-tung	Punkt-wert	Bewer-tung	Punkt-wert
Einflussfaktor 1	g_1	w_{11}	g_1*w_{11}	w_{21}	g_1*w_{21}	w_{31}	g_1*w_{31}
Einflussfaktor 2	g_2	w_{12}	g_2*w_{12}	w_{22}	g_2*w_{22}	w_{32}	g_2*w_{32}
Einflussfaktor 3	g_3	w_{13}	g_3*w_{13}	w_{23}	g_3*w_{23}	w_{33}	g_3*w_{33}
...	...	...	...	...	...	...	...
Einflussfaktor i	g_i	w_{1i}	g_i*w_{1i}	w_{2i}	g_i*w_{2i}	w_{3i}	g_i*w_{3i}
...		...	...	...	...	...	...
Nutzwert			Σg_i*w_{1i}		Σg_i*w_{2i}		Σg_i*w_{3i}

Abb. 5-3: Tabellenschema zur Nutzwertanalyse

Im nächsten Schritt wird ermittelt, wie gut der jeweilige Einflussfaktor von den zur Entscheidung anstehenden Lösungsalternativen bzw. Projekten erfüllt bzw. erreicht wird. Die Bewertung erfolgt üblicherweise durch Zuordnung ganzer Zahlen. In Abb. 5-3 wurden drei Alternativen angenommen.

Für jede Alternative und jeden Einflussfaktor ermittelt man nun einen Punktwert als Produkt aus Gewicht des Einflussfaktors und Bewertung des Einflussfaktors[1].

Anschließend wird für jede untersuchte Alternative der **Nutzwert** als Summe der Punktwerte bestimmt. Der größte Nutzwert kennzeichnet die auszuwählende Alternative.

Die Durchführung der genannten Schritte in einer Tabelle wie in Abb. 5-3 gewährleistet systematisches Vorgehen und Übersichtlichkeit.

Das nachfolgende, stark vereinfachte Beispiel veranschaulicht die Vorgehensweise.

Innerhalb eines Reorganisationsprojekts ist eine Entscheidung über ein aus Hard- und Software bestehendes System sowie Beratung und Service des Lieferanten zu treffen (vgl. Abb. 5-4). Es liegen drei Angebote der Firmen A, B und C vor. Die „Einflussfaktoren" wurden mit Werten von 1 bis 5 gewichtet und für die drei Alternativen mit Punkten auf einer Skala von 0 bis 10 bewertet. Aus Abb. 5-4 geht hervor, dass die Nutzwertanalyse für Anbieter C den besten und für Anbieter A den schlechtesten Nutzwert liefert.

---

1 Werden die Einflussfaktoren mit Prozenten gewichtet, so verwendet man für die Bestimmung der Punktwerte üblicherweise die den Prozentwerten entsprechenden Dezimalbrüche, also z.B. 0,3 statt 30%.

	Ge-wicht	Anbieter A		Anbieter B		Anbieter C	
		Bewer-tung	Punktwert	Bewer-tung	Punktwert	Bewer-tung	Punktwert
Hardware	4	6	4·6=24	9	4·9=36	8	4·8=32
Software	5	6	5·6=30	7	5·7=35	6	5·6=30
Beratung	3	4	3·4=12	2	3·2=6	5	3·5=15
Service	3	2	3·2=6	2	3·2=6	4	3·4=12
Punktwertsumme			72		83		89

Abb. 5-4: Beispiel zur Nutzwertanalyse

In der praktischen Anwendung werden Nutzwertanalysen weitaus differenzierter vorgenommen, als es das vorstehende Beispiel verdeutlichen kann. Es empfiehlt sich, die Einflussfaktoren zu Gruppen zusammenzufassen. Dadurch können für Einflussfaktorengruppen Zwischensummen der Punktwerte bestimmt werden.

In Abb. 5-5 sind die Einzelschritte der Durchführung einer Nutzwertanalyse noch einmal zusammenfassend dargestellt.

Schema zur Durchführung einer Nutzwertanalyse
(1) Festlegung der zu vergleichenden Alternativen.
(2) Festlegung der Einflussfaktoren, und zwar so detailliert, dass eine qualifizierte Bewertung möglich ist. Einteilung der Faktoren in Gruppen.
(3) Festlegung der Gewichte der Einflussfaktoren, entweder als Prozentzahl oder auf einer Skala von 1 bis 5 oder 1 bis 10.
(4) Bewertung jedes Einflussfaktors für jede Alternative auf einer Ordinal- oder Rangskala; zweckmäßigerweise durch ganzzahlige Werte von 1 bis 5 oder von 1 bis 10.
(5) Ermittlung der Punktwerte für jeden Einflussfaktor und für jede Alternative als Produkt aus Gewicht des Einflussfaktors und Bewertung des Einflussfaktors.
(6) Bestimmung des Nutzwertes als Summe der Punktwerte für jede Alternative.
(7) Ermittlung der Alternative(n) mit dem größten Nutzwert.

Abb. 5-5: Schema zur Durchführung einer Nutzwertanalyse

Die Nutzwertanalyse ist für die Untersuchung der wirtschaftlichen Durchführbarkeit ein wichtiges und nützliches Verfahren, vor allem deshalb, weil bei diesem Ansatz auch die nicht in Geld bewertbaren Einflussfaktoren berücksichtigt werden können und weil der methodische Ansatz einfach ist.

Die Nutzwertanalyse ist allerdings auch mit **Problemen** verbunden:
- Für die **Gewichtung der Einflussfaktoren** gibt es keine objektiven Kriterien. Sie hängt von subjektiven Ziel- und Wertvorstellungen ab.
- Die **Bewertung der Einflussfaktoren** ist teilweise ebenfalls subjektiv[1].
- Die Bestimmung der Punktwerte und der Nutzwerte täuscht exakte Messbarkeit und Berechenbarkeit vor, die faktisch nicht vorhanden ist.

Bei Anwendung der Nutzwertanalyse muss man sich dieser Probleme immer bewusst sein, da sie die Aussagefähigkeit der Ergebnisse einschränken. Andererseits ist festzustellen, dass die Nutzwertanalyse ein nützlicher methodischer Ansatz ist.

Wenn man den Ansatz der Nutzwertanalyse konsequent anwendet und dabei einen detaillierten Katalog von Einflussfaktoren, die man dann zweckmäßigerweise gruppiert, zugrunde legt, liefert die Nutzwertanalyse eine gute Entscheidungsgrundlage. Das ist vor allem auf folgende Gründe zurückzuführen:
- Eine differenzierte Nutzwertanalyse zwingt dazu, die Einflussfaktoren der wirtschaftlichen Durchführbarkeit detailliert zu ermitteln und systematisch zusammenzustellen.
- Die Gewichtung der Einflussfaktoren zwingt dazu, die Bedeutung der einzelnen Faktoren festzulegen und auf diese Weise unwichtige und wichtige Einflussgrößen zu unterscheiden.
- Die Bewertung der Einflussfaktoren für die verschiedenen Alternativen zwingt zu einer intensiven und differenzierten Beurteilung der verschiedenen Systemkonzepte.

Man sollte allerdings vermeiden, die berechneten Nutzwerte wie metrische Größen zu verwenden.
Unterscheiden sich die Nutzwerte von zwei oder mehr Alternativen nur geringfügig, dann sollte man die endgültige Entscheidung nicht von einer geringen Differenz abhängig machen, sondern die sich nur wenig in ihren Nutzwerten unterscheidenden Alternativen noch einmal sorgfältig miteinander vergleichen.

5.3.5 Ein Vorgehensmodell für die Untersuchung der wirtschaftlichen Durchführbarkeit

Die Untersuchung der wirtschaftlichen Durchführbarkeit ist fast immer mehrstufig. Außerdem werden meistens mehrere Methoden bzw. Ansätze angewendet. Sofern nicht bereits aufgrund kritischer Größen bzw. kritischer

---

[1] Eine weitgehende Objektivität kann bei nicht monetär bewertbaren quantitativen Einflussfaktoren erreicht werden, da hier meistens metrische Messbarkeit (z.B. Zeit oder Geschwindigkeit) gegeben ist.

Erfolgsfaktoren eine Entscheidung getroffen werden kann, wird die Wirtschaftlichkeit zunächst anhand der monetär quantifizierbaren Größen untersucht. Führt auch das zu keiner eindeutigen Entscheidung, werden nicht monetär quantifizierbare und qualitative Einflussgrößen in die Entscheidungsfindung einbezogen.

Abb. 5-6 veranschaulicht dieses phasenweise Vorgehen bei der Untersuchung der wirtschaftlichen Durchführbarkeit eines Projekts.

Bestimmung der zu vergleichenden Alternativen
Vorüberlegungen anhand kritischer Größen (kritische Erfolgsfaktoren)
Wirtschaftlichkeitsrechnung mit monetär quantifizierbaren Einflussgrößen *einmalige und laufende Kosten / Ertrags- und Nutzengrößen* *Kosten- bzw. Gewinnvergleichsrechnung / Kapitalwertmethode*
Berücksichtigung nicht monetär quantifizierbarer und qualitativer Einflussgrößen *Ermittlung und Bewertung auf einer Ordinalskala* *Bestimmung der Wirtschaftlichkeit, z.B. über Nutzwertanalyse*

Abb. 5-6: Vorgehensmodell zur Untersuchung der Wirtschaftlichkeit

Die Untersuchung der wirtschaftlichen Durchführbarkeit auf Basis einer Projektskizze führt zu einer Entscheidung über den Projektauftrag oder zum Abbruch. Hier und in späteren Projektphasen ist die Durchführbarkeitsuntersuchung auch Grundlage für die Festlegung des genauen Konzepts des zu realisierenden Projekts. Dabei ist zu beachten, dass vielfach auch partielle Untersuchungen der wirtschaftlichen Durchführbarkeit sinnvoll sind, um Teilprojekte optimal zu realisieren.

5.4 Argumentenbilanz

Eine Durchführbarkeitsuntersuchung kann – vor allem zur Entscheidungsunterstützung – in vielen Fällen sinnvoll durch eine Argumentenbilanz ergänzt werden.

> **Argumentenbilanz**
> In einer Argumentenbilanz eines Projekts werden die durch das Projekt erzielbaren Vorteile und die möglichen Nachteile strukturiert gegenübergestellt.

Auf der positiven Seite einer Argumentenbilanz stehen die Vorteile bzw. Nutzengrößen und auf der negativen Seite Nachteile oder Aufwandsgrößen. Dabei empfiehlt es sich, Vor- und Nachteile sachlich strukturiert gegenüber

5.4 Argumentenbilanz

zu stellen. Alle entscheidungsrelevanten Tatbestände werden so systematisch zusammengestellt.

Abb. 5-7 enthält ein einfaches Beispiel, bei dem es um ein Projekt zum Outsourcing von EDV-Aufgaben geht.

Argumentenbilanz für Projekt:	
Erstellt von:	**am:**
Vorteile	Nachteile
Strategische Aspekte	
👍 Konzentration auf Kernkompetenzen 👍 höhere Kostentransparenz 👍 mehr Flexibilität 👍 weniger technische/personelle Risiken	👎 irreversible Abhängigkeiten 👎 Akzeptanzprobleme in Fachabteilungen 👎 Risiko der Zusammenarbeit
Leistungs-Aspekte	
👍 bessere Leistungen 👍 hohe Kompetenz beim Outsourcing-Partner 👍 schnelle Verfügbarkeit von Kapazitäten 👍 Kapazitätsfreisetzung 👍 Gefahr von Kapazitätsengpässen klein	👎 Know-How-Verlust 👎 räumliche Distanzen 👎 Koordinierungsprobleme 👎 personalpolitische Probleme 👎 arbeitsrechtliche Probleme 👎 Risiko schlechter Leistungen
Kosten-Aspekte	
👍 Vorhalten von Kapazitätsreserven entfällt 👍 variable statt fixe Kosten 👍 gute Planbarkeit	👎 Umstellungskosten 👎 Kosten der Datenübertragung 👎 Abrechnungsprobleme 👎 spezielle Kontrollmaßnahmen 👎 Qualitätssicherung
Finanzielle Aspekte	
👍 Kapitalfreisetzung für Investitionen 👍 Auswirkung auf Jahresabschluss	
Personelle Aspekte	
👍 Reduktion der Personalprobleme	👎 Motivationsprobleme der Mitarbeiter 👎 Akzeptanzprobleme

Abb. 5-7: Beispiel einer Argumentenbilanz

Statt Vorteile und Nachteile zu vergleichen, kann man in einer Argumentenbilanz auch Chancen und Risiken eines Projekts gegenüberstellen.

Werden die einzelnen Vorteile und Nachteile in einer Argumentenbilanz gewichtet, dann kann man eine Argumentenbilanz zu einem Ansatz wie bei der Nutzwertanalyse[1] erweitern. Stehen mehrere alternative Projekte oder Teilprojekte zur Auswahl, dann wird zunächst eine Argumentenbilanz mit Gewichten aufgestellt, wobei die Gewichte der Nachteile negativ sind. Für jede Alternative erfolgt dann eine Bewertung der einzelnen Vor- und Nachteile. Anschließend wird wie bei der Nutzwertanalyse gerechnet.

5.5 Aufwandsschätzungen für Projekte

5.5.1 Aufgaben und Ziele von Aufwandsschätzungen

Ob ein Projekt realisiert wird hängt unter anderem davon ab, welcher Aufwand dafür betrieben werden muss.

Aufwandsschätzung
Mit einer Aufwandsschätzung soll der für ein Projekt zu erwartende Aufwand möglichst früh und möglichst genau geschätzt werden.
Der Aufwand kann man als Mengengröße oder als Geldgröße schätzen.

Aufwandschätzungen werden u.a. benötigt
- bei Kundenprojekten für die Ermittlung von Angebotspreisen,
- für eine Kostenplanung,
- für Durchführbarkeitsuntersuchungen,
- als Richtlinie für Steuerung, Überwachung und Kontrolle eines Projekts,
- als Grundlage für Vergleiche,
- als Basis einer zuverlässigen Termin- und Mitarbeitereinsatzplanung.

Eine Aufwandsschätzung entspricht einer Schätzung der zu erwartenden Projektkosten[2] bzw. einer Vorkalkulation des Projekts. In manchen Fällen, z.B. bei Auftragsfertigung, existieren in Unternehmen dazu Erfahrungen und Konzepte, die eine zuverlässige Aufwandsschätzung ermöglichen. Bei innovativen Projekten sind die Schätzungen meistens mit mehr oder weniger großen Unsicherheiten behaftet.

Eine erste Aufwandsschätzung für ein Projekt erfolgt meistens auf Basis der Projektskizze. In späteren Projektphasen wird diese Schätzung dann fortgeschrieben und aktualisiert.

---
1 Vgl. Abschnitt 5.3.4, S. 65ff.
2 Zu Projektkosten vgl. S. 62.

5.5 Aufwandsschätzungen für Projekte

Der Aufwand für ein Projekt hängt von verschiedenen Faktoren ab. Für eine zuverlässige Schätzung ist es erforderlich, diese Faktoren möglichst vollständig zu berücksichtigen. Eine besondere Schwierigkeit ergibt sich dabei daraus, dass verschiedene Einflussgrößen nicht quantifizierbar sind[1]. Einflussgrößen des Projektaufwands lassen sich wie folgt klassifizieren:
- Leistungsumfang oder Projektgröße, wobei sich bei größeren Projekten häufig Vorteile durch „Lerneffekte" bemerkbar machen,
- Komplexität oder Schwierigkeitsgrad des Projekts,
- Innovationsgrad,
- angestrebte Qualität[2],
- Qualifikation, Erfahrung und Motivation der Projektmitarbeiter,
- Projektmanagement,
- Projektorganisation,
- Standardisierung,
- Methodeneinsatz,
- Projektdauer, deren Zusammenhang mit dem Projektaufwand treffend durch das sogenannte **BROOKsche Gesetz** beschrieben[3] werden kann:

„*Adding manpower to a late project makes it later.*"

5.5.2 Ansätze zur Aufwandsschätzung

Verfahren zur Aufwandsschätzung lassen sich nach der zugrundeliegenden Methodik in verschiedene Grundtypen einteilen. In den folgenden Ausführungen werden wichtige Typen von Schätzverfahren dargestellt.

Generell kann man folgende Unterscheidung treffen:
- Eine **summarische Schätzung** erfolgt für ein ganzes Projekt.
- Bei einer **analytischen Schätzung** wird zunächst der Aufwand für einzelne Teilprojekte oder Arbeitspakete geschätzt. Diese Schätzungen werden dann zu einer Gesamtschätzung zusammengeführt.

Bei einer **„reinen" Schätzung** liegen keine Erfahrungswerte oder Anhaltspunkte, an denen man sich orientieren kann, vor. Eine solche reine Schätzung kann vorgenommen werden durch
- Projektleitung vergleichbarer Projekte,
- Projektleitung des vorgesehenen Projekts,

---

1 Vgl. dazu auch die Ausführungen in Abschnitt 5.3.4.
2 Eine besondere Schwierigkeit der Berücksichtigung von Qualität bzw. Qualitätsmerkmalen bei der Aufwandsschätzung ergibt sich aus der Tatsache, dass Qualität nur schwer zu messen ist und nur für das endgültige Ergebnis feststellbar ist.
3 Vgl. z.B. BALZERT [1982, S. 461].

- unabhängige Experten,
- Controlling.

Bei einer reinen Schätzung empfiehlt es sich, mehrere Schätzungen unabhängig voneinander durchführen zu lassen und daraus dann ein gewogenes arithmetisches Mittel zu bestimmen.

Liegen „Erfahrungswerte" aus abgeschlossenen Projekten vor, dann können die folgenden Ansätze zur Aufwandsschätzung verwendet werden.

Analogieverfahren

Bei Analogieverfahren schätzt man den Aufwand eines Projekts in folgenden Schritten:
- Suche nach einem abgeschlossenen Projekt, das dem aktuellen Projekt sehr ähnlich ist.
- Ermittlung von Unterschieden zwischen dem aktuellen Projekt und dem Vergleichsprojekt.
- Schluss von den Kosten des Vergleichsprojekts auf das neue Projekt unter Berücksichtigung der Unterschiede der Projekte[1].

Der Ansatz liefert zwar nur relativ grobe Schätzungen, hat aber den Vorteil, einfach zu sein. Die Qualität der Schätzungen hängt wesentlich von der Erfahrung des Schätzenden ab.

Relations- oder Indexverfahren

Bei Relations- oder Indexverfahren werden, wie bei Analogieverfahren, direkte Vergleiche mit abgeschlossenen Projekten vorgenommen. Unterschiede in den verglichenen Projekten werden durch einen formalisierten Ansatz berücksichtigt.

Die Einflussfaktoren, die bei dem aktuellen Projekt und einem Vergleichsprojekt verschieden sein können, werden als Indizes mit dem „Normalwert" 100 betrachtet.

Beispiel:
Bei einem Projekt „Tagung durchführen" kann man die Erfahrungen der beteiligten Mitarbeiter wie folgt berücksichtigen:

    Projektmitarbeiter haben keine Erfahrungen: 130%
    Projektmitarbeiter haben durchschnittliche Erfahrungen: 100%
    Projektmitarbeiter haben sehr viele Erfahrungen: 70%

Werden bei einem konkreten Projekt vorwiegend Mitarbeiter mit sehr viel Erfahrungen in der Durchführung von Tagungen eingesetzt, dann wird der „Normalaufwand" mit dem Faktor 0,7 multipliziert, d.h. man schätzt den erwarteten Aufwand mit 70% des „Normalaufwands". Bei unerfahrenen Mitarbeitern schätzt man entsprechend 130%.

---

[1] Einzelheiten findet man in HERRMANN [1983, S. 125].

5.5 Aufwandsschätzungen für Projekte

> **Faktorenverfahren**
> Bei Faktorenverfahren wird versucht, mit Hilfe von Regressions- und Korrelationsanalysen den Einfluss der Werte bestimmter Faktoren auf den Aufwand in Form einer Schätzgleichung abzubilden.

Der Aufwand A stellt bei diesem Ansatz die abhängige Variable in einer mathematischen Funktion dar, deren n unabhängige Variablen x_i die Einflussfaktoren sind:

$$A = b + a_1 x_1 + a_2 x_2 + ... + a_n x_n = b + \sum_{i=1}^{n} a_i x_i \; .$$

Die Schätzfunktionen versucht man allgemein aus Vergangenheitswerten durch Schätzung der Koeffizienten a_i und b mittels Regressionsrechnung[1] auf der Basis von Daten über abgeschlossene Projekte zu bestimmen.

Die eigentliche Aufwandsschätzung besteht dann darin,
- die aktuellen Werte der Einflussgrößen x_i zu bestimmen und
- die Kosten zu berechnen, indem die konkreten Variablenwerte in die Schätzfunktion eingesetzt werden.

Die Genauigkeit des Verfahrens hängt davon ab, wie viel abgeschlossene Projekte mit welchen Faktoren bei der Bestimmung der Schätzfunktion berücksichtigt wurden. Auch Korrelationen der einzelnen Faktoren mit den Kosten und untereinander spielen hierbei eine Rolle.

Das Faktorenverfahren ist in seiner Handhabung aufwendig. Ohne Statistiksoftware, mit der die Koeffizienten b und a_i (i =1,...,n) der Schätzfunktion bestimmt werden können, ist es kaum anwendbar. Besonders problematisch ist die Tatsache, dass man in der Praxis über die für eine Regressionsrechnung erforderlichen Vergangenheitswerte aus abgeschlossenen Projekten nur selten verfügt. Es hat deshalb nur geringe praktische Bedeutung.

> **Prozentsatzverfahren**
> Bei Prozentsatzverfahren wird von der Verteilung des Aufwands auf die verschiedenen Projektphasen in abgeschlossenen Projekten ausgegangen. Diese Verteilung benutzt man, um auf die Kostenverteilung im aktuellen Projekt zu schließen.

Prozentsatzverfahren dienen nicht dazu, absolute Kosten zu ermitteln, sondern es wird die Verteilung der Kosten auf die Projektphasen geschätzt. Sie ergänzen dadurch die übrigen Verfahren.

---

[1] Vgl. dazu beispielsweise SCHWARZE [2001].

Beispiel: Für ein Projekt „Durchführung einer Tagung" wurden für die drei Projektphasen „Vorbereitung", „Durchführung" und „Nachbereitung" folgende Aufwandsanteile ermittelt:
Vorbereitungsphase 40%
Durchführungsphase 50%
Nachbereitungsphase 10%
Kennt man die Kosten der Vorbereitungsphase, kann man die Kosten der anderen beiden Phasen schätzen.

Insbesondere für Systementwicklungsprojekte gibt es eine Reihe weiterer Verfahren zur Aufwandsschätzung[1].

---

1 Vgl. dazu beispielsweise NOTH/KRETZSCHMAR [1985] und SCHWARZE [1995].

6 Projektauftrag und Projektvorüberlegungen

6.1 Projektauftrag

Auf der Grundlage der Projektskizze und der darauf basierenden Durchführbarkeitsuntersuchung wird entschieden, ob ein Projekt starten soll. Ist diese Entscheidung positiv, wird ein **Projektauftrag** erteilt. Auf S. 78 ist in Abb. 6-2 beispielhaft dargestellt, welche Angaben ein Projektauftrag enthält.

Der Projektauftrag sollte auch die Projektskizze und die wichtigsten Ergebnisse der Durchführbarkeitsuntersuchungen umfassen. Bei vielen Projekten empfiehlt sich ein Pflichtenheft als Bestandteil des Projektauftrags[1]. Je nach Ausmaß der im Projektauftrag festgelegten Einzelheiten kann der Auftrag ein umfangreiches Dokument werden.

Der Projektauftrag ist Bestandteil der Projektdokumentation.

Insbesondere bei größeren Projekten kann es sinnvoll sein, in einem gesonderten Dokument die **Projektstammdaten** festzuhalten. Abb. 6-1 zeigt dafür ein Beispiel.

Projektstammdaten zum Projekt Nr.	
Projektkurzbezeichnung:	
Projektbezeichnung:	
Auftraggeber/Veranlassende Stelle:	
Projektleitung/Verantwortliche Stelle:	
Projektbeginn:	Projektende:
Vertraulichkeitskategorie:	
Personen mit Zugriffsrecht auf die Projektdaten:	

Abb. 6-1: Projektstammdaten

---

1 Vgl. dazu Abschnitt 6.2, S. 79.

Die Projektstammdaten sind während des gesamten Projektes einheitlich zu verwenden.

Projektauftrag Nr.		Kurzbezeichnung:	
Projektbezeichnung:			
Anwendungs- bzw. Aufgabenbereich:			
Betroffene Abteilung(en):			
Auftraggeber/Veranlassende Stelle:			
Verantwortliche Stelle:			
Kategorie: ○ Neuentw.	○ Ersatz	○ Ergänzung	○ Sonstiges:
Größenklasse:	○ bis 1 PM	○ über 1 bis 3 PM	○ über 3 bis 5 PM
PM ~ Personenmonat	○ über 5 PM	○ ca. _____ PM	
Projektziele:			
Kritische Erfolgsfaktoren:			
Randbedingungen:			
Vorgaben			
fachliche:			
organisatorische:			
personelle:			
sonstige:			
Projektteam			
Projektleiter:			
Projektmitarbeiter:			
externe Beteiligte:			
Projektkosten:			
Projektnutzen:			
Projektorganisation:			
Projektdauer:			
Anfangstermin:		Endtermin:	

Abb. 6-2: Beispiel für den Aufbau eines Projektauftrags

6.2 Pflichtenheft

Je nach Gegenstand eines Projekts empfiehlt es sich, den Projektauftrag durch ein Pflichtenheft zu ergänzen.

> **Pflichtenheft**
> Ein Pflichtenheft enthält alle Projektziele, die Anforderungen an das angestrebte Projektergebnis sowie Vorgaben und Randbedingungen für das Projekt.

Zur Fixierung der verbindlichen Vorgaben für die Projektplanung und die Projektrealisierung sind Pflichtenhefte häufig unverzichtbar.

Je nach Aufgabenstellung und Situation enthält ein Pflichtenheft Angaben zu folgenden Bereichen:
- Projektziele,
- Beschreibung des Ist-Zustands der von der Projektrealisierung betroffenen Bereiche bzw. Stellen (z.B. Arbeitsabläufe, Informationsflüsse, Personalsituation, derzeitige Produktionsbedingungen),
- allgemeine Anforderungen an das Projektergebnis,
- funktionelle Anforderungen im Hinblick auf die betroffenen Aufgabenbereiche,
- Kosten für
  - Investitionen,
  - Umstellung,
  - laufenden Betrieb.

Sind an einem Projekt Dritte beteiligt, dann ist ein Pflichtenheft verbindliche **Grundlage für Vertragsverhandlungen** bzw. vertragliche Vereinbarungen. Das Pflichtenheft sollte dann auch die Anforderungen an den Lieferanten festlegen:
- Umfang, Art und Kosten der Lieferantenunterstützung,
- Vertragsbedingungen, zu denen z.B.
  - Lieferbedingungen,
  - Garantiebedingungen und
  - Zahlungsbedingungen gehören,
- Liefertermine.

Bei der Verwendung bzw. Aufstellung von Pflichtenheften ist es zweckmäßig, schon in einem sehr frühen Projektstadium ein Pflichtenheft anzulegen, also schon bei der Projektinitialisierung damit zu beginnen. Je früher ein Pflichtenheft angelegt wird, desto gröber wird es natürlich zunächst sein. Im Verlauf der Projektvorbereitung und Projektplanung kann das Pflichtenheft dann schrittweise detailliert werden.

6.3 Vorüberlegungen zur Projektplanung

Der Projektauftrag ist Grundlage für die Projektplanung. Bevor damit begonnen wird, sind verschiedene grundsätzliche Fragen zu klären, um die gewünschten Projektergebnisse zu erreichen. Durch diese **Vorüberlegungen** soll sichergestellt werden, dass das Projekt ziel- und anforderungsgerecht sowie wirtschaftlich geplant und durchgeführt wird. Vielfach werden diese Vorüberlegungen schon im Rahmen einer Projektskizze angestellt. Einige der nachfolgend aufgeführten Vorüberlegungen können dann entfallen, wenn entsprechende Angaben bereits im Projektauftrag enthalten sind.

Wichtige Vorüberlegungen sind:

(1) Es muss eine genaue und umfassende **Projektdefinition** erfolgen. Das Projekt ist hinsichtlich Umfang und Kompetenzen klar abzugrenzen.

(2) Die **Projektziele** sind detailliert und vollständig festzulegen. Gegebenenfalls sind Prioritäten für die einzelnen Ziele festzulegen.

(3) Es ist festzustellen, ob für das Projekt einschränkende **Randbedingungen oder Vorschriften**[1] existieren, die bei Planung und Durchführung des Projekts zu beachten sind.

(4) Der **Zweck der Projektplanung** ist anzugeben, da dieser das Vorgehen und den Umfang der Planung beeinflusst.

Ein Projektplan für einen Kunden oder Auftraggeber wird beispielsweise weniger detailliert sein, als einer für die Fertigungssteuerung oder Montage.

(5) Es ist zu klären, ob **gleiche oder ähnliche Projekte oder Teilprojekte** bereits durchgeführt worden sind. Dann kann auf die vorhandenen Erfahrungen und eventuell auch auf existierende Planungs- und andere Unterlagen zurückgegriffen werden.

(6) Die von dem Projekt **betroffenen Bereiche oder Stellen** sind vollständig zu ermitteln und festzuhalten.

Diese Stellen bzw. Bereiche sollten im Rahmen einer offenen Kommunikationspolitik frühzeitig in die Projektplanung einbezogen bzw. über die Pläne informiert werden.

(7) Es ist ein **Projektteam** zu bestimmen. Dazu gehören:
a) **Projektleitung**, also eine Person oder mehrere Personen, die für Projektplanung und -durchführung verantwortlich sind. An diese Personen sind bestimmte Anforderungen zu stellen, auf die in Abschnitt 3.2 bereits eingegangen wurde.
Bei der Projektleitung konzentrieren sich alle wichtigen Entscheidungsbefugnisse, sofern sie nicht beim Auftraggeber liegen.

---

1 Beispielsweise aus dem Arbeitsrecht oder dem Umweltrecht.

6.3 Vorüberlegungen zur Projektplanung

b) **Projektmitarbeiter**, die unmittelbar an Planung und Durchführung des Projekts mitwirken. Hier kann unterschieden werden in
- Mitarbeiter aus dem eigenen Hause und
- von außen hinzugezogene Mitarbeiter, beispielsweise externe Berater.

(8) Es ist eine **Projektorganisation** festzulegen. Das betrifft immer zwei Bereiche:
a) Die **organisatorische Eingliederung des Projekts** bzw. des Projektmanagements in ein Unternehmen bzw. die übergeordnete Gesamtorganisation.
b) Die **interne Organisation** des Projekts bzw. der Projektarbeit[1].

(9) Es muss festgelegt werden, **wie detailliert der Plan sein soll**. Vom Detaillierungs- oder Feinheitsgrad hängt nicht nur der Planungsaufwand, sondern auch die Übersichtlichkeit und Aussagefähigkeit der Planung ab. Der **Detaillierungsgrad** wird u.a. vom Zweck der Planung bestimmt. Für Übersichtszwecke reicht ein grober Plan. Für die Steuerung der Durchführung benötigt man im Allgemeinen detaillierte Pläne. Grundsätzlich kann man sagen, dass ein Projektplan so fein sein muss, dass alle gewünschten Informationen dem Plan entnommen werden können. Andererseits soll der Plan aber auch nur so grob sein, dass die Übersichtlichkeit nicht durch überflüssige Informationen gestört wird.

(10) Es ist festzulegen, mit welcher **Zeiteinheit** (Stunde, Tag, Woche, Monat usw.) geplant werden soll. Davon wird u.a. auch der Detaillierungsgrad beeinflusst. Rechnet man beispielsweise mit Monaten, dann ist es wenig sinnvoll, in den Plan Arbeitsgänge mit einer Dauer von wenigen Stunden einzeln aufzunehmen.

(11) Schließlich gehört zu den Vorüberlegungen der Projektplanung auch die Frage, welche **Werkzeuge und Hilfsmittel** eingesetzt werden sollen. Das betrifft insbesondere den Einsatz von **Projektmanagement-Software**. Die Eigenschaften einer solchen Software beeinflussen gegebenenfalls ganz erheblich das detaillierte Vorgehen bei der Projektplanung.

Nach Klärung dieser und eventuell weiterer Vorüberlegungen kann mit der Projektplanung begonnen werden.

Die Vorüberlegungen stellen zum großen Teil eine Ergänzung und Konkretisierung des Projektauftrags dar. Zur Unterstützung der Überlegungen kann es sich empfehlen, dazu eine Dokumentenvorlage zu erarbeiten. Abb. 6-3 zeigt dazu ein Muster.

---

1 Auf Einzelheiten zur Projektorganisation wird in Kapitel 26 eingegangen.

Vorüberlegungen zum Projekt Nr. (Ergänzung zum Projektauftrag vom __/__/__)
Projektkurzbezeichnung:
Projektbezeichnung:
Auftraggeber/Veranlassende Stelle:
Ausführliche/detaillierte Projektbeschreibung:
Projektziele:
Randbedingungen/zu beachtende Vorschriften:
Zweck der Projektplanung:
Auf welche Projekterfahrungen kann zurückgegriffen werden:
Betroffene Bereiche/Stellen:

Projektteam
  Projektleitung:
  Projektmitarbeiter:

Organisatorische Eingliederung des Projekts:
Interne Projektorganisation:
Detaillierungsgrad:
Zeiteinheit:
Einzusetzende Projektmanagementwerkzeuge und Hilfsmittel:
Projektmanagementsoftware:

Abb. 6-3: Arbeitsdokument zu Vorüberlegungen

7 Projektanalyse

Voraussetzung für jede effiziente Projektplanung sind detaillierte Informationen über das Projekt, z.B. über die Vorgänge und deren Reihenfolge, über die Dauer der Vorgänge oder über die für die Ausführung der Vorgänge erforderlichen Ressourcen. Die Ermittlung dieser Informationen geschieht im Rahmen einer Projektanalyse, auf die in diesem Kapitel eingegangen wird. Dabei erfolgt hier zunächst eine Beschränkung auf Projektstrukturpläne, Ablaufanalyse und Zeitanalyse. Analyseaspekte im Zusammenhang mit Kosten- und Ressourcenplanung werden in den entsprechenden Kapiteln später behandelt.

7.1 Projektstrukturpläne

Vor allem bei größeren Projekten ist es zweckmäßig, die Projektanalyse mit einer hierarchischen Zerlegung des Projekts zu beginnen. Das Ergebnis ist ein sogenannter Projektstrukturplan.

> **Projektstrukturplan**
> Ein Projektstrukturplan ist eine graphische oder tabellarische Aufgliederung eines Projekts in Teilprojekte, der Teilprojekte in Unterprojekte usw. über mehrere Ebenen.

Abb. 7-1 (S. 84) zeigt eine schematische Darstellung eines Projektstrukturplans.

> **Arbeitspaket**
> Die Elemente auf der untersten Ebene eines Projektstrukturplans heißen Arbeitspakete.

Es empfiehlt sich, die Elemente des Projektstrukturplans so zu nummerieren, dass aus der Nummer die Ebene im Projektstrukturplan und die Zugehörigkeit bezüglich der unmittelbar übergeordneten Ebene erkennbar ist.

Das ist in Abb. 7-1 geschehen. Unterprojekt 13 ist beispielsweise das 3. Unterprojekt zum übergeordneten Teilprojekt 1; Arbeitspaket 212 ist das zweite Arbeitspaket zum Unterprojekt 21, das wiederum zum Teilprojekt 2 gehört.

```
                                    Projekt
              ┌─────────────────────────┴─────────────────────────┐
         Teilprojekt 1                                      Teilprojekt 2
   ┌──────────┼──────────┐                           ┌──────────┴──────────┐
Unterprojekt 11 Unterprojekt 12 Unterprojekt 13   Unterprojekt 21   Unterprojekt 22
```

Unterprojekt 11	Unterprojekt 12	Unterprojekt 13	Unterprojekt 21	Unterprojekt 22
∟Arbeitspaket 111	∟Arbeitspaket 121	∟Arbeitspaket 131	∟Arbeitspaket 211	∟Arbeitspaket 221
∟Arbeitspaket 112	∟Arbeitspaket 122	∟Arbeitspaket 132	∟Arbeitspaket 212	∟Arbeitspaket 222
∟Arbeitspaket 113	∟Arbeitspaket 123	∟Arbeitspaket 133	∟Arbeitspaket 213	∟Arbeitspaket 223
∟Arbeitspaket 114		∟Arbeitspaket 134	∟Arbeitspaket 214	∟Arbeitspaket 224
∟Arbeitspaket 115				∟Arbeitspaket 225
∟Arbeitspaket 116				

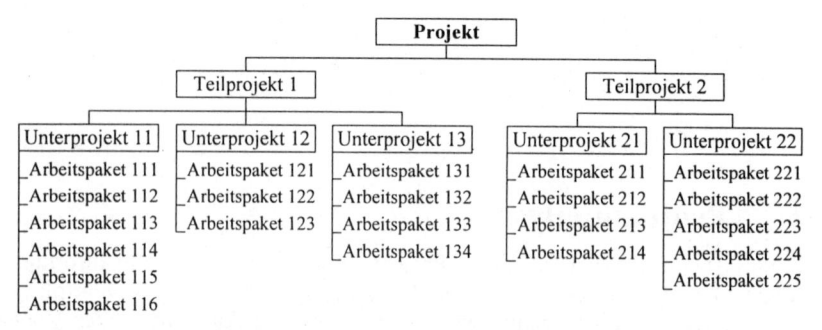

Abb. 7-1: Schematische Darstellung eines Projektstrukturplans

Zerlegt man von einer Ebene zur nächsten nur in maximal 9 Elemente, dann kann man nach folgender Regel nummerieren:

Nummerierung der Elemente im Projektstrukturplan
- Jedes Element im Strukturplan wird mit einer ganzen Zahl nummeriert.
- Die Anzahl n der Stellen dieser Zahl gibt die Ebene unterhalb der Ebene „Projekt" an, auf der sich das Element befindet.
- Die ersten $n-1$ Stellen geben die Nummer des direkt übergeordneten Elements an. Die letzte Stelle ist eine fortlaufende Nummerierung.

Abb. 7-1 veranschaulicht diese Nummerierung.

Anmerkung:
Die Begriffe „Projekt" (auf der obersten Ebene) und „Arbeitspaket" (für die Elemente auf der untersten Ebene des Projektstrukturplans) sind feststehende Begriffe, „Teilprojekt" und „Unterprojekt" dagegen nicht. Es erscheint sinnvoll, auf der zweiten Ebene eines Projektstrukturplans von „Teilprojekten" zu sprechen, so wie in Abb. 7-1. Wird über mehr Ebenen als in Abb. 7-1 untergliedert, dann wird die Begriffsbildung schwierig, denn Begriffe wie „Unterunterunterprojekt" sind unzweckmäßig. Im Zweifelsfall sollte man für alle Ebenen zwischen der Teilprojektebene und der Arbeitspaketebene den Begriff „Unterprojekt" verwenden und die Ebene über eine entsprechende Nummerierung kennzeichnen.

Ein Projektstrukturplan kann nach unterschiedlichen Gesichtspunkten aufgestellt werden.

Funktionsorientierter Projektstrukturplan
Ein funktionsorientierter Projektstrukturplan zerlegt ein Projekt hierarchisch nach den wirksam werdenden Funktionen (Bereiche, Abteilungen, Verantwortungsbereiche, Kostenstellen).

7.1 Projektstrukturpläne

In einem funktionsorientierten Projektstrukturplan werden auf einer Ebene jeweils alle Aktivitäten zu einem Teilprojekt, Unterprojekt oder Arbeitspaket zusammengefasst, deren Ausführung die gleichen Funktionen erfordert. Abb. 7-2 zeigt ein Beispiel.

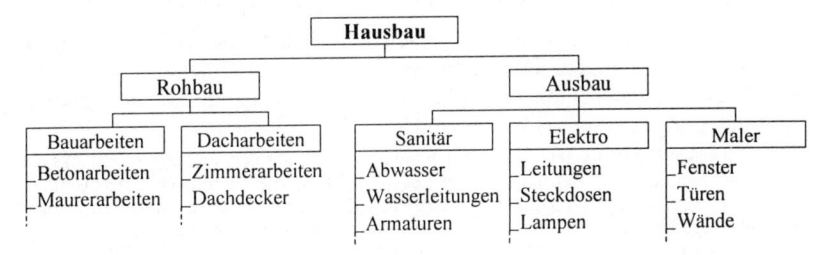

```
                           Hausbau
                ┌─────────────┴─────────────┐
             Rohbau                      Ausbau
          ┌─────┴─────┐         ┌──────┬────┴──┬───────┐
    Bauarbeiten  Dacharbeiten  Sanitär  Elektro  Maler
    _Betonarbeiten  _Zimmerarbeiten  _Abwasser  _Leitungen  _Fenster
    _Maurerarbeiten _Dachdecker      _Wasserleitungen _Steckdosen _Türen
                                     _Armaturen _Lampen  _Wände
```

Abb. 7-2: funktionsorientierter Projektstrukturplan

Objektorientierter Projektstrukturplan
Beim objekt- oder erzeugnisorientierten Projektstrukturplan wird ein Projekt nach der technischen oder logischen Zusammengehörigkeit der Komponenten des Projekts zerlegt.

Abb. 7-3 zeigt ein Beispiel eines objektorientierten Projektstrukturplans.

```
                    Hausbau
          ┌───────────┼──────────────┐
        Keller    Erdgeschoss    Dachgeschoss
      _Fundamente  _Außenwände    _Wände
      _Wände       _Innenwände    _Dachstuhl
      _Decke       _Decke         _Dach
      _Türen       _Türen
      _Treppe      _Fenster
```

Abb. 7-3: objektorientierter Projektstrukturplan

Vor allem bei größeren Projekten kann es sich empfehlen, einen **gemischtorientierten Projektstrukturplan** zu erstellen, bei dem beide Zerlegungsprinzipien kombiniert angewendet werden. Das darf allerdings nicht völlig willkürlich geschehen. Auf jeweils einer Ebene sollte ein einheitliches Kriterium angewendet werden.

Ein Projektstrukturplan ist zwar kein notwendiges, aber ein nützliches Hilfsmittel für die Analyse eines Projekts. Er besitzt folgende Vorteile:
- Durch die schrittweise Zerlegung wird die Gefahr reduziert, dass bei der Projektanalyse Elemente vergessen werden.

- Ein Projektstrukturplan unterstützt die Zerlegung eines Projekts in Teilprojekte, wie sie bei größeren Projekten unverzichtbar ist.
- Der Projektstrukturplan enthält normalerweise keine technischen oder anderen Details. Dadurch ist es möglich, für ähnliche Projekte, die sich nur im Detail unterscheiden, gleiche Projektstrukturpläne zu verwenden.

Im Projektstrukturplan erfolgt nur in seltenen Fällen eine Aufgliederung bis hin zu den Vorgängen. Die **Arbeitspakete** auf der untersten Ebene des Projektstrukturplans enthalten meistens mehrere Vorgänge, die im Netzplan nicht unbedingt zusammenhängen müssen.

Ein Arbeitspaket Heizungs- und Sanitärinstallation kann z.B. aus den Vorgängen „Öltanks und Heizkessel montieren", „Heizungsrohre verlegen", „Heizkörper montieren", „Wasserrohre verlegen", „Armaturen usw. montieren" bestehen. Diese Vorgänge können nicht zusammenhängend ausgeführt werden, da zwischendurch Maurer bzw. Putzer und Fliesenleger tätig werden müssen.

Abb. 7-4 veranschaulicht den Zusammenhang zwischen Projektstrukturplan und Netzplan.

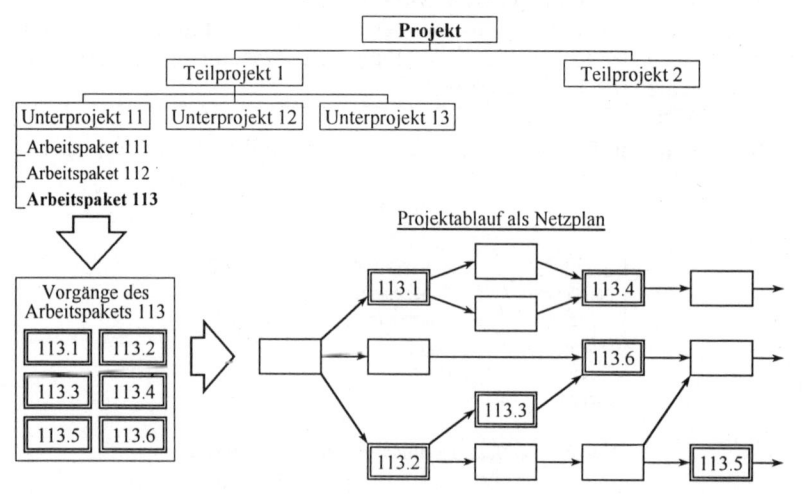

Abb. 7-4: Zusammenhang zwischen Projektstrukturplan und Netzplan

Die hierarchische Zerlegung eines Projekts durch einen Projektstrukturplan entspricht einer Gliederung, wie man sie z.B. bei Texten verwendet. Anstelle eines graphischen Projektstrukturplans, wie in Abb. 7-1, kann man einen Projektstrukturplan deshalb auch als Gliederung darstellen.

In Abb. 7-5 ist ein als Gliederung geschriebener Projektstrukturplan zu dem Beispiel aus Abb. 7-1 enthalten. Die Gliederung kann über eine Dezimalklassifikation nummeriert werden.

```
Projekt
    Teilprojekt 1
        Unterprojekt 11
            Arbeitspaket 111
            Arbeitspaket 112
            Arbeitspaket 113
            Arbeitspaket 114
            Arbeitspaket 115
            Arbeitspaket 116
        Unterprojekt 12
            Arbeitspaket 121
            Arbeitspaket 122
            Arbeitspaket 123
        Unterprojekt 13
            Arbeitspaket 131
            Arbeitspaket 132
            Arbeitspaket 133
            Arbeitspaket 134
    Teilprojekt 2
        Unterprojekt 21
            Arbeitspaket 211
            Arbeitspaket 212
            Arbeitspaket 213
            Arbeitspaket 214
        Unterprojekt 22
            Arbeitspaket 221
            Arbeitspaket 222
            Arbeitspaket 223
            Arbeitspaket 224
            Arbeitspaket 225
```

Abb. 7-5: Projektstrukturplan in Form einer Gliederung (vgl. Abb. 7-1, S. 84)

7.2 Aufgabenmatrix

Ein weiteres Hilfsmittel der Projektanalyse, das vor allem auch im Hinblick auf die Projektdurchführung oft nützlich ist, ist die sogenannte Aufgabenmatrix oder Planungsmatrix.

> **Aufgabenmatrix**
> In einer Aufgabenmatrix werden die bei einem Projekt durchzuführenden Aufgaben den für die Ausführung zuständigen Stellen (Kostenstellen, Abteilungen, Bereiche oder dgl.) zugeordnet.

Dabei kann eine Aufgabe auch mehreren Abteilungen zugeordnet werden. Ein Vergleich mit dem Projektstrukturplan zeigt, dass durch die Aufgabenmatrix Elemente eines erzeugnisorientierten Strukturplans (Aufgaben) und Elemente eines funktionsorientierten Projektstrukturplans (Abteilungen, Kostenstellen, Bereiche) einander zugeordnet werden. Abb. 7-6 zeigt eine schematische Darstellung einer Aufgabenmatrix.

| | Abteilung / Kostenstelle |||||||||
	A	B	C	D	E	F	G	H	I	...
Aufgabe 1				⊗						
Aufgabe 2						⊗				
Aufgabe 3				⊗						
Aufgabe 4								⊗		
Aufgabe 5				⊗		⊗				
Aufgabe 6	⊗	⊗					⊗			
...										

Abb. 7-6: Aufgabenmatrix

Projektstrukturplan und Aufgabenmatrix liefern Informationen über die Struktur eines Projekts, ohne dass sie Auskunft über die einzelnen Projektaktivitäten (Vorgänge) und deren Reihenfolge geben. Der für die Netzplanerstellung wesentliche Schritt der Projektanalyse besteht deshalb aus der Ermittlung der Vorgänge und ihrer Reihenfolge.

7.3 Ablaufanalyse

7.3.1 Vorgänge, Ereignisse und Meilensteine

Bei den Ablaufelementen eines Projekts handelt es sich im Wesentlichen um Arbeitsgänge im weitesten Sinne, also Elemente, die bei der Abwicklung des Projekts Zeit beanspruchen. Dazu gehören Fertigungsprozesse oder -verrichtungen, Beschaffungsvorgänge, Prüf- und Testmaßnahmen, Transporte und dgl. Diese zeitbeanspruchenden Strukturelemente bezeichnet man als Vorgang (Aktivität, Tätigkeit).

> **Vorgang**
> Ein Vorgang ist ein zeitforderndes Geschehen mit definiertem Anfang und Ende, bei dessen Realisierung
> • Arbeitskräfte eingesetzt werden,
> • Nutzungsgüter (Maschinen, Geräte usw.) beansprucht werden,
> • Verbrauchsgüter (Material, Energie usw.) eingesetzt werden und
> • Kosten verursacht werden.

Für eine wirkungsvolle Projektsteuerung und Projektüberwachung kann man zusätzlich fordern, dass ein Vorgang eindeutig einer verantwortlichen Abteilung oder Stelle zugeordnet wird.

7.3 Ablaufanalyse

Bei der Projektanalyse werden auch Zeitpunkte betrachtet, die bestimmte Projektzustände markieren.

> **Ereignis**
> Ein Ereignis kennzeichnet das Erreichen eines bestimmten Projektzustands und ist einem Zeitpunkt zugeordnet.

Zu jedem Vorgang gehören ein **Anfangsereignis** und ein **Endereignis**. Ein Projekt beginnt mit einem sogenannten **Startereignis** (Start, Projektanfang) und endet mit einem **Zielereignis** (Ziel, Projektende).
Ein Projekt kann auch mehrere Start- und Zielereignisse haben.

> **Meilenstein**
> Ein Ereignis, dem bei der Projektdurchführung eine besondere Bedeutung zukommt, heißt Meilenstein.

Beispiele sind „Stapellauf eines Schiffes" und „Richtfest eines Hauses".

Meilensteine müssen häufig zu vorgegebenen Terminen erreicht werden. Sie werden bei der Ablaufplanung besonders gekennzeichnet.

Bei der Zusammenstellung der Vorgänge und Meilensteine empfiehlt es sich, für die einzelnen Vorgänge und für die einzelnen Meilensteine Kurzbezeichnungen einzuführen oder eine **Vorgangs- bzw. Meilensteinnummer** zu verwenden, um die Planung und die Planungsunterlagen übersichtlich zu halten.

Die Nummerierung bzw. Zuordnung von Schlüsselnummern kann grundsätzlich willkürlich erfolgen. Für die Anwendung dürfte es jedoch zweckmäßig sein, einen systematischen oder sprechenden Schlüssel zu verwenden. Die einzelnen Komponenten dieses Schlüssels können dann Detailinformationen über Projekt, Teilprojekt oder Arbeitspaket liefern, zu dem der Vorgang gehört. Ein solcher Schlüssel kann aber auch Angaben über Kostenstelle, benötigte Maschinen und dergleichen enthalten.
Abb. 7-7 zeigt exemplarisch, wie ein Vorgangsschlüssel aufgebaut sein kann.

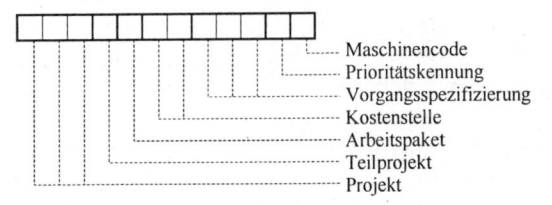

Abb. 7-7: Beispiel für den Aufbau eines 12-stelligen Vorgangsschlüssels

Ob ein Schlüssel ein reiner Nummernschlüssel oder ein alphanumerischer Schlüssel, bei dem auch Buchstaben zugelassen sind, sein soll, muss im konkreten Fall entschieden werden.

Kommen bestimmte Vorgänge in gleicher oder ähnlicher Form in verschiedenen Projekten vor, dann empfiehlt sich der Aufbau einer **Projektdatenbank**, in der alle relevanten Informationen über Vorgänge gespeichert werden. Das sind Bezeichnung, Dauer, benötigte Arbeitskräfte und Maschinen, Projekte, bei denen der Vorgang bereits verwendet wurde, usw. Während der Durchführung eines Projekts sollten die Projektdaten fortgeschrieben und aktualisiert werden. Das **Datenbanksystem** zur Verwaltung dieser Daten kann auch als Teil eines umfassenden Projektinformationssystems betrieben werden. Es sollte in jedem Fall über eine geeignete Schnittstelle zu einer Projektmanagement-Software verfügen, um die Informationen direkt zu speichern und bei neuen Projekten direkt auf diese Informationen zurückgreifen zu können.

7.3.2 Anordnungsbeziehungen

Zur Planung eines Projektablaufs werden nicht nur die Vorgänge und Meilensteine benötigt, sondern auch die logisch bzw. technologisch und wirtschaftlich bedingten Abhängigkeiten bzw. Reihenfolgebedingungen.

> **Anordnungsbeziehung**
> Eine Anordnungsbeziehung beschreibt eine Reihenfolgebedingung für zwei Vorgänge und/oder Meilensteine.

Die Ermittlung der Anordnungsbeziehungen kann über die Beantwortung der beiden folgenden Fragen geschehen:
- Welche Vorgänge gehen einem Vorgang unmittelbar voraus, d.h. welche unmittelbar vorhergehenden Vorgänge müssen abgeschlossen bzw. eingetreten sein, damit der Vorgang beginnen kann?
  Man erhält die **Vorgänger** des Vorgangs.
  Bei Ereignissen bzw. Meilensteinen spricht man entsprechend von **Vorereignis**.
- Welche Vorgänge folgen unmittelbar?
  Man erhält die **Nachfolger** des betrachteten Vorgangs.
  Bei Ereignissen bzw. Meilensteinen spricht man entsprechend von **Nachereignis**.

Für die Projektanalyse und für die Ablaufplanung ist es wichtig zu wissen (und möglicherweise auch explizit festzuhalten), dass es von den Ursachen her unterschiedliche Anordnungsbeziehungen gibt:

7.3 Ablaufanalyse

(1) Anordnungsbeziehungen können **logisch bzw. technologisch zwingend** sein.

So wird man bei einem Hausbau immer erst die Fundamente, dann Wände und Decken und anschließend das Dach errichten.

(2) Anordnungsbeziehungen können **kapazitätsbedingt** sein, da für die Durchführung von Projekten im Allgemeinen nicht beliebig hohe Kapazitäten zur Verfügung stehen. Bei begrenzten Ressourcen wird man Vorgänge, die technologisch durchaus parallel ausgeführt werden können, nacheinander ausführen und dieses durch eine Anordnungsbeziehung festlegen.

(3) Anordnungsbeziehungen können durch **Zeit- oder Terminrestriktionen** entstehen.

Für eine effiziente Projektplanung ist es vor allem wichtig, zwischen logisch bzw. technologisch zwingenden Anordnungsbeziehungen und anderen zu unterscheiden. Die letzteren können gegebenenfalls durch entsprechende Maßnahmen verändert werden.

Die Existenz nichtzwingender Anordnungsbeziehungen führt dazu, dass Projektabläufe meistens nicht eindeutig sind, sondern dass es fast immer mehrere Möglichkeiten gibt. Für die Anwendung der Netzplantechnik ist dann folgendes zu beachten:

> **Ein Netzplan erfordert eindeutige Anordnungsbeziehungen.** Sind andere Anordnungsbeziehungen möglich, so kann man diese festhalten, um darauf bei eventuell erforderlichen Planrevisionen zurückzugreifen.

Werden zu jedem Vorgang bzw. zu jedem Meilenstein Vorgänger **und** Nachfolger ermittelt, wird jede Anordnungsbeziehung doppelt erfasst.

Wird z.B. in dem einführenden Beispiel zu den Hotelreservierungen die Visabeschaffung als Vorgänger angegeben, erscheint diese Anordnungsbeziehung ein zweites Mal bei der Visabeschaffung: Hotelreservierungen als Nachfolger.

Es reicht daher aus, wenn man entweder nur die Vorgänger oder nur die Nachfolger bestimmt.

Man beachte, dass die Ermittlung der Anordnungsbeziehungen in der Analysephase schwierig sein kann. Deshalb werden sie häufig erst bei der eigentlichen Planung ermittelt bzw. festgelegt. Ermittlung der Anordnungsbeziehungen und Entwurf eines Projektplans geschehen dann simultan.

7.3.3 Vorgangslisten

Vorgänge, Meilensteine und Anordnungsbeziehungen kann man in Listen zusammenstellen, in die auch andere wichtige Informationen aufgenommen werden können, z.B. die für die Vorgangsausführung verantwortliche Stelle, die Dauer des Vorgangs, Angaben über Kosten, benötigte Arbeitskräfte und erforderliche Maschinen usw. In den Listenkopf kommen alle wichtigen Angaben über das Projekt, wie Projektbeschreibung, Auftraggeber, verantwortlicher Projektleiter usw. Abb. 7-8 zeigt ein einfaches Beispiel für einen Listenkopf einer Vorgangsliste. In konkreten Anwendungsfällen kann die Liste weitere Angaben enthalten.

Vorgangsliste										
Projekt:		Nr.:			Auftraggeber:					
Teilprojekt:		Arbeitspaket:			Erstellt von:			am:	/	/
Nr.	Vorgangs-beschreibung	Kostenstelle bzw. Abteilung	Dauer	Kosten	Kapazitätsbedarf Maschinenart				Arbeitskräfte-bedarf	
					A	B	C	D	...	I	II	...

Abb. 7-8: Tabellenkopf einer Vorgangsliste

Abb. 7-9 (S. 93) enthält die Vorgangsliste eines Beispiels, das in den weiteren Ausführungen häufiger zur Veranschaulichung herangezogen wird. Das Projekt umfasst den Bau und die Ausstattung einer Fabrikhalle. Es gliedert sich in zwei Bauabschnitte. Die beiden Bauabschnitte werden als zwei in den späteren Ausführungen manchmal getrennte Teilprojekte behandelt. Zu jedem Vorgang ist außer der Vorgangsnummer ein Buchstabe angegeben. Beide werden später als Abkürzung verwendet.

7.3.4 Probleme der Ablaufanalyse

Bei der Ablaufanalyse ergeben sich in der Praxis häufig Probleme. Auf einige wird in diesem Abschnitt kurz eingegangen.

(1) **Anordnungsbeziehungen**

Anordnungsbeziehungen sind oft schwierig zu bestimmen, vor allem wenn die Reihenfolge nicht eindeutig ist. Sie werden dann mit der Erstellung bzw. dem Entwerfen des Netzplans festgelegt. Es werden dabei zunächst nur die Vorgänge ermittelt und evtl. die zwingenden, leicht zu erfassenden Reihenfolgebedingungen. Mit der Ablaufplanung werden dann die (übrigen) Anordnungsbeziehungen festgelegt. Man kann sich dabei die Ablaufplanung fast wie ein „Planungspuzzle" vorstellen.

(2) **Detaillierungsgrad**

Die oben gegebene Definition von Vorgang (S. 88) sagt nichts darüber aus, wie „groß" ein Vorgang sein soll bzw. sein kann. Bei einem sehr detaillierten Plan kann ein Projekt in sehr kleine Vorgänge untergliedert werden, die jeweils nur aus einem einzelnen Arbeitsschritt bestehen. Für Übersichtszwecke reicht es dagegen aus, wenn eine Vielzahl von Einzelaktivitäten eines Projekts im Plan als ein Vorgang dargestellt wird.

7.3 Ablaufanalyse

Vorgang Nr.	Beschreibung	Vorgänger	Dauer	HI	EL	MA	MO
	I. Bauabschnitt						
1	Start (Projektanfang)	./.	0				
2	A Fundamente errichten	1	5	10			
3	B Kanalisationsanschluss herstellen	1	20	4			
4	C Wände hochziehen	2	25	2			
5	D Elektrischen Hauptanschluss herstellen	2	20	4			
6	E Fenster einsetzen	3;4	12	4			
7	F Dachdecke herstellen	3;4;5	15	5			
8	G Türen einsetzen	3;4	10	3			
9	H Dach abdichten	7	2	1			
	II. Bauabschnitt						
10	K Elektr. Leitungen für Kraftstrom verlegen	6;8;9	3		6		
11	L Maschinenfundamente erstellen	10	4			8	
12	M Elektr. Leitungen für Lichtstrom verlegen	10	3		3		
13	N Halterungen für Maschinen anbringen	11	18			7	
14	P 3 Maschinen aufstellen	11	21				5
15	Q Verputz außen	11;12	15			5	
16	R Elektr. Anschl. für Kraftstrom anbringen	11;12	5		5		
17	S Verputz innen	15	7			10	
18	T 3 Maschinen anschließen	13;14;16	18				5
19	U Elektr. Anschl. für Lichtstrom anbringen	17	10		2		
20	V Probelauf der 3 Maschinen	18	4				2
21	Ziel (Projektende)	19;20	0				

Legende: HI = Hilfsarbeiter; EL = Elektriker; MA = Maurer; MO = Monteure

Abb. 7-9: Vorgangsliste mit Vorgängern, Dauer und benötigten Arbeitskräften

Aus wirtschaftlichen Gründen sollte eine Planung nicht zu detailliert sein, da sonst Planung, Steuerung und Kontrolle zu aufwendig und zu schwerfällig werden. Andererseits birgt ein zu grober Plan die Gefahr, dass Einzelheiten des Projektablaufs im Plan nicht mehr festgelegt werden und dann bei der Projektdurchführung Koordinations- und Abstimmungsprobleme auftreten und eine wirksame Kontrolle unmöglich ist.

Ein zu hoher Detaillierungsgrad kann wegen der Befürchtung unnötiger und unzumutbarer Kontrollen zu Widerständen bei den Mitarbeitern führen. Außerdem kann ein zu hoher Detaillierungsgrad und die damit verbundene intensive „Reglementierung" der Ausführung die Flexibilität in den einzelnen Kostenstellen und Abteilungen in einem nicht zu vertretenden Maße einengen.

Eine der wichtigsten, aber auch schwierigsten Aufgaben der Projektplanung besteht deshalb darin, die richtige „Größe" der Vorgänge festzulegen, d.h. einen optimalen Detaillierungsgrad des Plans zu finden.

Faustregeln für den Detaillierungsgrad bzw. die Vorgangsgröße:
- Der Einsatz von Arbeitskräften und Maschinen sollte während der Durchführung eines Vorgangs nicht wechseln.
- Ein Vorgang sollte nicht weniger als eine Zeiteinheit dauern.
- Die Ausführung eines Vorgangs sollte immer nur in einen Verantwortungsbereich fallen.

Da viele kleine Vorgänge den Planungsaufwand erheblich erhöhen, sollten die Vorgänge möglichst **nicht zu klein** sein. Sofern eine Detailplanung notwendig erscheint, muss geprüft werden, ob sie nicht für einzelne Vorgänge gesondert durchgeführt werden kann. Dabei bietet sich oftmals an, nicht Teilnetze, sondern Balkendiagramme, detaillierte Arbeitsanweisungen, Checklisten oder dergleichen zu verwenden[1].

(3) **Mehrdeutigkeit**
Ein weiteres Problem ergibt sich aus den **oft nicht eindeutigen Anordnungsbeziehungen.** Vielfach gibt es mehrere Möglichkeiten der Reihenfolge von Vorgängen und/oder Meilensteinen. Um den Projektablauf als Netzplan darstellen zu können, muss man sich für eine Möglichkeit entscheiden. Darauf wurde bereits hingewiesen. Sofern in einem engen, zusammenhängenden Teil des Projekts verschiedene Formen der Reihenfolge möglich sind, ist zu prüfen, ob man den Teilbereich zu einem Vorgang zusammenfassen kann. Über die Reihenfolge der Teilarbeiten dieses „Block- oder Grobvorgangs" kann dann bei der Durchführung unter Berücksichtigung der jeweiligen aktuellen Gegebenheiten entschieden werden. Dadurch wird die Flexibilität der Planung erhöht und die für die Ausführung Verantwortlichen haben größere Dispositionsfreiheit.

Abb. 7-10 veranschaulicht die Verwendung von Grobvorgängen mit unterschiedlichen Techniken der Detaillierung:
- Verwendung einer **Checkliste.** Das ist problemlos bei hintereinander auszuführenden Arbeiten möglich.
- Verfeinerung unter Benutzung eines **Balkendiagramms**[2].
- Verwendung eines **Weg-Zeit-Diagramms**[3].
- Angabe der Vorgänge ohne Festlegung einer Reihenfolge.
- Detailplanung über ein gesondertes **Teilnetz.**

---

1 Vgl. dazu die schematische Darstellung in Abb. 7-10.
2 Vgl. dazu Abschnitt 11.2.
3 Vgl. dazu Abschnitt 11.3.

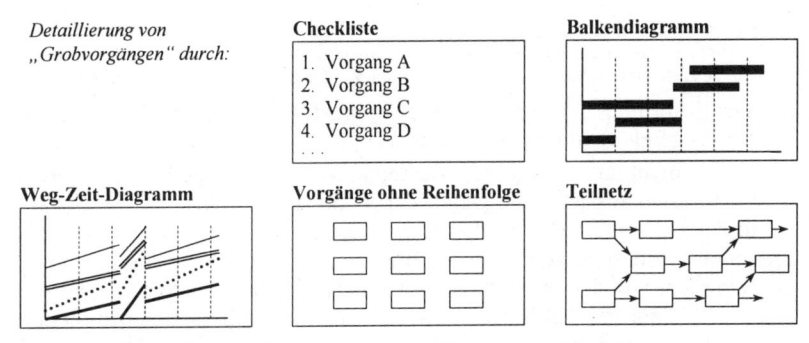

Abb. 7-10: Möglichkeiten zur Detaillierung von Grobvorgängen

7.4 Zeitanalyse

7.4.1 Aufgaben der Zeitanalyse

Neben der Ablaufanalyse ist die Zeitanalyse für eine Projektplanung unverzichtbar.

> Die **Zeitanalyse** dient folgenden Aufgaben:
> - Schätzung der **Ausführungsdauer** D für die Vorgänge,
> - Ermittlung von **Zeitbedingungen** und Zeitabständen,
> - Ermittlung von **Terminvorgaben**.

Dabei ist grundsätzlich zu beachten, dass die Projektanalyse und damit auch die Zeitanalyse vor Projektbeginn stattfindet, es also bei der Zeitanalyse um die Ermittlung oder Schätzung von in der Zukunft liegenden Werten geht. Die Ergebnisse einer Zeitanalyse sind deshalb immer mit mehr oder weniger großen Unsicherheiten behaftet.

7.4.2 Ermittlung bzw. Schätzung der Vorgangsdauern

Die Vorgangsdauern können, je nach spezifischen Gegebenheiten eines Projekts, auf folgende Arten ermittelt werden:
- Zeitschätzung aufgrund von **Erfahrungen**.
- Verwendung von **Lieferzeitangaben oder Terminzusagen von Unterlieferanten**.
- Bestimmung von **Transportzeiten** bei Transport mit fahrplanmäßigen Verkehrsmitteln (Bahn, Schiff, Flugzeug) aufgrund von Fahrplänen.
- Durchführung von **Zeitkalkulationen**.
  Für häufig vorkommende Arbeiten kann man Zeitrichtwerte mit Verfahren der Arbeitszeitermittlung bzw. durch Arbeitszeitstudien ermitteln. Außer auf Arbeitszeitstudien nach dem

Refa-Verfahren ist hier vor allem auf MTM (Methods Time Measurement) und ähnliche Verfahren hinzuweisen. Auf der Basis der Zeitrichtwerte für die Arbeitselemente können dann die Ausführungsdauern der Vorgänge durch Zeitkalkulationen ermittelt werden.

Bei der Ermittlung der voraussichtlichen Ausführungsdauern der Vorgänge können folgende **Probleme** entstehen:

Kann man nicht auf verbindliche Zeitangaben bzw. -zusagen zurückgreifen, dann ist die voraussichtliche Dauer der Vorgänge zu schätzen. Die Schätzwerte hängen sehr stark von den Kenntnissen und Erfahrungen des Schätzenden ab. Insbesondere bei größeren Projekten sollten die Zeitschätzungen deshalb nicht von dem eigentlichen Planungsstab allein vorgenommen werden. Die Gefahr von Fehlschätzungen ist dabei zu groß, da den Mitgliedern des Planungsstabes in vielen Fällen die notwendigen Informationen über Detailfragen fehlen. Man sollte in keinem Fall auf das Wissen und die Erfahrungen der mit der Projektdurchführung betrauten Personen verzichten. Dabei ist allerdings insofern Vorsicht geboten, als von dieser Seite her oft Überschätzungen erfolgen, um sich Zeitreserven zu verschaffen.

Eine verbindliche Angabe über die bei der Projektdurchführung tatsächlich benötigte Ausführungsdauer lässt sich im Planungsstadium in keinem Fall machen. Einmal ist die Zahl der Einflussgrößen, von denen die Ausführungsdauer abhängt, zu groß. Zum anderen sind die Zeitschätzungen in die Zukunft gerichtet, und die jeder Planung innewohnende **Unsicherheit** verbietet verbindliche Aussagen. Auch wenn auf sehr ausführliche und exakte Unterlagen zurückgegriffen werden kann, sind die Schätzwerte noch mit einem gewissen Risiko behaftet. Dieses Risiko besteht auch bei solchen Zeiten, die nicht geschätzt worden sind.

Ein fest zugesagter Liefertermin kann z.B. überschritten werden, weil durch einen plötzlichen Streik der Transport verzögert wird.

Schwierig werden Zeitschätzungen auch dadurch, dass die Vorgangsdauern in den meisten Fällen von den eingesetzten Kapazitäten abhängen und damit in einem gewissen (manchmal sehr weiten) Rahmen variabel sind (s.u.). **Akkordvorgaben** und dgl. sind als Zeitschätzungen **nicht geeignet**. Für die Netzplantechnik werden tatsächliche Ausführungszeiten benötigt. Es sind z.B. auch alle unproduktiven Zeiten aufzunehmen, wie Liegezeiten, Wartezeiten, Rüstzeiten usw. Darauf ist bei der Ermittlung der Ausführungszeiten besonders zu achten.

> Die **Ausführungsdauer** vieler Vorgänge **hängt von der Anzahl der eingesetzten Arbeitskräfte oder Maschinen ab.**

Es ist deshalb oft zweckmäßig, zunächst den Zeitbedarf zu schätzen, den eine Person für die Ausführung eines Vorgangs benötigt. Das Ergebnis sind **Personen-Stunden, Personen-Tage** oder **Personen-Wochen**, je nach der

7.4 Zeitanalyse

gewählten Zeiteinheit. Dann stellt man fest, wie viel Arbeitskräfte für diesen Vorgang zur Verfügung stehen und ob Schichtbetrieb vorgesehen ist. Die für die Zeitplanung zu verwendende Ausführungsdauer ergibt sich dann bei **Einschichtbetrieb** aus

$$Ausführungsdauer = \frac{Zeitbedarf\ für\ eine\ Arbeitskraft}{Anzahl\ der\ Arbeitskräfte}$$

und bei **Mehrschichtbetrieb** aus

$$Ausführungsdauer = \frac{Zeitbedarf\ für\ eine\ Arbeitskraft}{(Anzahl\ Arbeitskräfte/Schicht) \times (Schichten/Tag)}$$

Hat man beispielsweise für den Aushub einer Baugrube 30 Personen-Tage geschätzt und stehen dafür im Zweischichtbetrieb 3 Arbeitskräfte je Schicht zur Verfügung, so ergibt sich:

$$Ausführungsdauer = \frac{30}{3 \times 2} = \frac{30}{6} = 5\ Tage$$

Für Maschinen gilt das Entsprechende.

Bei diesem Vorgehen ist immer sorgfältig zu prüfen, inwieweit eine solche schematische Umrechnung zulässig ist. Häufig kann die Anzahl der eingesetzten Arbeitskräfte nur innerhalb enger Grenzen variiert werden und bei zunehmender Anzahl der Arbeitskräfte können Arbeitszeitverluste durch erschwerte Koordinierung und Kommunikation auftreten.

Bei der Zeitschätzung ist darauf zu achten, dass **alle Angaben in der gleichen Zeitdimension** gemacht werden.

Wird die Ausführungszeit in Kalendertagen angegeben, dann kann man für eine Lieferzeit von drei Wochen meistens nicht einfach 21 Tage schreiben, da für die Zeitplanung im Projektmanagement in der Regel Arbeitstage zugrunde gelegt werden. Bei einer 5-Tage-Woche ergeben sich dann anstelle der 21 Kalendertage 15 Arbeitstage.

Probleme können sich ergeben, wenn je nach zeitlicher Lage eines Vorgangs für dieselbe Kalenderzeit unterschiedliche Arbeitstage herauskommen können. Die folgende Abb. 7-11 verdeutlicht das.

Kalenderzeit

Do	Fr	Sa	So	Mo	Di	Mi	Do	Fr	Sa	So	Mo	Di	Mi	Do	Fr	Sa	So	Mo	Di	Mi
1	2	3	4	5	6	7	8	9	10	11	12	13	14	15	16	17	18	19	20	21

Arbeitszeit

☒☒☒☒ | ☒☒☒☒☒☒☒☒ | ☒☒☒☒☒☒☒☒ | ☒☒☒☒☒☒
1 2   3 4 5 6 7   8 9 10 11 12   13 14 15

Fall A: 11 Kalendertage ~ 9 Arbeitstage

☒☒☒☒☒☒☒☒☒☒ ☒☒☒☒☒☒☒☒

Fall B: 11 Kalendertage ~ 7 Arbeitstage

☒   ☒☒☒☒☒☒☒☒☒☒☒   ☒

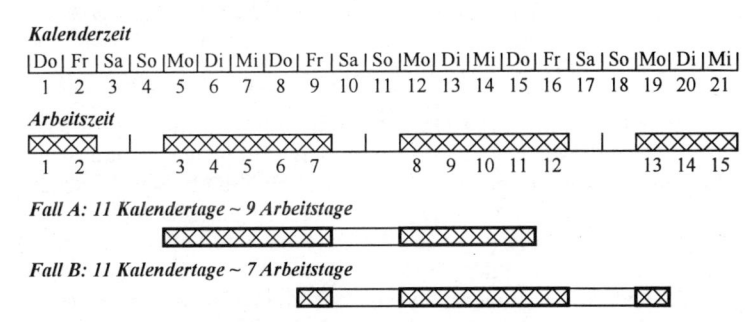

Abb. 7-11: *Beziehung zwischen Kalenderzeit und Arbeitszeit*

Das in Abb. 7-11 skizzierte Phänomen führt natürlich nur dann zu Problemen, wenn für die Dauer eines Vorgangs tatsächlich die Kalenderzeit maßgebend ist. Im Allgemeinen ist das nicht der Fall, sondern die Ausführungsdauer wird unmittelbar in Arbeitstagen gemessen.

Ein weiteres Problem der Zeitschätzung besteht darin, dass man manchmal bei einem Projekt **mit unterschiedlichen Kalendern** arbeiten muss.

Das kann z.B. an unterschiedlichen Feiertagsregelungen liegen. Diese sind bekanntlich bereits in den Ländern der Bundesrepublik Deutschland verschieden. Bei internationalen Projekten können noch größere Unterschiede auftreten.

Unterschiedliche Kalender werden auch dann nötig, wenn beispielsweise ein Produktionsbetrieb in der normalen Fertigung 5 Tage in der Woche im Einschichtbetrieb arbeitet, auf Montagestellen 6 Tage in der Woche arbeitet und in einem Bereich „Gießerei" 7 Tage in der Woche im Dreischichtbetrieb, weil die Schmelzöfen nicht kurzfristig stillgelegt und wieder in Betrieb genommen werden können. Auf derartige Probleme ist bei der Zeitanalyse besonders zu achten. Gegebenenfalls muss bei Einsatz von Projektmanagement-Software geprüft werden, ob das jeweilige Programm die Verwendung mehrerer Kalender zulässt. Falls nicht, können daraus zusätzliche Probleme entstehen.

Die Beziehungen zwischen Dauer eines Vorgangs und eingesetzter Kapazität erschweren vielfach die Ermittlung bzw. Schätzung der Dauer dadurch, dass im Planungsstadium nicht oder nur ungenau bekannt ist, wie viel Kapazität für die Durchführung eines Vorgangs zur Verfügung stehen wird. Andererseits kann die Kapazitätsabhängigkeit der Dauer die Zeitplanung auch vereinfachen. Man wählt eine unter normalen Projektablaufbedingungen realistische Dauer und gibt diese für die Projektabwicklung fest vor. Treten bei der Durchführung Zeit- bzw. Terminprobleme auf, kann – sofern genügend Kapazitäten verfügbar sind – die Einhaltung der vorgegebenen Dauer sichergestellt werden. Die Dauer ist also ein fester Wert, und es besteht „nur noch" ein Problem der Kapazitätsbereitstellung. Dabei müssen natürlich auch die Kosten beachtet werden.

Grundsätzlich gilt:

Zeitschätzungen sollten unabhängig von konkreten Terminvorstellungen gemacht werden. Anderenfalls besteht die Gefahr, dass sich die Schätzungen an den Terminvorstellungen orientieren und dadurch Verzerrungen und Fehler hervorgerufen werden.

Wertvolles Hilfsmittel bei der Durchführung von Zeitschätzungen sind Erfahrungswerte und Schätzwerte, die aus anderen Projekten ermittelt wurden. Für alle häufiger vorkommenden Vorgänge empfiehlt es sich, Zeitschätzungen und realisierte Zeiten computerunterstützt in einer Datenbank festzuhalten. Man erhält auf diese Weise eine Datenbasis für zukünftige Projekte. Darauf wurde bereits bei der Ablaufanalyse hingewiesen. Durch Soll-Ist-Vergleiche und Abweichungsanalysen kann man eine laufende Verbesserung der Schätzwerte erreichen. Dazu ist es allerdings notwendig, dass außer den Zeiten noch andere wichtige Informationen in der Datenbank gespeichert werden. Dazu gehört insbesondere die Anzahl der eingesetzten Arbeitskräfte und Maschinen.

7.4.3 Ein- und Mehrzeitenschätzung

Es wurde bereits darauf hingewiesen, dass Zeitschätzungen unsicher sind. Diese Unsicherheit wird vielfach ignoriert. Man ermittelt einen Schätzwert für die Ausführungsdauer jeden Vorgangs und plant das Projekt bzw. den zeitlichen Ablauf des Projekts dann so, als ob diese geschätzten Ausführungszeiten tatsächlich eingehalten werden. Da man nur einen Zeitwert schätzt, spricht man häufig auch von **Einzeitenschätzung**. Zeitplanung auf der Basis der Einzeitenschätzung ist – wegen der Ignorierung der Unsicherheiten – eine **deterministische Zeitplanung**.

Bei einigen Ansätzen der Netzplantechnik (PERT und Weiterentwicklungen) wird die Unsicherheit bei der Zeitplanung berücksichtigt. Ausgangspunkt dieser Verfahren ist dabei die Überlegung, dass die Ausführungsdauer eines Vorgangs nicht eindeutig ist, sondern dass dafür eine **Häufigkeits- oder Wahrscheinlichkeitsverteilung** angegeben werden kann. Das bedeutet, dass man bei häufiger Wiederholung eines Vorgangs unter gleichen Bedingungen verschiedene Werte für die tatsächliche Ausführungsdauer erhält[1]. Um nun zu einer praktikablen Zeitplanung zu gelangen, fordert man keine detaillierte Kenntnis der Wahrscheinlichkeitsverteilungen der Ausführungszeiten, sondern begnügt sich mit drei die Verteilung charakterisierenden Zeitgrößen[2].

Dreizeitenschätzung
Bei einer Dreizeitenschätzung ermittelt man für einen Vorgang:
- wahrscheinlichste oder häufigste Dauer HD,
- pessimistische Dauer PD und
- optimistische Dauer OD.

Die **wahrscheinlichste oder häufigste Dauer** HD ist die Zeit, die unter normalen Bedingungen für die Ausführung eines Vorgangs benötigt wird. Sie kommt bei wiederholter Durchführung des Vorgangs am häufigsten vor und entspricht in der Wahrscheinlichkeits- oder Häufigkeitsverteilung der Ausführungsdauer dem häufigsten oder dichtesten Wert der Verteilung.

---

1 Vgl. Abb. 7-12, S. 100.
2 Dieser Ansatz basiert auf der Annahme, dass sich die Wahrscheinlichkeitsverteilung der Ausführungsdauer von Vorgängen durch einen bestimmten Typ der sogenannten Beta-Verteilung beschreiben lässt. Dazu wird auf die einschlägige Literatur zur Wahrscheinlichkeitsrechnung oder mathematischen Statistik verwiesen.

Die **pessimistische Dauer** PD wird unter schlechtesten Bedingungen benötigt, wenn sich die eine Zeitverlängerung bewirkenden Störfaktoren sehr stark häufen. In ihr wird ein Maximum an Verlustzeiten berücksichtigt.
Die **optimistische Dauer** OD ist die kürzestmögliche Zeit, in der ein Vorgang ausgeführt werden kann. In ihr sind keine Verlustzeiten enthalten.
In welcher Weise diese drei Zeitwerte bei der Planung berücksichtigt werden, wird in Abschnitt 16.1 erörtert.
Abb. 7-12 zeigt die Wahrscheinlichkeitsverteilung eines Vorgangs und die Lage der drei zu schätzenden Zeitwerte.

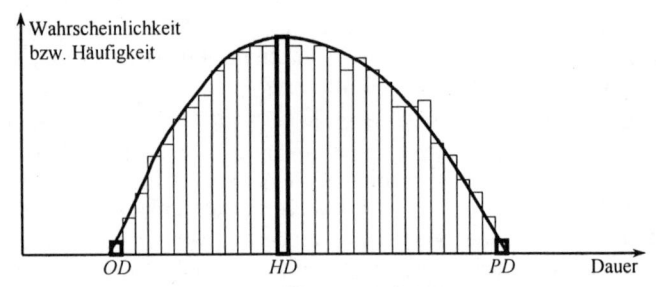

Abb. 7-12: Häufigkeits- bzw. Wahrscheinlichkeitsverteilung einer Vorgangsdauer und Lage der Zeitschätzwerte bei einer Dreizeitenschätzung

Allgemein spricht man von **Mehrzeitenschätzung**. Eine Mehrzeitenschätzung erfordert naturgemäß einen größeren Aufwand als eine Einzeitenschätzung, da für jeden Vorgang mehrere Schätzwerte zu ermitteln sind. Jeder der einzelnen Schätzwerte (bei der Dreizeitenschätzung HD, PD, OD) ist jedoch unsicher, so dass das Unsicherheitsproblem auch durch die Mehrzeitenschätzung zwar reduziert aber nicht ausgeschaltet wird.

7.4.4 Zeitbedingungen und Meilensteine

Der zeitliche Ablauf eines Projekts wird nicht nur durch die Ausführungsdauern der Vorgänge bestimmt. In der Zeitplanung sind auch vorgegebene Termine für **Meilensteine** zu berücksichtigen. Dabei kann es anstelle fester Termine auch „Terminintervalle" geben.

Beim Bau eines Hauses kann z.B. verlangt werden, dass der Rohbau vor Beginn der Frostperiode fertig ist oder dass vor Eintritt des ersten Frostes die Heizungsanlage installiert ist. Muss man damit rechnen, dass ab 1. Dezember Frost einsetzen kann, so wird man für das Ereignis „Rohbau fertig" als spätesten Termin den 1.12. festsetzen.

Schließlich ist darauf hinzuweisen, dass im Rahmen der Zeitanalyse auch Zeitabstände zwischen Vorgängen zu ermitteln sind, sofern das nicht schon in Verbindung mit der Ermittlung der Anordnungsbeziehungen erfolgt ist.

Teil III:
Ablaufplanung

In Teil III wird die Ablaufplanung von Projekten behandelt. Dabei steht der eigentliche Projektablauf, d.h. Vorgänge und deren Reihenfolge, im Vordergrund. Auf Zeit- und Terminplanung wird in Teil IV eingegangen. Wichtigstes Hilfsmittel der Projektablaufplanung sind Netzpläne, die deshalb im Vordergrund stehen. Neben den vielfältigen Möglichkeiten Projektabläufe durch Netzpläne darzustellen, werden in Kapitel 11 auch andere Ansätze und Hilfsmittel behandelt.

8 Die Planung einfacher Projektabläufe mit Netzplänen

In diesem Kapitel werden zunächst nur einfache Projektabläufe betrachtet. Dabei stehen Vorgangsknotennetze im Vordergrund.

8.1 Projektablauf im einfachen Vorgangsknotennetz

> **Vorgangsknotennetz (VKN)**
> In einem Vorgangsknotennetz werden die Vorgänge als Knoten des Netzplans und die Anordnungsbeziehungen durch Pfeile dargestellt, die die entsprechenden Knoten miteinander verbinden.
> In einem **einfachen Vorgangsknotennetz** sind nur Anordnungsbeziehungen zwischen dem Ende eines Vorgangs und dem Anfang eines Nachfolgers dieses Vorgangs zugelassen[1], d.h. ein Vorgang kann frühestens dann beginnen, wenn seine sämtlichen Vorgänger abgeschlossen sind.

---

[1] Andere Reihenfolgebedingungen zwischen Vorgängen, bei denen z.B. der Anfang bzw. das Ende eines Vorgangs vom Anfang bzw. Ende des Vorgängers abhängt, werden im Kapitel 9 (S. 119ff.) behandelt.

Grundsätzlich gehört zu jedem Vorgang ein Knoten und zu jeder Anordnungsbeziehung ein Pfeil. Die Richtung des Pfeils gibt an, wie die Vorgänge aufeinanderfolgen. Die nacheinander auszuführenden Vorgänge A, B und C werden dann wie in Abb. 8-1 dargestellt.

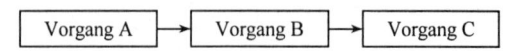

| Vorgang A | → | Vorgang B | → | Vorgang C |

Abb. 8-1: aufeinanderfolgende Vorgänge im Vorgangsknotennetz

In einen Vorgangsknoten können alle wichtigen Informationen über den Vorgang aufgenommen werden.
Dazu gehören

- Vorgangsnummer,
- Beschreibung,
- Dauer,
- frühester und spätester Anfang,
- frühestes und spätestes Ende,

- Pufferzeiten (Zeitreserven),
- Kostenstellennummer,
- benötigte Arbeitskräfte,
- benötigte Maschinen,
- usw.

Die konkrete Aufteilung der Vorgangsknoten in Felder hängt davon ab, welche Informationen in den Knoten stehen sollen. Für ein effizientes Projektmanagement ist unbedingt darauf zu achten, dass die Aufteilung der Vorgangsknoten individuell gestaltet werden sollte und sich nach den jeweiligen Informationsbedürfnissen richten muss. Dabei können innerhalb eines Betriebes je nach Planungszweck durchaus unterschiedliche Knotenaufteilungen verwendet werden. Abb. 8-2 enthält zwei Beispiele.

Vorgangs-Nr.	Projekt-Nr.	Teilproj.-Nr.	Kostenstelle
Vorgangsbeschreibung			
Dauer	FAZ	GP	FEZ
Priorität	SAZ	FP	SEZ

Vorgangs-Nr.			
Projekt-Nr.	Vorgangsbeschreibung		
Teilproj.-Nr.			
Kostenstelle	Dauer	FAZ	FEZ
Arbeitskr. A	Maschinen I	GP	FP
Arbeitskr. B	Maschinen II	SAZ	SEZ

Legende: FAZ = frühester Anfangszeitpunkt   SAZ = spätester Anfangszeitpunkt   GP = gesamte Pufferzeit
FEZ = frühester Endzeitpunkt   SEZ = spätester Endzeitpunkt   FP = freie Pufferzeit

Abb. 8-2: Aufteilung von Vorgangsknoten

Die Vorgangsknoten sollten nicht zu viele Informationen enthalten, da sonst nicht nur die Knoten, sondern auch die Netzpläne zu groß und zu unübersichtlich werden. Dient ein Vorgangsknotennetz nur der Beschreibung des eigentlichen Projektablaufs, dann ist eine Aufteilung der Knoten manchmal überflüssig, da nur die Vorgangsbeschreibungen in die Knoten einzutragen sind.
Abb. 8-3 zeigt den ersten Bauabschnitt des Beispielprojekts, dessen Vorgangsliste in Abb. 7-9 wiedergegeben ist, als Vorgangsknotennetz.

8.1 Projektablauf im einfachen Vorgangsknotennetz

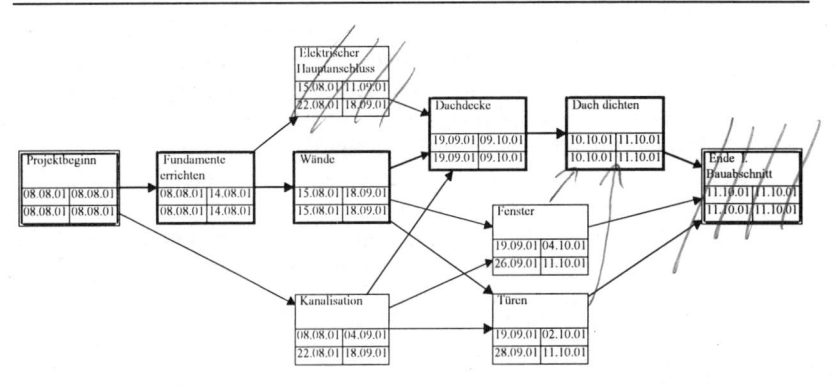

Abb. 8-3: Vorgangsknotennetz des I. Bauabschnitts

In Abb. 8-3 sind die Knoten der Vorgänge, die die Projektdauer bestimmen, stärker gerahmt. Die Knoten enthalten neben der Vorgangsbezeichnung die Vorgangsdauer sowie Anfangs- und Endtermin. Der Knoten „Ende des I. Bauabschnitts" hat noch Nachfolger im II. Bauabschnitt. Ein solcher Verbindungsknoten zwischen Teilnetzen heißt **Interface**.
Abb. 8-4 zeigt das Gesamtprojekt aus Abb. 7-9. Die Vorgangsknoten enthalten aus Platzgründen nur die Vorgangsnummern.

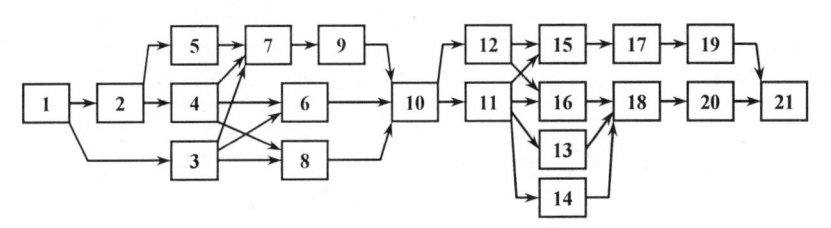

Abb. 8-4: Gesamtnetz des Beispiels

Beim Zeichnen des Netzplans sollten die folgenden Hinweise und Regeln beachtet werden:
(1) Unmittelbar aufeinanderfolgende Vorgänge werden im Netzplan durch einen Pfeil verbunden, dessen Richtung die Reihenfolge angibt.
(2) Zwei Knoten können nur durch einen Pfeil verbunden sein. Andernfalls würde die betreffende Anordnungsbeziehung doppelt erfasst.
(3) Ein Netzplan darf keine Schleifen enthalten, denn das würde bedeuten, dass man von einem Vorgang über einen oder mehrere andere Vorgänge wieder zu diesem Vorgang zurückkommt. Da Vorgänge in einem einfachen Vorgangsknotennetzplan aber grundsätzlich zeitlich nacheinander durchgeführt werden, ist das von der Ablauflogik her nicht möglich.
(4) Der Netzplan wird üblicherweise unabhängig vom zeitlichen Ablauf und von Terminvorgaben gezeichnet.

(5) Die Pfeile im Netzplan sollten entweder von links nach rechts oder von oben nach unten laufen, um das zeitliche Nacheinander von Vorgängen auch in der graphischen Darstellung zu dokumentieren.
(6) Ein Netzplan hat einen oder mehrere Startknoten (Projektanfang) und einen oder mehrere Zielknoten (Projektende). Startknoten haben keine Vorgänger und Zielknoten keine Nachfolger.
(7) Wird verlangt, dass der Netzplan nur einen Startknoten und einen Zielknoten hat, dann kann man bei Vorliegen mehrerer Start- und/oder Zielknoten zusätzlich einen Knoten „Projektanfang" und/oder einen Knoten „Projektende" einfügen (vgl. Abb. 8-5). Man erhält dadurch einen gemischtorientierten Netzplan, da „Projektanfang" und „Projektende" Meilensteine sind[1].

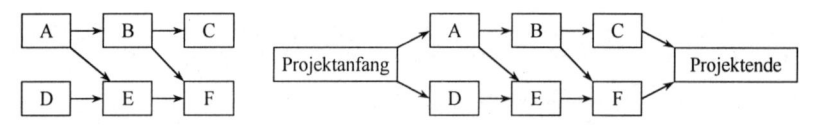

Abb. 8-5: Netzplan mit mehreren und mit einem Start- bzw. Zielknoten

(8) Sofern keine Missverständnisse möglich sind, können Zusammenführungen und Verzweigungen von Pfeilen gezeichnet werden. In den beiden Netzplanausschnitten in Abb. 8-6 hat D die Vorgänger A, B, C und die Nachfolger E, F, G. Links ist die Zusammenführung von Pfeilen als geschlossener Kreis und die Verzweigung von Pfeilen als offener Kreis gezeichnet, rechts ohne Verwendung spezieller Symbole.

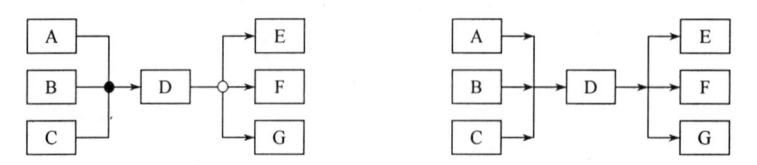

Abb. 8-6: Zusammenführung und Verzweigung von Pfeilen im Netzplan

Bei manuellem Netzplanentwurf wird es selten gelingen, einen Netzplan auf Anhieb in einer übersichtlichen Form zu zeichnen, da am Anfang der Entwurfsphase der Projektablauf meistens noch nicht vollständig zu übersehen ist. Viele Anordnungsbeziehungen werden erst beim Entwerfen des Netzplans ermittelt, festgehalten oder definiert. Es ist deshalb im Allgemeinen empfehlenswert, für den manuellen Netzplanentwurf zu bestimmten Hilfsmitteln zu greifen. Die wichtigsten sind:

---

1 Siehe Abschnitt 8.4, S. 111ff.

- Erster Entwurf als Bleistiftskizze, da sich Korrekturen dann leicht anbringen lassen.
- Zunächst nur die Vorgangsknoten zeichnen. Diese werden dann in einem zweiten Schritt gemäß den Anordnungsbeziehungen durch Pfeile verbunden. Auf diese Weise erhält man sehr schnell eine erste Skizze.
- Verwendung von Stempeln für die Vorgangsknoten, die dann nur noch mit Pfeilen für die Anordnungsbeziehungen verbunden werden müssen.
- Verwendung von Planungstafeln.
  Auf einer eisenhaltigen Planungstafel kann man Vorgangsknoten aus Karton mit Magneten befestigen. Die Knoten können mit wasserlöslichem Filzschreiber oder einem anderen wieder entfernbaren Schreibwerkzeug durch Pfeile miteinander verbunden werden. Auf diese Weise ist ein Netzplanentwurf leicht erstellbar.
  Eine andere Möglichkeit ist die Verwendung einer Planungstafel, auf der man die Vorgangsknoten aus Karton mit Nadeln befestigt. Statt dessen kann man auch auf einem ausreichend großen Tisch einen großen Bogen Papier spannen und die Knoten aus Karton hinlegen. In beiden Fällen kann man die Pfeile mit Bleistift oder einem anderen Schreibwerkzeug eintragen.

Bei Verwendung von Projektmanagement-Software ist auf folgendes hinzuweisen: Bei vielen Programmen können Netzpläne im Computerdialog entworfen und geändert werden. Der Netzplan kann dann über einen graphikfähigen Drucker oder über einen Plotter ausgegeben werden. Besonders hinzuweisen ist auf spezielle Graphikprogramme für die computerunterstützte Zeichnung von Netzplänen.

Sämtliche Computerprogramme benötigen außer den Vorgängen auch die Anordnungsbeziehungen. Diese können aber häufig erst mit dem Entwurf des Netzplans bestimmt bzw. definiert werden. Deshalb ist es auch bei Computerunterstützung des Projektmanagements häufig unverzichtbar, dass in der ersten Phase der Projektplanung eine Netzplanskizze von Hand angefertigt wird.

8.2 Projektablauf im Vorgangspfeilnetz

Obwohl Vorgangspfeilnetze in der Anwendung heute nur noch eine geringe Bedeutung haben, werden sie hier behandelt, um den Leser mit den Grundzügen dieser Darstellungsform vertraut zu machen.

> **Vorgangspfeilnetz (VPN)**
> In einem Vorgangspfeilnetz werden die Vorgänge als Pfeile des Netzplans dargestellt. Die Vorgangspfeile werden durch Knoten entsprechend den Anordnungsbeziehungen verknüpft.

Die Knoten des Netzplans entsprechen Ereignissen, wobei jedem Vorgang Anfangsereignis und Endereignis zugeordnet sind. Für einen einzelnen Vorgang ergibt sich dann eine Darstellung wie in Abb. 8-7.

Abb. 8-7: Darstellung eines Vorgangs im Vorgangspfeilnetz

Für Vorgangspfeilnetze gelten folgende Regeln:
(1) Hat Vorgang A den Nachfolger B und keine anderen Nachfolger, und hat B außer A keine anderen Vorgänger, werden die beiden Vorgangspfeile durch einen dazwischen liegenden Knoten verbunden (Abb. 8-8). Das Endereignis von A ist dann zugleich das Anfangsereignis von B.

Abb. 8-8: aufeinanderfolgende Vorgänge

(2) Haben die Vorgänge B, C und D den gemeinsamen Vorgänger A (A hat dann B, C und D als Nachfolger), so ist das Endereignis von A das Anfangsereignis aller nachfolgenden Vorgänge (Abb. 8-9a).

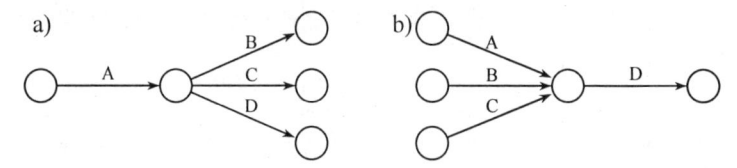

Abb. 8-9: Darstellung von Abhängigkeiten zwischen Vorgängen

(3) Haben die Vorgänge A, B und C den gemeinsamen Nachfolger D (D hat dann A, B und C als Vorgänger), so ist das Anfangsereignis von D das gemeinsame Endereignis der Vorgänger (Abb. 8-9b).
(4) Ereignisse, in die mehrere Vorgänge einmünden und/oder von denen mehrere Vorgänge ausgehen, nennt man **Sammelereignisse**. Bei sehr vielen einmündenden bzw. abgehenden Vorgängen kann man sie wie in Abb. 8-10a zeichnen. Abb. 8-10b besagt, dass die Vorgänge D, E und F erst beginnen können, wenn die Vorgänge A, B und C abgeschlossen sind.

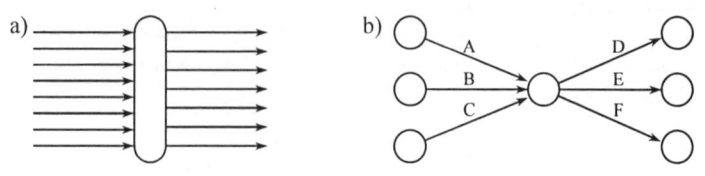

Abb. 8-10: Sammelereignis; Abhängigkeiten zwischen Vorgängen

8.2 Projektablauf im Vorgangspfeilnetz

(5) Dürfen zwei Ereignisse nur durch **einen** Pfeil miteinander verbunden werden (z.B. bei Verwendung mancher Projektmanagementsoftware), ist die Darstellungsform in Abb. 8-11a unzulässig.

a) b)

Abb. 8-11: Vermeidung paralleler Pfeile durch Verwendung eines Scheinvorgangs

Man hilft sich durch Einfügen eines sogenannten **Scheinvorgangs** (Abb. 8-11b). Scheinvorgänge werden im Netzplan durch punktierte oder gestrichelte Pfeile dargestellt. Sie haben die Ausführungsdauer 0, werden aber sonst wie andere Vorgänge behandelt. Für zwei parallele Vorgänge kann außer der Darstellungsform in Abb. 8-11b auch eine der drei Möglichkeiten in Abb. 8-12 gewählt werden.

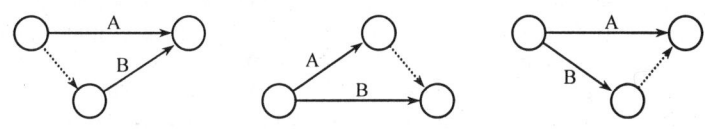

Abb. 8-12: Verwendung von Scheinvorgängen

(6) Scheinvorgänge werden auch für die Darstellung von Anordnungsbeziehungen benötigt. Wird z.B. zu dem in Abb. 8-13a gegebenen Netzplanausschnitt als zusätzliche Bedingung „D ist Nachfolger von A" bzw. „A ist Vorgänger von D" gefordert, dann kann das durch einen Scheinvorgang geschehen (Abb. 8-13b). Falsch wäre die Darstellung in Abb. 8-13c, da hier eine nicht verlangte Anordnungsbeziehung zwischen C und B enthalten ist. Das kann vor allem für die später durchzuführende Zeitplanung von Bedeutung sein, denn durch überflüssige Anordnungsbeziehungen im Projektablauf können unnötige Verzögerungen errechnet werden.

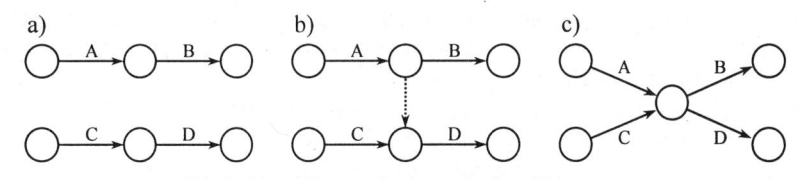

a) b) c)

Abb. 8-13: Abhängigkeiten zwischen Vorgängen

(7) Wegen der Scheinvorgänge können zwei unmittelbar aufeinanderfolgende Vorgänge im Vorgangspfeilnetz auf zwei Arten dargestellt werden: Einmal ist das Endereignis des ersten Vorgangs das Anfangsereignis des Nachfolgers (Vorgänge A und B sowie C und D in Abb. 8-13a). Bei der

anderen Darstellungsform sind das Endereignis eines Vorgangs und das Anfangsereignis eines Nachfolgers durch einen Scheinvorgang miteinander verbunden (Vorgänge A und D in Abb. 8-13b); in seltenen Fällen auch durch mehrere unmittelbar aufeinander folgende Scheinvorgänge.
(8) Ein Netzplan darf **keine Schleifen**, d.h. keine Folge hintereinanderliegender Pfeile, die zum Ausgangsknoten zurück führt, enthalten. Der Netzplan in Abb. 8-14 ist also unzulässig, da eine Schleife enthalten ist[1].

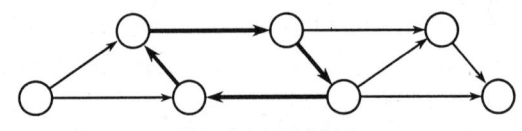

Abb. 8-14: Schleife

(9) Ein Projekt beginnt mit einem oder mehreren Startereignissen. Von diesen gehen nur Pfeile ab. Ein Projekt endet mit einem oder mehreren Zielereignissen, an denen nur Pfeile ankommen. In Abb. 8-15a gibt es je drei Start- und Zielereignisse. Soll das Projekt mit **einem** Startereignis beginnen und mit **einem** Zielereignis enden, kann man sich durch Einfügen von Scheinvorgängen helfen (Abb. 8-15b). Dabei muss nicht zu jedem Start- bzw. Zielereignis ein Scheinvorgang eingefügt werden (Abb. 8-15 c).

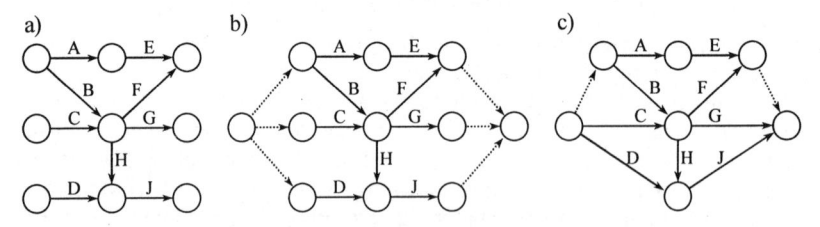

Abb. 8-15: mehrere Start- und Zielereignisse; ein Start- und Zielereignis

(10) Im Netzplan können Überschneidungen der Pfeile auftreten, die für die Interpretation des Netzplans keine Bedeutung haben. Grundsätzlich sollten Überschneidungen der Vorgangspfeile aber vermieden werden. Das lässt sich häufig durch geschickte Anordnung erreichen.
(11) Die Darstellung eines Projekts im Netzplan ist nicht eindeutig, da der gleiche Netzplan auf verschiedene Weisen gezeichnet werden kann. Das betrifft auch Scheinvorgänge (vgl. Abb. 8-16).

---

1 Ausnahmen sind in Sonderfällen zulässig. Man muss dann negative Zeitwerte zulassen und verlangen, dass die Länge einer Schleife immer negativ ist. Vgl. auch Abschnitt 12.4 (S. 153ff.)

8.3 Projektablauf im Ereignisknotennetz

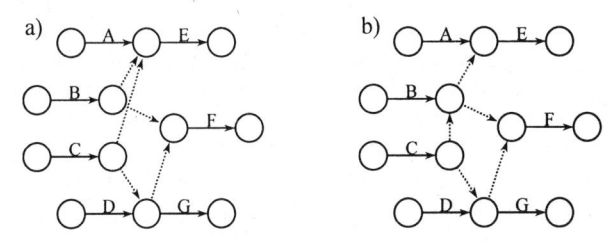

a)

b)

Abb. 8-16: unterschiedliche Verwendung von Scheinvorgängen

Für den ersten Bauabschnitt des Beispiels aus Abb. 7-9 ergibt sich das Vorgangspfeilnetz in Abb. 8-17.

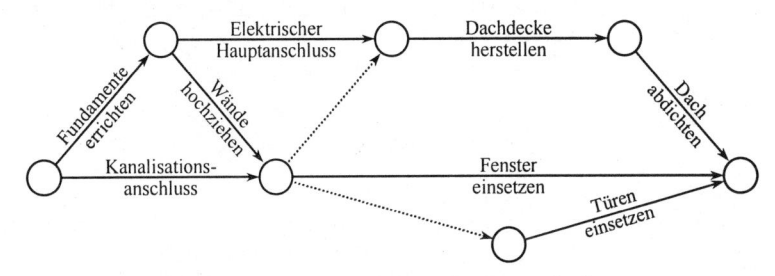

Abb. 8-17: Vorgangspfeilnetz des I. Bauabschnitts

Das Entwerfen bzw. Zeichnen von Vorgangspfeilnetzen bereitet meistens erhebliche Schwierigkeiten. Soweit irgend möglich, werden die Vorgänge durch die Knoten unmittelbar aneinandergeknüpft. Anordnungsbeziehungen in Form von Scheinvorgängen werden nur in unverzichtbaren Fällen explizit im Netzplan berücksichtigt. Dadurch besteht leicht die Gefahr, falsche oder überflüssige Anordnungsbeziehungen im Netzplan zu haben.

8.3 Projektablauf im Ereignisknotennetz

Ereignisknotennetze wurden ursprünglich bei PERT verwendet.

> **Ereignisknotennetz (EKN)**
> In einem Ereignisknotennetz werden die Ereignisse als Knoten des Netzplans dargestellt. Die Anordnungsbeziehungen der Ereignisse werden durch Pfeile zwischen den Knoten berücksichtigt.

Ereignisknotennetze werden vor allem als **Übersichtsnetzpläne in Form von Meilensteinnetzplänen** verwendet. Dazu werden für ein gegebenes Projekt nur die Meilensteine und deren Reihenfolge dargestellt. Diese Meilensteinpläne sind ein wichtiges Informations- und Kontrollinstrument für

die Führungsebene. Ereignisknotennetze können aber auch für die Planung von Projekten herangezogen werden, bei denen eine genaue Beschreibung der Vorgänge im Planungsstadium nicht möglich ist, z.B. bei **Forschungs- und Entwicklungsvorhaben**.
Besondere Regeln für Ereignisknotennetze gibt es nicht.
Abb. 8-18 zeigt das Beispiel aus Abb. 8-17 als Ereignisknotennetz, wobei die Ereignisknoten als Achtecke dargestellt wurden.

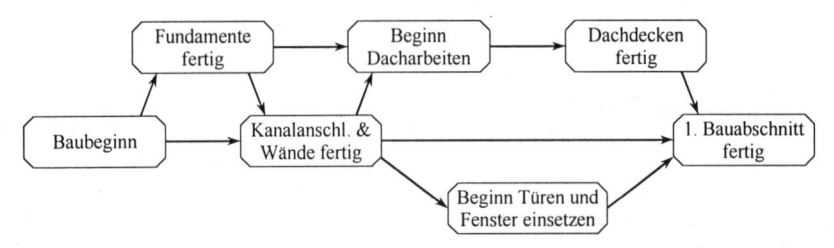

Abb. 8-18: Ereignisknotennetz des I. Bauabschnitts

Bei Ereignisknotennetzen ist folgendes zu beachten:
Aus jedem Vorgangspfeilnetz lässt sich problemlos ein Ereignisknotennetz herleiten. Man braucht nur die Ereignisknoten durch die entsprechenden Projektzustände zu beschreiben und auf die Vorgangsbeschreibungen zu verzichten. Ähnliches gilt für Vorgangsknotennetze. Man kann hier den Anfang oder das Ende von Vorgängen als Ereignis definieren und dann aus einem Vorgangsknotennetz ein Ereignisknotennetz herleiten. Das Umgekehrte ist im Regelfall nicht möglich. Die Pfeile in einem Ereignisknotennetz geben die Reihenfolge der Ereignisse an. Welche Vorgänge sich hinter den Pfeilen verbergen, geht aus dem Ereignisknotennetz nicht hervor. Mitunter ist es sogar so, dass die Anordnungsbeziehungen der Ereignisse keine eindeutige Projektstruktur wiedergeben.

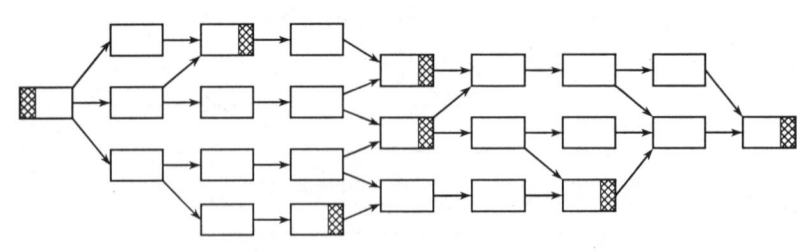

Abb. 8-19: Vorgangsknotennetz mit Meilensteinen

Abb. 8-19 zeigt ein Vorgangsknotennetz mit Meilensteinen (schraffierte Rechtecke links oder rechts in den Vorgangsknoten). Diese Meilensteine sind markante Projektzustände, die bei der Projektplanung explizit berücksichtigt werden sollen. Dazu gehören natürlich auch Pro-

jektanfang und Projektende. Aus dem Netzplan in Abb. 8-19[1] kann ein Ereignisknotennetz (Meilensteinnetzplan) hergeleitet werden, in dem nur noch die Meilensteine als Knoten enthalten sind. Diese Meilensteinknoten werden durch Pfeile so miteinander verbunden, wie es sich aus Abb. 8-19 ergibt. Das Ergebnis ist der Meilensteinnetzplan in Abb. 8-20.
Ein Vergleich von Abb. 8-19 und Abb. 8-20 macht deutlich, dass die Pfeile in Abb. 8-20 nicht eindeutig einem oder mehreren Vorgängen zugeordnet werden können. Die Pfeile geben nur an, wie die Meilensteine in der Ablauflogik des Projekts aufeinanderfolgen und auf welche Weise ein Meilenstein im ursprünglichen Netzplan direkt von einem anderen Meilenstein erreicht werden kann (d.h. ohne über andere Meilensteine zu gehen).

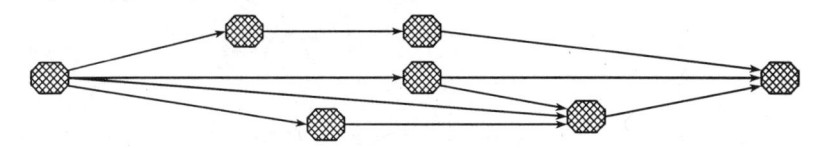

Abb. 8-20: Meilensteinnetzplan zu Abb. 8-19

8.4 Gemischtorientierte Netzpläne

In den bisherigen Ausführungen wurden Vorgangsknotennetze, Vorgangspfeilnetze und Ereignisknotennetze behandelt. Es wurde aber auch darauf hingewiesen, dass Mischformen möglich sind.

Gemischtorientierter Netzplan
Ein Netzplan, in dem sowohl Vorgänge als auch Ereignisse bzw. Meilensteine explizit dargestellt sind, heißt gemischtorientierter Netzplan.

Abb. 8-21 zeigt ein Vorgangsknotennetz, in dem Meilensteine durch Markierungen an den Vorgangsknoten berücksichtigt sind (vgl. dazu auch Abb. 8-19).

▧ ~ Meilenstein

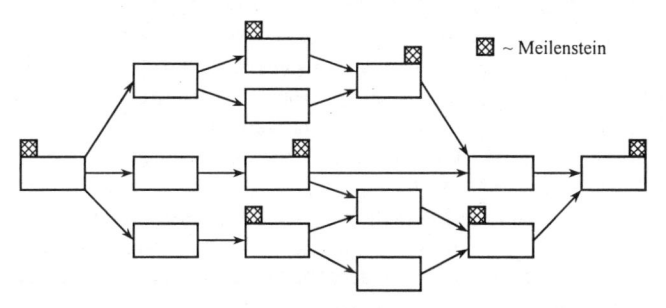

Abb. 8-21: Netzplan mit Meilensteinen, die den Vorgangsknoten zugeordnet sind

---

[1] Genaugenommen handelt es sich bei dem Netzplan in Abb. 8-19 um einen gemischtorientierten Netzplan. Vgl. dazu den nächsten Abschnitt.

In Abb. 8-22 ist der gleiche Projektablauf dargestellt. Die Meilensteine sind hier als gesonderte Knoten berücksichtigt.

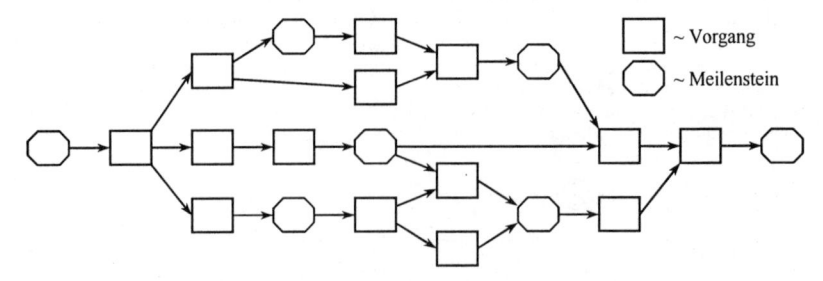

Abb. 8-22: Vorgangsknotennetz mit gesonderten Meilensteinen

Meilensteine sollten in gemischtorientierten Netzen immer durch eine besondere Knotenform dargestellt werden, so wie in Abb. 8-22. Je nach Situation sind auch andere gemischtorientierte Netzpläne denkbar. Entscheidend ist immer
- die Berücksichtigung des jeweiligen speziellen Projektablaufs und
- eine übersichtliche und leicht verständliche graphische Darstellung.

8.5 Praktische Hinweise zur Netzplandarstellung von Projektabläufen

Einige praktische Hinweise zum Zeichnen bzw. Entwerfen eines Netzplans wurden bereits in den vorangegangenen Abschnitten angeführt. Die folgenden Hinweise können das Entwerfen des Netzplans zusätzlich erleichtern und darüber hinaus die Lesbarkeit eines Netzplans verbessern.

Die Übersichtlichkeit eines Netzplans kann erhöht werden, wenn alle Vorgänge, die zu einem bestimmten **Verantwortungsbereich** oder **Aufgabengebiet** gehören, im Netzplan in einem Bereich dargestellt und optisch von den Vorgängen anderer Bereiche getrennt werden.

Abb. 8-23 (S. 113) zeigt den II. Bauabschnitt des Beispiels mit einer Unterteilung nach Art der Arbeiten (vgl. Abb. 8-4 (S. 103)).

Für oft zu planende Projekte oder Projektteile können Netzpläne mehrfach verwendet werden. Dabei kann es sich um Netzpläne handeln, die nur die Grundstruktur eines Projekts wiedergeben. Sie können bei allen Projekten verwendet werden, die diese Grundstruktur besitzen. Im Detail wird dann der Netzplan jeweils dem zu planenden Projekt angepasst. Wiederholen sich Projekte und Projektteile vollkommen übereinstimmend, dann können **Standardnetzpläne** verwendet werden. In diesem Fall lassen sich möglicherweise auch Zeitplanungsergebnisse übertragen.

8.5 Praktische Hinweise zur Netzplandarstellung von Projektabläufen

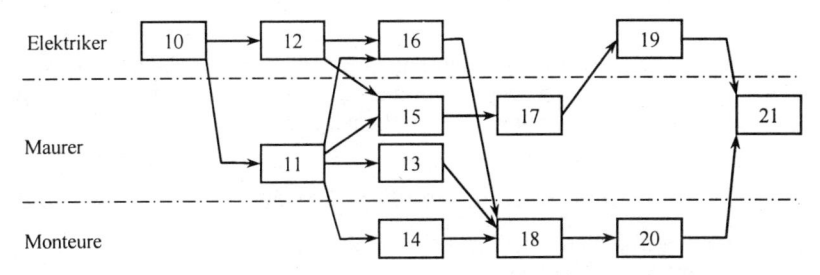

Abb. 8-23: Unterteilung eines Netzplans nach Verantwortungsbereichen

Die Lage der Knoten bzw. Länge der Pfeile ist im Allgemeinen unabhängig von der Dauer der Vorgänge. Es ist zwar möglich, ein zeitmaßstabgerechtes Abbild des Projektablaufs graphisch darzustellen, jedoch verliert der Netzplan dann an Übersichtlichkeit hinsichtlich der Anordnungsbeziehungen der Vorgänge untereinander. Außerdem erfordert jede Änderung im zeitlichen Ablauf eines Projekts eine entsprechende Korrektur der Zeichnung, was mit einem erheblichen Aufwand verbunden ist. In den meisten Fällen, in denen man auch den zeitlichen Ablauf eines Projekts graphisch darstellen will, empfiehlt sich die Verwendung eines Balkendiagramms[1]. In ein solches Balkendiagramm kann man gegebenenfalls auch Anordnungsbeziehungen aufnehmen[2].

Bei Verwendung einer Projektmanagement-Software können Balkendiagramme über einen Drucker und/oder über einen Plotter ausgegeben werden.

Manchmal kann es zweckmäßig sein, für einen Netzplan ein grobes Zeitraster zu verwenden. Dabei stellt man den Ablauf so dar, dass z.B. alle Vorgänge, die innerhalb eines Quartals auszuführen sind, in dem entsprechenden Zeitbereich liegen. Innerhalb dieser groben Intervalle ist aber keine Zeitproportionalität mehr gegeben.

Bei der Ablaufplanung empfiehlt sich die Zerlegung in Teilprojekte, die dann getrennt geplant werden können. Man erhält sogenannte **Teilnetzpläne**[3]. Bei größeren Projekten wird man die Zerlegung in Teilnetze schon deshalb vornehmen müssen, weil sich der gesamte Netzplan auf Papier handlicher Größe nicht mehr darstellen lässt. Die einzelnen Netzpläne lassen sich jederzeit zu einem Gesamtnetz zusammenfügen. In den Teilnetzplänen sind die Übergänge zu anderen Teilnetzen besonders zu kennzeichnen.

---
1 Vgl. dazu Abschnitt 11.2, S. 143f.
2 Vgl. Abb. 11-3, S. 144.
3 Vgl. dazu auch die schematische Darstellung in Abb. 10-1, S. 139.

Generell gilt:
Die Darstellung eines Projektablaufs in einem Netzplan ist keine schematische Transformation der geplanten realen Vorgänge in eine graphische Darstellung, sondern Planung im eigentlichen Sinn.

8.6 Vor- und Nachteile von Netzplänen

Einer der wesentlichen Vorteile der Netzplantechnik liegt in der Trennung von Ablaufplan und Zeitplan.

Weitere **Vorteile von Netzplänen** sind:
- Der Entwurf eines Netzplans zwingt zu einem exakten und detaillierten Durchdenken des gesamten Projektablaufs.
- Der Netzplan enthält den vollständigen Projektablauf mit Vorgängen, Anordnungsbeziehungen und Meilensteinen.
- Die graphische Darstellung erleichtert die Kontrolle, ob alle Vorgänge erfasst und an der richtigen Stelle eingeordnet sind.
- Das Entwerfen eines Netzplans ist nicht nur eine Übertragung des Projektablaufs in eine graphische Darstellung, sondern zugleich eine Planung des Projektablaufs.
- Im Netzplan kann der Ablauf eines Projekts geplant werden, ohne dass man dabei an Zeitvorstellungen gebunden ist.
- Die Darstellung eines Projektablaufs als Netzplan erfordert zwar relativ hohen Aufwand, dieser Mehraufwand wird jedoch durch die höhere Aussagekraft bei weitem ausgeglichen.
- Der Netzplan vermittelt manchmal eine anschauliche Vorstellung von der Größe eines Projekts.
- Der Netzplan erleichtert nicht nur die Planung, sondern auch die Steuerung der Ausführung eines Projekts und die Zusammenarbeit und Koordinierung aller an einem Projekt Beteiligten.
- Die Wiederverwendung von Netzplänen oder Teilnetzplänen (Standardnetzpläne) für gleiche oder ähnliche Projekte führt zu einer systematischen Verbesserung der Planung auch im Hinblick auf Termine und Kapazitätsauslastung.
- Für Führungskräfte ist der Netzplan ein unersetzliches Entscheidungshilfsmittel. Die Transparenz des Projektablaufs zeigt Entscheidungskonsequenzen auf. Der Projektfortschritt kann anhand des Netzplans übersichtlich kontrolliert werden. Bei Planabweichungen weist der Netzplan aus, welche Gegenmaßnahmen getroffen werden können.

Nachteile oder Probleme der Netzplantechnik sind:
- Ein Netzplan kann auf verschiedene Art gezeichnet werden (Knotenform, Anordnung der Knoten auf dem Papier usw.).

- Der Netzplan und die übersichtliche Darstellung des Projektablaufs kann beim Betrachter falsche Assoziationen erwecken. Im Netzplan ist üblicherweise ein bestimmter eindeutiger Projektablauf dargestellt. Tatsächlich sind aber im Regelfall auch andere Projektabläufe (Reihenfolgen der Vorgänge) möglich. Das liegt insbesondere daran, dass nur ein Teil der Anordnungsbeziehungen logisch bzw. technologisch zwingend ist, während ein großer Teil der Reihenfolgebedingungen durch Kapazitätsbeschränkungen oder Terminrestriktionen vorgegeben wird. Bei der Anwendung der Netzplantechnik sollte man sich dieser Tatsache immer bewusst sein, damit man bei Planungs- bzw. Realisierungsproblemen in der Lage ist, einen gegebenen Plan schnell zu modifizieren[1].

8.7 Gegenüberstellung der verschiedenen Netzplantypen

Zu den in den Abschnitten 8.1 bis 8.3 behandelten verschiedenen Netzplantypen ist vergleichend folgendes anzumerken:

Ereignisknotennetze (Abschnitt 8.3, S. 109ff.) werden vor allem für Projekte, bei denen über Vorgänge keine detaillierten Informationen verfügbar sind (z.B. im Bereich Forschung und Entwicklung), und – als Meilensteinpläne – für Übersichtszwecke verwendet.

Vorgangsknotennetze (Abschnitt 8.1, S. 101ff.) sind für das Projektmanagement im Regelfall am besten geeignet. Gegenüber **Vorgangspfeilnetzen** (Abschnitt 8.2, S. 105ff.) weisen sie folgende Vorteile auf:
Vorgangsknotennetze lassen sich einfacher und schneller zeichnen.
Die zur Beschreibung eines Vorgangs gehörenden Informationen (Vorgangsbezeichnung, Schlüssel-Nr., Kostenstellen- und Abteilungs-Nr., Dauer, Anfangs- und Endzeitpunkte, Pufferzeiten, benötigte Arbeitskräfte usw.) lassen sich in einem Vorgangsknoten leicht unterbringen, ohne dass die Übersichtlichkeit und Lesbarkeit des Netzplans gestört wird. An einem Vorgangspfeil ist das kaum möglich.
Änderungen sind beim Vorgangsknotennetz schnell und ohne Schwierigkeiten möglich. Die Berücksichtigung zusätzlicher Anordnungsbeziehungen oder der Wegfall von Anordnungsbeziehungen lässt sich einfach durch Einfügen oder Weglassen von Pfeilen berücksichtigen. Im Vorgangspfeilnetz sind derartige Änderungen sehr aufwendig.
Während in Vorgangspfeilnetzen nur einfache Anordnungsbeziehungen möglich sind, können mit Vorgangsknotennetzen auch komplexe Ablaufstrukturen dargestellt werden[2].

---

[1] In diesem Zusammenhang ist darauf hinzuweisen, dass die Netzplantechnik kein Verfahren zur Bestimmung einer optimalen Reihenfolge ist.
[2] Vgl. dazu Kapitel 9, S. 119ff.

In Abb. 8-24 sind die Vor- und Nachteile der verschiedenen Netzplantypen zusammengefasst.

	Vorgangspfeilnetz	Vorgangsknotennetz	Ereignisknotennetz
Entwerfen	schwierig	einfach	einfach
Zeichnen	aufwendig	weniger aufwendig	weniger aufwendig
Hilfsmittel	keine geeigneten	Planungstafeln	keine geeigneten
Änderungen	schwierig	leicht	leicht
Lesbarkeit	leicht	leicht	weniger leicht
Anordnungsbeziehungen	nur einfache	alle	nur einfache
Besonderheiten	Scheinvorgänge	keine	meistens Pfeil ≠ Vorgang

Abb. 8-24: Gegenüberstellung der verschiedenen Netzplantypen

8.8 Nummerierung der Knoten bzw. Ereignisse

Manchmal ist es empfehlenswert, die Knoten eines Netzplans unabhängig von einem eventuellen Vorgangsschlüssel zu nummerieren. Dabei ist folgende Regel zu beachten:

> **Knotennummerierung**
> Bei der Nummerierung der Knoten in einem Netzplan darf keine Zahl doppelt vorkommen, d.h. zwei verschiedene Knoten dürfen nicht dieselbe Knotennummer tragen.

Für die Nummerierung gibt es verschiedene Möglichkeiten:
(1) Bei der **willkürlichen Nummerierung** werden den Knoten beliebige Zahlen zugeordnet. Die Reihenfolge spielt keine Rolle. Der Netzplan in Abb. 8-25 ist willkürlich nummeriert.

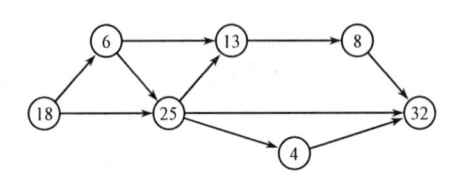

Abb. 8-25: willkürliche Nummerierung

Eine willkürliche Nummerierung erfolgt immer dann, wenn in einem Vorgangsknotennetz die Vorgänge mit „Schlüsselnummern" versehen werden.

(2) Bei einer systematischen oder aufsteigenden Nummerierung wird verlangt, dass der Knoten am Anfang eines Pfeils eine niedrigere Nummer trägt als der Knoten am Ende des Pfeils. Abb. 8-26 (S. 117) zeigt den Netzplan aus Abb. 8-25 aufsteigend nummeriert.

(3) Bei einer **lückenlos aufsteigenden Nummerierung** werden, mit 1 beginnend, gerade soviel fortlaufende natürliche Zahlen als Knotennummern vergeben, wie der Netzplan Knoten enthält. Hat ein Netzplan *n* Knoten, dann erhält der Startknoten die Nummer „1" und der Zielknoten die Nummer „*n*". In Abb. 8-27 (S. 117) ist der Netzplan aus Abb. 8-25 lückenlos aufsteigend nummeriert.

8.8 Nummerierung der Knoten bzw. Ereignisse

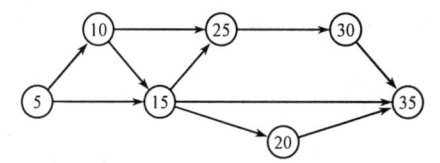

Abb. 8-26: aufsteigende Nummerierung

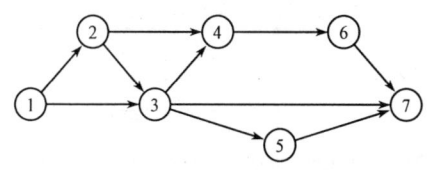

Abb. 8-27: lückenlos aufsteigende Nummerierung

Die willkürliche Nummerierung bietet im Allgemeinen keine Schwierigkeiten. Die aufsteigende und die lückenlos aufsteigende Nummerierung kann mit einem Verfahren vorgenommen werden, das für eine lückenlos aufsteigende Nummerierung an folgendem Beispiel erläutert wird[1].

Der Startknoten erhält die Nummer „1" (Abb. 8-28a). „Entfernt" man nun alle Pfeile, die vom Startknoten abgehen, dann bleibt ein verkleinerter Netzplan übrig. In Abb. 8-28a sind die „entfernten" Pfeile gestrichelt gezeichnet.

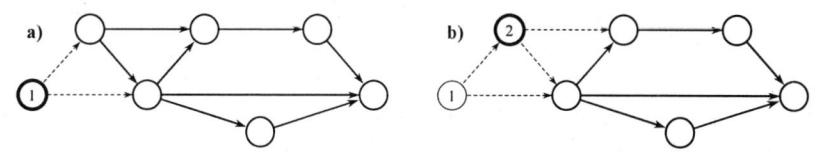

Abb. 8-28: Knotennummerierung

Nach dem Streichen der von Knoten 1 abgehenden Pfeile erhält man für den Restnetzplan wieder einen Startknoten. Dieser neue Startknoten ist in Abb. 8-28b gekennzeichnet. Er erhält die nächste Nummer, also „2".

Jetzt werden alle Pfeile, die von Knoten 2 ausgehen, gestrichen (Abb. 8-28b). Für den Restnetzplan ergibt sich wieder ein Startknoten. Er erhält die nächste Nummer „3" (Abb. 8-29a). Streicht man die von Knoten 3 ausgehenden Pfeile, dann enthält der Restnetzplan zwei Knoten, von denen nur Pfeile abgehen.

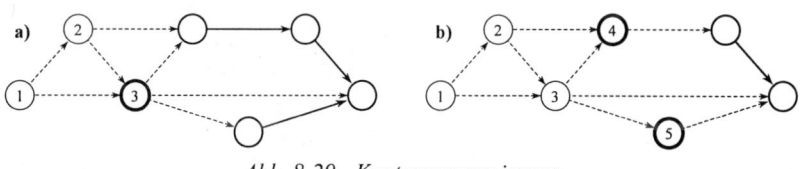

Abb. 8-29: Knotennummerierung

---

1 Das Verfahren hat seinen Ursprung in Verfahren zur Bestimmung der Ränge der Knoten in einem Digraphen (gerichteten, schleifen- und zyklenfreien Graphen).

Die beiden nächsten zu vergebenden Nummern „4" und „5" können beliebig für die beiden Startknoten des Restnetzes vergeben werden (Abb. 8-29b).
Der Startknoten des Restnetzes erhält die Nummer „6" (Abb. 8-30a). Schließlich erhält der letzte Knoten die Nummer 7 (Abb. 8-30b).

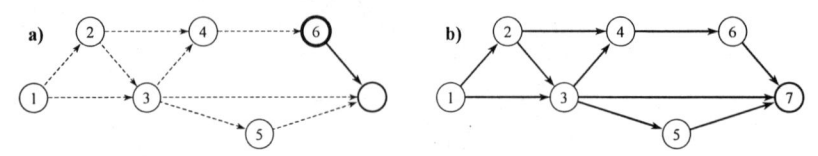

Abb. 8-30: Knotennummerierung

Dem Vorgehen liegt folgende Verfahrensvorschrift zugrunde.

Verfahren zur lückenlos aufsteigenden Nummerierung der Knoten eines Netzplans
(1) Gib dem Startknoten des Netzplans die Nummer 1. Gehe zu (2).
(2) Streiche alle vom Startknoten abgehenden Pfeile. Gehe zu (3).
(3) Ermittle die Startknoten des Restnetzes und gib diesen (in beliebiger Reihenfolge) die nächstfolgenden Nummern. Gehe zu (4).
(4) Prüfe für jeden im Schritt (3) nummerierten Knoten, ob zu diesem noch abgehende Pfeile existieren. Existiert kein Knoten mit abgehenden Pfeilen, gehe zu (6), andernfalls gehe zu (5).
(5) Streiche alle von den in Schritt (3) nummerierten Knoten abgehenden Pfeile. Gehe zu (3).
(6) Ende.

Bemerkungen:
1. Hat der Netzplan mehrere Startknoten, dann werden diese im Schritt (1) mit 1 beginnend fortlaufend nummeriert.
2. Ist nur aufsteigend aber nicht lückenlos aufsteigend zu nummerieren, dann springt man bei der Vergabe der Nummern entsprechend.

Überprüfung auf Schleifen:
Kommt man bei der Nummerierung an eine Schleife, dann kann kein neuer Startknoten gefunden werden. Die aufsteigende Nummerierung lässt sich nicht weiter durchführen. In Abb. 8-31 kann der Netzplan nicht weiter aufsteigend nummeriert werden, da in dem Restnetzplan wegen der Schleife kein Startknoten enthalten ist, von dem nur Pfeile abgehen.

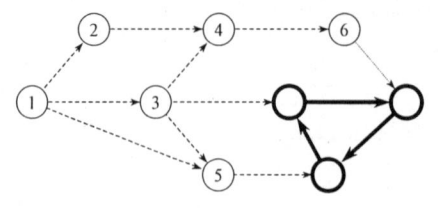

Abb. 8-31: Erkennen von Schleifen durch aufsteigende Nummerierung

9 Netzpläne für komplexe Projektabläufe

9.1 Zeitabstände zwischen Vorgängen

Ist Vorgang B Nachfolger von Vorgang A, so kann B frühestens beginnen, wenn A beendet ist. Diese Anordnungsbeziehung enthält auch eine Aussage über die zeitliche Reihenfolge.

In Abb. 9-1a ist ein Netzplanausschnitt für zwei aufeinanderfolgende Vorgänge A und B dargestellt. Im Balkendiagramm (Abb. 9-1b) bedeutet dieses, dass der Balken für Vorgang B frühestens dort beginnen kann, wo der Balken des Vorgangs A endet. Die Möglichkeit, den Vorgang B später anfangen zu lassen, ist durch den in positiver Zeitrichtung verlaufenden Pfeil am Anfang von B angedeutet worden.

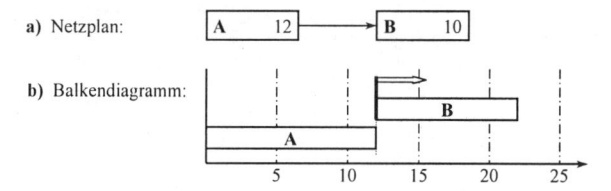

a) Netzplan:

b) Balkendiagramm:

Abb. 9-1: zeitliche Interpretation einer einfachen Anordnungsbeziehung

Die Anordnungsbeziehung drückt also einen zeitlichen Mindestabstand mit dem Wert Null zwischen dem Ende des Vorgangs A und dem Anfang seines Nachfolgers B aus.

Manchmal muss zwischen dem Ende eines Vorgangs und dem Anfang eines Nachfolgers ein positiver Zeitabstand liegen.

Das ist z.B. der Fall, wenn zwischen einem Vorstrich und dem Lackieren Zeit für das Trocknen des Vorstrichs im Projektablauf zu berücksichtigen ist.

> **Zeitabstand (Z)**
> Zeitabstände, die aus reinen Wartezeiten bestehen und bei denen keine Arbeitskräfte und Maschinen benötigt werden sowie keine Kosten entstehen, müssen im Vorgangsknotennetz nicht gesondert als Vorgang berücksichtigt werden, sondern können als **Zeitabstand bei Anordnungsbeziehungen** in einen Netzplan aufgenommen werden.

Abb. 9-2a zeigt dafür ein einfaches Beispiel. Zwischen dem Ende des Vorgangs A und dem Beginn des Vorgangs B müssen mindestens 4 Zeiteinheiten liegen. Die Anordnungsbeziehung zwischen A und B ist deshalb mit einer „4" versehen. Im Balkendiagramm (Abb. 9-2b) veranschaulicht der schwarze Pfeil den Zeitabstand. Endet Vorgang A zum Zeitpunkt 12, kann Vorgang B frühestens zum Zeitpunkt 16 (zeitlicher Mindestabstand 4) beginnen. Es ist aber möglich, dass Vorgang B später beginnt. Er kann also im Balkendiagramm zeitlich nach rechts verschoben werden. Die Möglichkeit, den Vorgang B später anfangen zu lassen, ist wieder durch den Pfeil am Anfang von B angedeutet worden.

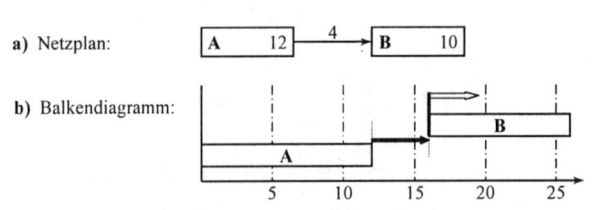

a) Netzplan:

b) Balkendiagramm:

Abb. 9-2: *Zeitabstand zwischen Vorgängen*

Es ist auch denkbar, dass der Vorgang B, der im Netzplan auf einen Vorgang A folgt, bereits vor dem Ende von A beginnen kann.

Das ist z.B. beim Verlegen einer Rohrleitung der Fall. Mit dem Zuschütten des Grabens, in dem die Rohre verlegt werden, kann schon begonnen werden, ehe die Rohre fertig verlegt sind. Ablauflogisch liegt in einem solchen Fall Vorgang B zwar hinter dem Vorgang A, kann jedoch vor dem Ende von A beginnen. Diese Reihenfolgebedingung kann durch einen negativen Zeitabstand berücksichtigt werden. Abb. 9-3a zeigt dafür ein Beispiel. Der Pfeil für die Anordnungsbeziehung zwischen A und B ist mit „–3" bewertet, d.h. Vorgang B kann bereits 3 Tage vor dem Ende von A beginnen, nicht früher, wohl aber später. Im Balkendiagramm ergibt sich dafür eine Darstellung wie in Abb. 9-3b.

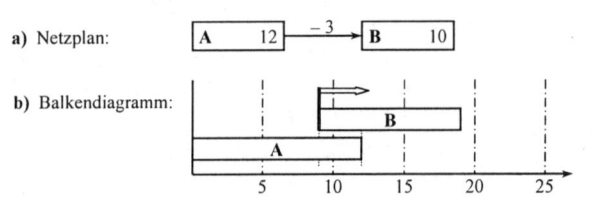

a) Netzplan:

b) Balkendiagramm:

Abb. 9-3: *negativer Zeitabstand zwischen Vorgängen*

Es sind also drei Fälle eines **minimalen Zeitabstands** (auch bezeichnet mit MINZ) möglich:
- Zeitabstand Null, d.h. $Z = 0$ (vgl. dazu Abb. 9-1),
- positiver Zeitabstand, d.h. $Z > 0$ (Abb. 9-2),
- negativer Zeitabstand, d.h. $Z < 0$ (Abb. 9-3).

Es empfiehlt sich, insbesondere beim ersten Umgang mit der Netzplantechnik, diese Zeitbedingungen – auch in konkreten Anwendungsfällen – zunächst jeweils in Balkendiagrammen zeichnerisch zu verdeutlichen, um auf diese Weise eine anschauliche Vorstellung von den unterschiedlichen Anordnungsbeziehungen zu bekommen.

9.1 Zeitabstände zwischen Vorgängen

Manchmal ist zwischen Vorgängen auch ein **maximaler Zeitabstand** zu berücksichtigen, der nicht überschritten werden darf. Wenn z.b. ein zu schmiedendes Werkstück erst erwärmt wird und dann geschmiedet wird, darf zwischen beiden Vorgängen nur eine bestimmte Zeit liegen, da sonst das Werkstück so stark abkühlt, dass es nicht mehr geschmiedet werden kann.

Ein maximaler Zeitabstand besagt, dass ein Vorgang B spätestens Z Zeiteinheiten nach dem Ende von Vorgang A begonnen haben muss. Für einen maximalen Zeitabstand wird MAXZ geschrieben.

Abb. 9-4 veranschaulicht einen maximalen Zeitabstand. Der Pfeil entgegen der Zeitrichtung am Anfang des Balkens für Vorgang B in Abb. 9-4b deutet an, in welche Richtung B zeitlich verschoben werden kann, wenn Vorgang A nicht verändert wird. Der maximale Zeitabstand von „2" zwischen dem Ende von A und dem Anfang von B bedeutet, dass Vorgang B spätestens 2 Zeiteinheiten, nachdem A beendet ist, beginnen muss. B kann wohl früher, darf aber auf keinen Fall später anfangen.

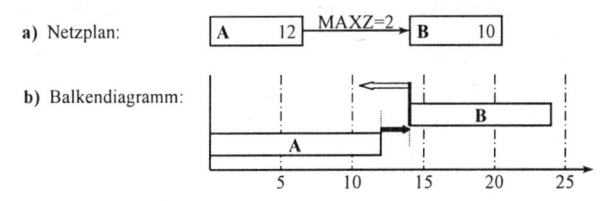

a) Netzplan:

b) Balkendiagramm:

Abb. 9-4: maximaler Zeitabstand

Abb. 9-5 zeigt einige Möglichkeiten zur graphischen Darstellung eines maximalen Zeitabstands im Netzplan. Bei a) wird der Maximalabstand durch „MAXZ" angedeutet, bei b) durch das Rechteck unter dem Pfeil, in dem der maximale Zeitabstand steht. In c) ist für den Maximalabstand ein Pfeil in umgekehrter Richtung gezeichnet, an den dann der maximale Zeitabstand mit entgegengesetztem Vorzeichen geschrieben wird.

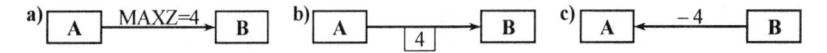

Abb. 9-5: Möglichkeiten zur Darstellung maximaler Zeitabstände

<u>Anmerkung</u>: Für die Zeitplanung ist die Darstellung einer Maximalbedingung durch einen Pfeil in umgekehrter Ablaufrichtung mit folgendem Vorteil verbunden: Eine Normalfolge zwischen Vorgang A und Vorgang B mit dem maximalen Zeitabstand Z(A,B) bedeutet, dass der früheste Anfang FAZ(B) von Vorgang B höchstens Z(A,B) Zeiteinheiten nach dem frühesten Ende FEZ(A) von Vorgang A liegen darf, d.h.

$$FAZ(B) \leq FEZ(A) + Z(A,B).$$

Eine Umformung dieser Ungleichung ergibt

$$FEZ(A) \geq FAZ(B) - Z(A,B).$$

Diese Bedingung entspricht einem Minimalabstand zwischen dem Anfang von Vorgang B und dem Ende von Vorgang A mit dem Zeitabstand −Z(A,B), denn sie besagt, dass das Ende von A frühestens −Z(A,B) Zeiteinheiten nach dem Anfang von B bzw. Z(A,B) Zeiteinheiten davor liegen muss. Die Darstellungsart c) in Abb. 9-5 entspricht also einer Umwandlung der Maximalbedingung in eine Minimalbedingung. Dadurch brauchen bei den Berechnungen der Zeitplanung nur Minimalbedingungen berücksichtigt zu werden.

Aus den bisherigen Ausführungen dieses Abschnitts ergibt sich folgendes: Eine Anordnungsbeziehung zwischen dem Ende eines Vorgangs und dem Anfang eines Nachfolgers kann mit einem Zeitabstand bewertet werden. Dabei kann es sich um einen Mindestabstand (MINZ) oder einen Maximalabstand (MAXZ) handeln. Der Wert des Zeitabstands Z kann dabei größer, gleich oder kleiner Null sein[1]. Bei einem maximalen Zeitabstand entspricht ein positiver Wert einer größtmöglichen Wartezeit zwischen den Vorgängen und ein negativer Wert einer minimalen Überlappungszeit.

9.2 Anordnungsbeziehungen zwischen Vorgängen

In den bisherigen Ausführungen wurden nur Anordnungsbeziehungen zwischen dem Ende eines Vorgangs und dem Beginn eines nachfolgenden Vorgangs betrachtet.

Normalfolge (AF)
Eine Anordnungsbeziehung zwischen dem Ende eines Vorgangs und dem Beginn eines nachfolgenden Vorgangs heißt **Ende-Anfang-Beziehung** oder (nach DIN 69 900) Normalfolge.

Die Normalfolge ist in Abb. 9-1 (S. 119) veranschaulicht.

Für eine Normalfolge mit minimalem Zeitabstand wird auch MINEA geschrieben, bei maximalem Zeitabstand MAXEA.

Vorgangsknotennetze, die ausschließlich Anordnungsbeziehungen in Form von Normalfolgen berücksichtigen, werden **einfache Vorgangsknotennetze** genannt.

Anfangsfolge (AF)
Eine Anordnungsbeziehung zwischen dem Anfang eines Vorgangs und dem Anfang eines Nachfolgers heißt **Anfang-Anfang-Beziehung** oder (nach DIN 69 900) Anfangsfolge.

Anfangsfolgen können ebenfalls mit Zeitabständen bewertet werden. Für einen Minimalabstand wird MINAA und für einen Maximalabstand MAXAA geschrieben. Der Wert des Zeitabstands kann größer, gleich oder kleiner Null sein.

---

[1] Die verschiedenen Fälle sind in Abb. 9-14 (S. 126) und Abb. 9-15 (S. 127) veranschaulicht.

9.2 Anordnungsbeziehungen zwischen Vorgängen

Kann beim Verlegen einer Rohrleitung mit dem Verlegen der Rohre (Vorgang B, 23 Tage) bereits 4 Tage nach dem Beginn des Grabenaushebens (Vorgang A, 22 Tage) begonnen werden (der Graben muss dazu nicht fertig ausgehoben sein), ist das im Netzplan durch eine Anfangsfolge darstellbar. Dabei empfiehlt es sich, den linken Rand eines Vorgangsknotens als Anfang des Vorgangs und den rechten Rand als Ende zu definieren. Abb. 9-6a zeigt die Anfangsfolge. Der Zeitabstand von 4 Tagen wird an dem Pfeil vermerkt. In Abb. 9-6b ist die Ablaufsituation an einem Balkendiagramm veranschaulicht, wobei auch angedeutet ist, in welcher Richtung Vorgang B zeitlich verschoben werden kann.

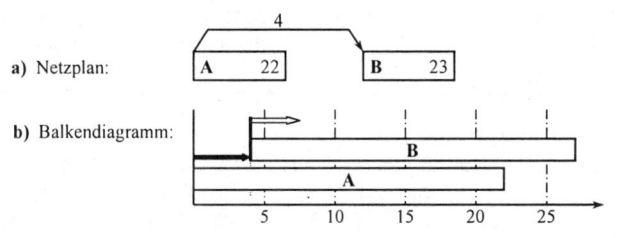

Abb. 9-6: Anfangsfolge zwischen Vorgängen

Abb. 9-7 enthält ein weiteres Beispiel. Der Beginn der Anlieferung der Baustoffe (B) hängt vom Beginn der Bauarbeiten (A) ab. Das Anliefern der Baustoffe kann aber bis zu 3 Tage vor dem eigentlichen Beginn der Bauarbeiten anfangen. Das führt zu einem negativen Zeitabstand von −3 zwischen den Anfängen der beiden Vorgänge. Das Balkendiagramm verdeutlicht die zeitliche Lage der beiden Vorgänge zueinander. Es zeigt außerdem durch den schwarzen Pfeil, in welche Richtung die logische Abhängigkeit läuft. Der andere Pfeil zeigt, in welcher Richtung bei fester zeitlicher Lage der Bauarbeiten der Vorgang B verschoben werden kann.

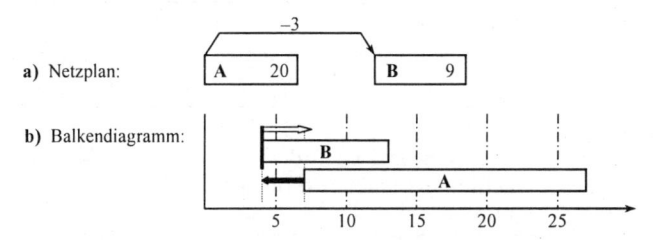

Abb. 9-7: Anfangsfolge mit negativem Zeitabstand

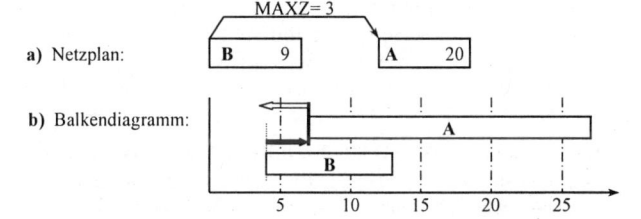

Abb. 9-8: Anfangsfolge mit maximalem Zeitabstand

Anmerkung: Die in Abb. 9-7 dargestellte Beziehung zwischen den Vorgängen kann auch mit einem Maximalabstand ausgedrückt werden. Aus dem Balkendiagramm geht hervor, dass zwischen dem Beginn der Anlieferung und dem Beginn der Bauarbeiten höchstens 3 Tage liegen dürfen. Das entspricht einer Bedingung MAXAA mit Z = 3 zwischen B und A, also in umgekehrter ablauflogischer Reihenfolge der Vorgänge. Diese Situation ist in Abb. 9-8 (S. 123) dargestellt.

Endfolge (EF)
Eine Anordnungsbeziehung zwischen dem Ende eines Vorgangs und dem Ende eines Nachfolgers heißt **Ende-Ende-Beziehung** oder (nach DIN 69 900) Endfolge.

Die Endfolge wird, je nach Art des Zeitabstands, MINEE oder MAXEE abgekürzt. Der Zeitabstand kann größer, gleich oder kleiner Null sein.

Beim Asphaltieren einer Straße kann z.B. das Glattwalzen des Asphalts (B, 17 Stunden) erst 4 Stunden nach dem Auftragen des Asphalts (A, 19 Stunden) beendet werden (vgl. Abb. 9-9), weil das letzte asphaltierte Teilstück 4 Stunden zum abkühlen benötigt..

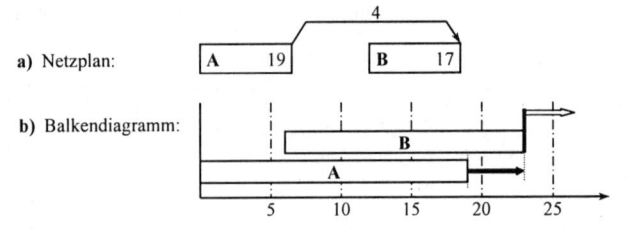

a) Netzplan:

b) Balkendiagramm:

Abb. 9-9: Endfolge zwischen Vorgängen

Sprungfolge (SF)
Eine Anordnungsbeziehung zwischen dem Anfang eines Vorgangs und dem Ende eines Nachfolgers heißt **Anfang-Ende-Beziehung** oder (nach DIN 69 900) Sprungfolge.

Die Sprungfolge wird MINAE oder MAXAE abgekürzt. Der Zeitabstand kann größer, gleich oder kleiner Null sein. Diese Anordnungsbeziehung kommt selten vor. Folgendes Beispiel kann sie veranschaulichen.

Ein Wachtposten kann seine Wache („1. Wache") erst beenden, nachdem die Ablösung („2. Wache") begonnen hat (Abb. 9-10, S. 125). Da der Zeitabstand (praktisch) Null beträgt, wird er nicht besonders angeführt.

Anordnungsbeziehungen können auch kombiniert auftreten.

Die Darstellung in Abb. 9-11a (S. 125) besagt, dass Vorgang B genau 5 Tage nach dem Ende von A beginnen muss, nicht früher und nicht später. In Abb. 9-11b (S. 125) darf Vorgang B frühestens 8 Tage nach dem Beginn von A anfangen und frühestens 11 Tage nach dem Ende von A beendet werden.

9.2 Anordnungsbeziehungen zwischen Vorgängen

a) Netzplan: | 2. Wache | 1. Wache |

b) Balkendiagramm: [1. Wache / 2. Wache]

Abb. 9-10: Sprungfolge zwischen Vorgängen

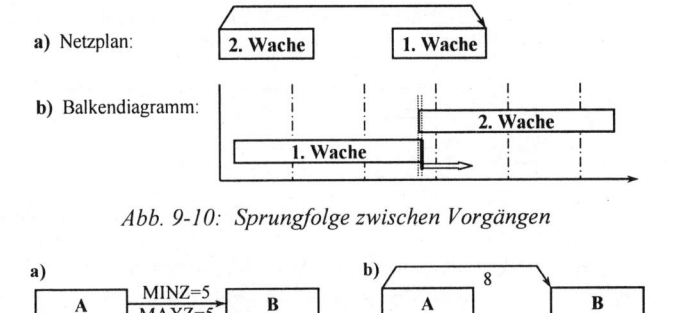

a) A — MINZ=5 / MAXZ=5 — B

b) A — 8 / 11 — B

Abb. 9-11: Kombinationen von Anordnungsbeziehungen

Prinzipiell kann die zeitliche Lage zweier Vorgänge zueinander durch jede der Anordnungsbeziehungen mit unterschiedlichen Zeitabständen dargestellt werden.

Abb. 9-12a zeigt zwei Vorgänge in einem Balkendiagramm. Abb. 9-12b enthält dazu vier verschiedene Netzplandarstellungen.

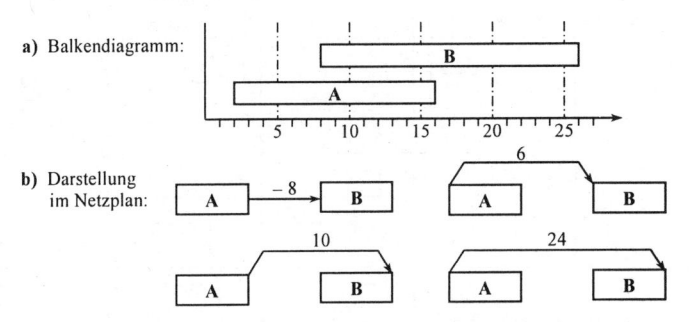

a) Balkendiagramm: [B, A auf Zeitachse 5, 10, 15, 20, 25]

b) Darstellung im Netzplan:
A — −8 → B   A — 6 → B
A — 10 → B   A — 24 → B

Abb. 9-12: Darstellung der zeitlichen Lage zweier Vorgänge zueinander durch unterschiedliche Anordnungsbeziehungen

Welche Darstellungsform zu wählen ist, hängt im konkreten Fall von der Ablauflogik ab. Für die zeichnerische Darstellung der verschiedenen Anordnungsbeziehungen gibt es mehrere Möglichkeiten. Hier wird davon ausgegangen, dass die linke Kante eines Vorgangsknotens dem Anfang des Vorgangs entspricht und die rechte Kante seinem Ende (vgl. dazu vor allem Abb. 9-14 (S. 126) und Abb. 9-15 (S. 127)). Man kann auch so zeichnen, dass Pfeile immer nur von einem rechten zu einem linken Knotenrand gehen. Den Typ der Anordnungsbeziehung muss man dann in einer geeigneten Weise kenntlich machen.

Abb. 9-13 zeigt hierzu eine Möglichkeit. Es steht NF für eine Normalfolge, AF für eine Anfangsfolge, EF für eine Endfolge und SF für eine Sprungfolge.

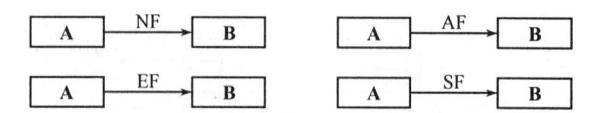

```
[ A ]──NF──▶[ B ]      [ A ]──AF──▶[ B ]

[ A ]──EF──▶[ B ]      [ A ]──SF──▶[ B ]
```

Abb. 9-13: andere Darstellungsmöglichkeiten für Anordnungsbeziehungen

Abb. 9-14 (minimale Zeitabstände) und Abb. 9-15 (maximale Zeitabstände) geben einen Überblick über die möglichen Anordnungsbeziehungen. Im logischen Projektablauf folgt jeweils Knoten B auf Knoten A. Die Balkendiagramme sollen die Zusammenhänge für die verschiedenen möglichen Werte der Zeitabstände veranschaulichen. Die Pfeile an dem Balken des jeweiligen Nachfolgers B zeigen, in welcher Richtung B zeitlich gegenüber dem vorhergehenden Vorgang A verschoben werden kann.

In Abb. 9-14 und Abb. 9-15 bezeichnet Z einen minimalen Zeitabstand und MAXZ einen maximalen Zeitabstand.

Minimale Zeitabstände	Darstellung im Netzplan	Darstellung im Balkendiagramm für		
		Z > 0	Z = 0	Z < 0
Normalfolge NF	A ─Z─▶ B	A / B	A / B	A / B
Anfangsfolge AF	A ⌐Z⌐ B	A / B	A / B	A / B
Endfolge NF	A ⌐Z⌐ B	A / B	A / B	A / B
Sprungfolge SF	A ⌐Z⌐ B	A / B	A / B	A / B

Abb. 9-14: Übersicht über Anordnungsbeziehungen mit minimalen Zeitabständen

9.3 Vorgangsüberlappung im Vorgangsknotennetz

Maximale Zeitabstände	Darstellung im Netzplan	Darstellung im Balkendiagramm für		
		Z > 0	Z = 0	Z < 0
Normalfolge NF	A —MAXZ→ B			
Anfangsfolge AF	MAXZ, A — B			
Endfolge NF	MAXZ, A — B			
Sprungfolge SF	MAXZ, A — B			

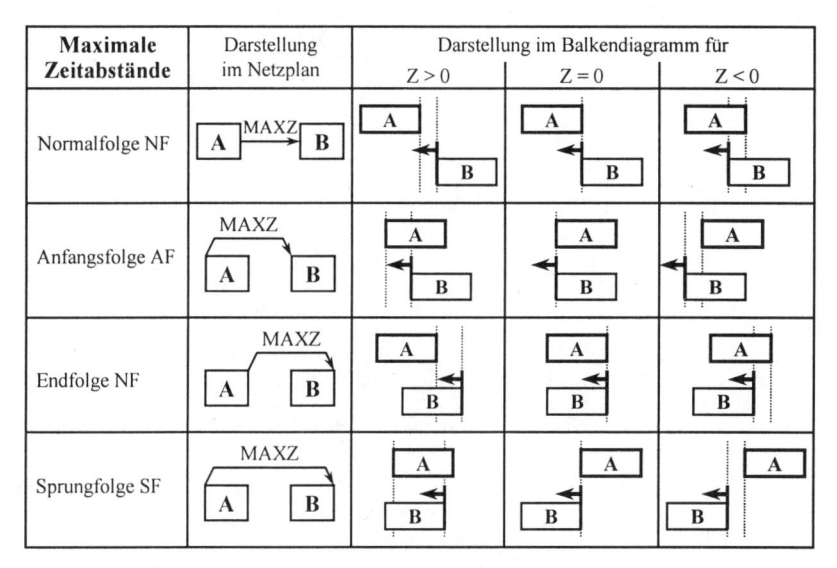

Abb. 9-15: Übersicht über Anordnungsbeziehungen mit maximalen Zeitabständen

Durch die verschiedenen Anordnungsbeziehungen und die Möglichkeit zur Berücksichtigung von Zeitabständen an den Anordnungsbeziehungen können auch komplexe Projektabläufe durch Netzpläne erfasst werden. Die Netzplantechnik wird auf diese Weise zu einem sehr flexiblen Planungsinstrument. Dabei ist allerdings zu beachten, dass unterschiedliche Anordnungsbeziehungen **nur bei Vorgangsknotennetzen** berücksichtigt werden können. Das ist einer der Gründe, der in der praktischen Anwendung für Vorgangsknotennetze spricht. Die Darstellungslogik im Vorgangspfeilnetz erlaubt nur Ende-Anfang-Beziehungen. Die Berücksichtigung von Zeitabständen im Vorgangspfeilnetz ist möglich, indem man für einen Zeitabstand einen zusätzlichen Pfeil (wie einen Vorgang) einfügt, der mit dem betreffenden Zeitabstand bewertet wird.

9.3 Vorgangsüberlappung im Vorgangsknotennetz

Ein besonderes Problem der Ablaufplanung ist die Planung der (teilweise) parallelen Durchführung von Vorgängen. Man spricht dabei von einer **Überlappung der Vorgänge**.

Im II. Bauabschnitt des weiter oben eingeführten Beispiels[1] müssen Maschinen aufgestellt werden (Vorgang P bzw. 14), parallel dazu werd die Halterungen für diese Maschinen ange-

---

[1] Vgl. dazu vor allem die Tabelle in Abb. 7-9 und den Netzplan in Abb. 8-4 (S. 103).

bracht (N bzw. 13). Nach diesen beiden Vorgängen müssen die Maschinen angeschlossen werden (Vorgang T bzw. 18). Stellt man nur diese Vorgänge dar, dann ergibt sich der Netzplanausschnitt in Abb. 9-16.

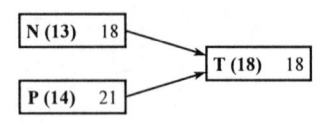

```
N (13)   18
                    T (18)   18
P (14)   21
```

Abb. 9-16: Netzplanausschnitt aus Abb. 8-4

Abb. 9-16 enthält auch die Ausführungszeiten der Vorgänge. Da es sich um drei Maschinen handelt, kann man die gesamte Ausführungsdauer für die Durchführung dieser drei Vorgänge reduzieren, wenn man die Arbeiten teilweise parallel abwickelt. Man kann beispielsweise mit dem Anschließen der ersten Maschine schon dann beginnen, wenn sie aufgestellt ist. Im Netzplan kann das dadurch berücksichtigt werden, dass jeder der drei Vorgänge in drei Teilvorgänge zerlegt wird, je einen für jede Maschine. Abb. 9-17 enthält die Liste dieser neuen Vorgänge.

Vorgang		Dauer
Na	Halterungen für 1. Maschine	6
Nb	Halterungen für 2. Maschine	6
Nc	Halterungen für 3. Maschine	6
Pa	1. Maschine aufstellen	7
Pb	2. Maschine aufstellen	7
Pc	3. Maschine aufstellen	7
Ta	1. Maschine anschließen	6
Tb	2. Maschine anschließen	6
Tc	3. Maschine anschließen	6

Abb. 9-17: Liste von Teilvorgängen

Durch die Zerlegung in Teilvorgänge können die Vorgänge teilweise parallel ausgeführt werden. Abb. 9-18 zeigt den entsprechenden Netzplanausschnitt.

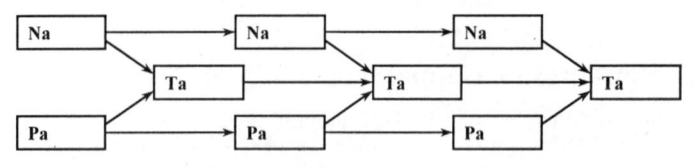

```
Na  →  Na  →  Na
    ↘       ↘       ↘
       Ta  →  Ta  →  Ta
    ↗       ↗       ↗
Pa  →  Pa  →  Pa
```

Abb. 9-18: verfeinerter Netzplan zu Abb. 9-16

Die Konsequenzen für den zeitlichen Ablauf der Projektabwicklung bei dieser Detaillierung der Vorgänge werden aus den beiden folgenden Balkendiagrammen deutlich. Abb. 9-19 zeigt das Balkendiagramm zu Abb. 9-16.

9.3 Vorgangsüberlappung im Vorgangsknotennetz

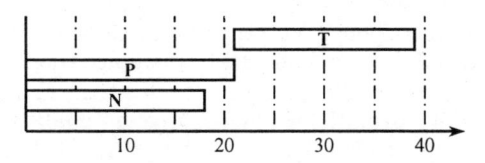

Abb. 9-19: Balkendiagramm zu Abb. 9-16

Bei der Detaillierung der Vorgänge in Teilvorgänge ergeben sich für jeden Vorgang drei Balken. Abb. 9-20a zeigt das entsprechende Balkendiagramm dazu. Dabei wurden die Balken der Teilvorgänge hintereinander gezeichnet.

Diese Detaillierung von Vorgängen hat zwei Nachteile:
- Der Planungsaufwand wird größer und die Planung unübersichtlicher.
- Vorgang T wird mit Unterbrechungen durchgeführt, wie an Abb. 9-20a deutlich wird.

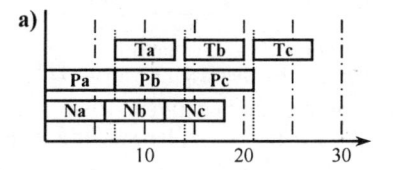

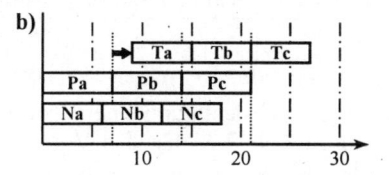

Abb. 9-20: Balkendiagramm zu Abb. 9-18

Das letztere Problem kann man dadurch lösen, dass zwischen dem Ende des Teilvorgangs Pa und dem Beginn des Teilvorgangs Ta ein Zeitabstand von zwei Zeiteinheiten eingeführt wird. Im Balkendiagramm ergibt sich dann eine Darstellung wie in Abb. 9-20b. Der Zeitabstand ist durch den schwarzen Pfeil veranschaulicht.

Einfacher kann man Überlappungen von Vorgängen durch unterschiedliche Anordnungsbeziehungen einplanen. Am einfachsten ist die Bewertung der Normalfolge mit einem geeigneten negativen Zeitabstand.

In dem Beispiel kann man z.B. mit dem Anschließen der Maschinen (Vorgang T) 12 Tage vor dem Ende von P (Maschinen aufstellen) beginnen. Nach diesen 12 Tagen sind dann alle Maschinen aufgestellt, und es muss nur noch die 3. Maschine angeschlossen werden. Im Netzplan ergibt sich dafür die Darstellung in Abb. 9-21. Das Balkendiagramm veranschaulicht die zeitliche Lage der beiden Vorgänge.

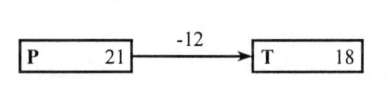

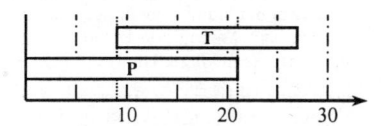

Abb. 9-21: Überlappung durch negativen Zeitabstand

Bei der Bestimmung des Zeitabstands für eine Normalfolge kann folgendes Problem auftreten: In dem Beispiel kann man z.B. mit dem Anschließen der 1. Maschine schon 14 Tage vor dem Ende von P beginnen, da dann die 1. Maschine aufgestellt ist. Dann würde aber mit dem Anschließen der 3. Maschine laut Netzplan schon 2 Tage vor dem Ende von P begonnen werden können, was zu einem Widerspruch führt.

Werden für eine Überlappung Vorgänge in gleich lange Teilvorgänge zerlegt, kann man den Zeitabstand für eine Normalfolge wie folgt bestimmen:

> **Überlappung mit Normalfolge und negativem Zeitabstand**
> Bestehen zwei aufeinanderfolgende Vorgänge A und B mit den Dauern D(A) und D(B) aus derselben Anzahl k gleich langer Teilvorgänge jeweils mit der Dauer D(Ak) und D(Bk) und kann ein Teilvorgang von B erst beginnen, wenn der entsprechende Teilvorgang von A abgeschlossen ist, dann kann eine **Überlappung durch eine Normalfolge** mit einem **negativen Zeitabstand** dargestellt werden, den man wie folgt bestimmt: Dauer des kürzeren der beiden Vorgänge abzüglich der Dauer eines Teilvorgangs dieses kürzeren Vorgangs, d.h.
> $$Z = -[\min(D(A);D(B)) - \min(D(Ak);D(Bk))]$$

In dem Beispiel ist D(P) = 21, D(P3) = 7, D(T) = 18, D(T3) = 6 und es ergibt sich:
Z = −[min(D(P);D(T)) − min(D(P3);D(T3))] = −[min(21;18) − min(7;6)] = 18 − 6 = 12.

Die Berücksichtigung einer Überlappung durch einen negativen Zeitabstand wie in Abb. 9-21 hat den Vorteil, dass sie in einem Netzplan nachträglich ohne Schwierigkeiten ergänzt werden kann. Ein Nachteil liegt jedoch darin, dass die Ablauflogik nicht korrekt berücksichtigt wird.

Gibt es beim Aufstellen der 3. Maschine eine Verzögerung, dann kann man aus dem Netzplan nicht erkennen, dass sich dadurch auch das Anschließen der 3. Maschine verzögert. Dieser Nachteil entfällt bei gleichzeitiger Verwendung von Anfangsfolge und Endfolge. In dem Beispiel kann Vorgang T 7 Tage (das ist die Zeit für das Aufstellen der 1. Maschine) nach dem Beginn von P anfangen und 6 Tage (die Zeit für das Anschließen der 3. Maschine) nach dem Ende von P abgeschlossen werden. Das führt zu der Darstellung in Abb. 9-22.

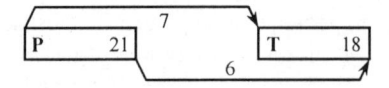

Abb. 9-22: Überlappung durch Anfangsfolge und Endfolge

Schwierig ist auch hier manchmal die Bestimmung der Zeitabstände. Werden Arbeitsunterbrechungen bei P und T nicht zugelassen, so beträgt in dem Beispiel der tatsächliche Abstand zwischen dem Anfang von P und dem Anfang von T 9 Tage. Das liegt daran, dass der Vorgang T insgesamt kürzer ist als P. Folgende Regel kann hier helfen:

> **Überlappung mit Anfangsfolge und Endfolge**
> Bestehen zwei aufeinanderfolgende Vorgänge A und B aus derselben Anzahl gleich langer Teilvorgänge, dann kann eine Überlappung durch gleichzeitige Verwendung einer Anfangsfolge und einer Endfolge dargestellt werden. Der **Zeitabstand** an der Anfangsfolge ist gleich der Dauer für einen Teilvorgang von A. Der Zeitabstand an der Endfolge ist gleich der Dauer für einen Teilvorgang von B.

Diese Form der Überlappung hat den Vorteil, dass die Abhängigkeiten der Vorgänge bzw. Teilvorgänge besser zum Ausdruck kommen, als wenn nur eine Normalfolge mit negativem Zeitabstand verwendet wird.

Eine andere Möglichkeit der Überlappung ergibt sich, wenn man die drei Maschinen parallel aufstellt und anschließt. Das setzt allerdings voraus, dass auch die erforderlichen Ressourcen verfügbar sind.

Werden Überlappungen zu kompliziert, dann empfiehlt es sich, für die betreffenden Vorgänge nur einen Vorgang in den Netzplan aufzunehmen und die Überlappung in einer gesonderten Darstellung als Erläuterung zu diesem Vorgang vorzunehmen.

Allgemein hat die Überlappung folgende **Vorteile**:
- Die Flexibilität des Netzplans wird erhöht.
- Abhängigkeiten zwischen Vorgängen werden besser berücksichtigt.
- Die Verwendbarkeit des Netzplans als Dispositionsgrundlage für die Projektdurchführung wird verbessert.
- In vielen Fällen kann die Projektdauer reduziert werden. Das ist manchmal der Hauptgrund, Vorgänge (teilweise) parallel zu planen.

Nachteile sind:
- Durch eine Überlappung werden kurzfristig mehr Arbeitskräfte und Maschinen benötigt.
- Die Überlappung kann zu höheren Kosten durch Überstundenzuschläge oder Überbeanspruchung der Maschinen führen.

Es gibt Fälle, in denen Vorgänge zwar teilweise parallel geplant werden können, jedoch eine eindeutige Zerlegung in eine vorgegebene Anzahl Teilvorgänge, wie in dem obigen Beispiel, nicht möglich ist.

So können beispielsweise beim Straßenbau Fahrbahnmarkierungen erst dann vorgenommen werden, nachdem die Straßendecke fertiggestellt ist. Dies geschieht aber sukzessive, und man könnte folglich mit einer gewissen zeitlichen Verzögerung genauso sukzessive die Fahrbahnmarkierungen anbringen. Die Frage ist nun, wie die beiden Vorgänge „Herstellung der Fahrbahndecke" und „Anbringen der Fahrbahnmarkierungen" zerlegt werden sollen. Man könnte etwa die Straße in Abschnitte von 50, 100 oder 500 m Länge aufteilen, aber eine verbindliche Regel lässt sich nicht angeben. In einem solchen Fall sollte man immer auf eine explizite Berücksichtigung einer möglichen Überlappung im Netzplan verzichten und die (teilweise) parallelen Vorgänge als einen Vorgang zeichnen (s.o.).
Am geeignetsten ist in solchen Fällen ein Weg-Zeit-Diagramm[1].

9.4 Vorgangsüberlappung im Vorgangspfeilnetz

Im Vorgangspfeilnetz können Überlappungen nur durch eine Zerlegung in Teilvorgänge vorgenommen werden.

---

[1] Vgl. dazu Abschnitt 11.3, S. 145ff.

Für das Beispiel in Abb. 9-16 (S. 128) ergibt sich das Vorgangspfeilnetz in Abb. 9-23.

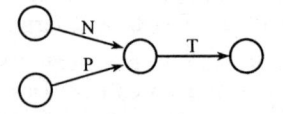

Abb. 9-23: Vorgangspfeilnetz zu Abb. 9-16

Bei einer expliziten Berücksichtigung der jeweils drei Teilvorgänge ergibt sich anstelle des Vorgangsknotennetzes in Abb. 9-23 das Vorgangspfeilnetz in Abb. 9-24.

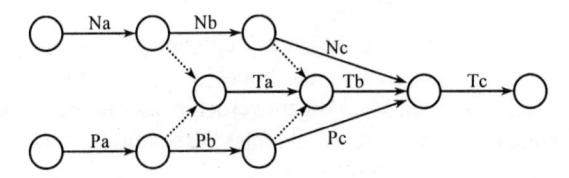

Abb. 9-24: verfeinerte Darstellung zu Abb. 9-23

Dabei taucht wieder das oben beschriebene Problem der Arbeitsunterbrechungen auf, die sich bei Vorgang T aufgrund der kürzeren Teilvorgänge ergeben können. Will man das vermeiden, kann man in den Netzplan eine zusätzliche Zeitbedingung aufnehmen, durch die Ta und Tb später beginnen. Man erhält dann den Netzplan in Abb. 9-25, in dem der Pfeil für die Zeitbedingung hervorgehoben wurde. Der Zeitabstand erhält allgemein den Wert, der sich als Summe der Unterbrechungszeiten ergibt. Im vorliegenden Fall gibt es ohne Zeitbedingung zwei Unterbrechungen von je einem Tag.

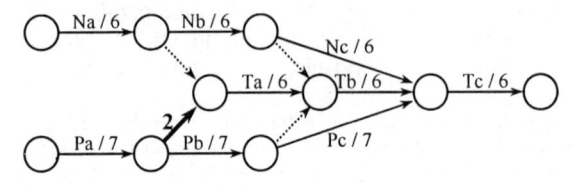

Abb. 9-25: Zeitbedingung im Vorgangspfeilnetz

9.5 Netzpläne mit unterschiedlichen Anordnungsbeziehungen

Müssen bei der Projektplanung unterschiedliche Anordnungsbeziehungen berücksichtigt werden, dann sind in die Tabelle für die Projektanalyse zusätzliche Spalten für die Art der Anordnungsbeziehung und den Zeitabstand aufzunehmen.

Abb. 9-26 enthält ein einfaches Beispiel, Abb. 9-27 zeigt den Netzplan dazu.

9.5 Netzpläne mit unterschiedlichen Anordnungsbeziehungen

Vorgang	Dauer	Vorgänger	Art der Anordnungsbeziehung	Zeitabstand
A Graben ausheben	15	-	-	
B Rohre verlegen	12	A	MINAA	5
		A	MINEE	4
C Graben zuschütten	9	B	MINEA	-3
		B	MAXEA	2
		E	MINEE	2
E Armaturen montieren	5	B	MINAA	3

Abb. 9-26: Vorgangsliste eines einfachen Projekts mit unterschiedlichen Anordnungsbeziehungen

```
                         ┌─3─→┌ Armaturen montieren 5 ┐──2─┐
         ┌──5──┐         │    └───────────────────────┘    ↓
┌ Graben ausheben 15 ┐──→┌ Rohre verlegenen 12 ┐  MINZ = -3  ┌ Graben zuschütten 9 ┐
└────────────────────┘   └─────────────────────┘  MAXZ = 2   └──────────────────────┘
                              └──4──┘
```

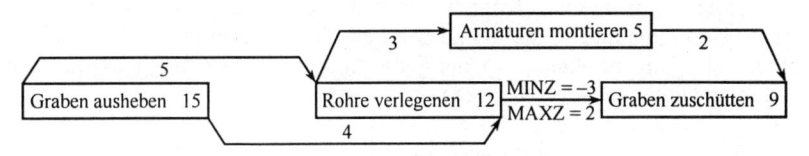

Abb. 9-27: Netzplan zu Abb. 9-26

Anmerkung:
Um eine leichte und schnelle Lesbarkeit des Netzplans zu gewährleisten, empfiehlt es sich, den linken Rand eines Knotens als Anfang des Vorgangs und den rechten Rand als Ende des Vorgangs aufzufassen, so wie es in den vorstehenden Ausführungen bereits getan wurde. Zeitabstände ohne Zusatz sind Mindestabstände, während nur in den seltenen Fällen eines Maximalabstandes MAXZ vermerkt wird.

Die Berücksichtigung unterschiedlicher Anordnungsbeziehungen hat folgende Nachteile:
- Der Planungsaufwand steigt.
- Für viele Mitarbeiter wird der Netzplan schwerer verständlich.
- Die Berechnungen für die Zeitplanung werden aufwendiger.
- Die Fehlergefahr nimmt zu.

Die realitätsnähere Planung ist also mit Mehraufwand und weiteren Nachteilen verbunden. Man sollte deshalb bei Anwendung der Netzplantechnik sorgfältig überlegen, inwieweit die Planung durch die Einbeziehung unterschiedlicher Anordnungsbeziehungen verfeinert werden soll. Häufig reicht ein relativ grober Netzplan aus, in dem dann nach Möglichkeit nur Normalfolgen berücksichtigt werden. Die Verfeinerungen der Projektstruktur mit Anfangs-, End- und Sprungfolgen, können dann in getrennten Unterlagen für die einzelnen Grobvorgänge vorgenommen werden. Dabei kann man auch auf Balkendiagramme und dergleichen zurückgreifen.

9.6 Überblick zu den Formen der Netzplandarstellung von Projektabläufen

In der Literatur zur Netzplantechnik wird oft von verschiedenen „Verfahren" oder „Methoden" der Netzplantechnik gesprochen. Diese „Methodenvielfalt" führt häufig zu Verwirrung und/oder zu Unsicherheit, welche Methode die richtige oder beste sei. Tatsächlich ist die Netzplantechnik ein allgemeiner Ansatz zur Planung, Steuerung und Überwachung von Projekten. Die verschiedenen „Methoden" sind Varianten, die sich nur geringfügig voneinander unterscheiden. Besonders deutlich wird das bei einer Gegenüberstellung von Vorgangspfeilnetzen und Vorgangsknotennetzen. Zeichnet man jeden Vorgang eines Knotens nicht als Rechteck, sondern als Pfeil mit Anfangsereignis und Endereignis, dann erhält man eine Darstellung wie in einem Vorgangspfeilnetz, bei der jede Anordnungsbeziehung explizit im Netzplan enthalten ist (Abb. 9-28).

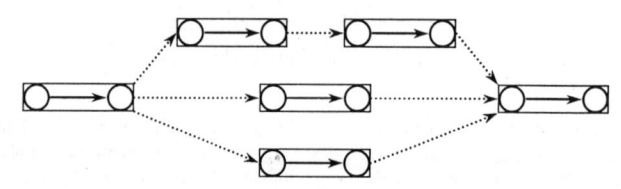

Abb. 9-28: Zusammenhang zwischen Vorgangspfeil- und Vorgangsknotennetz

Die verschiedenen „Verfahren" unterscheiden sich vor allem in der Art der graphischen Darstellung. Es gibt aber auch in den Möglichkeiten der Wiedergabe des Projektablaufs Unterschiede.

Tatsächlich gibt es drei Grundvarianten der Darstellung von Projektabläufen durch Netzpläne, auf die in den Abschnitten 8.1 bis 8.3 bereits eingegangen wurde. Diese Grundformen werden noch einmal zusammenfassend dargestellt.

Ablaufelemente eines Projekts
Ein Projektablauf wird vollständig beschrieben durch die Ablaufelemente des Projekts:
- **Vorgänge**, denen eine Dauer zugeordnet ist,
- **Ereignisse** und **Meilensteine** sowie
- **Anordnungsbeziehungen**, die mit einem minimalen und/oder maximalen Zeitabstand bewertet sein können.

9.6 Überblick zu den Formen der Netzplandarstellung von Projektabläufen

Vorgangsknotennetz
Charakteristische Eigenschaften eines Vorgangsknotennetzes sind:
- Jedem Vorgang ist eindeutig ein Anfangsereignis und ein Endereignis zugeordnet[1].
- Anfangs- und/oder Endereignis eines Vorgangs sind immer durch wenigstens eine Anordnungsbeziehung von Anfangs- und/oder Endereignissen anderer Vorgänge getrennt.
- Für die graphische Darstellung des Netzplans eines einfachen Projekts werden die zu einem Vorgang gehörenden Elemente Anfangsereignis/Vorgang/Endereignis zu einem einzigen Element, dem **Vorgangsknoten,** zusammengefasst.

Vorgangspfeilnetz
Charakteristische Eigenschaften eines Vorgangspfeilnetzes sind:
- Es sind nur Normalfolgen zugelassen.
- Es werden nur minimale Zeitabstände mit MINZ = 0 zugelassen. Anordnungsbeziehungen mit MINZ ≠ 0 werden wie Vorgänge behandelt. Maximalabstände sind unzulässig.
- Die Anzahl der in den Netzplan eines einfachen Projekts gesondert aufzunehmenden Anordnungsbeziehungen (Scheinvorgänge) soll so gering wie möglich sein. Das bedeutet z.B., dass Vorgänge mit identischen Vorgängern ein gemeinsames Anfangsereignis und Vorgänge mit identischen Nachfolgern ein gemeinsames Endereignis haben.

Ereignisknotennetz
Charakteristische Merkmale eines Ereignisknotennetzes sind:
- Im Netzplan werden explizit keine Vorgänge berücksichtigt.
- Alle Ereignisse sind Meilensteine.

Neben diesen drei Standardmodellen sind **Mischformen möglich.** So können z.B. in einem Vorgangsknotennetzplan Meilensteine als gesonderte Knoten berücksichtigt werden.

Historisch gehen diese drei Ansätze der Netzplandarstellung von Projekten auf drei unabhängige Entwicklungen zurück:

(1) Die 1957 in Frankreich entwickelte **Metra-Potential-Methode** (abgekürzt MPM) verwendete als erste Vorgangsknotennetze. Zugelassen waren ursprünglich nur Anfangsfolgen.

---

1 Beim Vorgangspfeilnetz können demgegenüber verschiedene Vorgänge ein gemeinsames Anfangsereignis oder ein gemeinsames Endereignis haben.

Eine Besonderheit bei MPM stellt die sogenannte **Bündelbedingung** dar[1], durch die ein Vorgang bereits beginnen kann, wenn der erste seiner Vorgänger beendet ist. Inzwischen werden mit MPM auch Varianten bezeichnet, die andere Anordnungsbeziehungen berücksichtigen. Das sind jedoch Erweiterungen der ursprünglichen Konzeption.

Heute ist MPM für viele ein **Synonym zu Vorgangsknotennetzen**, und man spricht häufig von MPM-Netzplänen.

(2) Die **Critical Path Method** (CPM) wurde 1956 in den USA entwickelt und verwendet Vorgangspfeilnetze.

Heute ist CPM vielfach ein **Synonym für Vorgangspfeilnetze**, und man spricht von CPM-Netzplänen.

(3) Die **Program Evaluation and Review Technique** (PERT) verwendete ursprünglich nur Ereignisknotennetze und wurde ebenfalls 1956 in den USA entwickelt, und zwar speziell für die Planung und Überwachung militärischer Forschungs- und Entwicklungsprojekte. PERT hat in seiner ursprünglichen Form heute keine Bedeutung, wird aber manchmal als Synonym für „Netzplantechnik" verwendet.

Die genannten Ansätze sind letztlich Spezialfälle eines allgemeinen Ablaufmodells der Netzplantechnik, in dem alle Vorgänge, Ereignisse und Anordnungsbeziehungen berücksichtigt werden und bei dem die vollständige Ablaufstruktur aus dem Netzplan ersichtlich ist. Es gibt nicht verschiedene „Verfahren" der Netzplantechnik, sondern nur Varianten[2].

Besonders problematisch wird die „Methodenvielfalt" in der Praxis dadurch, dass Unternehmen oft eigene Varianten der Netzplantechnik entwickeln, indem sie spezielle Darstellungsformen verwenden oder besondere Bedingungen in den Netzplänen zulassen. Dadurch kann es dann Verständigungsschwierigkeiten geben, die noch durch uneinheitliche Begriffswahl (Vorgang ~ Tätigkeit ~ Aktivität) verstärkt werden. Auch die Herausgabe von DIN-Normen (69 900 bis 69 905) hat hier keine wesentliche Abhilfe geschaffen.

Für die Anwendung sollte man unbedingt folgendes beachten:

> Mit Netzplänen lassen sich Projektabläufe effizient planen und darstellen. Die verschiedenen Netzplanformen sind nur Varianten eines einheitlichen Grundmodells.

---

1 Vgl. dazu S. 149
2 Ein allgemeines Netzplanmodell, aus dem Vorgangsknotennetzpläne, Vorgangspfeilnetzpläne und Ereignisknotennetzpläne als Spezialfälle abgeleitet werden können, wird entwickelt in SCHWARZE [1983].

9.6 Überblick zu den Formen der Netzplandarstellung von Projektabläufen 137

In der Praxis kommt es vor allem darauf an, ein wirkungsvolles und wirtschaftliches Planungsinstrument zu haben. Effizienter und flexibler Einsatz der Netzplantechnik erfordert deshalb insbesondere auch Anpassung an individuelle Bedürfnisse, z.b. durch:

- Aufteilung der Vorgangsknoten nach den jeweiligen betrieblichen Erfordernissen.
- Beschränkung auf die unverzichtbaren Anordnungsbeziehungen.
- Zweckmäßige graphische Darstellung der Anordnungsbeziehungen.
- Zeichnung der Netzpläne nach den jeweiligen Notwendigkeiten (z.B. von links nach rechts oder oben nach unten; Aufteilung nach Verantwortungsbereichen; Darstellung in einem groben Zeitraster).
- Graphische Hervorhebung (auch farblich) von Knoten oder Anordnungsbeziehungen, die für den Projektablauf von besonderer Bedeutung sind.
- Berücksichtigung von Meilensteinen auch in einem Vorgangsknotennetz als besondere Knoten (gemischtorientierte Netzpläne).
- Berücksichtigung spezieller Ablaufbedingungen im Netzplan. Man sollte sich in konkreten Anwendungsfällen nicht davor scheuen, durch Modifikation oder Erweiterung der Ablaufdarstellung von Projekten spezielle Besonderheiten betrieblicher Projektabläufe zusätzlich in einen Netzplan aufzunehmen.

Bei Beachtung dieser Grundsätze wird die Netzplantechnik zu einem vielseitig einsetzbaren Projektmanagement-Instrument, das auch spezielle betriebliche Gegebenheiten berücksichtigen kann.

Schließlich ist für die Anwendung zu beachten, dass es auch andere – für manche Planungsaufgaben sogar effizientere – Planungswerkzeuge gibt, z.B. Checklisten[1], Balkendiagramme[2] oder Weg-Zeit-Diagramme[3]. In der Praxis kommt es daher auf eine optimale Kombination der verschiedenen Planungsinstrumente an.

---

1 Vgl. Abschnitt 11.1, S. 143.
2 Vgl. Abschnitt 11.2, S. 143.
3 Vgl. Abschnitt 11.3, S. 145.

10 Spezielle Aspekte der Ablaufplanung von Projekten

10.1 Teilnetze

Häufig wird ein Projekt in **Teilprojekte** zerlegt. Gründe dafür sind z.B.:
* Das Projekt ist zu groß, um in einem Plan erfasst zu werden.
* Einzelne Teile des Projekts fallen in verschiedene Zuständigkeitsbereiche (Abteilungen, Betriebsteile oder sogar verschiedene Firmen).
* Der Projektumfang erfordert ein größeres Projektteam, und einzelne Mitglieder des Planungsstabs sind auf Teilprojekte spezialisiert.

Bei der Zerlegung eines Projekts in **Teilprojekte** orientiert man sich zweckmäßigerweise an der Gliederung des Projektstrukturplans.

Ein Übergang von einem Teilnetzplan zu einem anderen Teilnetz heißt **Anschlussknoten** oder **Interface** und ist durch Angabe des korrespondierenden Anschlussknotens und Teilnetzes zu kennzeichnen.

Die Teilnetze lassen sich jederzeit zu einem **Gesamtnetzplan** zusammenfügen. Umgekehrt lässt sich jeder Netzplan in Teilnetze zerlegen. Das kann besonders für die Projektdurchführung dann von Bedeutung sein, wenn man den an der Ausführung beteiligten Stellen nur Netzpläne über die von ihnen durchzuführenden Arbeiten in die Hand geben will.

Abb. 10-1 zeigt schematisch die Verwendung von Teilnetzen.

Bei der Bildung von Teilprojekten bzw. Teilnetzen ist darauf zu achten, dass man möglichst selbständige, geschlossene Teile erhält[1]. Die Anzahl der Übergänge zu anderen Teilnetzen bleibt dann gering. Ist die Anzahl der Übergänge zu groß, dann verliert die Darstellung in Teilnetzen viel an Aussagekraft und Übersichtlichkeit.

---

1 Ein Algorithmus, mit dem alle Teilnetze eines gegebenen Netzplans bestimmt werden können, die mit dem übrigen Netzplan nur über genau ein Startereignis und genau ein Zielereignis verknüpft sind, wird in dem Buch „Netzplantheorie" des Verfassers beschrieben (siehe Literaturverzeichnis).

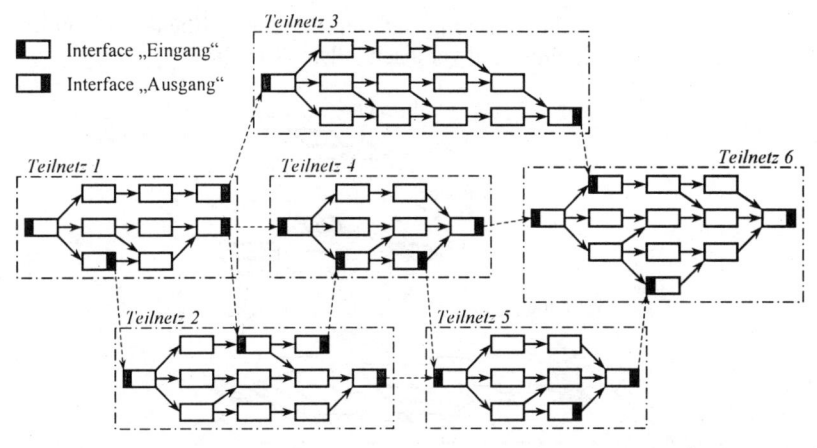

Abb. 10-1: Schematische Darstellung der Verwendung von Teilnetzen

10.2 Mehrebenenplanung und Meilensteinnetze

Auf das Problem des Detaillierungsgrads wurde bereits eingegangen (Abschnitt 7.3.4). Die grundsätzliche Frage dabei ist, was als Vorgang angesehen werden soll, d. h. vor allem, wie „groß" die Vorgänge sein sollen.

Man kann beispielsweise den Außenanstrich eines Hauses als einen Vorgang betrachten. Man kann diesen Vorgang aber auch aufteilen und den Anstrich jedes Fensters, jeder Tür usw. jeweils als einen einzelnen Vorgang auffassen. Dagegen ist es z.B. wenig sinnvoll, die Lieferzeit fremdbezogener Teile zu untergliedern.

Ein optimaler Detaillierungsgrad kann allgemein nicht bestimmt werden. Der Netzplan muss ein dem Planungszweck gerecht werdendes Abbild des geplanten Projektablaufs wiedergeben. Der Grad der Untergliederung des Projekts bzw. des Netzplans hängt in erster Linie immer davon ab, wie viel Informationen der Netzplan enthalten soll.

Bei größeren Projekten empfiehlt es sich häufig, zunächst einen **Übersichtsnetzplan** zu erstellen, dessen „Grobvorgänge" jeweils mehrere Arbeitsgänge usw. umfassen. Dabei kann man beispielsweise für jedes der im vorangegangenen Abschnitt erwähnten Teilnetze in den Übersichtsnetzplan nur einen einzigen Vorgang aufnehmen. Die möglichst selbständigen und geschlossenen Teile des Übersichtsplans können dann verfeinert werden, indem man diese „Sammelvorgänge" oder „Grobvorgänge" zerlegt. Wie weit man dabei gehen soll, lässt sich nur im Einzelfall entscheiden. Je nach Verwendungszweck – z.B. Information der Geschäftsleitung oder Dispositionsgrundlage für den Betriebsleiter – kann man für dasselbe Projekt verschiedene Netzpläne unterschiedlichen Detaillierungsgrads erstellen.

Das Prinzip einer solchen Planung auf verschiedenen Ebenen mit unterschiedlichem Detaillierungsgrad veranschaulicht Abb. 10-2.

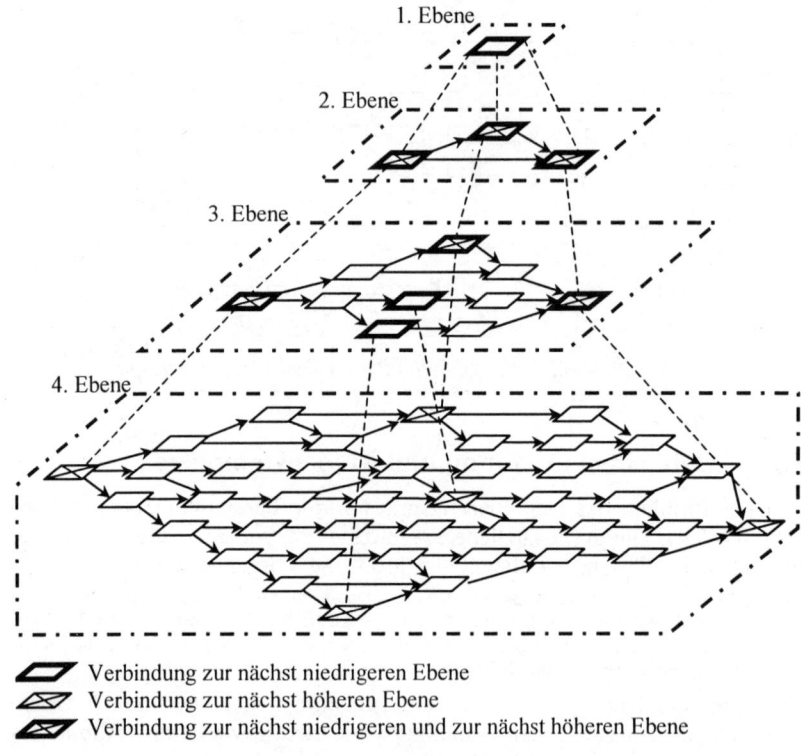

◻ Verbindung zur nächst niedrigeren Ebene
⬈ Verbindung zur nächst höheren Ebene
⬌ Verbindung zur nächst niedrigeren und zur nächst höheren Ebene

Abb. 10-2: Planung in mehreren Ebenen mit unterschiedlicher Detaillierung

Die Verfeinerung eines Grobplans muss nicht im Netzplan erfolgen, sondern kann auch in getrennten Unterlagen vorgenommen werden. Dadurch bleibt der Netzplan übersichtlich und handlich.

Um aus einem detaillierten Netzplan einen Übersichtsplan zu erhalten, muss der Netzplan durch Zusammenfassung von Vorgängen **verdichtet** werden. In einfachen Fällen geschieht das durch Zusammenfassung von Vorgangsketten[1] zu einem Vorgang.

---

[1] Eine Vorgangskette ist eine Folge von nacheinander auszuführenden Vorgängen, die außer durch Vorgänger des ersten Vorgangs und Nachfolger des letzten Vorgangs keine weiteren Anordnungsbeziehungen zu anderen Vorgängen haben.

In dem bereits mehrfach verwendeten Beispiel können im I. Bauabschnitt die Vorgänge 7 und 9 zusammengefasst werden, und im II. Bauabschnitt 15, 17 und 19 sowie 18 und 20 (vgl. Abb. 8-4, S. 103). Man erhält dann den Netzplan in Abb. 10-3.

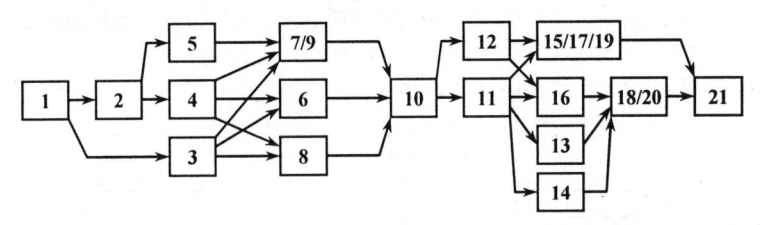

Abb. 10-3: verdichteter Netzplan des Beispiels aus Abb. 8-4

Vorgangsketten lassen sich immer zu einem Vorgang zusammenfassen, ohne dass dadurch die Aussagefähigkeit des Netzplans wesentlich beeinträchtigt wird. Reicht eine Verdichtung in dieser Form nicht aus, dann müssen komplexere Teile des Netzplans zusammengefasst werden. Das kann, sofern man keine geschlossenen Teilnetze findet, zu Schwierigkeiten führen. Hängt nämlich ein solches Teilnetz an mehreren Stellen mit dem übrigen Netzplan zusammen, dann erhebt sich die Frage, wie man das in dem verdichteten Netzplan ausdrücken soll. Eventuell muss man auf die Berücksichtigung einzelner Anordnungsbeziehungen im Netzplan verzichten. Der Netzplan gibt dann allerdings den Projektablauf nicht mehr richtig wieder.

In einem solchen Fall ist es zweckmäßig, ein **Ereignisknotennetz bzw. Meilensteinnetz** als Übersichtsnetzplan zu verwenden. Dazu werden **Meilensteine** festgelegt und gemäß den im ursprünglichen Netzplan vorhandenen Anordnungsbeziehungen mit Pfeilen verbunden. Die Pfeile dieses Meilensteinnetzplans können nicht mehr als Vorgänge oder als Zusammenfassung von Vorgängen interpretiert werden. Vgl. dazu auch Abb. 8-19 (S. 110) und den Meilensteinnetzplan dazu in Abb. 8-20 (S. 111).

10.3 Phasenweise Planung

Der **Detaillierungsgrad** von Projekten spielt auch noch in einem anderen Zusammenhang eine Rolle. Für Projekte, die sich über einen längeren Zeitraum erstrecken, wird in vielen Fällen zunächst ein grober **Rahmenplan** aufgestellt. Im Verlauf der Projektdurchführung erfolgt dann schrittweise eine Detailplanung. Dazu wird in regelmäßigen Zeitabständen (z.B. monatlich, vierteljährlich oder halbjährlich) der Projektablauf für einen bestimmten Zeitabschnitt (Monat, Vierteljahr, Halbjahr) im Detail geplant. Diese **schrittweise Detaillierung des Netzplans** hat folgende Vorteile:
- Der Planungsaufwand ist gering, als wenn sofort alles im Detail geplant wird.
- Die Projektpläne bleiben überschaubar.

Kapitel 10: Spezielle Aspekte der Ablaufplanung von Projekten

- Die in den abgeschlossenen Projektteilen gemachten Erfahrungen können für die folgenden Abschnitte des Projekts verwertet werden.

Die schrittweise Detaillierung ist unverzichtbar bei Projekten, zu denen sich vor Projektbeginn nicht alle Details des Projektablaufs angeben lassen, z.B. bei Forschungs- und Entwicklungsvorhaben.

Abb. 10-4 gibt eine schematische Übersicht dieser phasenweisen Planung.

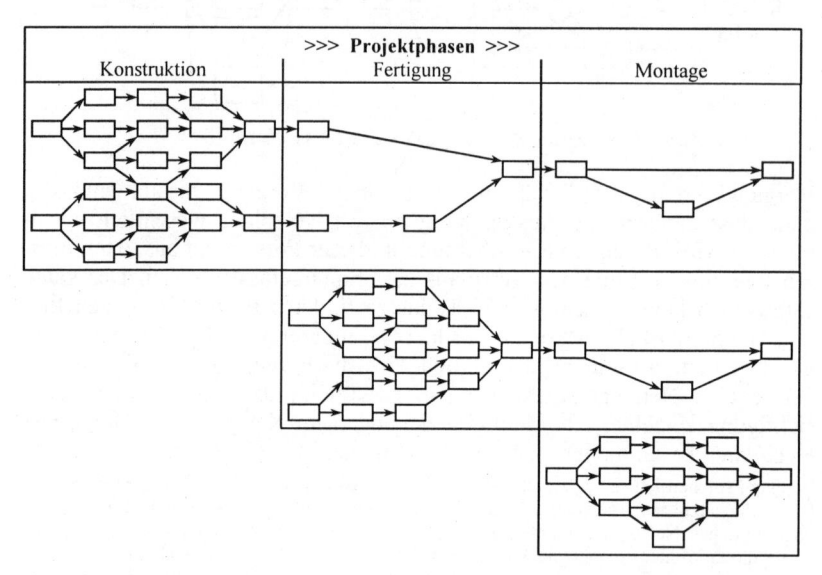

Abb. 10-4: schrittweise Detaillierung eines Netzplans während der Projektdurchführung

11 Weitere Techniken der Ablaufplanung

11.1 Listen

Eine einfaches Hilfsmittel der Ablaufplanung ist eine **Liste**, in der die Vorgänge eines Projekts in ihrer ablauflogischen Reihenfolge zusammengestellt werden. Damit lassen sich allerdings nur einfache Projektabläufe planen, denn bei Verzweigungen und Parallelitäten im Projektablauf ist eine Listendarstellung nur selten möglich.

Abb. 11-1 veranschaulicht wie in einfachen Fällen auch Parallelitäten bei einer „Listenplanung" berücksichtigt werden können.

Liste 1	Liste 2	Liste 3	Liste 4
Vorgang 101	Vorgang 201	Vorgang 301	Vorgang 401
Vorgang 102	Vorgang 202	Vorgang 302	Vorgang 402
Vorgang 103	Vorgang 203	Vorgang 303	Vorgang 403
...	Vorgang 204	Vorgang 304	...
Vorgang 114	*weiter in Liste 4*	Vorgang 305	Vorgang 408
weiter in Liste 2 und Liste 3		*weiter in Liste 4*	

Abb. 11-1: Planung eines Projekts mit parallelen Vorgängen über Listen

Bei einer einfachen Folge von Vorgängen, die nicht immer zwingend nacheinander abgearbeitet werden müssen, spricht man auch von einer **Checkliste**, z.B. bei Inspektions- oder Wartungsarbeiten.

11.2 Balkendiagramme

Ein verbreitetes Hilfsmittel zur Ablaufplanung und zur Zeitplanung sind **Balkendiagramme**, auf die schon mehrfach hingewiesen wurde[1]. Balkendiagramme können in unterschiedlicher Form dargestellt werden. Üblicher-

---

[1] Vgl. vor allem die Balkendiagramme zur Veranschaulichung von Zeitabständen und den verschiedenen Anordnungsbeziehungen in Kapitel 9, S. 119ff.

weise werden über oder unter einer waagerechten Zeitachse für jeden Vorgang Balken abgetragen. Die Balkenlänge entspricht der Vorgangsdauer, der Balkenanfang über der Zeitachse dem Vorgangsanfang und das Balkenende dem Vorgangsende.

Abb. 11-2 zeigt zwei Beispiele für Balkendiagramme. In Abb. 11-2a sind die Vorgänge nach ihrem Anfangszeitpunkt von oben nach unten geordnet und die Vorgangsbezeichnungen in die Balken eingetragen. In Abb. 11-2b sind die Balken von unten nach oben eingetragen. Für Vorgänge mit Zeitreserven wurden weiße Balken gezeichnet, schraffierte Balken sind Vorgänge ohne Zeitreserven. Die Vorgangsbezeichnungen stehen links neben dem eigentliche Diagramm.

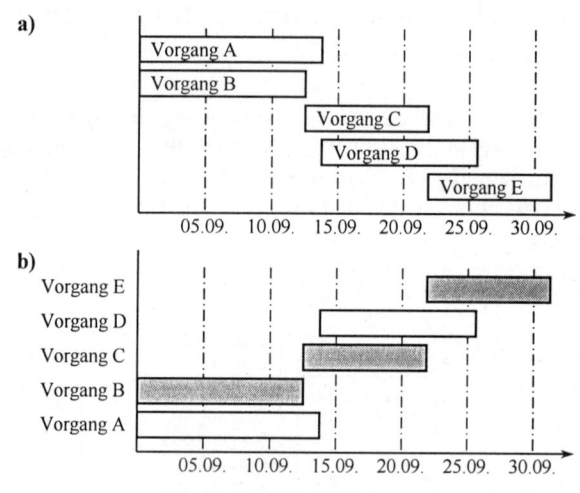

Abb. 11-2: Balkendiagramme

Abb. 11-3 enthält ein Balkendiagramm zu dem ersten Bauabschnitt des Beispiels mit Anordnungsbeziehungen und Meilensteinen. Im linken Teil ist das Balkendiagramm mit einer Vorgangsliste verknüpft.

Vorgangsname	Dauer	Anfang	Ende	KW 14 02.04.	KW 15 09.04.	KW 16 16.04.	KW 17 23.04.	KW 18 30.04.	KW 19 07.05.	KW 20 14.05.	KW 21 21.05.	KW 22 28.05.	KW 23 04.06.
Projektbeginn	0 Tage	05.04.	05.04.	◆									
Fundamente errichten	5 Tage	05.04.	11.04.										
Kanalisation	20 Tage	05.04.	02.05.										
Wände	25 Tage	12.04.	16.05.										
Elektrischer Hauptanschluss	20 Tage	12.04.	09.05.										
Fenster	12 Tage	17.05.	01.06.										
Dachdecke	15 Tage	17.05.	06.06.										
Türen	10 Tage	17.05.	30.05.										
Dach dichten	2 Tage	07.06.	08.06.										
Ende I. Bauabschnitt	0 Tage	08.06.	08.06.										◆

Abb. 11-3: Balkendiagramm mit Anordnungsbeziehungen und Meilensteinen für Projektanfang und Teilprojektende

In Balkendiagrammen können auch zusätzliche Marken, z.B. für Meilensteine oder dgl., aufgenommen werden. Auch Anordnungsbeziehungen zwischen Vorgängen können eingezeichnet werden.

Ein Nachteil von Balkendiagramme ist, dass sie bei jeder Zeit- oder Terminänderung neu gezeichnet werden müssen[1].

11.3 Weg-Zeit-Diagramme

Bei bestimmten Projekten können auch **Weg-Zeit-Diagramme** für die Projektplanung und -steuerung eingesetzt werden. Weg-Zeit-Diagramme eignen sich für Projekte oder Teilprojekte, bei denen Arbeiten über geographische Strecken abzuwickeln sind, wie beim Verlegen von Leitungen, beim Straßenbau oder beim Eisenbahnbau (sogenannte Linienbaustellen).

Ein Weg-Zeit-Diagramm hat eine vertikale Zeitachse und eine horizontale Streckenachse (vgl. Abb. 11-4, S. 146). Eingetragen werden Arbeiten, die nacheinander auszuführen sind. Für jede Arbeit bzw. für jeden Vorgang wird eine steigende Gerade eingezeichnet, aus der ersichtlich ist, zu welchem Zeitpunkt welcher Streckenpunkt erreicht ist.

Abb. 11-4 (S. 146) enthält ein einfaches Beispiel. Über eine Gesamtstrecke von 48 km soll eine Gasleitung verlegt werden. Dazu sind die Vorgänge „Graben ausheben", „Rohre verlegen" und „Graben zuschütten" durchzuführen, die zeitlich versetzt durchgeführt werden können.

Das Projekt ist in drei Bauabschnitte geteilt:
(1) Verlegen der Rohre vom Streckenbeginn bis zum Ortsrand von X (km 0 bis 20).
(2) Verlegen der Rohre von X-Ort bis zum Streckenende (km 23,5 bis 48).
(3) Verlegen der Rohre durch X-Ort (km 20 bis km 23,5).

Die Arbeiten beginnen am 24.07. mit dem „Graben ausheben" bei km 0.
Bei kontinuierlichem Arbeitsfortschritt, dargestellt durch die gestrichelte Linie, ist nach 10 Arbeitstagen km 20 erreicht.
Die Unterbrechung der Linie bei km 10 entsteht durch arbeitsfreie Tage am Wochenende.
Es geht dann bei km 23,5 mit dem „Graben ausheben" weiter.
Eine Woche nach dem das „Graben ausheben" angefangen hat, wird mit dem „Verlegen der Rohre" begonnen (punktierte Linie).
Nach drei Wochen und knapp 2 Tagen wird km 20 erreicht. Anschließend geht es bei km 23,5 mit dem „Rohre verlegen" weiter.
Das „Graben zuschütten" beginnt am 07.08. (durchgezogene Linie). Am 23.08. erreicht man X-Ort. Hinter X-Ort geht es am 04.09. weiter. Am 22.09. erreicht man das Streckenende.
In X-Ort wird der Graben vom 11.09. bis zum 19.09. zugeschüttet.
Abb. 11-4 zeigt den Arbeitsablauf entlang der Strecke. Je flacher eine zu einem Vorgang gehörige Gerade verläuft, desto schneller ist der Arbeitsfortschritt, bezogen auf die Strecke.

---

1 Bei manueller Anfertigung eines Balkendiagramms empfiehlt sich die Verwendung einer Planungstafel, auf der das Balkendiagramm abgesteckt werden kann. Dann sind Änderungen leicht möglich.

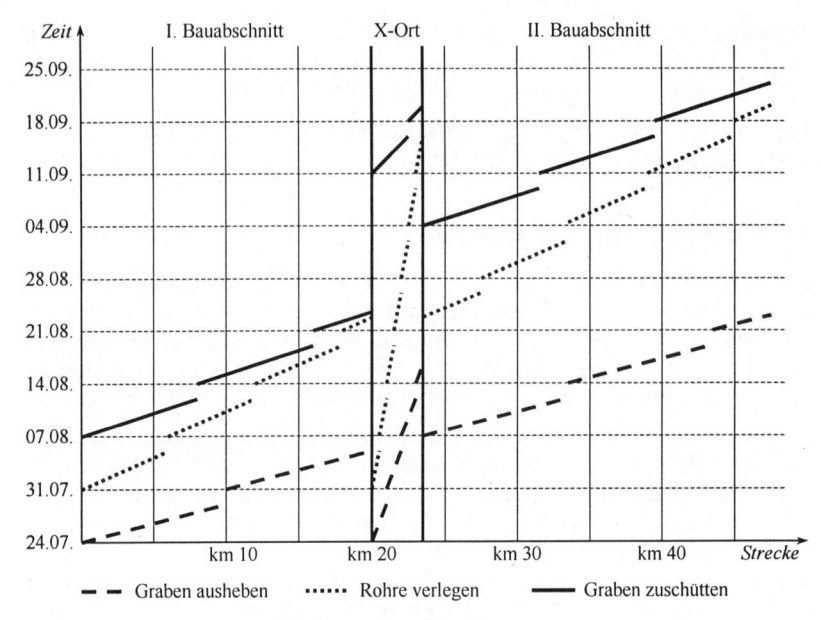

Abb. 11-4: Weg-Zeit-Diagramm

Das Verlegen der Rohrleitung in X-Ort wird parallel zu den übrigen Arbeiten durchgeführt, da wegen der Bebauung der Arbeitsfortschritt sehr langsam ist (steile Linien).

Stellt man das Projekt aus Abb. 11-4 als Vorgangsknotennetz dar, dann ergibt sich der Netzplan in Abb. 11-5.

A ~ Graben ausheben
B ~ Rohre verlegen
C ~ Graben zuschütten

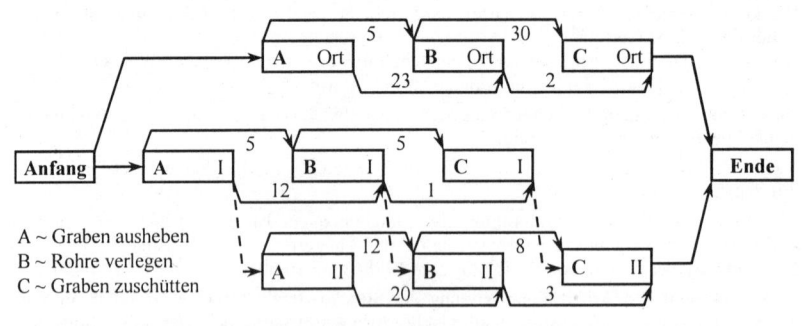

Abb. 11-5: Netzplan zu Abb. 11-4

Die Parallelität wurde über Anfangsfolgen und Endfolgen berücksichtigt. Anordnungsbeziehungen zwischen Abschnitt I und II wurden gestrichelt gezeichnet. Die Vorgangsbezeichnungen wurden abgekürzt.

11.3 Weg-Zeit-Diagramme

Für ein effizientes Projektmanagement ist folgendes wichtig:
Die skizzierten weiteren Planungstechniken sind zwar eine Alternative zur Netzplantechnik, es geht aber oft um die Frage, wie die verschiedenen Techniken bei einem konkreten Projekt sinnvoll miteinander kombiniert werden. So kann man z.B. die (grobe) Gesamtplanung mit einem Netzplan vornehmen, für die Detaillierung dann aber unterschiedliche Techniken einsetzen. Diese können je nach den spezifischen Eigenschaften des jeweiligen Projektteils nach Zweckmäßigkeits- und Wirtschaftlichkeitsgesichtspunkten ausgewählt werden.

12 Entscheidungsnetzpläne

In diesem Kapitel wird auf die Planung von Projektabläufen mit Ablaufalternativen eingegangen. In der Literatur werden diese Ansätze unter den Begriffen Entscheidungsnetzpläne oder stochastische Netzpläne diskutiert.

12.1 Einfache Erweiterungen der Ablauflogik eines Projekts

Ein Netzplan ist die graphische Darstellung eines Projektablaufs. Er zeigt die Vorgänge und Ereignisse sowie deren Reihenfolge (Anordnungsbeziehungen).

> Grundsätzlich kann ein Vorgang erst dann beginnen, wenn sämtliche Vorgänger des Vorgangs abgeschlossen sind, bzw. ein Ereignis kann erst dann eintreten, wenn alle Vorereignisse eingetreten sind.

In Abb. 12-1 kann Vorgang D erst beginnen, wenn Vorgang A **und** Vorgang B **und** Vorgang C abgeschlossen sind.

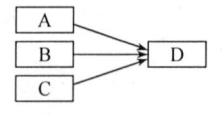

Abb. 12-1: Verknüpfung von Vorgängen im einfachen Vorgangsknotennetz

Dieses logische Verknüpfungsprinzip gilt grundsätzlich für alle Normalfolgen. Für andere Anordnungsbeziehungen lässt sich dieses Grundprinzip ebenfalls anwenden, wenn man die Anordnungsbeziehungen auf Ereignisse bezieht, d.h. auf Anfangs- oder Endereignisse von Vorgängen.

In Abb. 12-2 kann Ereignis G erst eintreten, wenn die Ereignisse A **und** D eingetreten sind, H kann erst eintreten, wenn E eingetreten ist und der Vorgang (G,H) beendet ist.

12.2 Entscheidungsknoten

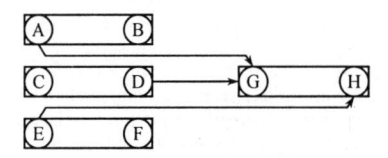

Abb. 12-2: Verknüpfung von Vorgängen bei unterschiedlichen Anordnungsbeziehungen

Die verschiedenen Anordnungsbeziehungen[1] können zusätzlich durch Zeitabstände bewertet werden[2].

Die erste echte Modifizierung der Ablauflogik eines Netzplans findet sich bereits in dem ursprünglichen Konzept von MPM in Form der sogenannten Bündelbedingung.

Bündelbedingung
Die Bündelbedingung von MPM besagt, dass ein Vorgang bereits dann beginnen kann, wenn wenigstens einer seiner Vorgänger beendet ist.

Die in Abb. 12-3 durch einen Kreis dargestellte Bündelbedingung besagt also, dass Vorgang D bereits beginnen kann, wenn A **oder** B **oder** C abgeschlossen ist. Es genügt, wenn einer der drei Vorgänge beendet ist.

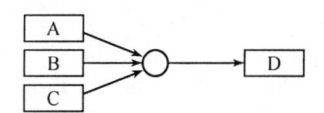

Abb. 12-3: Bündelbedingung

Beispiele für die Anwendung der Bündelbedingung:
- Die Produktion in einer neuen Fabrik kann bereits beginnen, wenn nur eine von mehreren gleichen Maschinen installiert ist.
- Beim Bau eines Mehrfamilienhauses kann der Einzug der ersten Mieter bereits nach endgültiger Fertigstellung der ersten Wohnung beginnen.

12.2 Entscheidungsknoten

Bei manchen Projekten, z.B. im Bereich Forschung und Entwicklung, kann der Projektablauf im Planungsstadium nicht vollständig und eindeutig festgelegt werden. Es gibt Projektzustände, bei denen erst während der Projektdurchführung entschieden werden kann, wie der weitere Projektablauf sein wird. Das sei an einem Beispiel erläutert.

---

[1] Vgl. dazu Abschnitt 9.2, S. 122ff.
[2] Vgl. dazu Abschnitt 9.1, S. 119ff.

In einem Unternehmen soll die kaufmännische Verwaltung reorganisiert und rationalisiert werden. Für die Organisations- und Rationalisierungsarbeiten sowie für die erforderlichen Umstellungen soll ein Netzplan aufgestellt werden. Eine wichtige Frage bei der Neuorganisation ist die nach der Form der Informationsverarbeitung. Dafür stehen mehrere Möglichkeiten zur Verfügung, von rein manueller Bearbeitung bis hin zu einem integrierten Informationsverarbeitungssystem. Welche der Möglichkeiten gewählt werden soll, kann erst entschieden werden, wenn eine genaue Analyse der Aufgaben und Geschäftsprozesse hinsichtlich Art und Umfang erfolgt ist, und wenn man sich Gedanken über die Wirtschaftlichkeit der einzelnen Verfahren gemacht hat. Das bedeutet aber, dass man erst einen Teil des Projekts durchführen muss, um dann entscheiden zu können, wie das Projekt weiter ablaufen soll. Bei der Planung ergeben sich zwei Möglichkeiten:
- Man plant das Projekt zunächst nur bis zu der Stelle, an der die Entscheidung über den weiteren Ablauf gefällt werden muss. Ist die Entscheidung getroffen, dann plant man den nächsten, nunmehr festgelegten Abschnitt des Projekts.
- Eine andere Möglichkeit ist die (grobe) Planung sämtlicher Alternativen bereits vor Projektbeginn. An der Stelle, an der die Entscheidung über den weiteren Ablauf des Projekts zu treffen ist, verwendet man dann einen sogenannten **Entscheidungsknoten** (Entscheidungsereignis) im Netzplan. Von diesem Entscheidungsknoten gehen so viele Pfeile ab, wie es mögliche Alternativen gibt. Den Entscheidungsknoten zeichnet man üblicherweise als Rhombus oder Raute (vgl. Abb. 12-4).

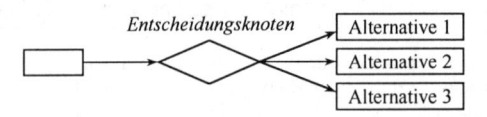

Abb. 12-4: Entscheidungsknoten

Alternative Projektabläufe kommen vor allem bei Forschungs- und Entwicklungsvorhaben vor. Der Ablauf derartiger Projekte wird häufig von den Ergebnissen der in den einzelnen Forschungs- oder Entwicklungsphasen durchzuführenden Versuche beeinflusst. Es sind dadurch während des Projektablaufs Entscheidungen über den Fortgang des Projekts zu treffen.

Entscheidungsnetz
Ein Netzplan, in dem alternative Projektabläufe berücksichtigt werden und Entscheidungsknoten vorkommen, heißt Entscheidungsnetz.

Entscheidungsnetze haben den Vorteil einer hohen Flexibilität, da der Projektablauf nicht starr vorgeplant wird. Der Planungsaufwand wird dabei allerdings größer. **Für die verschiedenen Alternativen** nach einem Entscheidungsknoten empfiehlt es sich deshalb, zunächst **nur eine Grobplanung** vorzunehmen. Erst wenn die Entscheidung für eine bestimmte Alternative gefallen ist, erfolgt eine Detailplanung.
Eventuell kann man sich auch mit einer Sukzessivplanung begnügen, indem man jeweils nur bis zum nächsten Entscheidungsknoten plant und die weitere Planung erst nach der Entscheidung vornimmt. Das kann jedoch zu Verzögerungen führen, da die Planung selbst auch Zeit beansprucht.

12.3 Ablauflogische Verknüpfungen in Projekten

Für die Zeitrechnung ergeben sich durch Entscheidungsknoten keine besonderen Probleme. Man rechnet den Gesamtplan mit allen Alternativen wie einen normalen Netzplan durch. Als Ergebnis erhält man die Projektdauer und Zeitpläne für die verschiedenen Alternativen.
An einem Entscheidungsknoten müssen nicht immer echte Entscheidungen getroffen werden. Das ist z.B. der Fall, wenn bei einem Forschungs- oder Entwicklungsvorhaben der weitere Projektablauf unmittelbar von einem Versuchsergebnis abhängt.

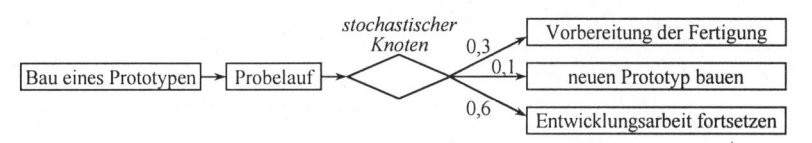

Stochastischer Entscheidungsknoten
Wird an einem Entscheidungsknoten der weitere Ablauf des Projekts nicht von einer echten Entscheidung sondern von einem Versuchs- oder Testergebnis oder allgemein von bestimmten Datenkonstellationen abhängig gemacht, dann kann man den verschiedenen **Ausgängen** des Entscheidungsknotens häufig **Wahrscheinlichkeiten** zuordnen. Einen solchen Knoten nennt man stochastischen Entscheidungsknoten.

Abb. 12-5 zeigt ein einfaches Beispiel. Nach Fertigstellung eines Prototyps für einen Motor findet ein Probelauf statt. Folgende Ergebnisse sind möglich:
- Der Probelauf verläuft mit einer Wahrscheinlichkeit von 0,3 bzw. 30% zufriedenstellend. Es schließt sich die Vorbereitung der Fertigung an.
- Der Probelauf wird mit einer Wahrscheinlichkeit von 0,1 bzw. 10% wegen Materialfehlern bzw. wegen ungeeigneten Materialien abgebrochen. In diesem Fall ist ein neuer Prototyp zu bauen.
- Mit einer Wahrscheinlichkeit von 0,6 bzw. 60% verläuft der Probelauf nicht zufriedenstellend. Die Entwicklungsarbeiten müssen fortgesetzt werden.

Abb. 12-5: stochastischer Entscheidungsknoten

Folgen Entscheidungsknoten mit stochastischen Ausgängen aufeinander, so hat man es mit einem Entscheidungsbaum zu tun. Solche Entscheidungsbäume finden in der (betriebswirtschaftlichen) Entscheidungslehre und im Operations Research (Entscheidungsbaumverfahren, Branch and Bound, stochastische Prozesse usw.) Anwendung.

12.3 Ablauflogische Verknüpfungen in Projekten

Aus den vorhergehenden Ausführungen wird deutlich, dass die möglichen Ablaufbedingungen im Netzplan logischen Verknüpfungen entsprechen.

> **Ablaufbedingungen in Projekten**[1]
> Wenn ein Vorgang erst beginnen kann, wenn alle Vorgänger beendet sind, entspricht das einer Verknüpfung mit dem logischen „und" ($\wedge$).
> Die Bündelbedingung von MPM, nach der ein Vorgang beginnen kann, wenn wenigstens ein Vorgänger beendet ist, entspricht dem logischen „inklusiv-oder" ($\vee$).
> Wenn ein Vorgang beginnen kann, wenn genau einer von mehreren Vorgängern beendet ist, entspricht das dem logischen „exklusiv-oder".

Im Gegensatz zur Bündelbedingung, bei der das „oder" im Sinne von „wenigstens einer" zu interpretieren ist (sogenanntes „inklusiv-oder" in der Logik), hat man es im dritten Fall mit einem „entweder-oder"[2] zu tun, das in der Logik als „exklusiv-oder" bezeichnet wird.

Die Darstellung eines Knoteneingangs, für den eine „exklusiv-oder" Bedingung gilt, geschieht üblicherweise wie in Abb. 12-6.

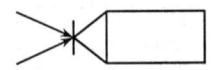

Abb. 12-6: Knoten mit „entweder-oder"-Bedingung

Abb. 12-7 zeigt ein einfaches Beispiel für die Verwendung einer „exklusiv-oder"-Bedingung. Die Wärmeversorgung kann beginnen, wenn entweder die eigene Kesselanlage ihren Betrieb aufgenommen hat oder wenn die Anmietung einer Dampflokomotive für vorübergehende Dampferzeugung erfolgt ist.

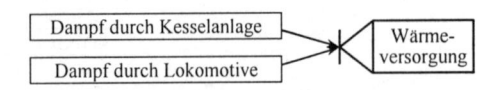

Abb. 12-7: Beispiel einer „entweder-oder"-Bedingung

Abb. 12-8 (S. 153) zeigt die übliche graphische Darstellungsweise der drei Formen von „Eingangsbedingungen" für Knoten.

In gleicher Weise kann man auch Knotenausgänge unterscheiden. Dabei benutzt man oft nur die Verknüpfungen „und" (alle Nachfolger bzw. alle Nachereignisse werden realisiert) und „exklusiv-oder" (genau ein Nachfolger bzw. genau ein Nachereignis wird realisiert). Müssen alle Nachfolger bzw. Nachereignisse realisiert werden, spricht man von einem **deterministischen Knotenausgang**, soll nur genau ein Nachfolger bzw. ein Nachereignis realisiert werden von einem **stochastischen Knotenausgang**.

---

1 Vgl. zu den logischen Verknüpfungen z.B. das 3. Kapitel in SCHWARZE [2000a].
2 Im Sinne von „Entweder das eine oder das andere, aber nicht beide gleichzeitig".

12.4 Entscheidungsnetzpläne mit Schleifen

exklusiv-oder

Genau ein Vorgänger muß beendet sein bzw. genau ein Vorereignis muß eingetreten sein.

inklusiv-oder

Wenigstens ein Vorgänger muß beendet sein bzw. wenigstens ein Vorereignis muß eingetreten sein.

und

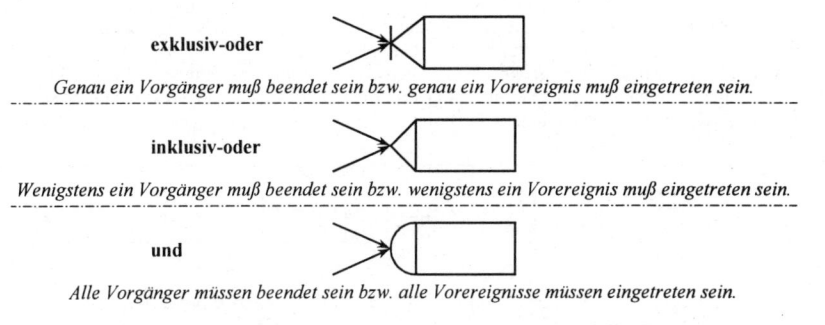

Alle Vorgänger müssen beendet sein bzw. alle Vorereignisse müssen eingetreten sein.

Abb. 12-8: ablauflogische „Eingangsbedingungen" für Knoten

Damit ergeben sich die in Abb. 12-9 dargestellten Knotentypen.

Ausgangsseite \ Eingangsseite	exklusiv-oder	inklusiv-oder	und
exklusiv-oder			
inklusiv-oder (stochastisch)			
und (deterministisch)			

Abb. 12-9: Übersicht über die möglichen Knotentypen

12.4 Entscheidungsnetzpläne mit Schleifen

Bei manchen Projekten kommen Entscheidungen vor, die zu einem Rücksprung im Projektablauf führen können.

Ein einfaches Beispiel zeigt Abb. 12-10. Misslingt der Probelauf eines neu entwickelten Aggregats, weil z.B. ein Materialfehler vorliegt, dann muss ein neuer Prototyp gebaut werden. Vom Ausgang des Knotens „Probelauf" wird zum Eingang des Knotens „Prototyp bauen" zurückgesprungen.

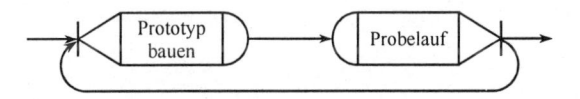

Abb. 12-10: Schleife im Entscheidungsnetzplan

Es ist auch möglich, dass unterschiedlich weit zurückgesprungen wird.

Das ist beispielsweise der Fall, wenn bei der Neuentwicklung eines Aggregats nach dem Probelauf bei einem Materialfehler nur der Bau eines neuen Prototyps notwendig wird, während bei Nichterreichung der gewünschten Eigenschaften neue Berechnungen, Konstruktionszeichnungen und Neubau eines Prototyps erforderlich sind. Abb. 12-11 veranschaulicht diese Situation mit zwei unterschiedlich weit zurückreichenden Schleifen.

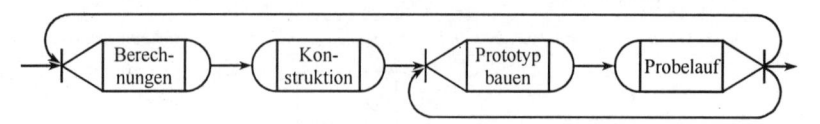

Abb. 12-11: Entscheidungsnetzplan mit mehreren Schleifen

Bei den **Schleifen** ist folgendes zu beachten:
- Jedes Durchlaufen einer Schleife vergrößert die Projektdauer. Diese kann gegebenenfalls in Abhängigkeit von der Anzahl der „Schleifendurchläufe" bestimmt werden.
- Jedes Durchlaufen einer Schleife führt zu einer erneuten Kapazitätsbeanspruchung.

Mitunter kann man auch Wahrscheinlichkeiten für das Durchlaufen bzw. Nichtdurchlaufen einer bestimmten Schleife angeben. Mit Hilfe dieser Wahrscheinlichkeiten lassen sich dann u. a. berechnen:
- durchschnittliche Anzahl der „Schleifendurchläufe",
- zu erwartende Projektdauer und
- Wahrscheinlichkeitsverteilung für die Projektdauer.

Zu weiteren Einzelheiten wird auf die Spezialliteratur verwiesen.

Teil IV:
Zeit- und Terminplanung

Teil IV ist der Zeit- und Terminplanung von Projekten gewidmet. Dabei wird auf die Zeitanalyse nicht mehr eingegangen, da diese bereits in Abschnitt 7.4 behandelt wurde. Die methodischen Grundlagen der Zeitplanung werden so behandelt, dass der Leser in die Lage versetzt werden soll, eine Projektzeitplanung manuell durchzuführen. Diese Fähigkeit ist auch bei Einsatz von Software sehr nützlich, da sie das Verständnis und die Interpretationsfähigkeit der Zeitplanungsergebnisse wesentlich fördert.

13 Aufgaben der Zeitplanung

13.1 Überblick

Die Zeitplanung dient vor allem der Beantwortung folgender Fragen:
- Wie viel Zeit wird für die Durchführung des Projekts benötigt?
- Kann ein vorgegebener Projektendtermin eingehalten werden?
- Zu welchen Zeitpunkten beginnen und enden die einzelnen Vorgänge?
  Die Beantwortung dieser Frage führt zu dem eigentlichen Zeitplan, aus dem die Anfangs- und Endzeitpunkte bzw. Anfangs- und Endtermine aller Vorgänge sowie weitere Informationen hervorgehen.
- Von welchen Vorgängen hängt die Gesamtdauer des Projekts ab; zu welchen Zeitpunkten müssen diese bei der errechneten oder vorgegebenen Projektdauer anfangen, und wann sind sie beendet?
  In dem einführenden Beispiel über die Reisevorbereitungen in Abschnitt 2.1 wurde die Dauer des Projekts z.B. nur von den beiden Vorgängen „Überprüfung und Ergänzung der Ausrüstung" und „Proviantbeschaffung" bestimmt.
- Welche Vorgänge sind nicht streng termingebunden, sondern können zeitlich verschoben oder ausgedehnt werden und wie weit?
  Im Regelfall bestimmen nur einige Vorgänge die Gesamtdauer eines Projekts. Die übrigen Vorgänge können zeitlich verschoben werden, oder es kann ihre Ausführungsdauer ausgedehnt werden, ohne dass dadurch die termingerechte Projektfertigstellung gefährdet wird.
- Wie wirken sich Störungen während der Projektdurchführung aus?

Für die Beantwortung dieser und weiterer Fragen ist es notwendig, dass man zunächst die für die einzelnen Vorgänge benötigten Ausführungszeiten im Rahmen einer **Zeitanalyse** ermittelt[1].

13.2 Vorgehensmodell für die manuelle Zeitplanung

Die „manuelle" Zeitplanung für ein Projekt erfolgt üblicherweise in den in Abb. 13-1 dargestellten Phasen[2].

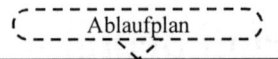

```
┌─────────────────────────────┐
│         Ablaufplan          │
└─────────────┬───────────────┘
              ▼
┌─────────────────────────────────────────────────────────┐
│                      Zeitanalyse                         │
│ Schätzung der Ausführungszeiten der Vorgänge und evtl.   │
│                   der Zeitabstände                       │
└─────────────────────────────────────────────────────────┘
              ▼
┌─────────────────────────────────────────────────────────┐
│                     Zeitrechnung                         │
│ Berechnung der Vorgangszeitpunkte und Pufferzeiten auf   │
│              einer absoluten Zeitskala                   │
└─────────────────────────────────────────────────────────┘
              ▼
┌─────────────────────────────────────────────────────────┐
│                    Plananpassung                         │
│  Anpassung des Plans an Terminvorgaben und Zeitbedingungen│
└─────────────────────────────────────────────────────────┘
              ▼
┌─────────────────────────────────────────────────────────┐
│                    Kalendrierung                         │
│    Umrechnung der absoluten Zeiten in Kalendertermine    │
└─────────────────────────────────────────────────────────┘
              ▼
┌─────────────────────────────────────────────────────────┐
│                Durchführungsvorbereitung                 │
│ Erstellung von Unterlagen für Arbeitsvorbereitung und    │
│                  Projektdurchführung                     │
└─────────────────────────────────────────────────────────┘
              ▼
┌─────────────────────────────┐
│      Projektrealisierung    │
└─────────────────────────────┘
```

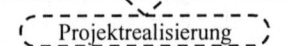

Abb. 13-1: Phasenschema einer manuellen Zeitplanung

Grundlage der Zeitplanung ist der Netzplan, d.h. die Vorgänge mit den Reihenfolgebedingungen. Der Zeitplan selbst, der auf dem Netzplan aufbaut, ist dann wieder Grundlage für andere Pläne, z.B. für Materialbereitstellung, Arbeitskräfteeinsatz oder Maschineneinsatz. Darauf wird im Anschluss an die Zeitplanung eingegangen.

---

[1] Darauf wurde bereits in Abschnitt 8.4 eingegangen.
[2] Werden die Berechnungen für die Zeitplanung nicht manuell durchgeführt, sondern mittels einer entsprechenden Projektmanagement-Software, dann entfallen einige Schritte, die bei „manueller" Zeitplanung erforderlich sind. Das Ergebnis einer Computer-Berechnung ist im Allgemeinen ein Zeitplan, in dem alle Angaben als Kalendertermine aufgeführt sind.

14 Zeitplanung im einfachen Vorgangsknotennetz

In diesem Kapitel wird die Zeitplanung für einfache Vorgangsknotennetze behandelt. Das sind Vorgangsknotennetze, bei denen nur Normalfolgen zugelassen sind. Wesentlicher Teil der Zeitplanung ist die Bestimmung der Anfangs- und Endzeitpunkte der Vorgänge für Netzpläne **ohne** Zeitabstände, die in Abschnitt 14.1 für den Fall dargestellt wird. In Abschnitt 14.2 (S. 165ff.) wird auf die Bestimmung der Vorgangszeitpunkte im einfachen Vorgangsknotennetz **mit** Zeitabständen eingegangen. Anschließend werden in den Abschnitten 14.3 und 14.4 (S. 166ff.) Zeitreserven bzw. Zeitspielräume bei den Vorgängen, die sogenannten Pufferzeiten, behandelt.

14.1 Berechnung der Vorgangszeitpunkte im Netzplan ohne Zeitabstände

Die Berechnung der Vorgangszeitpunkte bei der Zeitplanung für ein Projekt geschieht in mehreren Schritten, bei denen nur elementare Rechenoperationen benötigt werden. Die Ausführungsdauern der Vorgänge müssen dazu bekannt sein.

> **Grundaufgabe der Projektzeitplanung**
> Bei der Zeitplanung eines Projekts wird **für jeden Vorgang** bestimmt, wann er
> - **frühestens beginnen** kann,
> - **frühestens beendet** sein kann,
> - **spätestens beginnen** muss und
> - **spätestens beendet** sein muss.

Bei Vorgängen, die keinen zeitlichen Spielraum haben, fallen früheste und späteste Zeitpunkte für Anfang bzw. Ende zusammen.

Die Berechnung der Vorgangszeitpunkte besteht aus zwei Phasen

(1) Bestimmung der frühestmöglichen Anfangs- und Endzeitpunkte.
(2) Bestimmung der spätestnotwendigen Anfangs- und Endzeitpunkte.

Es werden folgende Abkürzungen verwendet:
FAZ = frühestmöglicher Anfangszeitpunkt (frühester Anfang)
FEZ = frühestmöglicher Endzeitpunkt (frühestes Ende)
SAZ = spätestnotwendiger Anfangszeitpunkt (spätester Anfang)
SEZ = spätestnotwendiger Endzeitpunkt (spätestes Ende)
V(i) = Vorgänger des Vorgangs i
N(i) = Nachfolger des Vorgangs i

Hinter den Abkürzungen für Anfangs- bzw. Endzeitpunkte wird bei Bedarf in Klammern noch die Bezeichnung bzw. die Nummer des betreffenden Vorgangs ergänzt.

In den Beispielen zur Erläuterung der manuellen Durchführung der Berechnungen werden die Vorgangsknoten wie in Abb. 14-1 aufgeteilt.

Vorgang	Frühestmöglicher Anfangszeitpunkt (FAZ)	Frühestmöglicher Endzeitpunkt (FEZ)	
Dauer (D)	Spätestnotwendiger Anfangszeitpunkt (SAZ)	Spätestnotwendiger Endzeitpunkt (SEZ)	
Gesamte Pufferzeit (GP)	Freie Pufferzeit (FP)	Freie Rückwärts-Pufferzeit (FRP)	Unabhängige Pufferzeit (UP)

Abb. 14-1: Aufteilung der Vorgangsknoten für die Zeitrechnung

Das Verfahren zur Bestimmung der frühestmöglichen und der spätestnotwendigen Vorgangszeitpunkte wird an dem ersten Bauabschnitt des Beispiels aus Abb. 8-9 und Abb. 9-3 erläutert. Der für die Berechnungen verwendete Netzplan ist in Abb. 14-2 dargestellt.

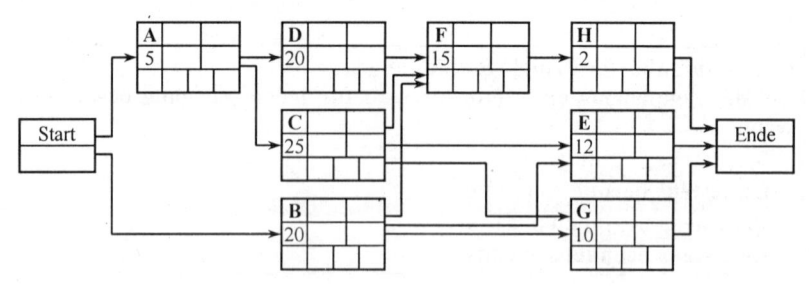

Abb. 14-2: Vorgangsknotennetz des I. Bauabschnitts mit Rechenfeldern

14.1 Berechnung der Vorgangszeitpunkte im Netzplan ohne Zeitabstände

> **Früheste Vorgangszeitpunkte**
> Das Rechenverfahren zur Bestimmung der frühesten Vorgangszeitpunkte basiert auf dem Grundsatz, dass ein Vorgang erst beginnen kann, wenn seine sämtlichen Vorgänger abgeschlossen sind.

Bei der Bestimmung der frühesten Vorgangszeitpunkte beginnt man beim Projektstart. Dafür wird 0 als frühester Zeitpunkt vorgegeben[1].
Die Bestimmung der frühesten Vorgangszeitpunkte für das Beispiel wird an Abb. 14-3 erläutert. Die frühesten Endzeitpunkte der Vorgänger eines Vorgangs sind jeweils kursiv an der betreffenden Pfeilspitze vermerkt.
Nach dem Projektstart können die Vorgänge A und B beginnen. Frühester Anfang von A ist also FAZ(A) = 0 und von B FAZ(B) = 0. Das früheste Ende der Vorgänge ergibt sich durch Addition der Vorgangsdauer zum frühesten Anfangszeitpunkt, also FEZ(A) = 0 + 5 = 5 und FEZ(B) = 0 + 20 = 20.
Die Vorgänge C und D haben jeweils nur den Vorgänger A. Das früheste Ende von A ist 5, also können C und D frühestens zum Zeitpunkt 5 beginnen: FAZ(C) = 5 und FAZ(D) = 5. Für die frühesten Endzeitpunkte von C und D ergibt sich FEZ(C) = 5 + 25 = 30 und FEZ(D) = 5 + 20 = 25.
Vorgang E hat zwei Vorgänger: B mit dem frühesten Ende 20 und C mit dem frühesten Ende 30. Da E erst beginnen kann, wenn beide Vorgänger abgeschlossen sind, ist der größte der beiden Werte der früheste Anfangszeitpunkt von E FAZ(E) = 30. Es ist FEZ(E) = 30 + 12 = 42.

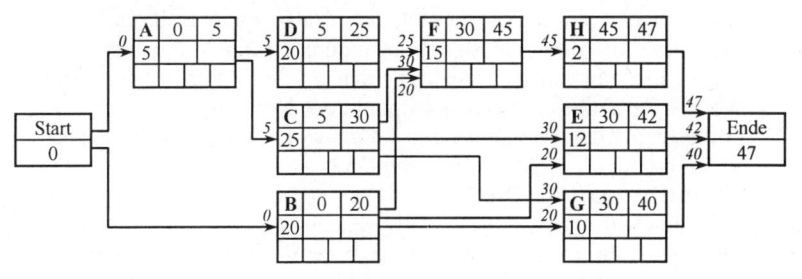

Abb. 14-3: Beispiel zur Berechnung der frühesten Vorgangszeitpunkte

Vorgang F hat drei Vorgänger: B mit dem frühesten Ende 20, C mit dem frühesten Ende 30 und D mit dem frühesten Ende 25. Der größte Wert (zu diesem Zeitpunkt sind alle Vorgänger von F abgeschlossen) ist 30, also FAZ(F) = 30 und FEZ(F) = 30 + 15 = 45.
Vorgang G hat die gleichen Vorgänger wie E, d.h. FAZ(G) = 30 und FEZ(G) = 30 + 10 = 40.
Vorgang H hat nur F als Vorgänger, und es ist somit FAZ(H) = 45 und FEZ(H) = 45+2 = 47.
Der I. Bauabschnitt des Projekts ist beendet, wenn die Vorgänge E, G und H abgeschlossen sind, also zum Zeitpunkt 47.

Damit sind die **frühesten Anfangs- und Endzeitpunkte** der Vorgänge berechnet. Sie **beziehen sich auf den vorgegebenen Projektstart** und können nur eingehalten werden, wenn das Projekt termingerecht beginnt und keine Verzögerungen bzw. Verschiebungen eintreten.

---

[1] Man kann natürlich auch mit einem anderen Zeitpunkt beginnen. Im Zweifelsfall empfiehlt sich aber der Beginn mit 0.

Allgemein laufen die Berechnungen nach folgendem Schema ab.

Schema zur Berechnung der frühesten Vorgangszeitpunkte im einfachen Vorgangsknotennetz
Grundregel: Ein Vorgang kann frühestens anfangen, wenn seine sämtlichen Vorgänger beendet sind. Der früheste Anfangszeitpunkt ergibt sich damit als größter frühester Endzeitpunkt **aller** Vorgänger.
(1) Gib für alle Startvorgänge S den frühestmöglichen Anfangszeitpunkt vor. Falls kein anderer Wert vorgegeben ist, setze für alle Startvorgänge FAZ(S) = 0. Gehe zu (2).
(2) Berechne für alle Startvorgänge den frühesten Endzeitpunkt: Frühester Endzeitpunkt = frühester Anfangszeitpunkt + Dauer, d.h. FEZ(S) = FAZ(S) + D(S). Gehe zu (3).
(3) Suche einen Vorgang i, dessen früheste Anfangs- und Endzeitpunkte noch nicht bestimmt wurden und für dessen sämtliche Vorgänger die frühesten Anfangs- und Endzeitpunkte bereits bekannt sind. Falls es einen solchen Vorgang nicht gibt, gehe zu (6), andernfalls zu (4)[1].
(4) Bestimme aus den frühesten Endzeitpunkten der Vorgänger des im Schritt (3) gewählten Vorgangs i den größten Wert. Dieser größte Wert ist der früheste Anfangszeitpunkt des Vorgangs i, also: Frühester Anfangszeitpunkt des Vorgangs i = größter frühester Endzeitpunkt aller Vorgänger V(i) von i, d.h. FAZ(i) = max[FEZ(V(i))]. Gehe zu (5).
(5) Bestimme den frühesten Endzeitpunkt des Vorgangs i wie folgt: Frühester Endzeitpunkt des Vorgangs i = frühester Anfangszeitpunkt des Vorgangs i + Dauer, d.h. FEZ(i) = FAZ(i) + D(i). Gehe zu (3).
(6) Ende.

Der Netzplanausschnitt in Abb. 14-4 veranschaulicht die Berechnung der frühesten Vorgangszeitpunkte, die man auch als **Vorwärtsrechnung** bezeichnet.

Auf GP (Gesamte Pufferzeit), FP (Freie Pufferzeit), UP (Unabhängige Pufferzeit) und FRP (Freie Rückwärts-Pufferzeit) wird weiter unten eingegangen.

---

[1] Bei aufsteigend nummerierten Knoten führt man die Schritte (4) und (5) in der Reihenfolge der Knotennummern durch. Zur aufsteigenden Nummerierung vgl. Abschnitt 8.8.

14.1 Berechnung der Vorgangszeitpunkte im Netzplan ohne Zeitabstände

Vorwärtsrechnung

Frühester Anfangszeitpunkt von i = größter frühester Endzeitpunkt aller Vorgänger V(i) von i
FAZ(i) = max[FEZ(V(i))] = max(35;38;30) = 38

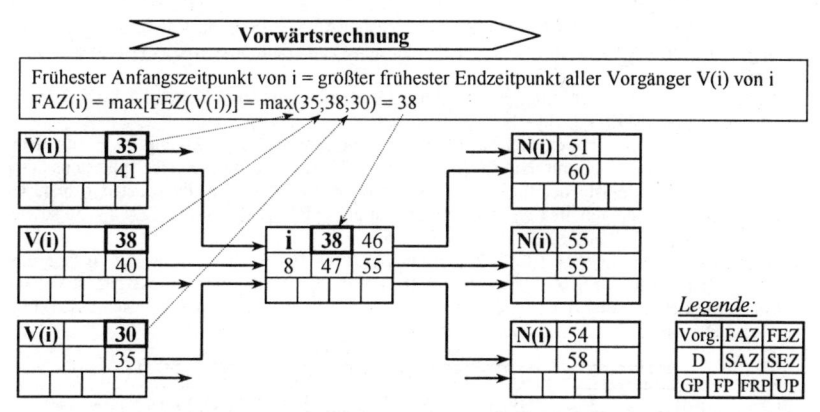

Abb. 14-4: Vorgehen bei der Berechnung der frühesten Vorgangszeitpunkte

In der zweiten Phase werden die **spätesten Vorgangszeitpunkte** berechnet. Sie dürfen nicht überschritten werden, wenn der vorgegebene Endzeitpunkt des Projekts eingehalten werden soll.

Während bei der Berechnung der frühesten Vorgangszeitpunkte mit dem Startvorgang begonnen wird, fängt man bei der Berechnung der spätesten Vorgangszeitpunkte mit dem Projektende an. Als spätestes Projektende wird, sofern kein anderer Wert bei der Planung zu beachten ist, das früheste Projektende vorgegeben.

Die Bestimmung der spätesten Vorgangszeitpunkte wird wieder an dem Beispiel erläutert (vgl. dazu Abb. 14-5). Die spätesten Anfangszeitpunkte der Nachfolger eines Vorgangs sind jeweils kursiv an dem betreffenden Pfeilschaft vermerkt.

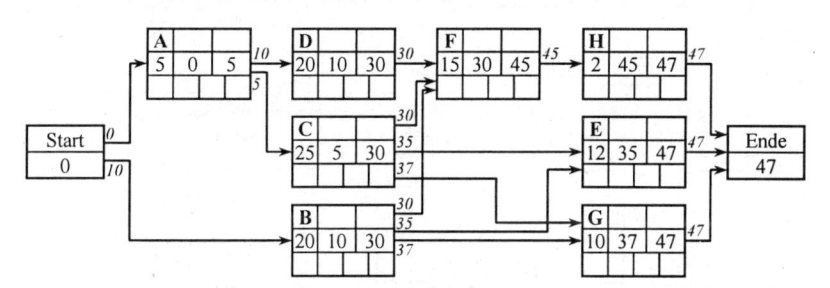

Abb. 14-5: Beispiel zur Berechnung der spätesten Vorgangszeitpunkte

Als spätestes Projektende wurde das früheste Ende 47 vorgegeben. Mit dem Abschluss der Vorgänge E, G und H ist der I. Bauabschnitt beendet. Diese Vorgänge müssen dann spätestens zum Zeitpunkt 47 abgeschlossen sein: SEZ(E) = 47, SEZ(G) = 47 und SEZ(H) = 47. Der späteste Anfang der Vorgänge ergibt sich, indem man vom spätesten Ende die Dauer abzieht: SAZ(E) = 47 – 12 = 35, SAZ(G) = 47 – 10 = 37 und SAZ(H) = 47 – 2 = 45.

Vorgang F hat nur den Nachfolger H mit dem spätesten Anfang 45. F muss also spätestens zum Zeitpunkt 45 fertig sein: SEZ(F) = 45, und spätestens zum Zeitpunkt SAZ(F) = 45 − 15 = 30 beginnen.

Vorgang D hat nur F als Nachfolger und muss somit spätestens zum Zeitpunkt SEZ(D) = 30 fertig sein und bei SAZ(D) = 30 − 20 = 10 beginnen.

Die Vorgänge B und C haben drei Nachfolger: E mit dem spätesten Anfang 35, F mit dem spätesten Anfang 30 und G mit dem spätesten Anfang 37. B und C müssen also spätestens zum Zeitpunkt 30 (der kleinste der drei Werte ist maßgebend) fertig sein, da sonst der späteste Anfang von F nicht eingehalten werden kann. Es ist also SEZ(B) = 30 und SEZ(C) = 30 sowie SAZ(B) = 30 − 20 = 10 und SAZ(C) = 30 − 25 = 5.

Nachfolger von A sind C (SAZ(C) = 5) und D (SAZ(D) = 10). Kleinster spätester Anfang der Nachfolger ist 5, also gilt SEZ(A) = 5 und SAZ(A) = 5 − 5 = 0. Spätester Projektstart ist also 0.

Damit ist die Bestimmung der frühesten und spätesten Vorgangszeitpunkte abgeschlossen. Für das Beispiel ergibt sich das Ergebnis in Abb. 14-6.

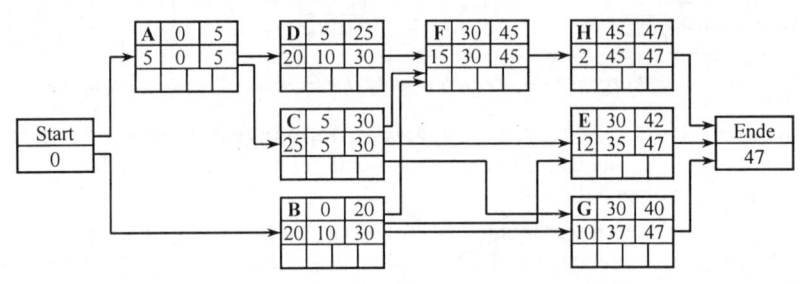

Abb. 14-6: Netzplan mit allen Vorgangszeitpunkten

Allgemein laufen die Berechnungen der spätesten Vorgangszeitpunkte nach dem Schema auf S. 163 ab.

Die Berechnung der spätesten Vorgangszeitpunkte, die sog. **Rückwärtsrechnung**, ist in Abb. 14-7 an einem Netzplanausschnitt veranschaulicht.

Rückwärtsrechnung

Spätester Endzeitpunkt von i = kleinster spätester Anfangszeitpunkt aller Nachfolger N(i) von i, SEZ(i) = min[SAZ(N(i))] = min(58;55;60) = 55

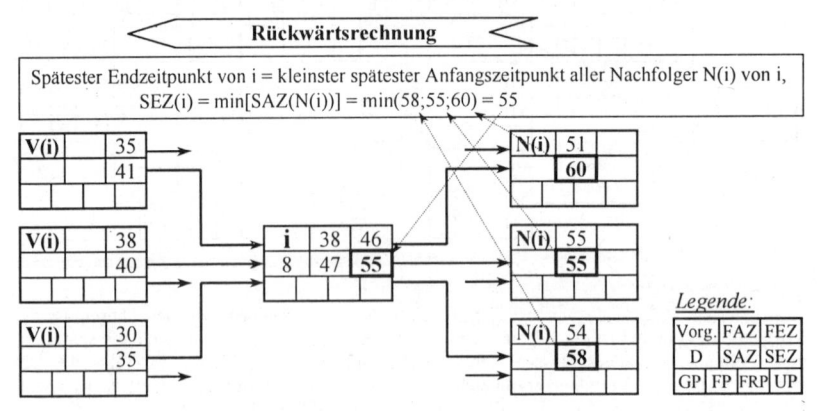

Abb. 14-7: Vorgehen bei der Berechnung der spätesten Vorgangszeitpunkte

14.1 Berechnung der Vorgangszeitpunkte im Netzplan ohne Zeitabstände

Schema zur Berechnung der spätesten Vorgangszeitpunkte im einfachen Vorgangsknotennetz

Grundregel: Ein Vorgang muss spätestens beendet sein, ehe seine Nachfolger beginnen können. Der späteste Endzeitpunkt eines Vorgangs ergibt sich als kleinster spätester Anfangszeitpunkt **aller** Nachfolger.

(1) Gib für das Projekt den spätestnotwendigen Endzeitpunkt vor. Falls kein anderer Wert vorgegeben ist, setze für alle Zielvorgänge
 SEZ(Z) = FEZ(Z).
 Gehe zu (2).

(2) Berechne für alle Zielvorgänge den spätesten Anfangszeitpunkt:
 Spätester Anfangszeitpunkt = spätester Endzeitpunkt − Dauer, d.h.
 SAZ(Z) = SEZ(Z) − D(Z).
 Gehe zu (3).

(3) Suche einen Vorgang i, dessen späteste Zeitpunkte noch nicht bestimmt wurden und zu dem für alle Nachfolger die spätesten Anfangszeitpunkte bereits bekannt sind. Falls es einen solchen Vorgang nicht gibt, gehe zu (6), andernfalls gehe zu (4)[1].

(4) Bestimme den kleinsten spätesten Anfangszeitpunkt der Nachfolger des im Schritt (3) ausgewählten Vorgangs i. Dieser kleinste Wert ist der späteste Endzeitpunkt des Vorgangs i.
 Spätester Endzeitpunkt von i = kleinster spätester Anfangszeitpunkt **aller** Nachfolger von i, d.h.
 SEZ(i) = min[SAZ(N(i))].
 Gehe zu (5).

(5) Bestimme den spätesten Anfangszeitpunkt des Vorgangs i wie folgt:
 Spätester Anfangszeitpunkt des Vorgangs i = spätester Endzeitpunkt des Vorgangs i − Dauer, d.h.
 SAZ(i) = SEZ(i) − D(i).
 Gehe zu (3).

(6) Ende.

Früheste und späteste Lage von Vorgängen
Beginnt und endet ein Vorgang zum jeweils frühestmöglichen Zeitpunkt, so befindet er sich in seiner frühesten Lage.
Beginnt und endet ein Vorgang zum jeweils spätestnotwendigen Zeitpunkt, so befindet er sich in seiner spätesten Lage.

---

[1] Bei aufsteigend nummerierten Knoten führt man die Schritte (4) und (5) in absteigender Reihenfolge der Knotennummern durch. Zur aufsteigenden Nummerierung von Knoten vgl. Abschnitt 8.8.

Für einige Vorgänge stimmen frühestmöglicher und spätestnotwendiger Anfang sowie frühestmögliches und spätestnotwendiges Ende überein. Sie können unter den Voraussetzungen der Zeitplanung (gegebener Projektanfang und gegebenes Projektende sowie feste Vorgangsdauern) zeitlich nicht verschoben werden und ihre Dauer kann nicht ausgedehnt werden. Von ihnen hängt die Projektdauer ab.

> **Kritische Vorgänge**
> Vorgänge, bei denen frühestmögliche und spätestnotwendige Zeitpunkte übereinstimmen, heißen kritische Vorgänge. Sie sind kritisch in dem Sinne, dass jede Nichteinhaltung des Zeitplans bei ihnen zu einer Verschiebung des errechneten Projektendes führt.

Kritische Vorgänge sind bei der Projektdurchführung besonders im Auge zu behalten.

Kritische Vorgänge kann es nur geben, wenn das früheste Projektende nicht vor dem spätesten Projektende liegt. Stimmen beide überein, dann existiert mindestens ein Weg durch den Netzplan (vom Projektanfang bis zum Projektende), der nur aus kritischen Vorgängen besteht. Ein solcher Weg heißt **kritischer Weg**[1]. Die Länge des kritischen Weges entspricht der Projektdauer. Der kritische Weg wird im Netzplan besonders kenntlich gemacht. Das kann durch eine Farbe oder durch stärkeres Ausziehen der Pfeile oder durch Umrahmung der Knoten geschehen (vgl. Abb. 14-8).

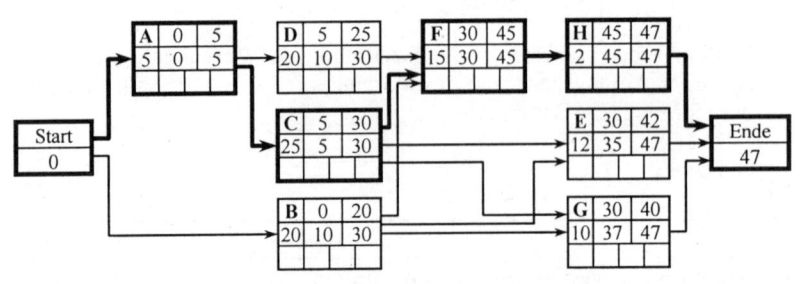

Abb. 14-8: Netzplan mit kritischem Weg

> **Subkritische Vorgänge**
> Vorgänge bzw. Wege im Netzplan mit geringer gesamter Pufferzeit heißen auch subkritische Vorgänge bzw. subkritische Wege.

---

1 Daraus leitet sich auch die Bezeichnung CPM = Critical Path Method ab (zu deutsch: „Methode des kritischen Weges").

Subkritische Wege können bereits bei geringen zeitlichen Verzögerungen kritisch werden. Es ist üblich, für die gesamte Pufferzeit in einem solchen Fall einen Wert vorzugeben, bei dessen Unterschreiten man von einem subkritischen Vorgang bzw. Weg spricht. Gibt man beispielsweise 5 Tage an, so sind alle Wege mit GP ≤ 5 subkritisch.

Die Differenz zwischen spätestem Ende und frühestem Anfang eines Vorgangs ist die maximal verfügbare Zeit für die Durchführung.

Maximal verfügbare Zeit für die Durchführung eines Vorgangs
MAXD = SEZ − FAZ.
Für kritische Vorgänge stimmt die maximal verfügbare Zeit mit der Vorgangsdauer überein: MAXD = D.

Die Kenntnis der maximal verfügbaren Zeit kann von Bedeutung sein, wenn man bei der Projektdurchführung vor der Notwendigkeit steht, die Ausführungsdauer eines Vorgangs auszudehnen. Soll der Fertigstellungstermin eingehalten werden, darf die Ausführungsdauer eines Vorgangs die maximal verfügbaren Zeit nicht überschreiten.

14.2 Berechnung der Vorgangszeitpunkte im Netzplan mit Zeitabständen

Bei den im vorangegangenen Abschnitt behandelten einfachen Vorgangsknotennetzen werden nur Normalfolgen mit einem minimalen Zeitabstand von 0 zugelassen. Werden auch **minimale Zeitabstände** mit $Z \neq 0$ zugelassen, dann ändert sich Schritt (4) bei der Berechnung der frühesten bzw. spätesten Zeitpunkte, da die Zeitabstände, die auch negativ sein können, bei den Berechnungen zu berücksichtigen sind. Wird der Zeitabstand zwischen dem Ende des Vorgangs i und dem Anfang des Vorgangs j mit Z(i;j) bezeichnet, so lautet Schritt (4) der Verfahrensbeschreibungen auf S. 160 und S. 163 folgendermaßen:

Schritt (4) bei Bestimmung der frühesten Vorgangszeitpunkte bei einem einfachen Vorgangsknotennetz mit Zeitabständen (vgl. S. 160)

(4) Bestimme zu allen Vorgängern V(i) des in Schritt (3) ausgewählten Vorgangs i: frühester Endzeitpunkt des Vorgangs V(i) plus Zeitabstand zwischen V(i) und i, d.h. FEZ(V(i)) + Z(V(i);i).
Frühester Anfangszeitpunkt des Vorgangs i = größte Summe aus frühestem Endzeitpunkt eines Vorgängers und zugehörigem Zeitabstand:
FAZ(i) = max[FEZ(V(i)) + Z(V(i);i)].

> **Schritt (4) bei Bestimmung der spätesten Vorgangszeitpunkte bei einem einfachen Vorgangsknotennetz mit Zeitabständen (vgl. S. 163)**
> (4) Bestimme zu allen Nachfolgern N(i) des in Schritt (3) ausgewählten Vorgangs i: spätester Anfangszeitpunkt des Vorgangs N(i) minus Zeitabstand zwischen i und N(i), d.h. SAZ(N(i)) − Z(i;N(i)).
> Spätester Endzeitpunkt des Vorgangs i = kleinste Differenz aus spätestem Anfangszeitpunkt eines Nachfolgers und zugehörigem Zeitabstand:
> SEZ(i) = min[SAZ(N(i)) − Z(i;N(i))].

Die folgende Übersicht zeigt zusammenfassend die wichtigsten Prinzipien der Vorwärtsrechnung für die Bestimmung der frühesten Anfangs- und Endzeitpunkte und der Rückwärtsrechnung für die Bestimmung der spätesten Anfangs- und Endzeitpunkte der Vorgänge.

	Vorwärtsrechnung	Rückwärtsrechnung
Ausgangspunkt	Projektanfang	Projektende
es werden berechnet	früheste Zeitpunkte	späteste Zeitpunkte
für jeden Vorgang wird zuerst berechnet	FAZ frühester Anfangszeitpunkt	SEZ spätester Endzeitpunkt
für die Berechnung notwendige Werte	früheste Endzeitpunkte der Vorgänger	späteste Anfangszeitpunkte der Nachfolger
maßgebend für den zu berechnenden Zeitpunkt	größtes frühestes Ende aller Vorgänger	kleinster spätester Anfang aller Nachfolger
Bestimmung des „zweiten" Vorgangszeitpunkts	FEZ = FAZ + Dauer (plus)	SAZ = SEZ − Dauer (minus)
Ergebnis	früheste Lage FAZ / FEZ	späteste Lage SAZ / SEZ

14.3 Berechnung und Interpretation der Pufferzeiten

Aus den bisherigen Ausführungen ging bereits mehrfach hervor, dass bei vorgegebenem Projektanfang und vorgegebenem Projektende nur die kritischen Vorgänge streng an Termine gebunden sind. Bei allen anderen, den nichtkritischen Vorgängen, steht ein zeitlicher Spielraum zur Verfügung.

> **Pufferzeit**
> Die Zeit, um die ein Vorgang zeitlich verschoben werden kann oder um die seine Ausführungsdauer ausgedehnt werden kann, ohne dass sich das Projektende verschiebt, heißt Pufferzeit. Ein Vorgang besitzt immer dann eine Pufferzeit, wenn die maximal verfügbare Zeit zur Durchführung des Vorgangs größer als die Vorgangsdauer ist.

Errata zu:

NWB-Studienbücher Wirtschaftswissenschaften
Schwarze, J.: Projektmanagement mit Netzplantechnik,
8. Auflage 2001
ISBN 3-482-56068-4   **Stand: Mai 2002**

Trotz aller Sorgfalt haben sich bei diesem Buch bedauerlicherweise Druckfehler eingeschlichen. Wir möchten Sie daher bitten, die folgenden Berichtigungen vorzunehmen.

S. 122   In der Definition zu Normalfolge ist eine falsche Abkürzung angegeben. Richtig muss es heißen: **Normalfolge (NF)**

S. 126f. In Abb. 9-14 und Abb. 9-15 ist zur Endfolge jeweils eine falsche Abkürzung angegeben. Richtig muss es heißen: **Endfolge EF**

S. 128   In Abb. 9-18 sind einige Vorgänge falsch beschriftet. Richtig muss es heißen:

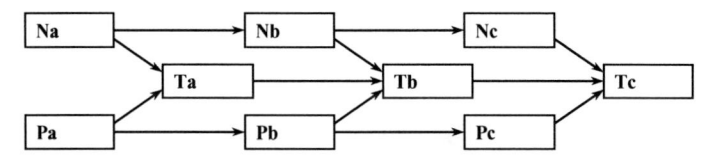

S. 158   Im letzten Absatz sind zwei Abbildungsverweise falsch.
Statt Abb. 8-9 muss es richtig heißen **Abb. 7-9** und
statt Abb. 9-3 muss es richtig heißen **Abb. 8-3**.

S. 167   In Abbildung 14-9 ist die Dauer von Vorgang D falsch angegeben. Richtig ist **5**. Ferner ist in der Abbildung das Projektende falsch. Der richtige Wert ist **30**. Die richtige Abbildung sieht dann wie folgt aus:

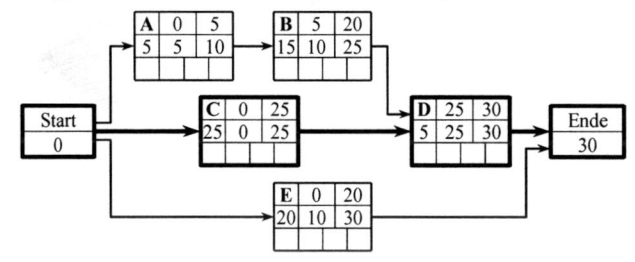

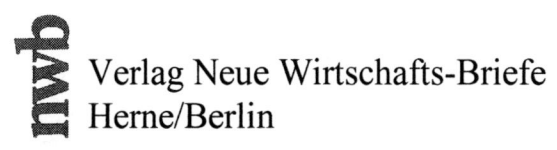

Verlag Neue Wirtschafts-Briefe
Herne/Berlin

14.3 Berechnung und Interpretation der Pufferzeiten

Die Verschiebung oder Ausdehnung von Vorgängen um ihre Pufferzeit kann nicht willkürlich und unabhängig von anderen Vorgängen erfolgen. Um das zu zeigen, wird zunächst wieder das einführende Beispiel über die Vorbereitung einer Urlaubsreise betrachtet[1].

Abb. 14-9 enthält den Netzplan mit den Vorgangszeitpunkten. Die Vorgänge C und D sind kritisch. Sie bilden den kritischen Weg. Für Vorgang A stehen maximal 10 Tage zur Verfügung, für seine Durchführung werden aber nur 5 Tage benötigt. Vorgang A kann also um 5 Tage verschoben oder ausgedehnt werden. Vorgang B hat eine maximal verfügbare Zeit von 20 und eine Dauer von 15, also kann er ebenfalls um 5 Tage verschoben oder ausgedehnt werden.

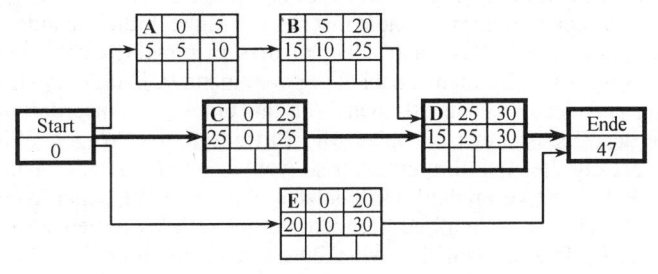

Abb. 14-9: Zeitplan für das einführende Beispiel

Die beiden Pufferzeiten von 5 Tagen für die Vorgänge A und B sind jedoch nicht unabhängig voneinander. Nimmt man die Pufferzeit von 5 Tagen bei Vorgang A voll in Anspruch, indem man die Ausführungsdauer auf 10 Tage ausdehnt, dann ergeben sich folgende Änderungen im Zeitplan: Die maximal verfügbare Zeit für Vorgang B schrumpft auf 15. B hat damit keine Pufferzeit mehr. Die Ausnutzung der Pufferzeit bei Vorgang A führt also dazu, dass die Pufferzeit des Vorgangs B wegfällt. Man rechnet leicht nach, dass im umgekehrten Fall das gleiche passiert. Die Pufferzeiten von 5 Tagen je Vorgang sind also voneinander abhängig, und zwar so, dass diese Pufferzeit streng genommen nur für beide Vorgänge gemeinsam gilt. Für den Vorgang E lässt sich etwas ähnliches nicht feststellen. Die Pufferzeiten bei A und B und die Pufferzeit bei E haben also unterschiedlichen Charakter.

Das Beispiel macht deutlich, dass es verschiedene Arten von Pufferzeiten gibt. Es werden vor allem vier Arten von Pufferzeiten unterschieden, die anhand des bereits in Abb. 14-4 (S. 161) und Abb. 14-7 (S. 162) verwendeten Netzplanausschnitts erläutert werden.

Die **gesamte Pufferzeit** (GP) eines Vorgangs ist die Zeit, die für die Verschiebung oder Ausdehnung des Vorgangs maximal zur Verfügung steht. Sie ergibt sich, wenn alle Vorgänger des betrachteten Vorgangs sich in ihrer frühesten Lage und alle Nachfolger sich in ihrer spätesten Lage befinden. Sie entspricht somit der **Differenz zwischen frühester und spätester Lage des Vorgangs**.

---

1 Vgl. Abschnitt 2.1.

Gesamte Pufferzeit GP
Die gesamte Pufferzeit GP(i) eines Vorgangs i ergibt sich als Differenz aus dem spätesten Endzeitpunkt und dem frühesten Endzeitpunkt oder als Differenz aus dem spätesten Anfangszeitpunkt und dem frühesten Anfangszeitpunkt des Vorgangs: GP(i) = SEZ(i) − FEZ(i) = SAZ(i) − FAZ(i)

Rein rechnerisch besitzt jeder nichtkritische Vorgang eine positive gesamte Pufferzeit. Liegen mehrere nichtkritische Vorgänge hintereinander, dann sind die „gesamten Pufferzeiten" der auf diesem nichtkritischen Weg liegenden Vorgänge nicht mehr unabhängig voneinander. Die gesamte Pufferzeit kann auf diesem nichtkritischen Weg nur einmal in Anspruch genommen werden. Es ist gewissermaßen die **Pufferzeit des Weges**. Wird bei einem Vorgang die Ausführungsdauer so weit ausgedehnt, dass dadurch die gesamte Pufferzeit verbraucht wird, entsteht ein neuer kritischer Weg. Alle anderen Vorgänge auf dem betreffenden, vorher nichtkritischen Weg haben dann keine Pufferzeit mehr. Das wird bereits an dem einfachen Beispiel in Abb. 14-9 deutlich.

Auf weitere Berechnungs- und Veranschaulichungsbeispiele zur gesamten Pufferzeit wird verzichtet.

Die **freie Pufferzeit** (FP) eines Vorgangs ist die Zeitspanne, um die der Vorgang verschoben werden kann bzw. um die seine Dauer ausgedehnt werden kann, wenn sich der **Vorgang** selbst **und alle seine Nachfolger in der frühesten Lage** befinden (vgl. Abb. 14-11).

Freie Pufferzeit FP
Die freie Pufferzeit des Vorgangs i ist die Differenz zwischen dem kleinsten frühesten Anfangszeitpunkt aller Nachfolger N(i) des Vorgangs i und dem frühesten Endzeitpunkt von i: FP(i) = min[FAZ(N(i))] − FEZ(i).
Bemerkung: Durch Inanspruchnahme der freien Pufferzeit wird keinerlei Einfluss auf die früheste Lage aller nachfolgenden Vorgänge ausgeübt.

Abb. 14-10 veranschaulicht an dem schon weiter oben verwendeten Netzplanausschnitt die Berechnung der freien Pufferzeit.

Die Bedeutung der freien Pufferzeit wird besonders anschaulich an einem Balkendiagramm. Zu Abb. 14-10 enthält Abb. 14-11 einen Ausschnitt aus dem zugehörigen Balkendiagramm, an dem die freie Pufferzeit verdeutlicht wird.

14.3 Berechnung und Interpretation der Pufferzeiten

Freie Pufferzeit von i
= kleinster frühester Anfang aller Nachfolger N(i) von i minus frühestes Ende von i
FP(i) = min[FAZ(N(i))] − FEZ(i) = min(54;55;51) − 46 = 51 − 46 = 5

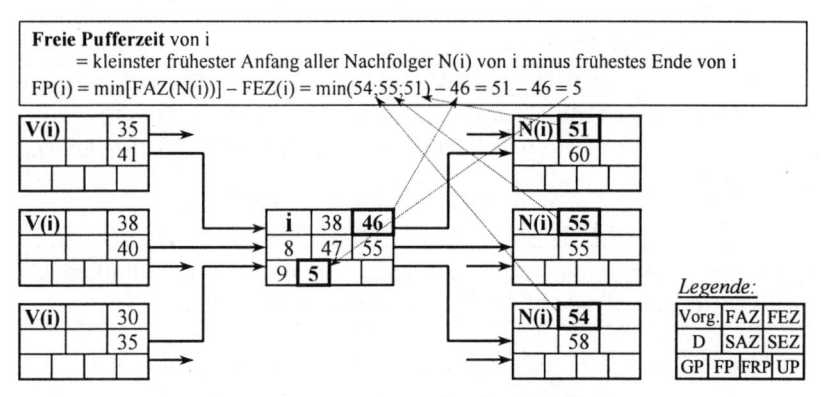

Abb. 14-10: Berechnung der freien Pufferzeit

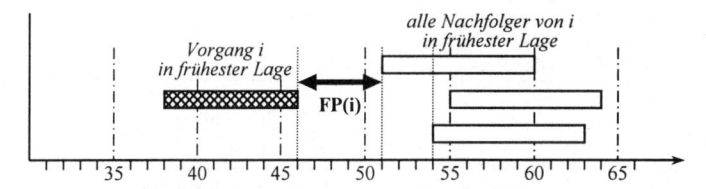

Abb. 14-11: Balkendiagramm zur Veranschaulichung der freien Pufferzeit

Dehnt man die Vorgangsdauer um die freie Pufferzeit aus oder verzögert man die Durchführung des Vorgangs um die freie Pufferzeit, dann wird dadurch der früheste Anfang der Nachfolger nicht beeinflusst. Der zeitliche Ablauf aller nachfolgenden Vorgänge bleibt also unberührt. Darin liegt die Bedeutung der freien Pufferzeit. Sie kann in Anspruch genommen werden, ohne dass dadurch die Zeitplanung des restlichen Projekts beeinflusst wird[1].

Die **unabhängige Pufferzeit** (UP) eines Vorgangs ergibt sich, wenn sich **alle Vorgänger** des Vorgangs **in der spätesten Lage und alle Nachfolger in der frühesten Lage** befinden. Der dann verbleibende zeitliche Spielraum für die Verschiebung des Vorgangs oder für die Ausdehnung seiner Dauer ist die unabhängige Pufferzeit.

---

1 Aus der Definition der freien Pufferzeit und der Berechnungsvorschrift folgt, dass für die Bestimmung nur früheste Vorgangszeitpunkte benötigt werden. Bei manueller Berechnung eines Zeitplans empfiehlt sich deshalb folgendes: Nach der Ermittlung der frühesten Vorgangszeitpunkte sollten als nächstes die freien Pufferzeiten berechnet werden. Erst danach sollten dann über die Rückwärtsrechnung die spätesten Vorgangszeitpunkte bestimmt werden. Dadurch wird die Fehlergefahr reduziert. Bei manuellem Rechnen kommt es nämlich relativ leicht vor, dass versehentlich aus einem Knoten eine falsche Zahl (z.B. spätester statt frühester Anfangszeitpunkt) übernommen wird.

Unabhängige Pufferzeit UP

Die unabhängige Pufferzeit des Vorgangs i ist die Differenz aus dem kleinsten frühesten Anfangszeitpunkt aller Nachfolger N(i) von i und dem größten spätesten Endzeitpunkt aller Vorgänger V(i) von i abzüglich der Dauer D(i):
$UP(i) = \min[FAZ(N(i))] - \max[SEZ(V(i))] - D(i)$.
Ergibt sich eine negative Differenz, dann definiert man UP = 0.

<u>Bemerkung</u>: Durch die Inanspruchnahme der unabhängigen Pufferzeit wird keinerlei Einfluss auf den sonstigen Zeitplan ausgeübt.

In Abb. 14-12 ist die Berechnung der unabhängigen Pufferzeit veranschaulicht.

unabhängige Pufferzeit von i
= kleinster frühester Anfang aller Nachfolger N(i) von i minus größtes spätestes Ende aller Vorgänger V(i) von i minus Dauer D(i) von i oder 0
$UP(i) = \min[FAZ(N(i))] - \max[SEZ(V(i))] - D(i)$
$= \min(54;55;51) - \max(41;40;35) - 8 = 51 - 41 - 8 = 2$

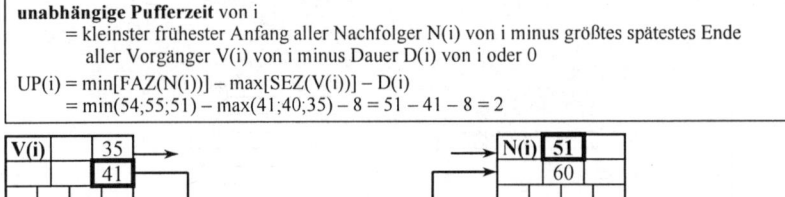

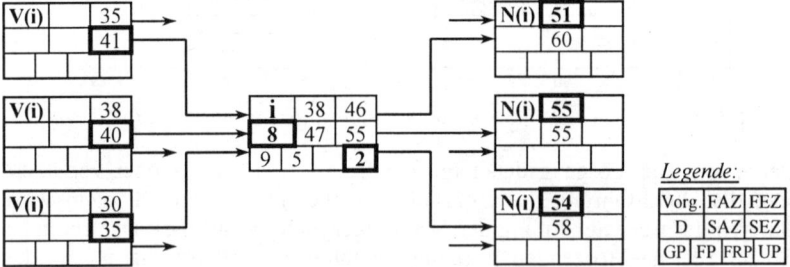

Abb. 14-12: Berechnung der unabhängigen Pufferzeit

An dem zu Abb. 14-12 gehörigen Balkendiagramm in Abb. 14-13 kann die unabhängige Pufferzeit veranschaulicht werden. Dargestellt sind für die Vorgänger von i die späteste Lage und für die Nachfolger die früheste Lage.

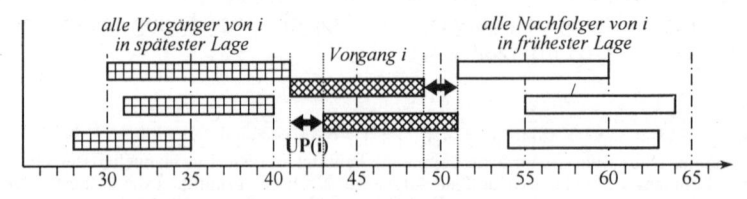

Abb. 14-13: Balkendiagramm zur Veranschaulichung der unabhängigen Pufferzeit

14.3 Berechnung und Interpretation der Pufferzeiten

Die **Freie Rückwärts-Pufferzeit** (FRP) ist die Zeitspanne, um die ein Vorgang verschoben bzw. um die seine Dauer ausgedehnt werden kann, wenn sich der **Vorgang selbst und alle seine Vorgänger in der spätesten Lage** befinden.

Freie Rückwärts-Pufferzeit FRP

Die freie Rückwärts-Pufferzeit des Vorgangs i ist die Differenz zwischen dem spätesten Anfangszeitpunkt des Vorgangs i und dem größten spätesten Endzeitpunkt aller Vorgänger V(i) von i:
FRP(i) = SAZ(i) − max[SEZ(V(i))].

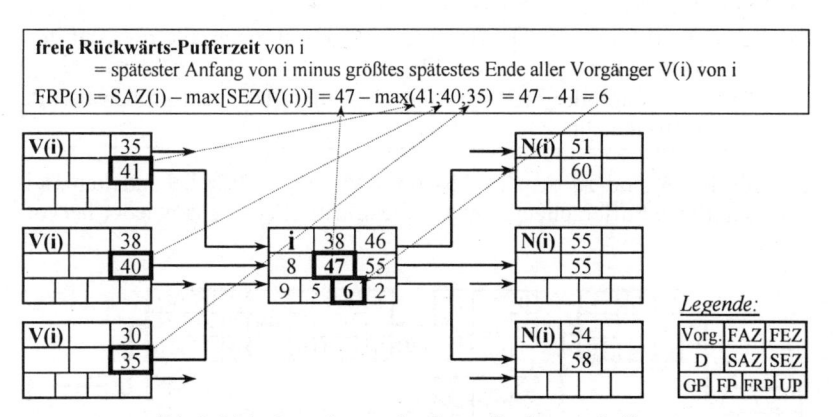

Auch die Berechnung der freien Rückwärts-Pufferzeit wird an dem Netzplanausschnitt verdeutlicht (Abb. 14-14).

freie Rückwärts-Pufferzeit von i
= spätester Anfang von i minus größtes spätestes Ende aller Vorgänger V(i) von i
FRP(i) = SAZ(i) − max[SEZ(V(i))] = 47 − max(41;40;35) = 47 − 41 = 6

Abb. 14-14: Berechnung der freien Rückwärts-Pufferzeit

Das zu dem Netzplanausschnitt in Abb. 14-14 gehörige Balkendiagramm in Abb. 14-15 veranschaulicht die freie Rückwärts-Pufferzeit.

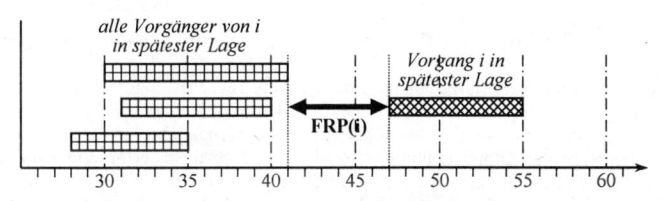

Abb. 14-15: Balkendiagramm zur Veranschaulichung der freien Rückwärts-Pufferzeit

Damit sind die für die Anwendung wichtigen Pufferzeiten behandelt. Besonders wichtig sind die gesamte Pufferzeit und die freie Pufferzeit.

> Für die **Pufferzeiten** gelten folgende **Beziehungen**
> (1) $GP \geq FP \geq UP$
> (2) $GP \geq FRP \geq UP$
> (3) $UP = FP + FRP - GP$

Über das Verhältnis von freier Pufferzeit und freier Rückwärts-Pufferzeit zueinander lässt sich keine generelle Aussage machen.

> Bei Beachtung der Ungleichungen (1) und (2) kann der Rechenaufwand für die Berechnung der Pufferzeiten mitunter verringert werden, denn es ergibt sich daraus:
> • Aus $GP = 0$ folgt $FP = 0$, $UP = 0$ und $FRP = 0$, denn alle drei Pufferzeiten können nicht größer als GP sein.
> • Aus $FP = 0$ und/oder $FRP = 0$ folgt $UP = 0$, da UP nicht größer als FP bzw. FRP sein kann.

In Abb. 14-16 sind zu dem in Abschnitt 14.1 (S. 157ff.) behandelten Beispiel sämtliche Pufferzeiten berechnet. Der kritische Weg ist wieder hervorgehoben.

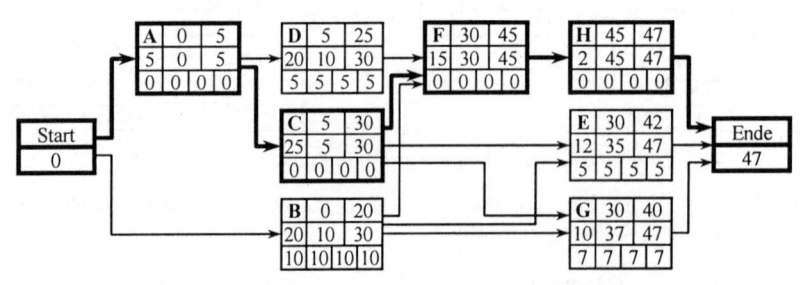

Abb. 14-16: I. Bauabschnitt (Abb. 14-6) mit Vorgangszeitpunkten und Pufferzeiten

Als weiteres Beispiel zu Pufferzeiten wird der in Abb. 14-17 durchgerechnete Netzplan betrachtet. Es sollen die Pufferzeiten des Vorgangs K bestimmt werden. Zur Veranschaulichung kann das Balkendiagramm in Abb. 14-18 herangezogen werden. Die für die Bestimmung der verschiedenen Vorgangszeitpunkte und Pufferzeiten des Vorgangs K erforderlichen Zeitpunkte (Minimum der frühesten bzw. spätesten Anfangszeitpunkte der Nachfolger von K, d.h. min[FAZ(V(K))] bzw. min[SAZ(N(K))], Maximum der frühesten bzw. spätesten Endzeitpunkte der Vorgänger von K, d.h. max[FEZ(V(K))] bzw. max[SEZ(V(K))], sowie FEZ(K) und SAZ(K)) sind in Abb. 14-18 durch dickere senkrechte Linien hervorgehoben.

14.3 Berechnung und Interpretation der Pufferzeiten 173

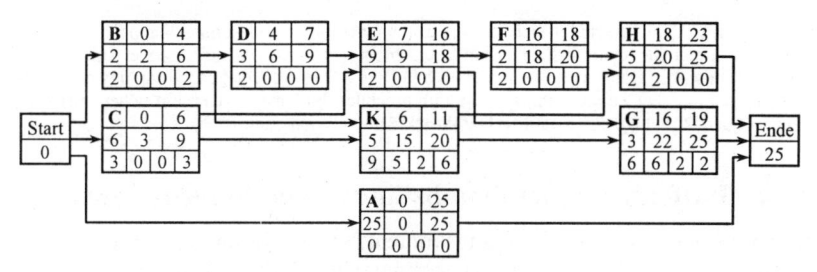

Abb. 14-17: durchgerechnetes Vorgangsknotennetz

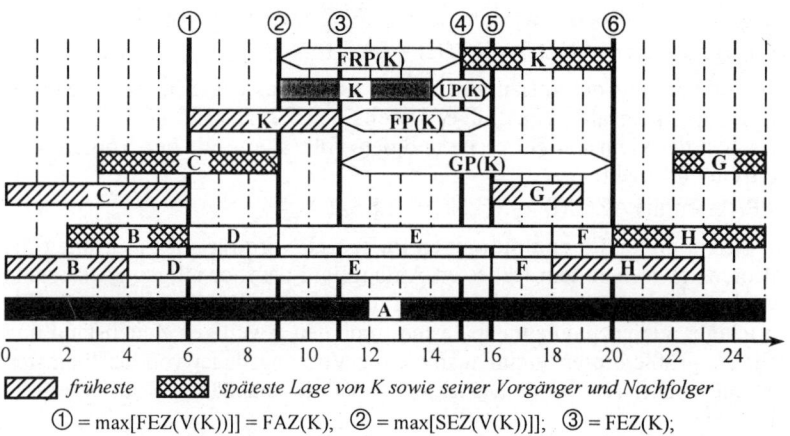

▨▨▨ *früheste* ▨▨▨ *späteste Lage von K sowie seiner Vorgänger und Nachfolger*

① = max[FEZ(V(K))]] = FAZ(K); ② = max[SEZ(V(K))]]; ③ = FEZ(K);
④ = SAZ(K); ⑤ = min[FAZ(N(K))]]; ⑥ = min[SAZ(N(K))]] = SEZ(K)

Abb. 14-18: Balkendiagramm zu Abb. 14-17

Zur Interpretation bzw. Bedeutung der berechneten Pufferzeiten ist folgendes zu sagen: Die unabhängige Pufferzeit UP(K) = 2 besagt, dass die Dauer des Vorgangs K von 5 um 2 auf 7 ausgedehnt werden kann, ohne dass sich an dem Zeitplan aller übrigen Vorgänge etwas ändert. Es werden dadurch weder die frühesten Anfangszeitpunkte der Nachfolger von K noch die spätesten Endzeitpunkte der Vorgänger von K beeinflusst. Der Leser kann das leicht nachprüfen, indem er den Netzplan mit D(K) = 7 durchrechnet.
Um die freie Pufferzeit FP(K) = 5 kann die Dauer des Vorgangs K ausgedehnt werden, ohne dass sich der früheste Anfang der Nachfolger verschiebt. Wenn also K zum frühesten Anfang FAZ(K) = 6 beginnt, dann kann D(K) von 5 um 5 auf 10 ausgedehnt werden, ohne dass die frühesten Anfangszeitpunkte der nachfolgenden Vorgänge verschoben werden. Es ist auch möglich, K um die freie Pufferzeit von 5 gegenüber seiner frühesten Lage zu verschieben, also zum Zeitpunkt 11 statt FAZ(K) = 6 beginnen zu lassen, ohne dass die früheste Lage der Nachfolger dadurch beeinflusst wird.
Befinden sich Vorgänger und Nachfolger von K in ihrer spätesten Lage, dann kann K um die freie Rückwärts-Pufferzeit FRP(K) = 6 verschoben oder ausgedehnt werden, ohne dass die späteste Lage der Vorgänger beeinflusst wird.
Die gesamte Pufferzeit GP(K) = 9 ist die maximal zur Verfügung stehende Pufferzeit. Verschiebt man Anfang bzw. Ende von K gegenüber dem frühesten Anfangs- bzw. Endzeitpunkt

um mehr als 9, so verschiebt sich die Lage der Nachfolger und somit aller nachfolgenden Vorgänge hinter die späteste Lage. Damit verschiebt sich auch das Projektende. Das gleiche gilt, wenn man die Dauer von K um mehr als 9 Tage ausdehnt. Der Leser kann das nachvollziehen, wenn er den Zeitplan mit D = 15 durchrechnet. Es entsteht dann ein neuer kritischer Weg mit den Vorgängen C, K und H. Die Projektdauer beträgt dann 26.

14.4 Pufferzeiten bei Zeitabständen und Meilensteinen

Sind in einem einfachen Vorgangsknotennetz Zeitabstände $Z \neq 0$ enthalten, so müssen diese auch bei der Berechnung der Pufferzeiten berücksichtigt werden. Für die Pufferzeiten gilt dann:

Die **gesamte Pufferzeit** wird in gleicher Weise wie bisher bestimmt:

$GP(i) = SEZ(i) - FEZ(i) = SAZ(i) - FAZ(i)$.

Zur Bestimmung der **freien Pufferzeit** zieht man von den frühesten Anfangszeitpunkten aller Nachfolger jeweils den Zeitabstand ab. Die Spanne zwischen der kleinsten Differenz und dem frühesten Ende des Vorgangs ist die freie Pufferzeit:

$FP(i) = \min[FAZ(N(i)) - Z(i;N(i))] - FEZ(i)$.

Zur Bestimmung der **unabhängigen Pufferzeit** wird für alle Nachfolger die Differenz zwischen dem frühesten Anfang und dem jeweiligen Zeitabstand berechnet und von diesen Differenzen der kleinste Wert bestimmt. Für alle Vorgänger addiert man zum spätesten Ende den jeweiligen Zeitabstand und zieht die größte dieser Summen sowie die Vorgangsdauer von der kleinsten der obigen Differenzen ab. Das Ergebnis ist die unabhängige Pufferzeit. Es gilt also:

$UP(i) = \min[FAZ(N(i)) - Z(i;N(i))] - \max[SEZ(V(i)) + Z(V(i);i)] - D(i)$.

Für die **freie Rückwärts-Pufferzeit** gilt: Zu den spätesten Endzeitpunkten der Vorgänger wird der jeweilige Zeitabstand addiert. Die größte dieser Summen zieht man von dem spätesten Anfang des Vorgangs ab:

$FRP(i) = SAZ(i) - \max[SEZ(V(i)) + Z(V(i);i)]$.

Enthält ein Vorgangsknotennetz **Meilensteine** als besondere Knoten – es handelt sich dann um einen gemischtorientierten Netzplan –, dann können diese bei der Zeitplanung wie Vorgänge behandelt werden, mit dem Unterschied, dass die Dauer Null ist. Anfangs- und Endzeitpunkte fallen damit zusammen. Man erhält also für Meilensteine: frühesten Zeitpunkt, spätesten Zeitpunkt und die vier Pufferzeiten.

14.5 Ergänzende Bemerkungen

Mit der Bestimmung der Pufferzeiten ist der rechnerische Teil der Zeitplanung beendet. Der Zeitplan ist nunmehr auf seine Realisierbarkeit zu über-

14.5 Ergänzende Bemerkungen

prüfen und gegebenenfalls an vorgegebene Termine oder Zeiten anzupassen. Darauf wird in Kapitel 19 eingegangen.

Ein nächster wesentlicher Schritt der Netzplantechnik besteht darin, dass man die Ergebnisse der Zeitplanung so aufbereitet, dass sie als Dispositionsgrundlage für die Projektdurchführung dienen können. Dazu gehört z.B. die Umrechnung der absoluten Zeiten in Kalendertermine und die Erstellung betriebsgerechter Terminlisten und dergleichen. Darauf wird ebenfalls in Kapitel 19 eingegangen.

Abschließend sei noch auf folgendes hingewiesen:

Ist für das Projektende kein Termin vorgegeben, dann beginnt man die Berechnung der spätesten Zeitpunkte mit dem frühesten Ende, das dann zugleich das späteste Ende ist. Liegt das späteste Projektende zeitlich hinter dem frühesten Ende, dann haben alle Vorgänge eine gesamte Pufferzeit größer als Null. Es gibt dann keine kritischen Vorgänge in dem Sinne, dass kritische Vorgänge keinen zeitlichen Spielraum haben.

Wird das späteste Projektende so vorgegeben, dass es vor dem errechneten frühesten Ende liegt, so ist diese Terminvorgabe mit dem Zeitablauf des Projekts nicht verträglich. Einige Vorgänge haben dann rechnerisch eine negative gesamte Pufferzeit. Der Projektplan ist dann in geeigneter Weise zu revidieren. Man kann früher beginnen oder Vorgangsdauern verkürzen.

Grundsätzlich gibt es für das Projektende (Knoten n) und damit für die „Rückwärtsrechnung" drei Möglichkeiten:
(1) **SZ(n) = FZ(n)**: Das ist der Fall, von dem man ausgeht, wenn SZ(n) nicht von außen vorgegeben wird. Es gilt das oben bereits Gesagte.
(2) **SZ(n) > FZ(n)**: Das Projekt kann vor dem verlangten Termin fertig sein. Alle Vorgänge haben in diesem Fall eine gesamte Pufferzeit größer als Null, d.h. es gilt GP(i) > 0 für alle Vorgänge i. Entsprechend vergrößern sich auch die übrigen Pufferzeiten.
Gibt man z.B. für das Beispiel in Abb. 14-16 das späteste Ende mit SZ(n) = 51 vor, so erhält man einen Zeitplan wie in Abb. 14-19.

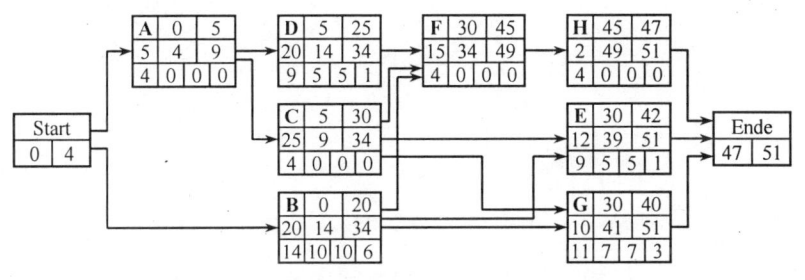

Abb. 14-19: Vorgangsknotennetz mit SZ(n) > FZ(n)

(3) **SZ(n) < FZ(n)**: Es ist ein Endtermin gesetzt, der unter den gegebenen Umständen nicht eingehalten werden kann. Es treten negative Pufferzeiten auf. Für den I. Bauabschnitt des

Beispiels erhält man z.B. bei SZ(n) = 44 das Ergebnis in Abb. 14-20. Da die übrigen Pufferzeiten in einem solchen Fall wenig aussagefähig sind, wurde nur die gesamte Pufferzeit angegeben.

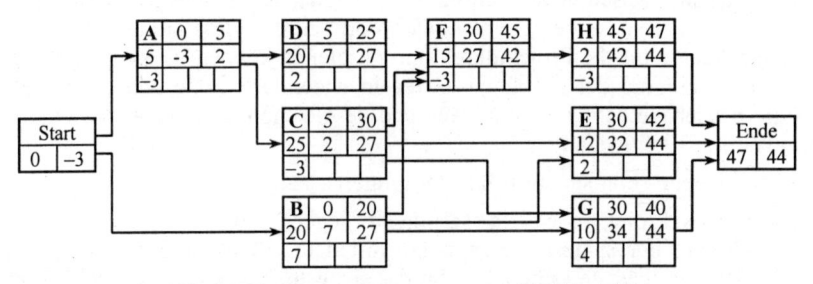

Abb. 14-20: Vorgangsknotennetz mit SZ(n) < FZ(n)

15 Zeitplanung im Vorgangspfeilnetz

15.1 Berechnung der Ereigniszeitpunkte im Vorgangspfeilnetz

Der erste Schritt bei der Zeitplanung im Vorgangspfeilnetz ist die Bestimmung der Zeitpunkte für das Eintreten der Ereignisse. Da Ereignisse zeitpunktbezogen sind, muss nicht wie bei Vorgängen zwischen Anfangs- und Endzeitpunkt unterschieden werden.

Für die Darstellung des Verfahrens zur Berechnung der frühesten Ereigniszeitpunkte werden die nachstehenden Bezeichnungen verwendet:

$FZ(i)$ = frühestmöglicher Zeitpunkt für Ereignis i
$SZ(i)$ = spätestnotwendiger Zeitpunkt für Ereignis i
$D(i,j)$ = Dauer des Vorgangs mit Anfangsereignis i und Endereignis j
$V(i)$ = Vorereignisse von i (liegen unmittelbar davor)
$N(i)$ = Nachereignisse von i (liegen unmittelbar danach)

> **Ereigniszeitpunkte**
> Für Ereignisse gibt es zwei charakteristische Zeitpunkte:
> - **frühestmöglicher Zeitpunkt $FZ(i)$** für das Eintreten von Ereignis i
> - **spätestnotwendiger Zeitpunkt $SZ(i)$** für das Eintreten von Ereignis i
>
> Ein Ereignis tritt dann ein, wenn alle unmittelbar vorangehenden Vorgänge abgeschlossen sind.

Für FZ und SZ gilt sinngemäß das Gleiche wie für die entsprechenden Vorgangszeitpunkte (vgl. Abschnitt 14.1 (S. 157ff.)).

Für eine manuelle Durchführung der Zeitplanung werden die Knoten des Netzplans so gezeichnet, dass die Ereigniszeitpunkte in die Kreise eingetragen werden können (Abb. 15-1).

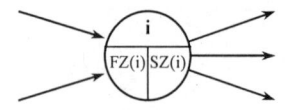

Abb. 15-1: Knoten mit Ereignisnummer und Ereigniszeitpunkten

Die Berechnungen für die Ereigniszeitpunkte laufen nach einem ähnlichen Schema ab wie im Vorgangsknotennetz: Zunächst werden die frühesten Ereigniszeitpunkte bestimmt.

An dem I. Bauabschnitt des Beispiels soll das Vorgehen erläutert werden. Der Netzplan ist in Abb. 15-2 wiedergegeben. Die Knoten enthalten Platz für die Ereigniszeitpunkte. Die Ausführungszeiten der Vorgänge sind als fette Zahlen an den Pfeilen vermerkt.

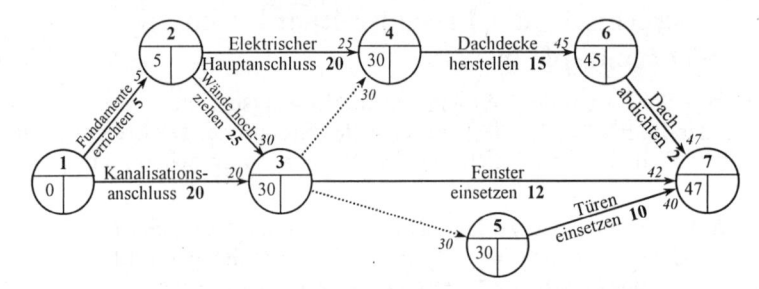

Abb. 15-2: Bestimmung der frühesten Ereigniszeitpunkte

Der früheste Zeitpunkt für Ereignis 1 ist 0.

Ereignis 2 kann eintreten, wenn der einzige einmündende Vorgang „Fundamente errichten" mit der Dauer 5 abgeschlossen ist. Dieser Vorgang kann frühestens bei 0 beginnen (frühester Zeitpunkt für Ereignis 1), also kann Ereignis 2 frühestens zum Zeitpunkt 5 eintreten.

Ereignis 3 hat zwei einmündende Vorgänge: „Kanalisationsanschluss" kann frühestens bei 0 beginnen und somit bei 20 beendet sein, „Wände hochziehen" kann frühestens zum Zeitpunkt 5 (frühester Eintritt des Anfangsereignisses 2) beginnen und zum Zeitpunkt 30 (= 5 + 25) beendet sein. Die frühesten Endzeitpunkte der in Ereignis 3 einmündenden Vorgänge sind an den Pfeilspitzen vermerkt. Der größere der beiden Werte ist der frühestmögliche Zeitpunkt für das Eintreten des Ereignisses 3, da erst zu diesem Zeitpunkt beide Vorgänge beendet sind. Es ist somit FZ(3) = 30.

Für Ereignis 4 ist wichtig, dass auch Scheinvorgänge bei der Bestimmung der Ereigniszeitpunkte zu berücksichtigen sind, und zwar mit der Dauer 0. Der in das Ereignis 4 einmündende Vorgang „Elektrischer Hauptanschluss" kann frühestens zum Zeitpunkt 25 beendet sein: Frühester Anfang 5 (= frühester Zeitpunkt für Ereignis 2) + Vorgangsdauer. Der Scheinvorgang dagegen kann erst zum Zeitpunkt 30 beendet sein (frühester Zeitpunkt für Ereignis 3 + Dauer).

In die Ereignisse 5 und 6 mündet jeweils nur ein Vorgang ein, der das Eintreten der Ereignisse bestimmt. Für Ereignis 5 ergibt sich 30 (30 + 0), und für Ereignis 6 erhält man 45 (30 + 15).

In das Ereignis 7 münden 3 Vorgänge ein. Das frühestmögliche Ende dieser Vorgänge ergibt sich jeweils wieder aus dem frühestmöglichen Anfang jedes Vorgangs (= frühester Zeitpunkt für das Anfangsereignis des Vorgangs) zuzüglich der Ausführungsdauer D(i,j) des Vorgangs vom Knoten i zum Knoten j. Somit ergibt sich das früheste Ende des Vorgangs „Fenster einsetzen" als 30 + 12 = 42, für Vorgang „Türen einsetzen" erhält man 30 + 10 = 40 und für

Vorgang „Dach abdichten" 45 + 2 = 47. Da Ereignis 7 erst eintritt, wenn alle einmündenden Vorgänge abgeschlossen sind, ist der früheste Zeitpunkt für Ereignis 7 der größte dieser Werte, also FZ(7) = 47. Damit sind die frühestmöglichen Zeitpunkte für die Ereignisse bestimmt.

Für die nachfolgende allgemeine Beschreibung des Verfahrens wird von folgenden Voraussetzungen ausgegangen:
- Die Knoten bzw. Ereignisse des Netzplans sind lückenlos aufsteigend nummeriert. Das heißt, dass für einen Vorgang mit dem Anfangsereignis i und dem Endereignis j immer gilt i < j, und bei insgesamt n Ereignissen diese mit 1, 2, 3, ..., n nummeriert sind.
- Der frühestmögliche Zeitpunkt für das Eintreten des Startereignisses ist vorgegeben.

Die frühestmöglichen Zeitpunkte für das Eintreten der Ereignisse können dann in der Reihenfolge der Ereignisnummern berechnet werden, und zwar nach folgendem Schema:

Verfahren zur Bestimmung der frühesten Ereigniszeitpunkte im Vorgangspfeilnetz
Voraussetzung: Die Ereignisse sind lückenlos aufsteigend nummeriert[1].
(1) FZ(1) = 0. Setze i = 2.   Gehe zu (2).   (2) FZ(i) = max[FZ(V(i)) + D(V(i),i)], d.h. für alle in Ereignis i einmündenden Vorgänge bestimmt man „Frühester Zeitpunkt des Anfangsereignisses plus Dauer" und wählt als frühesten Zeitpunkt für i den größten dieser Werte aus.   Gehe zu (3)   (3) Prüfe, ob i das Zielereignis ist.   Falls ja, gehe zu (5) sonst zu (4).   (4) Setze i = i+1 und gehe zu (2).   (5) Ende.
Bemerkungen: (1) Sind die Ereignisse nicht lückenlos aber aufsteigend nummeriert, dann geht man in aufsteigender Reihenfolge der Ereignisnummern vor. In Schritt (4) ist dann jeweils die nächste Nummer zu suchen.   (2) Sind die Ereignisse beliebig nummeriert, dann sucht man in jedem Schritt ein Ereignis, zu dem für alle Vorereignisse bereits ein frühester Zeitpunkt bestimmt wurde.

Anmerkung: Bei der Bestimmung der frühesten Ereigniszeitpunkte im Vorgangspfeilnetz wird deutlich, dass die Verfahren zur Bestimmung der Vorgangszeitpunkte in Netzplänen auf gra-

---

[1] Zur lückenlos aufsteigenden Nummerierung von Knoten vgl. Abschnitt 8.8.

phentheoretischen Algorithmen zur Bestimmung kürzester bzw. längster Wege in Graphen aufbauen. Es handelt sich bei Netzplänen speziell um die Bestimmung längster Wege von einem Startknoten (Quelle) zu allen anderen Knoten in einem gerichteten, zyklen- und schleifenfreien, bewerteten Graphen. Der früheste Zeitpunkt für ein Ereignis entspricht dem zeitlich längsten Weg vom Projektstart zu diesem Ereignis.

Für die Übersichtlichkeit und um die Gefahr von Fehlern herabzusetzen, empfiehlt es sich, die frühestmöglichen Endzeitpunkte der Vorgänge an den Pfeilspitzen im Netzplan zu vermerken, so wie in Abb. 15-2.

Der früheste Zeitpunkt für das Zielereignis (FZ(n)) entspricht der kürzesten **Projektdauer**.

Die **Bestimmung der spätesten Zeitpunkte** ist für jedes Ereignis gleichbedeutend mit der Beantwortung der Frage: Wann muss das Ereignis spätestens eingetreten sein, wenn bei planmäßiger Projektdurchführung der vorgegebene Fertigstellungstermin eingehalten werden soll?

Bei den Berechnungen beginnt man mit dem Zielereignis und geht dann rückwärts im Netzplan vor. Für das Zielereignis wird der späteste Zeitpunkt vorgegeben. Liegt ein (spätester) Fertigstellungstermin nicht vor, dann verwendet man als spätesten Zeitpunkt für das Zielereignis den errechneten frühestmöglichen Zeitpunkt. Es ist dann FZ(n) = SZ(n).

Das Verfahren wird zunächst wieder an dem I. Bauabschnitt des Beispiels erläutert (Abb. 15-3). Während man bei der Berechnung der frühesten Ereigniszeitpunkte alle einmündenden Vorgänge zu jedem Ereignis betrachtet, interessieren jetzt alle abgehenden Vorgänge.

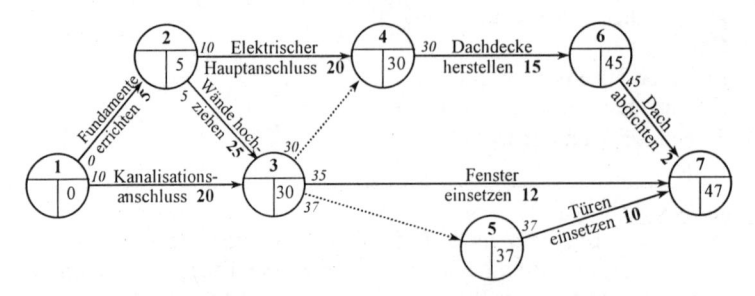

Abb. 15-3: Bestimmung der spätesten Ereigniszeitpunkte

Für das Ereignis 7 ist der späteste Zeitpunkt mit 47 vorgegeben.
Der einzige von Ereignis 6 abgehende Vorgang „Dach abdichten" muss dann spätestens zum Zeitpunkt 45 beginnen: Spätester Zeitpunkt für das Ende des Vorgangs (= spätester Zeitpunkt für das Endereignis des Vorgangs) abzüglich der Dauer des Vorgangs, also 47 − 2 = 45. Das ist zugleich der späteste Zeitpunkt für das Ereignis 6, d.h. SZ(6) = 45.
Für das Ereignis 5 ergibt sich entsprechend 47 − 10 = 37, spätestes Ende des einzigen von Ereignis 5 abgehenden Vorgangs „Türen einsetzen" (= spätester Zeitpunkt für das Endereignis dieses Vorgangs) abzüglich der Vorgangsdauer. Das Ergebnis ist der spätestnotwendige An-

15.1 Berechnung der Ereigniszeitpunkte im Vorgangspfeilnetz

fang für den Vorgang „Türen einsetzen" und, da von Ereignis 5 kein weiterer Vorgang abgeht, auch zugleich der späteste Zeitpunkt für Ereignis 5. Es ist somit SZ(5) = 37. Da Ereignis 4 ebenfalls nur einen abgehenden Vorgang („Dachdecke herstellen") hat, kann man die gleichen Überlegungen anstellen und erhält SZ(4) = 45 − 15 = 30.

Von Ereignis 3 gehen 3 Vorgänge ab: „Fenster einsetzen" und zwei Scheinvorgänge. Zu jedem dieser Vorgänge, auch für die Scheinvorgänge, wird der spätestnotwendige Anfang bestimmt, und zwar folgendermaßen: spätester Zeitpunkt für das Endereignis des Vorgangs (= spätestes Ende des Vorgangs) abzüglich Vorgangsdauer. Man erhält dafür 30 − 0 = 30, 47 − 12 = 35 und 37 − 0 = 37. Der kleinste der berechneten Werte (30) ist der gesuchte späteste Zeitpunkt für das Ereignis 3, also SZ(3) = 30.

Der kleinste Wert ist zu nehmen, weil ein Vorgang erst beginnen kann, wenn sein Anfangsereignis eingetreten ist, und man sich natürlich nach dem Vorgang richten muss, der am ehesten begonnen haben muss, wenn das vorgegebene Projektende eingehalten werden soll.

Von Ereignis 2 gehen zwei Vorgänge ab. „Wände hochziehen" muss spätestens zum Zeitpunkt 5 = 30 − 25 beginnen, „Elektrischer Hauptanschluss" spätestens zum Zeitpunkt 10 = 30 − 20. Es ist also SZ(2) = 5.

Von Ereignis 1 gehen ebenfalls zwei Vorgänge ab. Für „Fundamente errichten" ist der späteste Anfang 0 = 5 − 5 und für Kanalisationsanschluss 10 = 30 − 20. Der kleinere dieser beiden Werte ist 0, und es ergibt sich als spätester Zeitpunkt für das Ereignis 1 SZ(1) = 0.

Die Berechnungen laufen nach folgendem Schema ab:

Verfahren zur Bestimmung spätester Ereigniszeitpunkte im Vorgangspfeilnetz

Voraussetzung: Die Ereignisse sind lückenlos aufsteigend nummeriert[1].

(1) SZ(n) = FZ(n). Setze i = n−1. Gehe zu (2).
(2) SZ(i) = min[SZ(N(i)) − D(i,N(i))], d.h. für alle von Ereignis i abgehenden Vorgänge bestimmt man „Spätester Zeitpunkt des Endereignisses minus Dauer" und wählt als spätesten Zeitpunkt für i den kleinsten dieser Werte aus.
Gehe zu (3)
(3) Prüfe, ob i das Startereignis ist.
Falls ja, gehe zu (5) sonst zu (4).
(4) Setze i = i−1 und gehe zu (2).
(5) Ende.

Bemerkungen:
(1) Sind die Ereignisse nicht lückenlos aber aufsteigend nummeriert, dann geht man in absteigender Reihenfolge der Ereignisnummern vor. In Schritt (4) ist dann jeweils die nächste Nummer zu suchen.
(2) Sind die Ereignisse beliebig nummeriert, dann sucht man in jedem Schritt ein Ereignis, zu dem für alle Nachereignisse bereits ein spätester Zeitpunkt bestimmt wurde.

---

1 Zur lückenlos aufsteigenden Nummerierung von Knoten vgl. Abschnitt 8.8.

Abb. 15-4 enthält alle Ereigniszeitpunkte für das Beispiel. Auf die in Abb. 15-2 und Abb. 15-3 enthaltenen Hilfswerte wurde verzichtet[1].

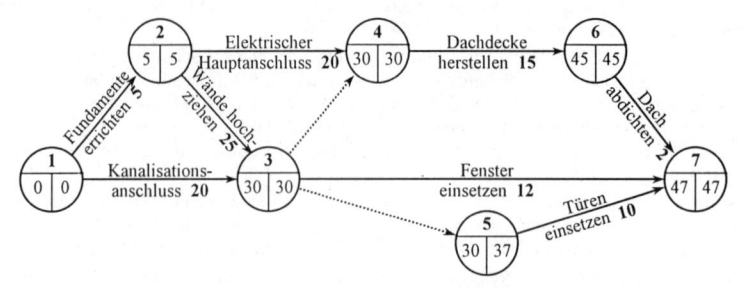

Abb. 15-4: Ereigniszeitpunkte für das Beispiel

Vergleicht man in Abb. 15-4 die frühesten und die spätesten Zeitpunkte der Ereignisse miteinander, dann stellt man fest, dass in einigen Fällen FZ und SZ übereinstimmen. Diese Ereignisse müssen also zu genau festgelegten Zeitpunkten eintreten. Da das Eintreten dieser Ereignisse im Zeitplan genau festgelegt ist, bezeichnet man sie als **kritische Ereignisse**. Sie sind kritisch in dem Sinn, dass jede Nichteinhaltung des errechneten Zeitpunkts zu einer Verschiebung des Fertigstellungstermins des Projekts führt.

Gilt für ein Ereignis FZ(i) < SZ(i) dann gibt es – ähnlich wie bei Vorgängen – zeitlichen Spielraum.

Gesamte Pufferzeit eines Ereignisses
ist die Differenz aus spätestnotwendigem und frühestmöglichem Zeitpunkt für das Eintreten des Ereignisses: GP(i) = SZ(i) – FZ(i)

Bei kritischen Ereignissen gilt GP(i) = 0. Auf die übrigen Pufferzeiten für Ereignisse, die ähnlich definiert sind und ebenso interpretiert werden können wie die Pufferzeiten für Vorgänge, wird nicht weiter eingegangen.

In Abb. 15-5 sind die Ereigniszeitpunkte und die gesamten Pufferzeiten für das Beispiel tabellarisch zusammengestellt.

Ereignis	1	2	3	4	5	6	7
FZ	0	5	30	30	30	45	47
SZ	0	5	30	30	37	45	47
GP	0	0	0	0	7	0	0

Abb. 15-5: Ereigniszeitpunkte und gesamte Pufferzeiten für das Beispiel

---

[1] Man beachte, dass beim Berechnen der Ereigniszeitpunkte im Netzplan gleichzeitig auch die für die Vorgänge zu bestimmenden Zeitpunkte berechnet worden sind. Darauf wird im nächsten Abschnitt noch näher eingegangen (vgl. vor allem Abb. 15-6, S. 184).

Hat man bei einem Projekt oder einem Teilprojekt mehrere Start- und/oder Zielereignisse, dann ist für jedes Start- bzw. Zielereignis ein Anfangs- bzw. Endzeitpunkt vorzugeben. Die verschiedenen Startzeitpunkte müssen nicht unbedingt übereinstimmen, ebenso wenig die Zielzeitpunkte. Die Berechnungen werden analog dem genannten Vorgehen durchgeführt.

Sind für bestimmte Ereignisse (Meilensteine) Zeitpunkte vorgegeben, dann werden sie in den Netzplan vor Beginn der Berechnungen eingetragen. Sie sind dann beim Rechnen so zu berücksichtigen, wie die übrigen, im Verlauf der Berechnungen ermittelten Ereigniszeitpunkte.

15.2 Bestimmung der Vorgangszeitpunkte

Für die Vorgangszeitpunkte im Vorgangspfeilnetz gilt folgendes:

Da ein Vorgang (i,j) mit dem Anfangsereignis i und dem Endereignis j dann beginnen kann, wenn sein Anfangsereignis eingetreten ist, stimmt der frühestmögliche Anfangszeitpunkt des Vorgangs FAZ(i,j) mit dem frühestmöglichen Zeitpunkt für das Eintreten des Anfangsereignisses FZ(i) überein.

Der frühestmögliche Endzeitpunkt des Vorgangs FEZ(i,j) ergibt sich dann aus dem frühestmöglichen Anfangszeitpunkt FAZ(i,j) zuzüglich Vorgangsdauer D(i,j).

Der spätestnotwendige Endzeitpunkt des Vorgangs SEZ(i,j) stimmt mit dem spätestnotwendigen Zeitpunkt für das Eintreten des Endereignisses SZ(j) überein, da ein Ereignis erst eintreten kann, wenn alle einmündenden Vorgänge abgeschlossen sind.

Der spätestnotwendige Anfangszeitpunkt des Vorgangs SAZ(i,j) ergibt sich aus spätestnotwendigem Ende SEZ(i,j) minus Vorgangsdauer D(i,j).

Vorgangszeitpunkte im Vorgangspfeilnetz
Für die Vorgangszeitpunkte des Vorgangs (i,j) mit dem Anfangsereignis i und dem Endereignis j gilt:
 FAZ(i,j) = FZ(i);
 FEZ(i,j) = FZ(i) + D(i,j);
 SAZ(i,j) = SZ(j) − D(i,j);
 SEZ(i,j) = SZ(j).

Berechnet man die Ereigniszeitpunkte im Netzplan und trägt man die Zwischenwerte in der geschilderten Form an Pfeilspitze und Pfeilschaft ein, können die Vorgangszeitpunkte aus dem Netzplan abgelesen werden (Abb. 15-6).

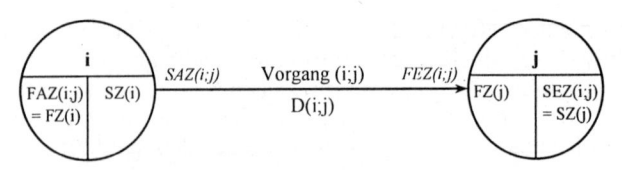

Abb. 15-6: Vorgangszeitpunkte im Vorgangspfeilnetz

15.3 Berechnung der Pufferzeiten

Für Vorgangspfeilnetze können die gleichen Pufferzeiten berechnet werden wie für Vorgangsknotennetze (vgl. Abschnitt 14.3, S. 166ff.). Folgende Bezeichnungsweisen werden zusätzlich verwendet:
V(i,j) = Vorgänger des Vorgangs mit Anfangsereignis i und Endereignis j,
N(i,j) = Nachfolger des Vorgangs mit Anfangsereignis i und Endereignis j.

Pufferzeiten im Vorgangspfeilnetz
Die Pufferzeiten eines Vorgangs (i,j) werden wie folgt bestimmt:
GP(i,j)   = SEZ(i,j) − FEZ(i,j)   = SZ(j) − FEZ(i,j)
          = SAZ(i,j) − FAZ(i,j)   = SAZ(i,j) − FZ(i)
FP(i,j)   = min[FAZ(N(i,j))] − FEZ(i,j)]
UP(i,j)   = min[FAZ(N(i,j))] − max[SEZ(V(i,j))] − D(i,j)
FRP(i,j) = SAZ(i,j) − max[SEZ(V(i,j))]

Bemerkungen:
(1) Falls min[FAZ(N(i,j))] − FEZ(i,j) = FZ(j),
    gilt FP(i,j) = FZ(j) − FEZ(i,j)
(2) Falls min[FAZ(N(i,j))] = FZ(j) und max[SEZ(V(i,j))] = SZ(i),
    gilt UP(i,j) = FZ(j) − SZ(i) − D(i,j)
(3) Falls max[SEZ(V(i,j))] = SZ(i), gilt FRP(i,j) = SAZ(i,j) − SZ(i)

Auf Einzelheiten der Berechnung von Pufferzeiten für die Vorgänge in einem Vorgangspfeilnetz wird wegen der geringen praktischen Bedeutung der Vorgangspfeilnetze nicht eingegangen.

Zum Abschluss dieses Abschnitts erscheint noch eine Anmerkung über die Berechnungsformeln der Pufferzeiten angebracht. In der Literatur finden sich in vielen Veröffentlichungen im Zusammenhang mit Vorgangspfeilnetzen (CPM) meistens nur die vereinfachten Formeln für die Berechnung der Pufferzeiten[1]. Es wird dabei übersehen, dass durch diese Formeln, wenn vor und/oder nach einem Vorgang Scheinvorgänge liegen, zu kleine Pufferzeiten ausgewiesen werden können. In dem II. Bauabschnitt des Beispiels erhält man beispielsweise mit den

---

[1] Vgl. z.B. BEHNKE [1970], BRANDENBURGER/KONRAD [1968], HÖHER [1969], THUMB [1968], WILLE/GEWALD/WEBER [1968].

15.3 Berechnung der Pufferzeiten 185

vereinfachten Formeln für den Vorgang R eine freie Pufferzeit von FP(R) = 13 (statt 16) und eine unabhängige Pufferzeit von UP(R) = 2 (statt 5). Beide Werte sind um 3 zu klein. Das ist gerade die Differenz zwischen dem (hier nicht verwendbaren) Wert FZ(j) und min[FAZ(N(R))].

Liegen vor und/oder nach einem Vorgang keine Scheinvorgänge, dann führen die vereinfachten Formeln jedoch immer zum richtigen Ergebnis. Es ist also nicht so, wie auch behauptet wird[1], dass die Formeln immer falsch sind.

---

1 Vgl. SEELING [1969, S. 24 f.].

16 Stochastische Zeitplanung

16.1 Zeitplanung bei PERT

Wie bereits gesagt, verwendet man bei PERT in seiner ursprünglichen Form **mehrere Zeitschätzungen für jeden Vorgang**. Man geht dabei von der Vorstellung aus, dass die für die Durchführung eines Vorgangs benötigte Zeit nicht eindeutig ist, sondern dass für sie eine **Häufigkeits- oder Wahrscheinlichkeitsverteilung** existiert. Für die Zeitplanung fordert man allerdings keine detaillierte Kenntnis der Wahrscheinlichkeitsverteilung, sondern begnügt sich mit drei die Verteilung charakterisierenden Zeitgrößen[1].

Dreizeitenschätzung
Bei einer Dreizeitenschätzung ermittelt man für einen Vorgang:
- wahrscheinlichste oder **häufigste Dauer** HD,
- **pessimistische Dauer** PD und
- **optimistische Dauer** OD.

Über die Lage von HD zwischen OD und PD werden keinerlei Voraussetzungen gemacht. HD kann an einer beliebigen Stelle zwischen OD und PD liegen. Aus HD, PD und OD berechnet man die **erwartete Ausführungsdauer** MD eines Vorgangs nach der Formel

$$MD = \frac{OD + 4HD + PD}{6}.$$

Diesen Erwartungswert verwendet man für die Zeitplanung wie die Dauer D bei einer Einzeitenschätzung.

Zur Berücksichtigung der Unsicherheit der Projektdauer bzw. beim Projektende berechnet man Varianzen VARD der Wahrscheinlichkeitsverteilungen der Ausführungszeiten der Vorgänge, die als Streuungsmaß dienen[2].

---

[1] Vgl. Abschnitt 7.4.3.
[2] Die Beziehungen zwischen MD bzw. VARD und OD, PD und HD folgen aus den Eigenschaften der Betaverteilung, die als adäquates Modell für die Wahrscheinlichkeitsverteilung der Vorgangsdauern angenommen wird.

16.1 Zeitplanung bei PERT

Man erhält

$$\text{VARD} = \left(\frac{\text{PD} - \text{OD}}{6}\right)^2.$$

Mit den erwarteten Ausführungsdauern kann man nun die Zeitplanung so vornehmen, wie sie für Vorgangspfeilnetze beschrieben wurde[1]. Die Ergebnisse der Zeitplanung sind natürlich auch wieder Erwartungswerte, und es ist dazu grundsätzlich folgendes zu sagen:
Der **kritische Weg** ist nur ein erwarteter kritischer Weg, und die durch ihn bestimmte Projektdauer ist die **erwartete Projektdauer**. Es können, bestimmt durch die zugehörige Wahrscheinlichkeitsverteilung, Abweichungen davon auftreten. **Für den kritischen Weg gilt insbesondere, dass er nicht nur hinsichtlich seiner Länge, sondern auch hinsichtlich der Vorgänge, über die er führt, unbestimmt ist.** Die für die Einhaltung des Fertigstellungstermins im Auge zu behaltenden kritischen Vorgänge lassen sich also nicht eindeutig von vornherein bestimmen.

Kennt man die Verteilung der Pufferzeiten für die einzelnen Vorgänge, dann kann man die Wahrscheinlichkeit dafür bestimmen, dass die Pufferzeit negativ wird. Das ist die Wahrscheinlichkeit dafür, dass der betreffende Vorgang kritisch wird.

Sind für die Projektfertigstellung und/oder einzelne andere Ereignisse Termine vorgegeben, dann können die Wahrscheinlichkeiten bestimmt werden, mit denen diese Termine eingehalten werden, bzw. mit denen die in diesen Ereignissen endenden Vorgänge rechtzeitig beendet werden. Dies sei für eine Modifikation des I. Bauabschnitts des Beispiels dargestellt (vgl. dazu Abb. 15-4).

Vorgang	OD	HD	PD	MD	VARD
A	4	5	7	5,17	0,25
B	15	20	25	20	2,78
C	20	25	30	25	2,78
D	15	20	25	20	2,78
E	9	12	15	12	1,00
F	10	15	20	15	2,78
G	7	10	13	10	1,00
H	2	2	2	2	0,00

Abb. 16-1: *Dreizeitenschätzungen, Erwartungswerte und Varianzen*

---

[1] Da PERT ursprünglich nur mit ereignisorientierten Netzplänen arbeitete, beschränkte man sich zunächst auch auf die Berechnung der erwarteten Ereigniszeitpunkte und der erwarteten Pufferzeiten für die Ereignisse. Später berechnete man dann auch die Zeiten für die Vorgänge in der oben für Vorgangspfeilnetze beschriebenen Weise. Der einzige Unterschied besteht in den verwendeten Zeitgrößen.

Es sind, wie der Tabelle in Abb. 16-1 zu entnehmen ist, für jeden Vorgang drei Zeitwerte (OD, HD und PD) geschätzt worden, aus denen die Erwartungswerte MD und die Varianzen VARD nach den oben angegebenen Formeln berechnet worden sind.

Für das Ereignis 7 sei ein Termin von 47 Tagen nach Projektbeginn vorgegeben. Eine Berechnung der Wahrscheinlichkeiten für die termingerechte Beendigung der in diesem Ereignis endenden Vorgänge und für ein- und zweitägige Terminunter- bzw. Terminüberschreitungen liefert das Ergebnis in Abb. 16-2, wobei eine Normalverteilung verwendet wurde.

Vorgang	Fertigstellungstermin vorgegeben	tatsächlich	Wahrscheinlichkeit für Einhaltung des tatsächlichen Fertigstellungstermins
E	47	45	83,3%
		46	95,1%
		47	98,0%
		48	99,3%
		49	99,8%
H	47	45	20,3%
		46	33,9%
		47	50,0%
		48	68,6%
		49	79,6%
G	47	45	98,0%
		46	99,3%
		47	99,8%
		48	100,0%
		49	100,0%

Abb. 16-2: Wahrscheinlichkeiten für Termineinhaltung

Gegen die Zeitplanung nach PERT bestehen allerdings einige Einwände:
- Die formalen Voraussetzungen des Rechenverfahrens sind falsch. Man kann allgemein zeigen, dass die mit PERT berechneten „Erwartungswerte" (außer für die Vorgänge) immer kleiner oder gleich den tatsächlichen Erwartungswerten sind.
- Die Wahrscheinlichkeitsverteilungen für die Dauer verschiedener **Vorgänge** sind in vielen Fällen **nicht stochastisch unabhängig**. Die bei PERT unterstellte Voraussetzung der stochastischen Unabhängigkeit gilt auf keinen Fall für verschiedene zu einem Ereignis führende Wege, die sich teilweise überdecken, d.h. die einzelne Vorgänge gemeinsam haben. Dadurch wird die exakte rechnerische Behandlung der Zeitplanung bei PERT noch schwieriger.

16.1 Zeitplanung bei PERT

- Die für die Erwartungswerte der Zeitpunkte und in entsprechender Weise auch für die Pufferzeiten geltenden Überlegungen treffen auch auf die im Rahmen der PERT-Zeitplanung berechneten Varianzen zu. Die üblichen Verfahren für die Bestimmung der Wahrscheinlichkeitsverteilungen von Zeitpunkten und Pufferzeiten können also allenfalls - und auch das erscheint noch bedenklich - als Näherungslösungen angesehen werden.
- Als weiterer, die üblichen PERT-Berechnungen in Frage stellender Gesichtspunkt ist das Problem der **Anwendbarkeit des zentralen Grenzwertsatzes** zu erwähnen. Üblicherweise wird der zentrale Grenzwertsatz dazu herangezogen, die Wahrscheinlichkeitsverteilungen der Ereigniszeitpunkte zu begründen. Sind nämlich die Voraussetzungen für die Anwendbarkeit des zentralen Grenzwertsatzes erfüllt, dann sind die Ereigniszeitpunkte und auch die Pufferzeiten näherungsweise normal verteilt. Auf die Verteilung des Maximums von Zufallsvariablen, um die es aber hier streng genommen geht, lässt sich der zentrale Grenzwertsatz nicht anwenden. Maßgebend für die Projektdauer ist der kritische, d.h. der zeitlich längste Weg im Netzplan. Vom Projektstart zum Ende gibt es mehrere Wege. Welcher Weg kritisch wird, hängt bei PERT vom Zufall ab. Wegen der zufällig schwankenden Ausführungszeiten ist auch die zeitliche Länge jedes Weges vom Projektstart zum Projektende eine Zufallsvariable. Das Maximum dieser Zufallsvariablen bestimmt die Projektdauer.
- Dazu kommt noch, dass bereits in den für die zeitliche Ausdehnung der Vorgänge angenommenen Wahrscheinlichkeitsverteilungen Voraussetzungen gemacht werden, die bei kritischer Betrachtung kaum aufrecht erhalten werden können.

Ein zusätzlicher Nachteil von PERT besteht darin, dass für die Anwendung der Rechenverfahren und für die Interpretation und Auswertung der Ergebnisse eine Beherrschung der wahrscheinlichkeitstheoretischen Grundlagen nötig ist.

Da es bislang keine exakten Verfahren gibt, um die angeschnittenen Probleme bei größeren Netzplänen in den Griff zu bekommen, kann man bei zufällig schwankenden Vorgangsdauern eine genauere und die erwähnten Bedingungen berücksichtigende Zeitplanung nur mittels **Simulation** durchführen. Untersuchungen dazu widmet sich der nächste Abschnitt. Der mit Statistik und Wahrscheinlichkeitsrechnung nicht vertraute Leser kann diesen Abschnitt überspringen.

Zuvor sei darauf hingewiesen, dass auch bei Vorgangsknotennetzen eine Zeitplanung auf der Grundlage von Mehrzeitenschätzungen wie bei PERT möglich ist.

16.2 Stochastische Zeitplanung mit Simulation

Die folgenden Ausführungen basieren auf umfangreichen Untersuchungen mit verschiedenen Netzplänen. Hier können nur einige wichtige Ergebnisse wiedergegeben werden[1].
Für die Simulation wurde - wie bei PERT - von einer **Dreizeitenschätzung** ausgegangen, also
der optimistischen Dauer OD,
der häufigsten Dauer HD und
der pessimistischen Dauer PD.
Für den Fall **unabhängiger Vorgangsdauern** wurde mit 4 verschiedenen Typen von Wahrscheinlichkeitsverteilungen gearbeitet:
* Gleichverteilung,
* Dreieckverteilung,
* Betaverteilung (wie bei PERT) und
* gestutzte Normalverteilung.

Die charakteristischen Formen dieser Verteilungen zeigt Abb. 16-3.

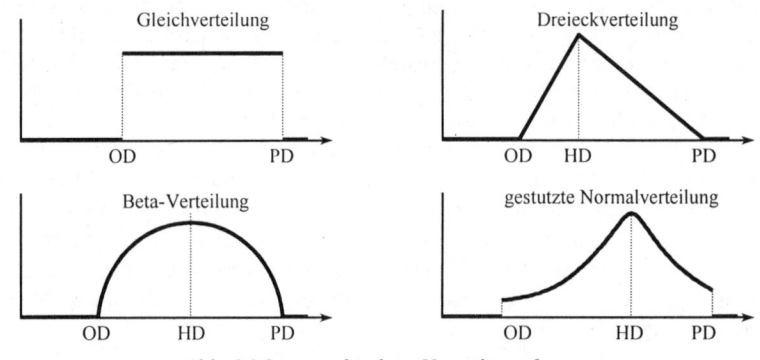

Abb. 16-3: verschiedene Verteilungsformen

Besonders untersucht wurden stochastisch abhängige Vorgangsdauern. Dabei tritt die Frage auf, von welcher Form die Abhängigkeiten sind. Für die Zeitplanung mittels Simulation müssen sie explizit angegeben werden.

Für die Erzeugung **stochastisch abhängiger Zufallsdauern der Vorgänge** wurden zwei verschiedene Ansätze benutzt. Bei beiden Ansätzen wurde davon ausgegangen, dass für die einzelnen Vorgangsdauern $D(i)$ (näherungsweise) eine gestutzte Normalverteilung mit den Parametern $OD(i)$, $HD(i)$ und $PD(i)$ vorliegt. Der erste Ansatz führt allerdings bei den endgültig erzeugten Dauern zu Abweichungen von einer gestutzten Normalverteilung.

Der erste Ansatz ist die Verallgemeinerung eines Verfahrens von GOLENKO[2]. Die Abhängigkeit zwischen den Dauern der Vorgänge i und j wird dabei durch den einfachen **Pearsonschen Korrelationskoeffizienten** $R(i,j)$ berücksichtigt. Für die Simulation wurden die folgenden vier Fälle betrachtet:

$R(V(i),i) = -0,9; R(V(i),i) = -0,1; R(V(i),i) = 0,1; R(V(i),i) = 0,9$

für alle Vorgänge i und für jeweils alle Vorgänger $V(i)$ von i.

---

1 Vgl. hierzu SCHWARZE [1980].
2 GOLENKO [1972].

16.2 Stochastische Zeitplanung mit Simulation

Die übrigen Korrelationskoeffizienten ergeben sich dann aus den strukturellen Abhängigkeiten der Vorgänge[1].

Beim zweiten Ansatz werden die stochastischen Abhängigkeiten zwischen Vorgangsdauern nicht über Korrelationskoeffizienten, sondern über **Abhängigkeitsfunktionen** berücksichtigt. Dabei wird zur Erzeugung stochastisch abhängiger Zufallsdauern der Schätzwert HD(i) für den häufigsten Wert der Verteilung der Dauer des Vorgangs i in Abhängigkeit von den realisierten Dauern der Vorgänger von i in einen Wert HD*(i) wie folgt transformiert:

$$HD^*(i) = \begin{cases} HD(i) + k(i)(HD(i) - OD(i)) & \text{falls } k(i) \le 0 \\ HD(i) + k(i)(PD(i) - HD(i)) & \text{falls } k(i) > 0 \end{cases}$$

k(i) ist dabei eine Funktion mit $-1 \le k \le 1$, die unterschiedlich definiert werden kann. Folgende Fälle wurden für die Simulation verwendet:

(1) k(i) = sign(AD(i)) r(V(i);i) (QD(i))^2,

(2) k(i) = r(v(i);i)QD(i),

(3) k(i) = sign(AD(i)) r(V(i);i) $\sqrt{|QD(i)|}$.

Dabei ist

AD(i) = FAZ(i)− FAZHD(i)

und

$$QD(i) = \frac{AD(i)}{FAZPD(i) - FAZOD(i)}.$$

FAZHD(i), FAZPD(i) bzw. FAZOD(i) sind die frühesten Anfangszeitpunkte des Vorgangs i, die sich ergeben, wenn für **alle** vorhergehenden Vorgänge jeweils immer die häufigste Dauer HD, immer die pessimistische Dauer PD bzw. immer die optimistische Dauer OD realisiert wird. r(V(i);i) ist ein **Anpassungskoeffizient** mit $-1 \le r(V(i);i) \le 1$, der die Richtung und die Intensität der stochastischen Abhängigkeit angibt. Jeder Anordnungsbeziehung ist ein solcher Anpassungskoeffizient zugeordnet.

Zur Korrektur von HD(i) wird der dem Pfeil (V(i),i) zugeordnete Wert r(V(i),i) benutzt, wenn bei der aktuellen Realisierung der früheste Endzeitpunkt des Vorgangs V(i) später liegt als die frühesten Endzeitpunkte aller anderen Vorgänger des Vorgangs i, der früheste Endzeitpunkt des Vorgangs V(i) also gleich dem frühesten Anfangszeitpunkt des Vorgangs i ist. Das Vorzeichen von r(V(i),i) gibt die Richtung der Korrektur an. Bei positivem r(V(i),i) würden sich im Mittel bei einer Terminüberschreitung in bezug auf den „Normalzeitpunkt" FAZHD(i) längere Dauern für i und bei einer Terminunterschreitung kürzere Dauern für i ergeben. Bei negativem r(V(i),i) wäre es umgekehrt. Der Absolutwert von r(V(i),i) bestimmt die Stärke der Korrektur. Für die Simulationen wurden die Werte r = + 1 und r = − 1 verwendet[2].

Es wurden verschiedene Netze simuliert, die sich insbesondere durch unterschiedliche Strukturen (vor allem hinsichtlich der Komplexität) unterscheiden. Die Darstellung aller Beispiele ist an dieser Stelle nicht möglich, so dass hier nur ein simulierter Netzplan (Abb. 16-4) mit den Dreizeitenschätzungen (Abb. 16-5) exemplarisch wiedergegeben wird. Für jedes untersuchte Modell wurden etwas mehr als 1000 Simulationsläufe durchgeführt.

---

[1] Bei einer anderen Gruppe von Simulationsläufen wurde mit wechselndem R(V(i),i) innerhalb eines Netzplanes - sowohl hinsichtlich des Betrages als auch des Vorzeichens - gearbeitet. Auf diese Simulation wird hier nicht weiter eingegangen.
[2] Die (theoretische) Diskussion eines ähnlichen Ansatzes findet man bei RINGER [1971].

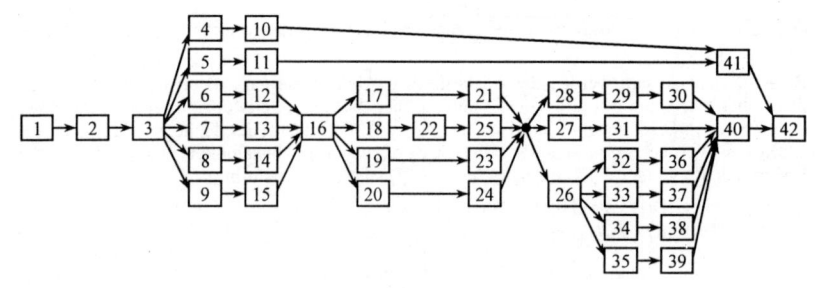

Abb. 16-4: simulierter Netzplan

Nr.	OD	HD	PD
1	10	15	24
2	5	8	15
3	5	8	15
4	10	15	20
5	3	4	5
6	10	15	20
7	10	15	21
8	5	10	15
9	5	10	15
10	10	15	20
11	30	40	80
12	5	10	15
13	5	10	15
14	10	15	21

Nr.	OD	HD	PD
15	10	14	20
16	5	8	10
17	5	8	10
18	3	5	8
19	5	8	10
20	5	8	10
21	5	10	15
22	1	3	5
23	5	10	15
24	5	10	15
25	5	10	15
26	5	7	10
27	5	10	20
28	5	10	15

Nr.	OD	HD	PD
29	5	10	15
30	10	15	20
31	10	10	10
32	3	5	8
33	5	8	10
34	5	8	10
35	5	7	10
36	15	20	30
37	15	20	30
38	15	20	25
39	15	20	25
40	8	10	12
41	30	30	30
42	0	0	0

Abb. 16-5: Dreizeitenschätzungen zum Netzplan in Abb. 16-4

Für den in Abb. 16-4 dargestellten Netzplan sind in Abb. 16-6 für die verschiedenen Abhängigkeitsstrukturen wichtige Parameter der Verteilungen und die Projektdauer T wiedergegeben. Zum Vergleich sind auch die entsprechenden Angaben für die Ermittlung der Projektdauerverteilung nach PERT angegeben. Für die Quantile wurde jeweils die prozentuale Abweichung vom arithmetischen Mittel berechnet (Prozentwerte neben den Quantilwerten). Für alle Parameter wurde errechnet, wie viel Prozent der jeweilige Wert in bezug auf den entsprechenden Wert bei Simulation mit unabhängigen Vorgangsdauern und gestutzter Normalverteilung ergibt (kursive Prozentzahlen).

16.2 Stochastische Zeitplanung mit Simulation

	Anzahl Sim.	arithmet. Mittel $\overline{T}$	s(T)	$\frac{s(T)}{\overline{T}}$ 100	90%-Quantil für T		95%-Quantil für T	
PERT		138 *101,53%*	5,46 *115,07%*	3,957 *113,35%*	144,99 *102,01%*	5,07%	147,01 *102,36%*	6,53%
Unabhängige Dauern								
Gleich-verteilung	1065	146,724 *107,95%*	7,351 *154,92%*	5,01 *143,51%*	157,18 *110,58%*	7,13%	158,98 *110,69%*	8,35%
Dreieck-verteilung	1105	140,252 *103,19%*	5,564 *117,26%*	3,967 *113,64%*	147,48 *103,83%*	5,22%	149,79 *104,30%*	6,8 %
Gestutzte Normalvert.	1128	135,921	4,745	3,491	142,14	4,58%	143,62	5,66%
Beta-verteilung	1035	139,884 *102,92%*	5,868 *123,67%*	4,195 *120,17%*	147,46 *103,74%*	5,42%	149,65% *104,2%*	6,98%
Abhängige Dauern: Korrelationsmatrix								
R = –0,9	1008	131,392 *96,67%*	3,158 *66,55%*	2,394 *68,58%*	135,71 *95,48%*	3,29%	136,90 *95,32%*	4,19%
R = –0,1	1071	135,423 *99,63%*	4,513 *95,11%*	3,333 *95,47%*	141,49 *99,54%*	4,48%	143,09 *99,63%*	5,66%
R = 0,1	1000	136,080 *100,12%*	4,971 *104,76%*	3,653 *104,64%*	142,51 *100,26%*	4,73%	144,26 *100,45%*	6,01%
R = 0,9	1193	138,982 *102,25%*	6,835 *144,05%*	4,931 *141,25%*	147,71 *103,92%*	6,28%	150,70 *104,93%*	8,43%
Abhängige Dauern: Funktionen								
r = +1, Fkt 1	1047	136,220 *100,22%*	5,298 *111,65%*	3,889 *111,4%*	142,80 *100,46%*	4,83%	144,96 *100,93%*	6,42%
r = +1, Fkt 2	1175	138,744 *102,08%*	8,729 *183,96%*	6,291 *180,21%*	149,88 *105,44%*	8,03%	153,17 *106,65%*	10,4%
r = +1, Fkt 3	1073	140,082 *103,06%*	19,811 *417,51%*	14,142 *405,1%*	164,39 *115,65%*	17,35%	166,88 *116,2%*	19,13%
r = –1, Fkt 1	1049	135,738 *99,87%*	4,362 *91,93%*	3,214 *92,07%*	141,45 *99,51%*	4,21%	143,01 *99,58%*	5,36%
r = –1, Fkt 2	1035	134,331 *98,83%*	3,290 *69,34%*	2,449 *70,15%*	138,43 *97,39%*	3,05%	139,84 *97,37%*	4,1%
r = –1, Fkt 3	1040	130,526 *93,03%*	1,915 *40,36%*	1,467 *42,02%*	133,25 *93,75%*	2,09%	134,04 *93,33%*	2,68%

Abb. 16-6: Simulationsergebnisse für den Netzplan aus Abb. 16-4 und Abb. 16-5

Zu Abb. 16-6 ist weiterhin erläuternd anzumerken:

Spalte 1: Kurzbeschreibung des jeweiligen Modells für Verteilung und Abhängigkeiten
Spalte 2: Anzahl der Simulationsläufe
Spalte 3: Mittlere Projektdauer
Spalte 4: Standardabweichung der Projektdauer
Spalte 5: Variationskoeffizient (Standardabweichung bezogen auf die mittlere Projektdauer) als relatives Streuungsmaß
Spalte 6: 90%- und 95%-Quantile für die Projektdauer
　　　　　Das sind die Werte für die Projektdauer, die mit einer Wahrscheinlichkeit von 90% bzw. 95% **nicht** überschritten werden.

Abb. 16-7, Abb. 16-8 (S. 195) und Abb. 16-9 (S. 196) enthalten die Häufigkeitsverteilungen der simulierten Projektdauern.

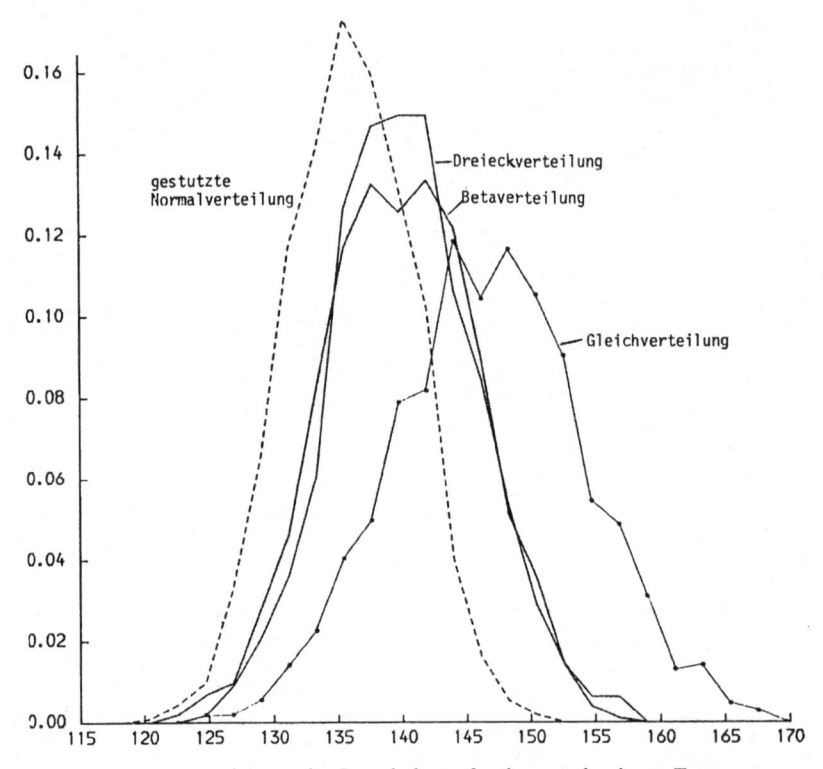

Abb. 16-7: Verteilungen der Projektdauer für die verschiedenen Typen von Vorgangsdauerverteilungen

Unter Berücksichtigung aller Simulationsläufe mit den verschiedenen Netzplänen und unterschiedlichen Abhängigkeitsstrukturen kann folgendes festgestellt werden:
- Hinsichtlich des arithmetischen Mittels der Projektdauer sind die meisten Ergebnisse bei Simulation mit stochastisch abhängigen Vorgangsdauern signifikant verschieden von dem arithmetischen Mittel der Projektdauer, das sich bei Unabhängigkeit der Vorgangsdauern und Verwendung der gestutzten Normalverteilung ergibt. Die relativen Abweichungen sind jedoch verhältnismäßig gering. Deutliche Veränderungen gegenüber dem Fall stochastischer Unabhängigkeit konnten bei beiden Ansätzen zur Erzeugung abhängiger Vorgangsdauern nur festgestellt werden, wenn die Korrelationen bzw. Abhängigkeiten sehr ausgeprägt und alle gleichgerichtet waren. Bei Verwendung der „Abhängigkeitsfunktionen" ist das vor allem bei Funktionstyp (3) (vgl. S. 191) der Fall, da für diesen k wegen $0 \leq QD \leq 1$ (wesentlich) größere Werte annimmt als etwa beim Typ (1).

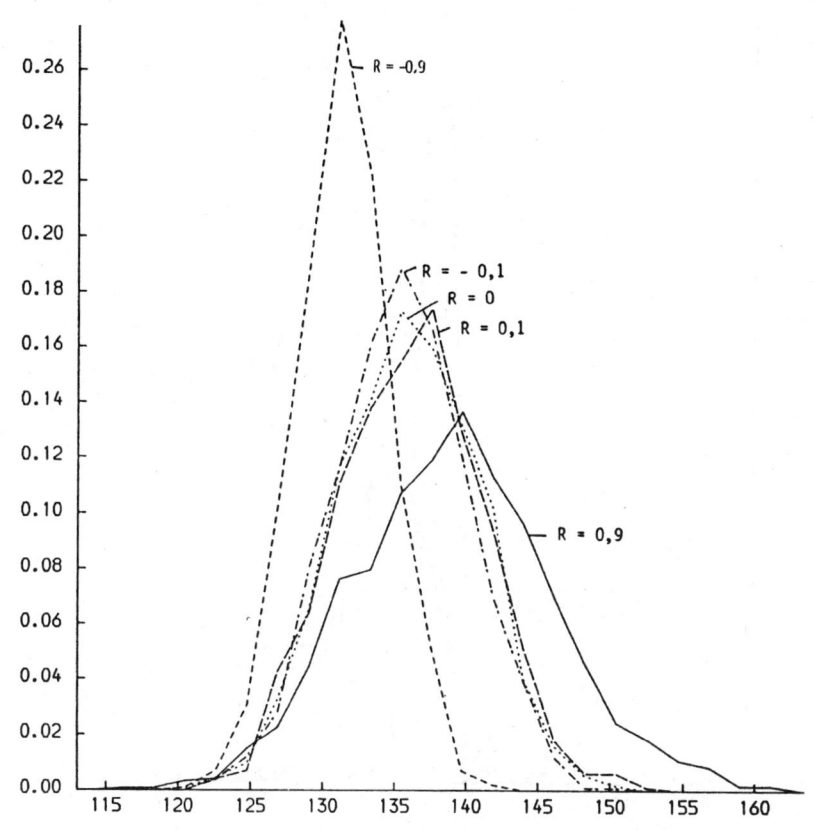

16.2 Stochastische Zeitplanung mit Simulation

Abb. 16-8: Verteilungen der Projektdauer bei Abhängigkeiten über Korrelationskoeffizienten

- Die Unterschiede im arithmetischen Mittel der Projektdauer, die sich bei Zugrundelegen verschiedener Verteilungen ergeben, sind beträchtlich. Sie sind außerdem erheblich größer als die zwischen den Ergebnissen bei unterschiedlichen Abhängigkeiten[1].
- Um zu zeigen, wie sich stochastische Abhängigkeiten bei den Vorgangsdauern auf eventuelle Projektterminierungen auswirken, wurden 90%- und 95%-Quantile bestimmt. Hier zeigen sich auch bei abhängigen Vorgangsdauern Unterschiede, die in den meisten Fällen statistisch signifikant sind. Während sich bei den arithmetischen Mittelwerten im Allgemeinen zwar signifikante, aber prozentual nur geringe Differenzen ergeben, sind sie bei den Quantilen ausgeprägter. Die Frage der stochastischen Abhängigkeit der Vorgangsdauern hat hier somit eine größere Bedeutung.

---

[1] In der Literatur finden sich bezüglich des Unabhängigkeitsfalls gegenteilige Ergebnisse (vgl. z.B. TODT [1969].

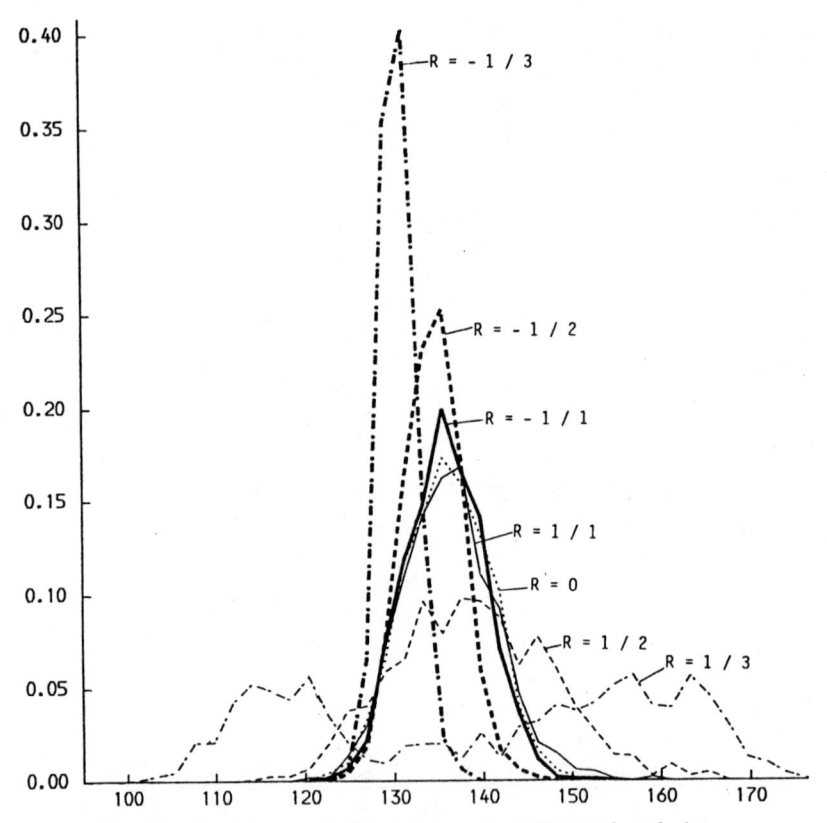

Abb. 16-9: Verteilungen der Projektdauer bei Abhängigkeitsfunktionen

- Hinsichtlich der Varianzen der Projektdauerverteilungen ist festzustellen, dass bei positiven (negativen) Korrelationen bzw. Abhängigkeiten die Varianzen im Allgemeinen signifikant über (unter) der Varianz bei Unabhängigkeit liegen. Dieses Ergebnis folgt unmittelbar aus den Eigenschaften der Abhängigkeitsstrukturen.
- Besonders auffällig ist, dass sich bei hoher positiver Abhängigkeit bei Verwendung von Abhängigkeitsfunktionen (r = 1, Funktionstyp 3) in manchen Fällen eine ausgeprägte zweigipflige Verteilung ergibt. Diese Zweigipfligkeit tritt dann auf, wenn für die Projektdauer vornehmlich ein Weg (oder Teilweg) maßgebend ist. Das ergibt sich unmittelbar aus den Eigenschaften dieser Abhängigkeitsstruktur.
- Die Wahrscheinlichkeiten, mit der Vorgänge (bzw. Wege) kritisch werden, schwanken je nach Abhängigkeitsstruktur und unterscheiden sich teilweise signifikant.

Bei allen Vorbehalten hinsichtlich einer Verallgemeinerung von Simulationsergebnissen erscheinen die folgenden Aussagen zulässig.

- Da der Einfluss des Verteilungstyps - wie oben erwähnt - erheblich ist, muss eine möglichst große Sicherheit darüber bestehen, welcher Verteilungstyp für die Vorgangsdauern angemessen ist. Sollen die Abhängigkeiten über Korrelationskoeffizienten berücksichtigt wer-

16.2 Stochastische Zeitplanung mit Simulation

den, so müssen die Verteilungen der Vorgangsdauern gut durch eine gestutzte Normalverteilung approximiert werden können.
- Die stochastischen Abhängigkeiten müssen vollständig erfaßbar und möglichst genau quantifizierbar sein.
- Die stochastischen Abhängigkeiten müssen ausgeprägt sein, und entweder positive oder negative Abhängigkeiten müssen deutlich überwiegen.

Ist eine dieser Bedingungen nicht erfüllt, so bringt die Berücksichtigung von stochastischen Abhängigkeiten keinen Gewinn an Genauigkeit gegenüber einer Zeitplanung nach PERT.

17 Zeitplanung bei komplexen Netzen

17.1 Berechnung der Vorgangszeitpunkte

Werden in einem Vorgangsknotennetz unterschiedliche Anordnungsbeziehungen zwischen den Vorgängen zugelassen, dann werden die Berechnungen für die Zeitplanung aufwendiger. Die Ergebnisse sind die gleichen wie bei einfachen Vorgangsknotennetzen: für jeden Vorgang frühestmöglicher und spätestnotwendiger Anfangszeitpunkt und frühestmöglicher und spätestnotwendiger Endzeitpunkt. Wegen des erhöhten Aufwands bei manueller Berechnung der Vorgangszeitpunkte wird hier auf eine ausführliche Erörterung und die intensive Behandlung von Beispielen verzichtet[1].

In der praktischen Anwendung sollte man bei Vorgangsknotennetzen mit unterschiedlichen Anordnungsbeziehungen für die Zeitplanung Projektmanagement-Software einsetzen. Entscheidend ist, dass man die Bedeutung der Vorgangszeitpunkte und der Pufferzeiten kennt. Hier lassen sich die Ausführungen zu einfachen Vorgangsknotennetzen sinngemäß übertragen.

Es wird zunächst davon ausgegangen, dass der Netzplan nur zeitliche Mindestabstände und keine Maximalabstände enthält.
Grundsatz für die Bestimmung der frühesten Zeitpunkte ist wieder, dass ein Vorgang erst anfangen kann, wenn alle Vorgänger abgeschlossen sind.
Grundsatz bei der Berechnung der spätesten Zeitpunkte für die Vorgänge ist, dass ein Vorgang spätestens beendet sein muss, bevor seine Nachfolger durchgeführt werden können. In beiden Fällen ist die besondere Art der verschiedenen Anordnungsbeziehungen jeweils zu berücksichtigen.

Die Vorgehensweise bei der Berechnung der Vorgangszeitpunkte ist den Berechnungsschemata auf S. 200 und S. 201 zu entnehmen. Aus diesen

---

[1] Die Verfahren zur Bestimmung der frühesten und der spätesten Zeitpunkte für die Vorgänge bzw. die Ereignisse in einem Netzplan sind, wie bereits gesagt wurde, Spezialfälle von Algorithmen aus der Graphentheorie zur Bestimmung von kürzesten bzw. längsten Wegen in Graphen. Es wird dazu auf die in den Literaturhinweisen aufgeführte Literatur zur Graphentheorie verwiesen.

17.1 Berechnung der Vorgangszeitpunkte

ergibt sich, dass sich die Berechnungsprinzipien gegenüber dem einfachen Vorgangsknotennetz kaum geändert haben. Man muss – wie beim einfachen Vorgangsknotennetz – sämtliche in einen Vorgangsknoten einmündenden Pfeile bei den Berechnungen berücksichtigen. Je nach Typ der Anordnungsbeziehungen wird hier allerdings mit anderen Zeitwerten (Anfangs- bzw. Endzeitpunkten der Vorgänge) gerechnet.

Schwierig werden die Berechnungen, wenn der Netzplan auch Anordnungsbeziehungen mit **maximalen Zeitabständen** enthält. Bei der Berücksichtigung maximaler Zeitabstände ist die Unterscheidung von zwei Fällen zweckmäßig.

(1) Der Netzplan enthält **nur einzelne maximale Zeitabstände** und keine längeren Ketten von aufeinanderfolgenden maximalen Zeitabständen. Die Maximalabstände treten also gewissermaßen nur „isoliert" auf. In diesem Fall ist es für die Berechnung der Vorgangszeitpunkte am einfachsten, wenn man den Netzplan zunächst ohne Beachtung der maximalen Zeitabstände vorwärts und rückwärts durchrechnet. Anschließend prüft man für jeden maximalen Zeitabstand, ob die Berechnungsergebnisse sich mit diesem Maximalabstand vertragen. Ist das nicht der Fall, werden die Berechnungsergebnisse entsprechend korrigiert.

(2) Enthält der Netzplan **nicht** nur einzelne maximale Zeitabstände, dann ist es notwendig, diese bereits unmittelbar bei der Berechnung der frühesten bzw. der spätesten Vorgangszeitpunkte zu berücksichtigen. Dazu geht man zweckmäßigerweise so vor, dass man bei den Schritten (4) und (5) der Schemata auf S. 200 und S. 201 prüft, ob ein maximaler Zeitabstand vorhanden ist und ob dieser mit den (vorläufigen) Vorgangszeitpunkten verträglich ist. Ergibt sich durch einen maximalen Zeitabstand ein Widerspruch zu den (vorläufig) berechneten Vorgangszeitpunkten, dann sind die bisherigen Berechnungsergebnisse des Netzplans entsprechend zu ändern.

Abb. 17-1 enthält das durchgerechnete Beispiel aus Abb. 9-27. Die Maximalbedingung zwischen B und C ist erfüllt und braucht nicht besonders berücksichtigt zu werden.

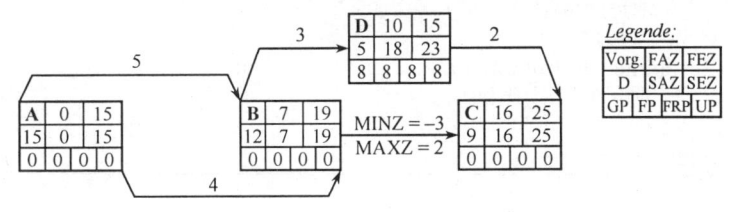

Abb. 17-1: Vorgangsknotennetz mit verschiedenen Anordnungsbeziehungen

Schema zur Berechnung der frühesten Vorgangszeitpunkte in einem Vorgangsknotennetz mit unterschiedlichen Anordnungsbeziehungen ohne maximale Zeitabstände
<u>Grundregel:</u> Für jeden Vorgänger des Vorgangs i (bzw. für jeden in den Vorgangsknoten i einmündenden Pfeil) wird bestimmt, wann der Vorgang i frühestens beginnen kann, wenn nur dieser Vorgänger (einmündende Pfeil) existiert. Der größte dieser möglichen frühesten Anfangszeitpunkte ist der früheste Anfangszeitpunkt des Vorgangs i.
(1) Gib für alle Startvorgänge S den frühestmöglichen Anfangszeitpunkt vor. Falls kein anderer Wert vorgegeben ist, setze $FAZ(S) = 0$. Gehe zu (2).
(2) Berechne für alle Startvorgänge den frühestmöglichen Endzeitpunkt: Frühester Endzeitpunkt = frühester Anfangszeitpunkt + Dauer $FEZ(S) = FAZ(S) + D(S)$. Gehe zu (3).
(3) Suche einen Vorgang i, zu dem die frühesten Anfangs- und Endzeitpunkte aller Vorgänger bereits bestimmt sind. Falls es einen solchen Vorgang nicht gibt, gehe zu (7), andernfalls gehe zu (4)[1].
(4) Ermittle für jeden in den Vorgangsknoten i einmündenden Pfeil, wann der Vorgang i frühestens anfangen kann, wenn es keine weiteren einmündenden Pfeile gibt: Normalfolge: $FAZ(i)^* = FEZ(V(i)) + Z(V(i),i)$ Anfangsfolge: $FAZ(i)^* = FAZ(V(i)) + Z(V(i),i)$ Endfolge: $FAZ(i)^* = FEZ(V(i)) + Z(V(i),i) - D(i)$ Sprungfolge: $FAZ(i)^* = FAZ(V(i)) + Z(V(i),i) - D(i)$ Gehe zu (5).
(5) Von den in (4) berechneten vorläufigen frühesten Anfangszeitpunkten $FAZ(i)^*$ wird der größte Wert bestimmt. Das ist der früheste Anfangszeitpunkt des Vorgangs i: $FAZ(i) = \max[FAZ(i)^*]$. Gehe zu (6).
(6) Bestimme den frühesten Endzeitpunkt des Vorgangs i wie folgt: $FEZ(i) = FAZ(i) + D(i)$. Gehe zu (3).
(7) Ende.

---

[1] Bei aufsteigend nummerierten Knoten führt man die Operationen (4) bis (6) in der Reihenfolge der Knotennummern durch; (3) entfällt. Zur lückenlos aufsteigenden Nummerierung von Knoten vgl. Abschnitt 8.8.

17.1 Berechnung der Vorgangszeitpunkte

Schema zur Berechnung der spätesten Vorgangszeitpunkte in einem Vorgangsknotennetz mit unterschiedlichen Anordnungsbeziehungen ohne maximale Zeitabstände
Grundregel: Für jeden Nachfolger des Vorgangs i (bzw. für jeden von dem Vorgangsknoten i abgehenden Pfeil) wird bestimmt, wann der Vorgang i spätestens beendet sein muss, wenn nur dieser Nachfolger (abgehende Pfeil) existiert. Der kleinste dieser möglichen spätesten Endzeitpunkt ist der späteste Endzeitpunkt des Vorgangs i.
(1) Gib für alle Zielvorgänge Z den spätesten Endzeitpunkt vor. Falls kein Wert vorgegeben ist, setze SEZ(Z) = FEZ(Z). Gehe zu (2).
(2) Berechne für alle Zielvorgänge den spätesten Anfangszeitpunkt: Spätester Anfangszeitpunkt = spätester Endzeitpunkt – Dauer SAZ(Z) = SEZ(Z) – D(Z). Gehe zu (3).
(3) Suche einen Vorgang i, zu dem die spätesten Anfangs- und Endzeitpunkte aller Nachfolger bereits bestimmt sind. Falls es einen solchen Vorgang nicht gibt, gehe zu (7), andernfalls gehe zu (4)[1].
(4) Ermittle für jeden von Vorgangsknoten i abgehenden Pfeil, wann der Vorgang i spätestens beendet sein muss, wenn es keine anderen abgehenden Pfeile gibt: Normalfolge: SEZ(i)* = SAZ(N(i)) – Z(i,N(i)) Anfangsfolge: SEZ(i)* = SAZ(N(i)) – Z(i,N(i)) + D(i) Endfolge: SEZ(i)* = SEZ(N(i)) – Z(i,N(i)) Sprungfolge: SEZ(i)* = SEZ(N(i)) – Z(i,N(i)) + D(i) Gehe zu (5).
(5) Von den in (4) berechneten vorläufigen spätesten Endzeitpunkten SEZ(i)* wird der kleinste Wert bestimmt. Das ist der späteste Endzeitpunkt des Vorgangs i. SEZ(i) = min[SEZ(i)*]. Gehe zu (6).
(6) Bestimme den spätesten Anfangszeitpunkt des Vorgangs i wie folgt: SAZ(i) = SEZ(i) – D(i). Gehe zu (3).
(7) Ende.

---

[1] Bei aufsteigend nummerierten Knoten führt man die Operationen (4) bis (6) in absteigender Reihenfolge der Knotennummern durch; (3) entfällt. Zur lückenlos aufsteigenden Nummerierung von Knoten vgl. Abschnitt 8.8.

Abb. 17-2 zeigt zur Veranschaulichung ein Balkendiagramm mit den Vorgängen in ihrer frühesten Lage. Dünne Pfeile zeigen die Anordnungsbeziehungen, die breiten Pfeile die Zeitabstände.

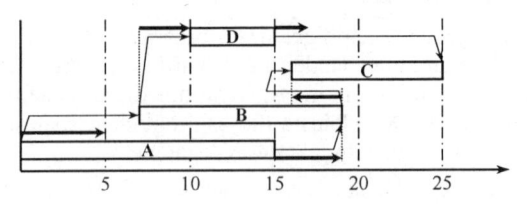

Abb. 17-2: *Balkendiagramm mit Abhängigkeiten zu Abb. 17-1*

17.2 Berechnung der Pufferzeiten

Die Berechnung der Pufferzeiten bei einem Netzplan mit verschiedenen Anordnungsbeziehungen ist gegenüber dem einfachen Vorgangsknotennetz ebenfalls aufwendiger, obwohl nach dem gleichen Prinzip gerechnet wird. Die Bedeutung der Pufferzeiten bleibt unverändert.

Gesamte Pufferzeit: Sie ergibt sich auch hier als Differenz zwischen spätesten und frühesten Endzeitpunkten bzw. Anfangszeitpunkten der Vorgänge:

$$GP(i) = SEZ(i) - FEZ(i) = SAZ(i) - FAZ(i)$$

Freie Pufferzeit: Zu jedem abgehenden Pfeil, auch für Maximalbedingungen, bestimmt man einen Zeitwert, und zwar nach folgenden Formeln

Normalfolge: $FAZ^*(N(i)) = FAZ(N(i)) - Z(i,N(i))$

Anfangsfolge: $FAZ^*(N(i)) = FAZ(N(i)) - Z(i,N(i)) + D(i)$

Endfolge: $FAZ^*(N(i)) = FEZ(N(i)) - Z(i,N(i))$

Sprungfolge: $FAZ^*(N(i)) = FEZ(N(i)) - Z(i,N(i)) + D(i)$

Die $FAZ^*(N(i))$-Werte entsprechen im einfachen Fall dem frühesten Anfang der Nachfolger.

Die Formeln sind denen für die Berechnung der spätesten Zeitpunkte ähnlich. Statt $FAZ^*(N(i))$ steht dort $SEZ^*(N(i))$; statt $FAZ(N(i))$ bzw. $FEZ(N(i))$ steht $SAZ(N(i))$ bzw. $SEZ(N(i))$.

Zieht man vom kleinsten $FAZ^*(N(i))$-Wert $FEZ(i)$ ab, ergibt sich die freie Pufferzeit.

$$FP(i) = \min[FAZ^*(N(i))] - FEZ(i)$$

Unabhängige Pufferzeit: Es werden zunächst, wie bei der freien Pufferzeit, die $FAZ^*(N(i))$-Werte bestimmt. Ist die freie Pufferzeit schon berechnet, dann kann man sofort den kleinsten Wert $\min[FAZ^*(N(i)]$ übernehmen. Zu jedem ankommenden Pfeil, also auch für die den Maximalbedingungen entsprechenden Pfeile, bestimmt man dann einen Zeitwert nach folgenden Formeln:

Normalfolge: $SEZ^*(V(i)) = SEZ(V(i)) + Z(V(i),i)$
Anfangsfolge: $SEZ^*(V(i)) = SAZ(V(i)) + Z(V(i),i)$
Endfolge: $SEZ^*(V(i)) = SEZ(V(i)) + Z(V(i),i) - D(i)$
Sprungfolge: $SEZ^*(V(i)) = SAZ(V(i)) + Z(V(i),i) - D(i)$

Die $SEZ^*(V(i))$ entsprechen dem spätesten Ende des Vorgängers im einfachen Fall. Die Formeln sind denen zur Berechnung der frühesten Zeitpunkte ähnlich. Man braucht nur $SEZ^*(V(i))$ durch $FAZ^*(i)$, $SEZ(V(i))$ durch $FEZ(V(i))$ sowie $SAZ(V(i))$ durch $FAZ(V(i))$ zu ersetzen.

Man bestimmt den größten $SEZ^*(V(i))$-Wert, also $\max[SEZ^*(V(i))]$, und erhält dann die unabhängige Pufferzeit wie folgt:

UP(i) = $\min[FAZ^*(N(i))] - \max[SEZ^*(V(i))] - D(i)$.

Freie Rückwärts-Pufferzeit: Es werden, wie bei der unabhängigen Pufferzeit beschrieben, $SEZ^*(V(i))$-Werte berechnet. Dann ist

FRP(i) = $SAZ(i) - \max[SEZ^*(V(i))]$

Ein Beispiel mit Pufferzeiten zeigt Abb. 17-3.

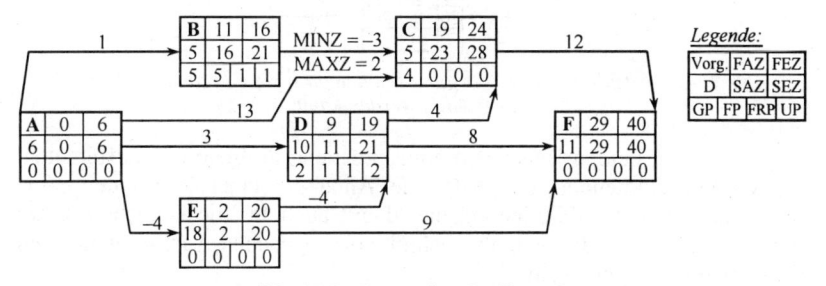

Abb. 17-3: *Beispiel zu Pufferzeiten*

17.3 Ergänzende Bemerkungen zu Pufferzeiten[1]

Bei Vorgangsknotennetzen, in denen nicht nur Normalfolgen verwendet werden, geben die üblichen Pufferzeiten der Vorgänge häufig nur unvollständig Auskunft über die zeitliche Flexibilität des Projektablaufs.

In dem einfachen Beispiel in Abb. 17-4 sind z.B. alle Vorgänge kritisch. Der kritische Weg läuft jedoch nur über das Ende von B. Der Anfang dieses Vorgangs kann von 10 bis auf 4 vorverlegt werden. Der Vorgang kann also, obwohl er kritisch ist, um 6 Tage ausgedehnt werden, sofern der Endzeitpunkt nicht verändert wird.

---

1 Vgl. dazu SCHWARZE [1973].

```
┌─────────┐  4  ┌──────────┐      ┌──────────┐
│A│ 0 │ 5 │──┐  │B│ 10 │ 15│      │C│ 15 │ 20│
│5│ 0 │ 5 │  │  │5│ 10 │ 15│─────▶│5│ 15 │ 20│
└─────────┘  │  └──────────┘      └──────────┘
             └──── 10 ──────┘
```

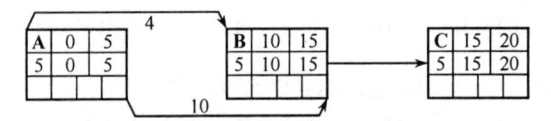

Abb. 17-4: Netzplan, in dem bei Vorgang B nur das Ende kritisch ist

In Vorgangsknotennetzen mit unterschiedlichen Anordnungsbeziehungen können Fälle, bei denen der Anfang (bzw. das Ende) eines Vorgangs kritisch ist, das Ende (bzw. der Anfang) jedoch nicht, häufig auftreten.

Es kann auch vorkommen, dass der Anfang (bzw. das Ende) eines Vorgangs Pufferzeit hat, die kleiner als die Pufferzeiten von Ende (bzw. Anfang) ist. Abb. 17-5 zeigt dafür ein Beispiel. Es ist GP(B) = FP(B) = 2 und FAZ(B) = 10. Der Anfang von Vorgang B kann aber bis auf 4 vorverlegt werden, wenn die Dauer des Vorgangs entsprechend ausgedehnt wird.

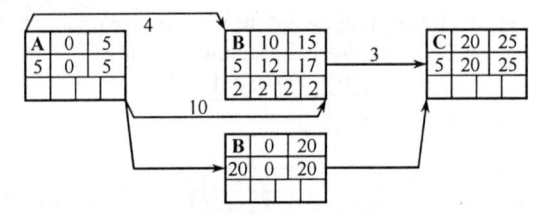

Abb. 17-5: Netzplan, in dem Vorgang B um mehr als die gesamte Pufferzeit ausgedehnt werden kann

Das mit diesen beiden Beispielen angesprochene Problem der Pufferzeiten bei Vorgangsknotennetzen betrifft die Annahme einer konstanten Vorgangsdauer. Für die Zeitplanung und damit auch für die Berechnung der Pufferzeiten wird in der Netzplantechnik von gegebenen Ausführungszeiten der Vorgänge ausgegangen.

> Die üblicherweise berechneten Pufferzeiten der Vorgänge sind der zeitliche Spielraum der Vorgänge bei gegebenen und festen Ausführungsdauern der Vorgänge.

Da Vorgangsdauern aber meistens variiert werden können, geben die üblichen Pufferzeiten oft nur einen unvollständigen, manchmal sogar irreführenden Eindruck von der tatsächlichen zeitlichen Flexibilität eines Projekts. Deshalb ist es sinnvoll, die Möglichkeit der Ausdehnung der Vorgangsdauer in die Betrachtung einzubeziehen und den Begriff der Pufferzeit entsprechend zu erweitern bzw. zu modifizieren[1].

---

[1] Bei Vorgangspfeilnetzen ist dieses Problem irrelevant, da hier nur Normalfolgen berücksichtigt werden.

17.3 Ergänzende Bemerkungen zu Pufferzeiten

Bezeichnet
- i die Vorgänger von Vorgang j,
- k die Nachfolger von Vorgang j,
- NF Normalfolgen,
- AF Anfangsfolgen,
- EF Endfolgen und
- SF Sprungfolgen,

dann ergeben sich die Pufferzeiten allgemein wie folgt:

$$GP(j) = SEZ(j) - FEZ(j) = SAZ(j) - FAZ(j)$$

$$FP(j) = \min \begin{cases} \min_{NF} [FAZ(k) - Z(j,k) - FEZ(j)] \\ \min_{AF} [FAZ(k) - Z(j,k) - FAZ(j)] \\ \min_{EF} [FEZ(k) - Z(j,k) - FEZ(j)] \\ \min_{SF} [FEZ(k) - Z(j,k) - FAZ(j)] \end{cases}$$

$$UP(j) = \min \begin{cases} \min_{NF} [FAZ(k) - Z(j,k)] \\ \min_{AF} [FAZ(k) - Z(j,k) + D(j)] \\ \min_{EF} [FEZ(k) - Z(j,k)] \\ \min_{SF} [FEZ(k) - Z(j,k) + D(j)] \end{cases}$$

$$- \max \begin{cases} \max_{NF} [SEZ(i) + Z(i,j)] \\ \max_{AF} [SAZ(i) + Z(i,j)] \\ \max_{EF} [SEZ(i) + Z(i,j) - D(j)] \\ \max_{SF} [SAZ(i) + Z(i,j) - D(j)] \end{cases}$$

$$FRP(j) = \min \begin{cases} \min_{NF} [SAZ(j) - SEZ(i) - Z(i,j)] \\ \min_{AF} [SAZ(j) - SAZ(i) - Z(i,j)] \\ \min_{EF} [SEZ(j) - SEZ(i) - Z(i,j)] \\ \min_{SF} [SEZ(j) - SAZ(i) - Z(i,j)] \end{cases}$$

Betrachtet man Anfang und Ende eines Vorgangs als getrennte Knoten eines Graphen, so entspricht die feste Vorgangsdauer einer Zeitbedingung, bei der zwischen Anfang und Ende eines Vorgangs ein Minimal- und ein Maximalabstand in Höhe der Dauer des Vorgangs besteht. Um Ausdehnungsmöglichkeiten der Vorgänge zuzulassen und in den Pufferzeiten auszudrücken, ist die Maximalbedingung zwischen Anfang und Ende des Vorgangs fallen zu lassen.

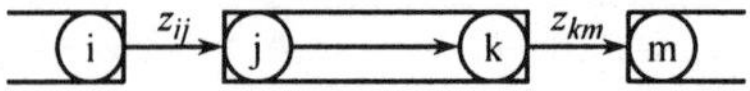

```
    z_ij         z_km
(i)──────▶(j)────────▶(k)──────▶(m)
```

Abb. 17-6: Aufteilung von Vorgangsknoten

Für eine Erweiterung des Pufferzeitbegriffs wird vorgeschlagen, Vorgangsknoten wie in Abb. 17-6 aufzulösen und für Anfang (j) und Ende (k) zusätzlich folgende Zeitpunkte zu berechnen:

$FZ(j)$ = $\min[FAZ(j,k); \max[FZ(i)+Z(i,j)]]$,

wobei i alle Vorereignisse von j bezeichnet, und

$SZ(k)$ = $\max[SEZ(j,k); \min[SZ(m)-Z(k,m)]]$,

wobei m alle Nachereignisse zu k bezeichnet. $FAZ(j,k)$ und $SEZ(j,k)$ werden in der üblichen Weise berechnet, wobei feste Ausführungszeiten der Vorgänge unterstellt werden.

Ist $FZ(j) < FAZ(j,k)$, dann wird die früheste Lage des Vorgangs (j,k) über das Ende des Vorgangs bestimmt. Befinden sich alle Vorgänge in ihrer frühesten Lage, dann kann der Anfang um $FAZ(j,k) - FZ(j)$ durch Ausdehnung der Ausführungsdauer D des Vorgangs vorverlegt werden. $FZ(j)$ ist also der Zeitpunkt, zu dem der Vorgang bei variabler Ausführungsdauer frühestens beginnen kann.

Ist $SZ(k) > SEZ(j,k)$, so wird die späteste Lage des Vorgangs (j,k) über den Anfang des Vorgangs bestimmt. Befinden sich alle Vorgänge in ihrer spätesten Lage, dann kann das Ende um $SZ(k) - SEZ(j,k)$ durch Ausdehnung der Dauer D des Vorgangs später gelegt werden. $SZ(k)$ ist also der Zeitpunkt, zu dem der Vorgang bei variabler Ausführungsdauer spätestens beendet sein muss.

Ist $SZ(k) > SEZ(j,k)$ und/oder $FAZ(j,k) > FZ(j)$, so gibt

$GPD(j,k)$ = $SZ(k) - FZ(j) - D(j,k) - GP(j,k)$

die Zeitspanne an, um die der Vorgang zusätzlich zu der üblichen gesamten Pufferzeit ausgedehnt werden kann. Sie wird als **gesamte Dehnungspufferzeit** bezeichnet. Dabei ist $FAZ(j,k) - FZ(j)$ die Dehnungsmöglichkeit am Anfang und $SZ(k) - SEZ(j,k)$ die Dehnungsmöglichkeit am Ende.

In dem Beispiel in Abb. 17-4 gilt für Vorgang B mit dem Anfangsereignis B1 und dem Enderereignis B2 GP(B1,B2) = 0, SZ(B2) = 15, FZ(B1) = 4 und somit
  GPD(B1,B2) = 15 – 4 – 5 – 0 = 6.

Für das Beispiel in Abb. 17-5 ergibt sich
  GP(B1,B2) = 2, SZ(B2) = 17, FZ(B1) = 4 und somit
  GPD(B1,B2) = 17 – 4 – 5 – 2 = 6.

Ist $\min[FZ(m)-Z(k,m)] > FEZ(j,k) + FP(j,k)$ bzw. $FZ(j) < FAZ(j,k)$, so gibt die Differenz an, um wie viel der Vorgang zusätzlich zur freien Pufferzeit

17.3 Ergänzende Bemerkungen zu Pufferzeiten

am Ende bzw. am Anfang ausgedehnt werden kann, ohne dass die früheste Lage von Nachfolgern beeinflusst wird. Es ist

$$FPDA(j,k) = FAZ(j,k) - FZ(j)$$

die **freie Dehnungspufferzeit** am Anfang des Vorgangs und

$$FPDE(j,k) = \min[FZ(m) - Z(k,m)] - FEZ(j,k) - FP(j,k)$$

die **freie Dehnungspufferzeit** am Ende des Vorgangs.

Für Vorgang B in Abb. 17-4 erhält man
$$FPDA(B1,B2) = 10 - 4 = 6 \text{ und } FPDE(B1,B2) = (15 - 0) - 15 - 0 = 0$$
und für Abb. 17-5
$$FPDA(B1,B2) = 10 - 4 = 6 \text{ und } FPDE(B1,B2) = (20 - 3) - 15 - 2 = 0.$$

Entsprechend lässt sich auch bei der unabhängigen und der freien Rückwärts-Pufferzeit verfahren.

Die Berechnung der zusätzlichen Pufferzeiten für die Ausdehnungsmöglichkeit der Vorgänge führt zu einer wesentlichen Erhöhung der Aussagekraft der Zeitplanung. Von besonderer Bedeutung können diese Pufferzeiten im Zusammenhang mit Kapazitätsüberlegungen sein, wenn durch Variation der Ausführungszeiten von Vorgängen ein Kapazitätsausgleich vorgenommen werden soll.

Hinweis:
Man beachte, dass bei der vorgeschlagenen Erweiterung des Pufferzeitbegriffs die Ausdehnung von Vorgängen zu bislang nicht möglichen Verschiebungen im Zeitplan führen kann, wie das Beispiel in Abb. 17-7 zeigt. Es soll eine Fabrikanlage gebaut werden, bei der (witterungsbedingt) die Montage der Maschinen in den Hallen erst nach Inbetriebnahme der Heizungsanlage erfolgen kann. Dazu wird, bis die Kesselanlage einsatzbereit ist, zwischenzeitlich eine Dampflokomotive zur Dampferzeugung eingesetzt. Je eher die Lokomotive einsatzbereit ist desto eher kann die Montage beginnen. Durch Ausdehnung der Dauer des Vorgangs (Einsatzdauer der Lokomotive) kann also in diesem einfachen Beispiel die Projektdauer verkürzt werden.

Abb. 17-7: Netzplan, bei dem eine Verlängerung eines Vorgangs zu einer Verkürzung der Projektdauer führt

Die Überlegungen dieses Abschnitts können nur einen groben Eindruck von den Modifikations- und Erweiterungsmöglichkeiten der üblichen Zeitplanung für Projekte vermitteln[1].

---

1 Eine ausführliche Darstellung mit Verfahrensvorschriften findet sich in dem Buch „Netzplantheorie" des Verfassers. Dabei wird von einer Maximaldauer und einer Minimaldauer anstelle einer einzigen Dauer für die Vorgänge ausgegangen. Es werden dann modifizierte Bestimmungen der Vorgangszeitpunkte behandelt.

Wesentliche Erweiterung ist die Unterscheidung folgender Pufferzeiten
- **Dehnungspufferzeiten**, um die ein Vorgang ausgedehnt werden kann. Da die Dehnungsmöglichkeiten am Anfang und Ende eines Vorgangs verschieden sein können, wird getrennt in
  - Anfangsdehnungspufferzeiten und
  - Enddehnungspufferzeiten.
- **Verschiebungspufferzeiten**, um die ein Vorgang in seiner zeitlichen Lage verschoben werden kann.

Sowohl bei Dehnungs- als auch bei Verschiebungspufferzeiten kann zwischen gesamter, freier, unabhängiger und freier Rückwärts-Pufferzeit unterschieden werden.

18 Zusammenfassung zur Zeitplanung

Nach der Zeit- und Terminplanung für ein Projekt und der Vorbereitung der Realisierung liegen zahlreiche Informationen vor. Für jeden Vorgang:
* frühestmögliche und spätestnotwendige Anfangs- und Endzeitpunkte und -termine,
* gesamte, freie, unabhängige und freie Rückwärts-Pufferzeit,

Für jeden Meilenstein hat man
* frühestmögliche und spätestnotwendige Zeitpunkte und Termine.

Dazu können vorgegebene Termine kommen und aufgeteilte Pufferzeiten.

Die Ergebnisse selbst können vorliegen in einem Netzplan oder in Teilnetzplänen, in Listen, in einzelnen Arbeitsanweisungen oder in anderer Form.

Die Ergebnisse der Zeit- und Terminplanung für ein Projekt sind grundsätzlich immer unter den Vorbehalten zu sehen, die man bei jeder zukunftsorientierten Planung haben sollte. Die als Ausgangsgrößen verwendeten Ausführungsdauern der Vorgänge sind nur Schätzwerte.

> Die detaillierten und aussagefähigen Resultate der Zeit- und Terminplanung für ein Projekt dürfen nicht darüber hinwegtäuschen, dass sie mit Hilfe von Ausgangswerten berechnet wurden, deren Eindeutigkeit und deren Zuverlässigkeit nicht immer gewährleistet sind.

Manchmal ist es aber durchaus möglich, **Vorgangsdauern als feste Werte vorzugeben**, deren Einhaltung durch zusätzliche Kapazitäten, Überstunden oder andere Maßnahmen sichergestellt werden kann. Der Zeitplan erhält dann einen – bis auf unvorhersehbare Risiken – verbindlichen Charakter.

Bei PERT berücksichtigt man die mit jeder Zeitschätzung verbundene Unsicherheit dadurch, dass man von Wahrscheinlichkeitsvorstellungen für die Dauer der Vorgänge ausgeht. Das Unsicherheitsproblem löst man dadurch nur zu einem Teil. Die Wahrscheinlichkeitsverteilung der zeitlichen Ausdehnung der Vorgänge wird durch die drei Zeitwerte OD, HD und PD nur geschätzt, und man hat grundsätzlich das gleiche Problem wie bei einer Einzelschätzung. Die Tatsache, dass die mit Hilfe von PERT gemachten Zeitaussagen Wahrscheinlichkeitsaussagen sind, hat allerdings in der Regel zur Folge, dass man den (erwarteten) Zeitwerten, die man als Ergebnisse der Berechnung erhält, bereits mit größter Skepsis gegenübertritt.

Unter diesen Vorbehalten erweist sich die zeitliche Planung eines Projektablaufs mit Hilfe der Netzplantechnik jedoch als sehr vorteilhaft, insbesondere im Vergleich zu anderen Verfahren.

> Der **kritische Weg** zeigt, wo im zeitlichen Ablauf des Projekts die Engpässe zu suchen sind und welchen Teilen des Projekts bei der Durchführung besondere Aufmerksamkeit zu widmen ist.

Ist die Termineinhaltung des Projekts besonders dringend, dann wird man entlang des kritischen Weges Sicherheitsvorkehrungen in Form von Reservelagern, auf Abruf bereit stehenden Arbeitskräften und dgl. treffen, die die Einhaltung des Fertigstellungstermins (oder auch von Zwischenterminen) gewährleisten.

> Für eine **Verkürzung der Projektdauer** zeigt der kritische Weg, wo entsprechende Maßnahmen gezielt ergriffen werden müssen.

Eine Beschleunigung aller Vorgänge ist für eine schnellere Projektabwicklung im Allgemeinen nicht notwendig. Die Netzplantechnik kann hier zu einer effizienteren und wirtschaftlicheren Projektabwicklung führen.

> Die **Pufferzeiten** zeigen, wo Zeitreserven existieren und Umdispositionen vorgenommen werden können, ohne die fristgerechte Projektfertigstellung zu gefährden. Das erhöht die Flexibilität der Projektplanung.

Pufferzeiten können auch Auskunft darüber geben, inwieweit Arbeiten anderer Projekte in den gegebenen Projektablauf eingeplant werden können, ohne dass es zu unerwünschten zeitlichen Verzögerungen kommt.

Darüber hinaus kann die Netzplantechnik für die Bewertung alternativer Pläne verwendet werden. Mit ihr lassen sich verschiedene zur Diskussion stehende Pläne in eine leicht überschaubare und vergleichbare Form bringen. Dadurch erhält man eine aussagefähige Entscheidungsgrundlage.

Insgesamt kann man zur Zeitplanung mit Hilfe der Netzplantechnik sagen, dass der zeitliche Ablauf eines Projekts mit ihrer Hilfe so detailliert vorbereitet wird, dass sich daraus alle wichtigen Informationen ablesen lassen.

Zum Schluss ist noch darauf hinzuweisen, dass die häufig vertretene Ansicht, die Netzplantechnik minimiere die Projektzeit, nicht richtig ist. Die Zeitplanung baut auf einem festen Projektablauf auf. Für diesen wird ein detaillierter Zeit- und Terminplan bestimmt. Das schließt aber nicht aus, dass es andere Ablaufstrukturen desselben Projekts geben kann, die zu einer geringeren Projektdauer führen. Um eine absolut kleinste Projektzeit zu finden, müsste man alle denkbaren Projektabläufe berücksichtigen. Dieses Ablaufproblem ist mit den heutigen Methoden des Projektmanagements in praktikabler und wirtschaftlich vertretbarer Form nicht lösbar. Mit der Netzplantechnik kann man immer nur eine minimale Projektzeit für einen gegebenen Projektablauf bestimmen.

Teil V: Projektrealisierung

19 Vorbereitung der Projektrealisierung

19.1 Plananpassung bzw. Planrevision

In den bisherigen Ausführungen wurde davon ausgegangen, dass die für ein Projekt durchgeführte Zeitplanung den Vorstellungen des Auftraggebers gerecht wird. Das ist jedoch nicht immer der Fall. Der für das Projekt errechnete Fertigstellungstermin bzw. die errechnete Projektdauer kann über dem gewünschten oder verlangten Wert liegen. Man wird dann eine **Verkürzung der Projektdauer** anstreben. Es kann auch sein, dass andere Ergebnisse der Zeitplanung, etwa der Abschluss bestimmter Projektabschnitte, nicht den Vorgaben des Auftraggebers entsprechen. Auch dann wird es notwendig, den Netzplan bzw. die Zeitplanung zu überarbeiten. In einer solchen Situation zeigt sich einer der wesentlichen Vorteile der Netzplantechnik. Der kritische Weg weist nämlich genau aus, an welchen Stellen Maßnahmen zur Reduzierung der Projektdauer oder der Dauer von Projektteilen ergriffen werden müssen.

Plananpassung

Ist die aufgrund der Zeit- bzw. Terminplanung ermittelte Projektdauer größer als die vorgegebene Dauer, dann ist der Zeitplan anzupassen. Das kann durch folgende Maßnahmen am kritischen Weg bzw. bei kritischen Vorgängen geschehen:
- Verkürzung der Dauer von kritischen Vorgängen,
- Ablaufänderungen bei kritischen Vorgängen, z.B. Überlappung.

Bei der Plananpassung ist zu beachten, dass eine Verkürzung des kritischen Wegs nur so lange zu einer Verkürzung der Projektdauer führt, wie dadurch nicht andere Wege kritisch werden. Eine Verkürzung der Projektdauer erfolgt deshalb üblicherweise in mehreren Schritten.

Abb. 19-1 zeigt den I. Bauabschnitt des Beispiels mit kritischem Weg und Pufferzeiten.

A	0	5	
5	0	5	
0	0	0	0

D	5	25	
20	10	30	
5	5	5	5

F	30	45	
15	30	45	
0	0	0	0

H	45	47	
2	45	47	
0	0	0	0

C	5	30	
25	5	30	
0	0	0	0

E	30	42	
12	35	47	
5	5	5	5

B	0	20	
20	10	30	
10	10	10	10

G	30	40	
10	37	47	
7	7	7	7

Start: 0 — Ende: 47

Abb. 19-1: I. Bauabschnitt mit Vorgangszeitpunkten, kritischem Weg und Pufferzeiten

Die Projektdauer soll auf 40 Tage verkürzt werden. Die Dauer des auf dem kritischen Weg liegenden Vorgangs F („Dachdecke herstellen") kann von 15 auf 8 Tage verkürzt werden. Bei einer Verkürzung auf 10 Tage wird dann aber auch Vorgang E („Fenster einsetzen") kritisch, da F und H dann zusammen genauso lange dauern wie E, nämlich 12 Tage. Abb. 19-2 zeigt den geänderten Zeitplan. Die Änderungen sind kursiv hervorgehoben.

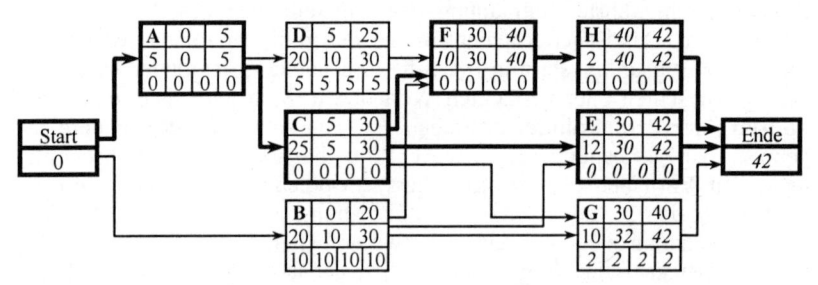

A	0	5	
5	0	5	
0	0	0	0

D	5	25	
20	10	30	
5	5	5	5

F	30	*40*	
10	30	*40*	
0	0	0	0

H	*40*	*42*	
2	*40*	*42*	
0	0	0	0

C	5	30	
25	5	30	
0	0	0	0

E	30	42	
12	*30*	*42*	
0	*0*	*0*	*0*

B	0	20	
20	10	30	
10	10	10	10

G	30	40	
10	*32*	*42*	
2	*2*	*2*	*2*

Start: 0 — Ende: 42

Abb. 19-2: Verkürzte Projektdauer (vgl. Abb. 19-1)

Eine weitere Verkürzung der Dauer von F kann eine zusätzliche Verringerung der Projektdauer nur bewirken, wenn gleichzeitig Vorgang E verkürzt wird. Ist das möglich, so erhält man das Ergebnis in Abb. 19-3. Die Änderungen gegenüber Abb. 19-2 sind kursiv hervorgehoben.

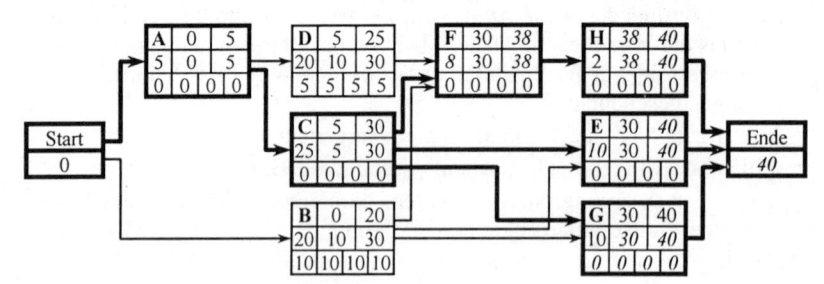

A	0	5	
5	0	5	
0	0	0	0

D	5	25	
20	10	30	
5	5	5	5

F	30	*38*	
8	30	*38*	
0	0	0	0

H	*38*	*40*	
2	*38*	*40*	
0	0	0	0

C	5	30	
25	5	30	
0	0	0	0

E	30	*40*	
10	30	*40*	
0	0	0	0

B	0	20	
20	10	30	
10	10	10	10

G	30	40	
10	*30*	*40*	
0	*0*	*0*	*0*

Start: 0 — Ende: 40

Abb. 19-3: Verkürzte Projektdauer (vgl. Abb. 19-1 und Abb. 19-2)

19.1 Plananpassung bzw. Planrevision

Für die Reduzierung der Dauer eines Projekts oder eines Teilprojekts gibt es allgemein die folgenden Möglichkeiten:

(1) Die erste Möglichkeit der Projektdauerverkürzung besteht in der Verringerung der Ausführungsdauer von kritischen Vorgängen, die man auch als **Vorgangsbeschleunigung** bezeichnet. Eine Vorgangsbeschleunigung kann man auf folgende Arten erreichen:
- Abbau von Reserven und Sicherheitszuschlägen, die in den geschätzten Ausführungsdauern enthalten sind,
- Überstunden,
- Übergang zu Zwei- oder Dreischichtbetrieb,
- Erhöhung der eingesetzten Kapazitäten (Arbeitskräfte, Maschinen),
- Änderung der Ausführungsart.

Diese Möglichkeiten zur Beschleunigung der Durchführung von Vorgängen hängen zusammen mit den Anpassungsformen aus der betriebswirtschaftlichen Produktionswirtschaft. Man unterscheidet:
- **zeitliche Anpassung** durch Überstunden, Zwei- oder Dreischichtbetrieb,
- **quantitative Anpassung** durch mehr Arbeitskräfte oder Maschinen,
- **intensitätsmäßige Anpassung** durch schneller laufende Maschinen und
- **qualitative Anpassung** durch Übergang zu einem anderen Verfahren.

(2) Eine wichtige Möglichkeit, die Gesamtdauer eines Projekts oder eines Teilprojekts zu verkürzen, ist die **Überlappung von Vorgängen**, d.h. die teilweise parallele Durchführung der Vorgänge. Darauf wurde in den Abschnitten 9.3 und 9.4 ausführlich eingegangen, so dass auf Einzelheiten dazu hier verzichtet werden kann.

(3) Eine weitere Möglichkeit zur Verkürzung der Projektdauer besteht in einer **Änderung der Ablaufstruktur**. Die Reihenfolge von Vorgängen ist nicht immer zwingend vorgeschrieben. Dadurch gibt es häufig verschiedene Möglichkeiten einen Projektablauf zu planen. Durch Änderung der Reihenfolge von Vorgängen und eventuell durch Planung einer parallelen Ausführung von Vorgängen kann vielfach eine Verringerung der ursprünglich geplanten Projektdauer erreicht werden. Allgemeingültige Regeln lassen sich dazu nicht angeben. Jedoch ist auf einen Tatbestand besonders hinzuweisen. Die Änderung der Reihenfolge von Vorgängen muss häufig auch im Zusammenhang mit Kapazitätsfragen und der Verkürzung von Vorgangsdauern gesehen werden. Die frühere oder spätere Durchführung eines Vorgangs kann nämlich zur Folge haben, dass dann entgegen dem ursprünglichen Plan mehr Arbeitskräfte oder Maschinen zur Verfügung stehen. Damit kann die Vorgangsdauer verkürzt werden, und es verringert sich, wenn es sich um kritische Vorgänge handelt, die Projektdauer. Ebenso kann durch Umdisposition von Arbeitskräften oder Maschinen eine Verkürzung von kritischen Vorgängen und damit der Projektdauer erreicht werden.

Schließlich sei noch darauf hingewiesen, dass bei einer großen Abweichung zwischen einem vorgegebenem Projektendtermin und einem bei der Zeitplanung errechneten Projektende in jedem Fall eine kritische Überprüfung des vorgegebenen Termins empfehlenswert ist. Manchmal werden Termine in Unkenntnis der wahren Verhältnisse zu kurz gesetzt.

19.2 Terminplanung

19.2.1 Grundlagen

Ergebnis der manuellen Zeitplanung ist ein Zeitplan mit absoluten Zeiten für Anfang und Ende der Vorgänge und mit Pufferzeiten.

Der Netzplan enthält alle wichtigen Informationen über den Ablauf des Projekts. Für die Arbeitsvorbereitung bzw. als Dispositionsgrundlage für die Projektdurchführung ist ein Netzplan mit Vorgangszeitpunkten, Pufferzeiten und evtl. Ereigniszeitpunkten im Allgemeinen jedoch ungeeignet, und zwar aus folgenden Gründen:

(1) Die an der Projektdurchführung beteiligten Unternehmen, Abteilungen, Stellen oder Mitarbeiter benötigen nicht unbedingt den Zeitplan für das ganze Projekt. Oft reicht es aus – bei großen Projekten ist es sogar notwendig – Teilnetze oder Listen zu erstellen, die nur die Vorgänge enthalten, die von einem an der Projektrealisierung beteiligten Unternehmen (bzw. Abteilung, Stelle oder Mitarbeiter) ausgeführt werden.

(2) Die absoluten Zeiten sind als Vorgaben für die Projektrealisierung ungeeignet. Sie müssen in **Kalendertermine** umgerechnet werden. Darauf wird im nächsten Abschnitt eingegangen.

(3) In die Dispositionsunterlagen für die Ausführenden wird man nur selten alle Zeitpunkte und Pufferzeiten aus dem Zeitplan übernehmen. Andererseits wird man in die Dispositionsunterlagen häufig Informationen aufnehmen, die nicht im Netzplan bzw. in der Tabelle enthalten sind.

19.2.2 Kalendrierung

Die absoluten Zeiten einer manuellen Zeitplanung (s.o.) sind für die Projektsteuerung nicht verwendbar. Sie müssen in jedem Fall in Kalendertermine umgerechnet werden.

> **Kalendrierung**
> Die Umrechnung der absoluten Zeitpunkte für Vorgänge und Ereignisse in Kalendertermine bezeichnet man als Kalendrierung.

Bei Verwendung einer Projektmanagement-Software geschieht die Kalendrierung automatisch durch die Software.

19.2 Terminplanung

Für die nachfolgend behandelte manuelle Kalendrierung werden folgende Bezeichnungsweisen verwendet:

FAT(i) = frühestmöglicher Anfangstermin für Vorgang i
FET(i) = frühestmöglicher Endtermin für Vorgang i
SAT(i) = spätestnotwendiger Anfangstermin für Vorgang i
SET(i) = spätestnotwendiger Endtermin für Vorgang i
FT(j) = frühestmöglicher Termin für Ereignis j
ST(j) = spätestnotwendiger Termin für Ereignis j

Für die manuelle Umrechnung der Zeitplanungsergebnisse in Kalendertermine empfiehlt sich die Verwendung eines **Fabrikkalenders**, in dem die Arbeitstage fortlaufend nummeriert sind. Abb. 19-4 zeigt einen Ausschnitt.

Januar		Februar		März		April		Mai		Juni	
1		1	122	1	142	1		1		1	204
2		2	123	2	143	2		2	184	2	205
3	101	3	124	3	144	3		3	185	3	206
4	102	4	125	4	145	4		4	186	4	
5	103	5		5		5	165	5	187	5	
6	104	6		6		6	166	6	188	6	207
7	105	7	126	7	146	7	167	7		7	208
8		8	127	8	147	8	168	8		8	209
9		9	128	9	148	9		9	189	9	210
10	106	10	129	10	149	10		10	190	10	211
11	107	11	130	11	150	11	169	11	191	11	
12	108	12		12		12	170	12		12	
13	109	13		13		13	171	13	192	13	212
14	110	14	131	14	151	14	172	14		14	213
15		15	132	15	152	15	173	15		15	214
16		16	133	16	153	16		16	193	16	215
17	111	17	134	17	154	17		17	194	17	216
18	112	18	135	18	155	18	174	18	195	18	
19	113	19		19		19	175	19	196	19	
20	114	20		20		20	176	20	197	20	217
21	115	21	136	21	156	21	177	21		21	218
22		22	137	22	157	22	178	22		22	219
23		23	138	23	158	23		23		23	220
24	116	24	139	24	159	24		24	198	24	221
25	117	25	140	25	160	25	179	25	199	25	
26	118	26		26		26	180	26	200	26	
27	119	27		27		27	181	27	201	27	222
28	120	28	141	28	161	28	182	28		28	223
29				29	162	29	183	29		29	224
30				30	163	30		30	202	30	225
31	121			31	164			31	203		

Abb. 19-4: Ausschnitt aus einem Fabrikkalender

Wird in einem Unternehmen ein Fabrikkalender ständig benutzt, kann man bei der Zeitplanung Kalendertermine unmittelbar erhalten, wenn man mit dem als Projektstart vorgesehenen Fabrikkalender-Termin bei den Berechnungen für die Zeitplanung beginnt. Ist das nicht der Fall, können die Zeitpunkte in Kalenderzeiten umgerechnet werden, indem man sie alle um den gleichen Betrag erhöht.

Ist als Projektbeginn beispielsweise der 106. Tag festgelegt, addiert man zu allen Zeitpunkten 106. Die gleichen Ergebnisse erhält man, wenn man bei den Berechnungen als Projektbeginn 106 verwendet. Das gilt jedoch nicht uneingeschränkt, wie das folgende Beispiel zeigt.

Für die drei hintereinander auszuführenden Vorgänge A, B und C mit den angegebenen Vorgangsdauern, erhält man die frühesten Anfangs- und Endzeitpunkte in Abb. 19-5.

Vorgang	Dauer	FAZ	FEZ
A	5	0	5
B	3	5	8
C	6	8	14

Abb. 19-5: einfacher Zeitplan

Es soll am 10.1. mit der Ausführung begonnen werden. Nach dem Fabrikkalender in Abb. 19-4 ist das der Tag 106. Addiert man zu jedem Zeitpunkt in Abb. 19-5 den Wert 106, erhält man die in Abb. 19-6 angegebenen Werte.

Vorgang	Dauer	FAT	FET
A	5	106	111
B	3	111	114
C	6	114	120

Abb. 19-6: vorläufige Fabrikkalender-Termine zu Abb. 19-5

Die Termine in Abb. 19-6 sind als Kalenderdaten jedoch nicht verwendbar. Wenn am Tag 106 morgens mit Vorgang A begonnen wird, dann ist man am Tag 110 abends damit fertig. Mit B kann dann am Tag 111 morgens begonnen werden, und man ist damit am Tag 113 abends fertig. C beginnt am Tag 114 und endet am Tag 119.

Während die Anfangstermine stimmen, sind die Endtermine um 1 Tag zu groß. Der korrekte Terminplan ist in Abb. 19-7 enthalten.

Vorgang	Dauer	FAT	FET
A	5	106	110
B	3	111	113
C	6	114	119

Abb. 19-7: korrekter Terminplan zu Abb. 19-5

19.2 Terminplanung

> **Kalendrierung**
> Bei der Umrechnung der absoluten Zeitpunkte für die Vorgänge (FAZ, SAZ, FEZ, SEZ) in Kalendertermine (FAT, SAT, FET, SET) unter Verwendung eines Fabrikkalenders, ist bei den Endterminen jeweils 1 abzuziehen. Ist AT der Anfangstermin des Projekts aus einem Fabrikkalender und hat man bei Berechnung der absoluten Zeitpunkte mit 0 angefangen, dann gilt also
> FAT = FAZ + AT;   FET = FEZ + AT − 1
> SAT = SAZ + AT;   SET = SEZ + AT − 1
> Hat man die Berechnungen bereits mit dem vorgegebenen Anfangstermin AT durchgeführt, so ergibt sich
> FAT= FAZ;   FET = FEZ − 1;   SAT = SAZ;   SET = SEZ − 1

Das Entsprechende gilt auch, wenn man mit Wochen, Monaten oder Quartalen rechnet. Zur Veranschaulichung der Beziehungen zwischen den absoluten Zeitpunkten und den Kalenderterminen kann Abb. 19-8 herangezogen werden.

Abb. 19-8 zeigt ein Balkendiagramm über einer Zeitachse mit den beiden Vorgängen A und B. Die Zeitintervalle (beispielsweise Tage) sind mit 1., 2., 3. usw. bezeichnet worden. Die Zeitpunkte sind kursiv beschriftet. An dem Bild wird deutlich, dass Vorgang A zum Zeitpunkt Null beginnt und zum Zeitpunkt 5 endet. Bezogen auf Tage heißt das, dass Vorgang A am ersten Tag beginnt und am fünften Tag beendet wird. Vorgang B beginnt zum Zeitpunkt 5, d.h. am sechsten Tag.

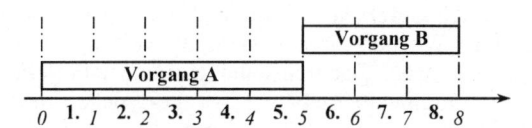

Abb. 19-8: Beziehungen zwischen Vorgangszeitpunkten und Kalenderterminen

Ist die bei einem Projekt verwendete Zeiteinheit „Stunde" (oder noch kleiner), muss man am Vorgangsende nicht 1 abziehen. Ein Vorgang A kann z.B. um 10.00 Uhr enden und sein Nachfolger um 10.00 Uhr beginnen.

Sollen die Termine nicht in Fabrikkalendertagen, sondern in den geläufigen Terminen des üblichen **gregorianischen Kalenders** angegeben werden, dann sollte man bei manueller Bestimmung zunächst Fabrikkalendertermine bestimmen[1]. Die Umrechnung in „normale" Kalendertermine ist dann nicht mehr schwierig.

Die Tabelle in Abb. 19-9 enthält die Ergebnisse der Zeitplanung für das Beispiel unter der Annahme, dass damit am 8. August 2001 begonnen werden soll.

---

1 Gegebenenfalls muss man sich einen Fabrikkalender selbst herstellen.

Vorgang	D	FAT	SAT	FET	SET	GP	FP
Projektbeginn	0	08.08.01	08.08.01	08.08.01	08.08.01	0	0
Fundamente errichten	5	08.08.01	08.08.01	14.08.01	14.08.01	0	0
Kanalisation	20	08.08.01	22.08.01	04.09.01	18.09.01	10	10
Wände	25	15.08.01	15.08.01	18.09.01	18.09.01	0	0
Elektrischer Hauptanschluss	20	15.08.01	22.08.01	11.09.01	18.09.01	5	5
Fenster	12	19.09.01	26.09.01	04.10.01	11.10.01	5	5
Dachdecke	15	19.09.01	19.09.01	09.10.01	09.10.01	0	0
Türen	10	19.09.01	28.09.01	02.10.01	11.10.01	7	7
Dach dichten	2	10.10.01	10.10.01	11.10.01	11.10.01	0	0
Ende I. Bauabschnitt	0	11.10.01	11.10.01	11.10.01	11.10.01	0	0

Abb. 19-9: Zeitplan mit Terminen des gregorianischen Kalenders

Bei der Umwandlung der errechneten Termine in Kalendertermine sind Vorgänge zu beachten, deren Dauer nicht in **Arbeitstagen** angegeben ist, sondern in **fortlaufenden Kalendertagen**, d.h. also einschließlich der arbeitsfreien Tage. Ein typisches Beispiel ist das Abbinden von Beton. Beträgt die Dauer dafür 21 Tage, so sind dabei Samstage, Sonntage und Feiertage mitzuzählen.

Bei Projektmanagement-Software ist eine Kalendrierung heute grundsätzlich mit enthalten. Bei den meisten Programmen hat dabei der Benutzer die Möglichkeit, in einem besonderen Unterprogramm **individuelle oder ressourcenbezogene Kalender** zu definieren. Dabei kann festgelegt werden, wie viel Tage in der Woche gearbeitet wird, an welchen Tagen (Feiertage!) nicht gearbeitet wird usw. Dadurch kann bei einem Projekt ein Teil der Arbeitskräfte im Einschichtbetrieb und 5-Tage-Woche arbeiten, während andere beteiligte Bereiche eine 6- oder 7-Tage-Woche haben oder im Zwei- oder Dreischichtbetrieb arbeiten. Werden genügend viele ressourcenbezogene Kalender zugelassen, können auch personenbezogene Kalender definiert werden, um z.B. Urlaub individuell zu berücksichtigen.

Beim manuellen Rechnen sollten alle Zeitangaben einheitlich ausgedrückt werden, z.B. in Arbeitstagen. Für das oben erwähnte Abbinden von Beton über 21 Tage erhält man dann bei einer 5-Tage-Woche als Dauer 15 Tage (= 21/7 x 5). Zu möglichen Abweichungen zwischen Arbeitstagen und Kalendertagen ist auch auf die Ausführungen zu diesem Problem in Abschnitt 7.4.2 hinzuweisen.

In Abb. 19-10 ist der Vorgangsknotennetzplan für den ersten Bauabschnitt des Beispiels mit Kalenderterminen dargestellt. Die Berechnungen wurden mit einer Projektmanagement-Software für einen PC durchgeführt.

19.2 Terminplanung 219

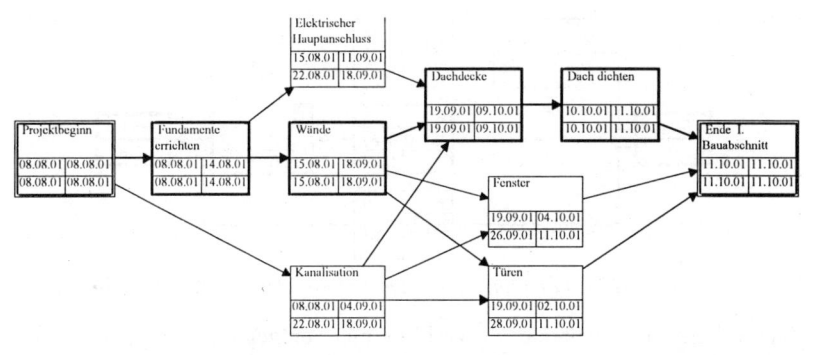

Abb. 19-10: Vorgangsknotennetz mit Terminen des gregorianischen Kalenders

19.2.3 Pufferzeitverteilung und Terminvorgaben

Zur Vorbereitung der Projektrealisierung ist nicht nur eine Kalendrierung vorzunehmen, sondern auch eine weitergehende Aufbereitung der Zeitplanungsergebnisse, über die nachfolgend ein kurzer Überblick gegeben wird.

(1) Die gesamte Pufferzeit eines Weges kann auf die einzelnen Vorgänge aufgeteilt werden.

Für das einführende Beispiel aus Abschnitt 2.1 enthält Abb. 19-11 den Zeitplan mit Pufferzeiten.

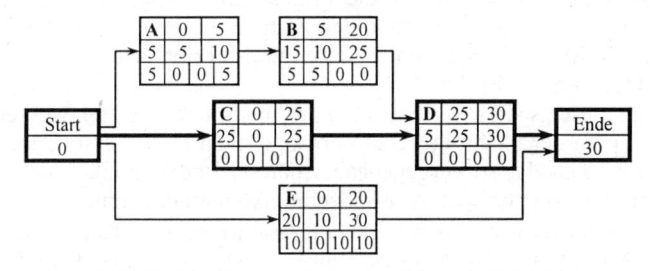

Abb. 19-11: Zeitplan für das einführende Beispiel

Man kann die gesamte Pufferzeit von 5 bei den Vorgängen A und B auf diese beiden Vorgänge verteilen. Abb. 19-12 zeigt eine Aufteilung im Verhältnis 2 zu 3. Diese „feste" Aufteilung der Pufferzeit führt zu den in Abb. 19-12 fett hervorgehobenen Änderungen im Zeitplan. Die hervorgehobenen Zeitpunkte sind dann vorgegebene Zeitpunkte.

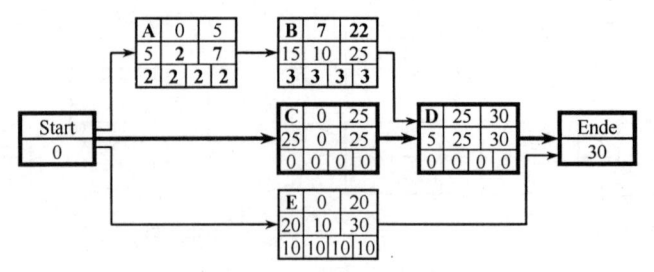

Abb. 19-12: Aufteilung der gesamten Pufferzeit (zu Abb. 19-11)

Auf weitere Einzelheiten dazu wird hier nicht eingegangen, da jede rechnerische Zuordnung bzw. Aufteilung der Pufferzeiten die Gefahr birgt, zu schematisch zu planen und dabei reale Erfordernisse zu übersehen.

(2) Für die Projektrealisierung sind **Planzeitpunkte bzw. -termine** für Anfang und Ende der Vorgänge als Vorgaben für die Durchführung festzulegen. Dafür gibt es vor allem zwei Möglichkeiten:

- Häufig ergeben sich Plantermine durch Terminvorgaben für Projektende und/oder Meilensteine.
- Plantermine werden bei der Vorbereitung der Projektrealisierung festgelegt. Dafür dürfte sich in vielen Fällen folgende Lösung als zweckmäßig erweisen:

Es werden frühester Anfang und frühestes Ende der Vorgänge als Plantermine oder Solltermine für die Projektdurchführung vorgegeben. Als „spätestes Ende" gibt man dann den Zeitpunkt vor, der sich durch Addition der freien Pufferzeit zum frühesten Ende ergibt, also:

SET* = FET + FP.

Solange diese „spätesten Endzeitpunkte" nicht überschritten werden, wird der Zeitplan der nachfolgenden Vorgänge nicht beeinflusst. Dabei ist zu beachten, dass der so vorgegebene „späteste Endzeitpunkt" nicht immer mit dem errechneten spätesten Endzeitpunkt übereinstimmt.

Abb. 19-13 zeigt das einführende Beispiel mit Kalenderterminen und Pufferzeiten. Als Projektbeginn wurde der 25.05.02 vorgegeben. Kritische Vorgänge sind fett hervorgehoben.

Vorgang	D	FAT	FET	SAT	SET	GP	FP
Visabeschaffung	5	25.05.02	31.05.02	01.06.02	07.06.02	5	5
Hotelreservierungen	15	01.06.02	21.06.02	08.06.02	28.06.02	5	5
Ausrüstung	**25**	**25.05.02**	**28.06.02**	**25.05.02**	**28.06.02**	**0**	**0**
Auto	20	25.05.02	21.06.02	08.06.02	05.07.02	10	10
Proviantbeschaffung	**5**	**29.06.02**	**05.07.02**	**29.06.02**	**05.07.02**	**0**	**0**

Abb. 19-13: Terminplan für das Beispiel aus Abschnitt 2.1

19.2 Terminplanung

Gibt man SET* (s.o.) als späteste Endtermine die vor, die sich unter Berücksichtigung der freien Pufferzeit ergeben, so erhält man das Ergebnis in Abb. 19-14. Kritische Vorgänge sind wieder fett hervorgehoben.

Vorgang	D	FAT	FET	SET*
Visabeschaffung	5	25.05.02	31.05.02	31.05.02
Hotelreservierungen	15	01.06.02	21.06.02	28.06.02
Ausrüstung	**25**	**25.05.02**	**28.06.02**	**28.06.02**
Auto	20	25.05.02	21.06.02	05.07.02
Proviantbeschaffung	**5**	**29.06.02**	**05.07.02**	**05.07.02**

Abb. 19-14: Terminplan mit Vorgaben spätester Endtermine (zu Abb. 19-13)

20 Projektdurchführung

20.1 Projektsteuerung

20.1.1 Aufgaben der Projektsteuerung

Die Umsetzung der Projektplanung zu den gewünschten Projektergebnissen geschieht in der Phase der Projektdurchführung.

> **Projektsteuerung und -überwachung**
> Die Projektsteuerung und die damit einhergehende Projektüberwachung[1] durch das Projektmanagement dient der Sicherstellung der planmäßigen, konfliktfreien und wirtschaftlichen Realisierung eines Projekts.

Projektsteuerung umfasst eine Reihe von Einzelaufgaben. Als erste Aufgabe der Projektsteuerung ist zu Projektbeginn folgendes zu tun:
- Information aller betroffenen Stellen über die Gesamtplanung des Projekts.
- Information wann und wie die Stellen von der Projektrealisierung betroffen sein werden.
- Ausführliche Information und gegebenenfalls Instruktion der am Projekt aktiv beteiligten Stellen bzw. Personen, insbesondere über Art, Umfang und Zeitverlauf der jeweiligen Beteiligung.

Während der Projektdurchführung fallen laufend vor allem folgende Aufgaben der Projektsteuerung an:
- Erteilung von konkreten Arbeitsaufträgen (vgl. Abb. 20-4 (S. 227))
- Versorgung der für die Ausführung zuständigen Stellen mit den Planvorgaben, insbesondere:
    - Vorgangsbeschreibungen, zu denen auch ausführliche Arbeitsanweisungen, Zeichnungen und andere Unterlagen gehören können.
    - Termine und eventuell Zeitreserven.

---

[1] Vgl. dazu Abschnitt 20.2, S. 228ff.

- Bereitstellung der zur Projektdurchführung erforderlichen Ressourcen:
  - Personal,
  - Maschinen und Geräte,
  - Material,
  - finanzielle Mittel usw.
- Durchführung von Projektsitzungen.
- laufende Projektdokumentation.

Für die Projektsteuerung benötigt das Projektmanagement eine adäquate Projektorganisation und ein umfassendes Projektinformationssystem. Verbunden ist die Projektsteuerung mit der Projektüberwachung und einem Qualitätsmanagement. Hinzuweisen ist hier auch auf die Mitarbeiterführung im Projektmanagement, die einen wesentlichen Teil der Steuerungsaufgaben ausmacht.

Aktive Steuerungsmöglichkeiten des Projektmanagements liegen u.a. in folgenden Bereichen:
- Modifizierung der Projektziele,
- Änderungen oder Modifikationen des Leistungs- oder Arbeitsumfangs,
- Änderungen der Zuordnung von Aufgaben zu Stellen bzw. Personen,
- Veränderung des Ressourceneinsatzes,
- Streichung unwichtiger oder entbehrlicher Vorgänge,
- Vergabe von Aufgaben an Externe,
- Änderung der Anforderungen an die Qualität der Arbeitsergebnisse,
- Motivation der Mitarbeiter.

Für die Projektsteuerung werden vom Projektmanagement unterschiedliche Hilfsmittel eingesetzt, auf die im folgenden Abschnitt eingegangen wird.

20.1.2 Hilfsmittel der Projektsteuerung

Betrachtet man den Projektablauf und den Zeitplan, dann liegen als Ergebnisse der Projektplanung bei Projektbeginn vor:
(1) Graphische Darstellung des Projektablaufs, z.B. als Netzplan.
(2) Termine für Ereignisse und Vorgänge sowie Vorgangsdauern und Projektdauer. Diese können gegebenenfalls noch nach Arbeitskategorien, nach Verantwortungsbereichen und/oder zeitlicher Reihenfolge geordnet werden.

Nach der Kalendrierung, einer eventuellen Verteilung der gesamten Pufferzeit auf einzelne Vorgänge und der Festlegung von Terminvorgaben sind aus den Ergebnissen der Projektplanung (Ablaufplan, Zeit- und Terminplan) Unterlagen für die Projektdurchführung zu erstellen. Dazu kann hier nur ein grober Überblick gegeben werden, da Form und Inhalt dieser Unterlagen von den jeweiligen projektspezifischen Gegebenheiten abhängen.

- Für die Projektdurchführung wird es fast immer zweckmäßig sein, verschiedene **Listen** anzufertigen, in denen die Vorgänge nach Verantwortungsbereichen, Abteilungen oder dergleichen geordnet sind. Die Vorgänge werden dabei meistens nach Anfangsterminen sortiert.
- Die **Weitergabe von Pufferzeiten** an ausführende Stellen ist nicht zu empfehlen, da sonst die Gefahr bewusster zeitlicher Verzögerungen oder Manipulationen bei der Ausführung besteht. Das gilt selten, wenn ausführende Stellen umfangreiche Dispositionsfreiheiten haben.
- Auch für **Meilensteine** werden die Termine in Listen zusammengestellt. Dabei kann es sich sowohl um vorgegebene als auch um errechnete Zeitpunkte handeln. Auf diese Weise erhält man einen Überblick, wann bestimmte Zustände des Projekts erreicht werden sollen.

Projektmanagement-Software bietet die Möglichkeit, Vorgangslisten nach bestimmten Gesichtspunkten (z.B. alle Vorgänge für einen Verantwortungsbereich) und nach einem wählbaren Sortierkriterium auszudrucken. Dabei kann der Benutzer oft auch noch entscheiden, welche Informationen die Liste enthalten soll. Die folgende Zusammenstellung zeigt, welche Informationen eine solche Liste enthalten kann.

Der **Listenkopf** enthält u.a. Angaben zu:
- Projektname und Projektbeschreibung,
- Projekt-Nr., evtl. Teilprojekt-Nr.,
- Auftraggeber,
- Projektleitung,
- Projektendtermin.

Für jeden **Vorgang** kann die Liste folgende Angaben enthalten:
- Nummer,
- Beschreibung,
- Dauer,
- geplanter (frühester) Anfang und geplantes (frühestes) Ende,
- „spätestes Ende" (frühester Endzeitpunkt zuzüglich freie Pufferzeit),
- geplante Pufferzeiten,
- Vorgänger und Nachfolger,
- Überlappungs- und Wartezeiten,
- erforderliche Arbeitskräfte, Maschinen, Werkstoffe,
- Kostenstellen-, Arbeitsplatz- oder Maschinennummer.

Kritische Vorgänge sollten besonders gekennzeichnet werden.

Im Layout einer Vorgangs- und Terminliste sollten nach Möglichkeit auch Felder enthalten sein, in welche die tatsächlich realisierten Termine eingetragen werden können. In einem solchen Fall ist die Vorgangs- und Terminliste dann gleichzeitig ein Kontrollinstrument.

Abb. 20-1 zeigt ein einfaches Beispiel einer solchen Liste.

20.1 Projektsteuerung

Vorgang	D	Ist-D	Plan-AT	Ist-AT	Plan-ET	Ist-ET
Visabeschaffung	5		25.05.02		31.05.02	
Hotelreservierungen	15		01.06.02		21.06.02	
Ausrüstung	25		25.05.02		28.06.02	
Auto	20		25.05.02		21.06.02	
Proviantbeschaffung	5		29.06.02		05.07.02	

Abb. 20-1: Terminplan mit Feldern für Ist-Daten (vgl. auch Abb. 19-13)

Bei der Erstellung von Unterlagen für die Durchführung erhebt sich die Frage, ob auch ein Netzplan an ausführende Stellen und/oder die Unternehmensleitung weitergegeben werden soll. Grundsätzlich sollte das nur dann geschehen, wenn die Empfänger des Netzplans auch sicher in der Lage sind, einen Netzplan richtig zu lesen und zu interpretieren. Für die Unternehmensleitung dürfte es sich dabei empfehlen, nur einen Übersichtsnetzplan (Meilensteinnetzplan) zu verwenden. An ausführende Stellen sollte man Teilnetze oder Netzplanausschnitte weitergeben.

In jedem Fall ist darauf zu achten, dass **keine Überinformation** erzeugt wird. Bei Anwendung der Netzplantechnik besteht leicht die Gefahr, zu intensiv zu planen und eine unnötige Informationsflut zu erzeugen.

Wie Netzplantechnik mit sehr geringem Aufwand angewandt werden kann, zeigen Beispiele aus der Praxis, bei denen ein Netzplan alleinige Planungs- und Dispositionsgrundlage ist. Abb. 20-2 zeigt ein solches Beispiel. Für die Umrechnung der absoluten Zeiten ist dem Netzplan eine Umrechnungstabelle beigefügt.

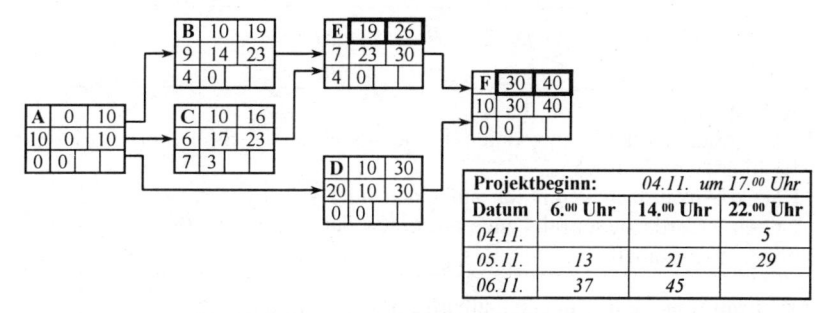

Projektbeginn:		04.11. um 17.⁰⁰ Uhr	
Datum	6.⁰⁰ Uhr	14.⁰⁰ Uhr	22.⁰⁰ Uhr
04.11.			5
05.11.	13	21	29
06.11.	37	45	

Abb. 20-2: Netzplan mit Zeitumrechnungs-Tabelle

Verwendet wird ein durchgerechneter Netzplan mit gesamten und freien Pufferzeiten. Die Ausführungsdauern der Vorgänge sind in Stunden angegeben. Gearbeitet wird im Dreischichtbetrieb. Die Tabelle enthält im Kopf die Uhrzeiten, zu denen die Schichten beginnen. Die Uhrzeit des Projektbeginns entspricht der absoluten Projektzeit 0. Steht die Zeit des Projektbeginns fest, so kann man für alle folgenden Schichtanfänge die jeweiligen Projektzeitpunkte leicht bestimmen, da immer nur 8 addiert werden muss. In die erste Spalte werden die Daten der Kalendertage eingetragen. Das Projekt beginnt am 4.11. um 17.00 Uhr. Der Beginn der Nachtschicht (22.00 Uhr) entspricht dann der Projektzeit 5. Die Frühschicht am 5.11. beginnt

zur Projektzeit 13 usw. Anfang und Ende der einzelnen Vorgänge lassen sich mit der Tabelle einfach bestimmen. Vorgang E, mit FAZ = 19 und FEZ = 26 (stark umrandete Felder), beginnt beispielsweise am 5.11. um 12.00 Uhr und ist um 19.00 Uhr fertig. Vorgang F beginnt am 5.11. um 23.00 Uhr und ist am 6.11. um 9.00 Uhr beendet usw.
Ein solches Vorgehen setzt natürlich voraus, dass die an der Projektdurchführung tätigen Mitarbeiter mit der Netzplantechnik vertraut sind.

Werden Planungsunterlagen für die Projektdurchführung vorbereitet bzw. erstellt, dann empfiehlt es sich, die Ergebnisse der Zeitplanung in ein **Balkendiagramm** umzusetzen. Solche Balkendiagramme lässt man zweckmäßigerweise über eine Projektmanagement-Software erstellen. Einige Beispiele sind in den bisherigen Ausführungen bereits zur Veranschaulichung verwendet worden.

Abb. 20-3 zeigt ein weiteres Beispiel. Dargestellt ist wieder der erste Bauabschnitt des Beispiels. In dem Balkendiagramm ist der Projektfortschritt durch schwarze Linien in den Balken vermerkt.

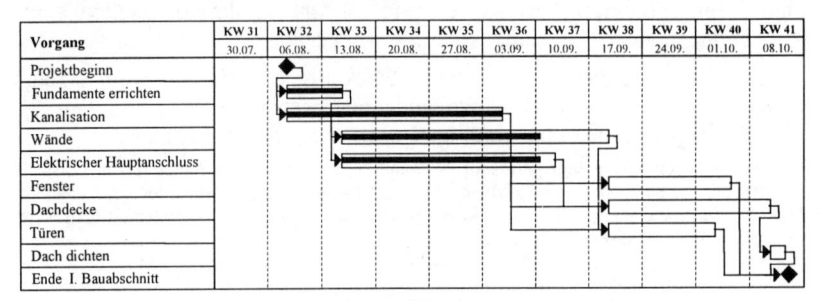

Vorgang	KW 31 30.07.	KW 32 06.08.	KW 33 13.08.	KW 34 20.08.	KW 35 27.08.	KW 36 03.09.	KW 37 10.09.	KW 38 17.09.	KW 39 24.09.	KW 40 01.10.	KW 41 08.10.
Projektbeginn											
Fundamente errichten											
Kanalisation											
Wände											
Elektrischer Hauptanschluss											
Fenster											
Dachdecke											
Türen											
Dach dichten											
Ende I. Bauabschnitt											

Abb. 20-3: Balkendiagramm

> **Arbeitsauftrag**
> Die Vorgabe der Planungsdaten an die ausführenden Stellen erfolgt häufig über Arbeitsaufträge.
> Ein Arbeitsauftrag kann sich auf einen oder auf mehrere Vorgänge beziehen, erforderlichenfalls auch auf einen Teil der zu einem Vorgang gehörigen Aufgaben.

Arbeitsaufträge sollen überschaubar sein. Die Vergabe kann
- mündlich in einem persönlichen Gespräch zwischen den Beteiligten (z.B. Projektleitung und Mitarbeiter einer Abteilung oder Gruppe o.ä.)
oder
- schriftlich nach einem vorgegebenen Muster

erfolgen, und ist gegebenenfalls mit der jeweiligen Geschäftsführung oder der zuständigen Bereichs- oder Abteilungsleitung abzustimmen.

Abb. 20-4 zeigt exemplarisch Aufbau und Inhalte eines Arbeitsauftrags.

20.1 Projektsteuerung

Arbeitsauftrag			
von:	an:		erteilt am:
Projekt:	Teilprojekt:		Arbeitspaket:
Auftraggeber des Projekts:			
Gegenstand des Arbeitsauftrags:			
Geplanter Anfangstermin für den Auftrag:		Endtermin:	
Randbedingungen / zu beachtende Vorschriften:			
Betroffene Bereiche/Stellen:			
Welche Vorgänge müssen vor Beginn des Arbeitsauftrags abgeschlossen sein?			
Welche Vorgänge folgen auf den Arbeitsauftrag?			
Einzusetzende Projektmanagementwerkzeuge und Hilfsmittel:			
Budget für den Arbeitsauftrag:			
Bemerkungen:			
Detailbeschreibung des Arbeitsauftrags mit Aufwandsschätzung			
Aufgabe: _____ Aufgabe: _____ Aufgabe: _____ Aufgabe: _____ ...			Aufwand: _____ Aufwand: _____ Aufwand: _____ Aufwand: _____

Abb. 20-4: Muster eines Arbeitsauftrags

Gegebenenfalls kann man in einen Arbeitsauftrag auch Informationen zu Arbeitszielen, Voraussetzungen und Ansprechpartnern aufnehmen.

Für die Projektleitung kann es hilfreich sein, erteilte Arbeitsaufträge in einer Aufgaben- oder Arbeitsauftragsübersicht zusammenzustellen, wie sie exemplarisch in Abb. 20-5 dargestellt ist.

Aufgabenübersicht/Arbeitsauftragsübersicht							
Projekt:	Teilprojekt:						
Auftraggeber des Projekts:							
Aufgabe/Vorgang	Anfang	Ende	Priorität	Mitarbeiter	Vergabe	Abnahme	

Abb. 20-5: Aufgaben- bzw. Arbeitsauftragsübersicht

Auf weitere Einzelheiten zur Aufbereitung der Zeitplanungsergebnisse für die Arbeitsdisposition wird hier verzichtet, da Art und Umfang der erforderlichen Unterlagen von den jeweiligen individuellen Bedürfnissen abhängen. Entscheidend ist immer **leichte Verständlichkeit** und **Wirtschaftlichkeit** und eine nahtlose Einbindung in die übrige Organisation.

20.2 Projektüberwachung

20.2.1 Aufgaben der Projektüberwachung

Zu einem effizienten Projektmanagement gehören neben der Planung auch die laufende Überwachung der Planvorgaben und gegebenenfalls Planrevisionen. Dabei kann man häufig davon ausgehen, dass der Planungsprozess zu einer schrittweisen Detaillierung der Vorgaben führt, wie das in Abb. 20-6 veranschaulicht ist.

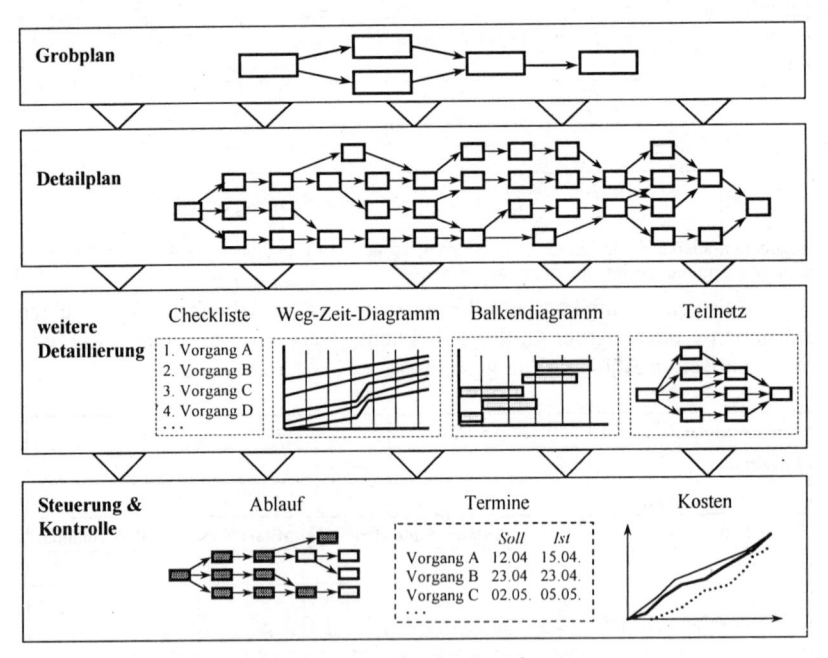

Abb. 20-6: Planungsstufen des Projektmanagements

Die Überwachung oder Kontrolle eines Projekts in der Realisierungsphase ist eng gekoppelt an die Projektsteuerung.

20.2 Projektüberwachung

> Die laufende **Überwachung der Projektdurchführung** umfasst folgende Aufgabenbereiche:
> - **Erfassung des Projektfortschritts**
>   Dazu ist mit möglichst geringem Zeitverzug festzuhalten, welche Vorgänge abgeschlossen sind, und bei längeren Vorgängen, zu welchem Anteil die Vorgänge bereits ausgeführt worden sind. Darüber hinaus sind die tatsächlich benötigten Ausführungsdauern, die entstandenen Kosten, die in Anspruch genommenen Kapazitäten usw. zu erfassen.
> - **Soll-Ist-Vergleich**
>   Die realisierten Termine, Ausführungsdauern, Kosten, Kapazitätsbeanspruchungen usw. sind mit den Planvorgaben zu vergleichen.
>   Damit verbunden ist eine Analyse der Konsequenzen, die sich aus Soll-Ist-Abweichungen ergeben.
> - **Plananpassung bzw. Planrevision**
>   Bei Abweichungen zwischen Soll und Ist wird in vielen Fällen eine Anpassung bzw. Revision des Projektplans erforderlich.

Die Beziehungen zwischen Ablaufplan und Zeitplan eines Projekts, Projektdurchführung und Projektkontrolle sind schematisch in Abb. 20-7 dargestellt.

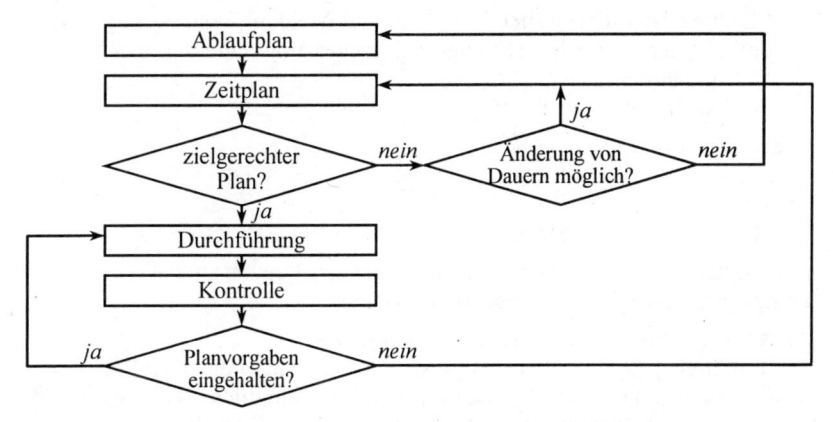

Abb. 20-7: Beziehungen zwischen Projektplanung, -durchführung und -überwachung

Zu den genannten drei Grundaufgaben der Projektüberwachung können weitere Aufgaben kommen, z.B.
- Detaillierung des Plans durch schrittweise Verfeinerung, wenn zunächst nur ein relativ grober Plan aufgestellt worden ist;

- Berücksichtigung neuer Vorgänge und neuer Anordnungsbeziehungen aufgrund der während der bisherigen Projektdurchführung gemachten Erfahrungen;
- Neuplanung von Vorgängen (z.B. geänderte Dauer oder Termine) und Anordnungsbeziehungen.

20.2.2 Ermittlung des Projektfortschritts

Für die laufende Überwachung wird der Projektfortschritt an eine zentrale Stelle, die mit der Kontrolle beauftragt ist, übermittelt. Bei Verwendung entsprechender Software ist die Fortschrittserfassung online an den entsprechenden Arbeitsplätzen möglich.

Die Erfassung des Projektfortschritts kann auf unterschiedliche Art erfolgen, wobei folgende Ansätze möglich sind:

- nach der Verantwortung oder der Zuständigkeit der Erfassung:
  - Abfrage durch Projektmanagement,
  - Fortschrittsmeldungen durch Ausführende,
- nach der Zeit bzw. nach der Regelmäßigkeit:
  - regelmäßige, periodische Erfassung, d.h. in festen Zeitabständen, z.B. wöchentlich,
  - Meldung abgeschlossener Vorgänge und Meldung von Verzögerungen und Problemen noch nicht abgeschlossener Vorgänge, die das Projektende gefährden,
  - nur Planabweichungen,
- nach der Form
  - mündlich,
  - schriftlich,
  - elektronisch, z.B. über ein Rechnernetz.

Aus diesen Ansätzen lassen sich die folgenden Organisationskonzepte für die Ermittlung des Projektfortschritts herleiten.

(1) Abfrage durch das Projektmanagement
Die Initiative geht von der „Terminkontrolle" innerhalb des Projektmanagements aus. Die Abfrage kann schriftlich, mündlich (Telefon, Rundgang) oder durch entsprechende Aufforderungen am Bildschirm erfolgen.

(2) Automatische Rückmeldung
jeweils nach Fertigstellung eines Vorgangs. Bei längeren Vorgängen empfiehlt sich die Abgabe von „Zwischenmeldungen". Bei straffer Organisation dieser Form der Fortschrittsermittlung hat man jederzeit ein aktuelles Bild über den jeweiligen Projektstand.

20.2 Projektüberwachung

(3) Fortschrittsmeldungen in regelmäßigen Zeitabständen,
aus denen insbesondere alle abgeschlossenen Vorgänge hervorgehen und aus denen zu erkennen ist, wie weit begonnene, in Arbeit befindliche Vorgänge schon realisiert wurden. Dies kann dadurch geschehen, dass in regelmäßigen Abständen (z.B. jede Woche oder jeden Monat) die Listen mit den Planvorgaben (bzw. Duplikate davon) mit eingetragenen Ist-Terminen von den für die Ausführung Verantwortlichen an die Projektüberwachung zurückgegeben werden. Anstelle von Listen kann man je nach Organisation der Projektabwicklung auch Einzelbelege, Datenträger oder maschinenlesbare Belege verwenden, oder es wird unmittelbar EDV-gestützt abgefragt.

(4) Projektsitzungen
Schließlich ist noch auf die Möglichkeit hinzuweisen, den Projektfortschritt durch regelmäßige Treffen aller am Projekt Beteiligten zu erfassen. Solche Treffen können aber auch begleitend zu den anderen Möglichkeiten der Projektfortschrittserfassung durchgeführt werden.

Optisch kann man den Projektfortschritt deutlich machen, indem man im Netzplan begonnene und abgeschlossene Vorgänge kennzeichnet, wobei sich farbige Markierungen empfehlen. Außerdem kann man den Projektfortschritt im Balkendiagramm notieren, wie in Abb. 20-3 (S. 226). Sind Vorgangslisten mit Terminvorgaben usw. vorhanden, dann kann man erledigte Vorgänge in den Listen streichen.

Bei der Ermittlung des Projektfortschritts muss ein den individuellen Organisationsgegebenheiten angepasstes Konzept gefunden werden. Dabei kommt es unter anderem darauf an, die für die Projektrealisierung erstellten Unterlagen[1] so zu gestalten, dass mit ihrer Hilfe eine leichte Projektfortschrittskontrolle möglich ist.

Abb. 20-8 enthält ein einfaches Beispiel einer Liste mit Soll- und Ist-Terminen, wobei einige Ist-Angaben noch nicht vorlagen.

Vorgang	D	Ist-D	Plan-AT	Ist-AT	Plan-ET	Ist-ET
Visabeschaffung	5	*5*	25.05.02	*25.05.02*	31.05.02	*31.05.02*
Hotelreservierungen	15	*18*	01.06.02	*03.06.02*	21.06.02	*28.06.02*
Ausrüstung	25	*27*	25.05.02	*27.05.02*	28.06.02	
Auto	20	*15*	25.05.02	*30.05.02*	21.06.02	*17.06.02*
Proviantbeschaffung	5		29.06.02		05.07.02	

Abb. 20-8: Terminplan mit Ist-Daten (vgl. auch Abb. 20-1 (S. 225))

Bei der Ermittlung des Projektfortschritts sollte man in jedem Fall die Möglichkeiten nutzen, die sich durch Rechnernetze und die vielfältigen Konzepte zur Kommunikation – insbesondere Internet und Intranets – bieten.

---

1 Vgl. dazu Abschnitt 20.1, S. 222ff.

Dabei ist auch auf die mobile Kommunikation zu verweisen. Durch eine laufende und direkte Erfassung der Projektfortschrittsdaten ist jederzeit ein aktuelles Bild des Projektstandes verfügbar.

20.2.3 Soll-Ist-Vergleich

Die Projektfortschrittsmeldungen werden mit den Planwerten verglichen.

> **Soll-Ist-Vergleich**
> Der Soll-Ist-Vergleich dient der Gegenüberstellung von Soll- bzw. Plan-Werten und Ist-Werten. Er kann für die Zeit- bzw. Terminplanung, die Kostenplanung, die Kapazitätsplanung und für andere Bereiche durchgeführt werden.

Beim Soll-Ist-Vergleich der Zeiten und Termine können folgende Möglichkeiten auftreten:

(1) **Soll-Werte und Ist-Werte stimmen überein.**
 Der Plan ist eingehalten worden, und es sind keine weiteren Maßnahmen zu ergreifen.

(2) **Soll-Werte und Ist-Werte stimmen nicht überein,**
 jedoch sind die Abweichungen so gering, dass die Terminvorgaben der weiteren Projektabwicklung dadurch nicht beeinflusst werden. Das ist immer dann der Fall, wenn Abweichungen durch Ausnutzung freier Pufferzeit aufgefangen werden können. Auch in diesem Fall müssen keine Maßnahmen ergriffen werden.

(3) **Soll-Werte und Ist-Werte weichen voneinander ab,**
 und es ergeben sich Auswirkungen auf Terminvorgaben der weiteren Projektabwicklung. Dann sind zwei Fälle zu unterscheiden:

 a) Die Abweichung kann durch Inanspruchnahme von Pufferzeiten (gesamte Pufferzeit!) aufgefangen werden, und es ergeben sich keine Auswirkungen auf den Endtermin des Projekts.
 Es muss dann für das Restprojekt ein neuer Zeitplan berechnet werden, und es sind neue Soll-Termine für die Projektdurchführung festzulegen.

 b) Die Abweichung kann nicht vollständig durch Pufferzeiten aufgefangen werden.
 In diesem Fall ist ein neuer Zeitplan zu berechnen, und es ist zu prüfen, ob die Überschreitung des Projektendtermins zulässig ist oder nicht. Gegebenenfalls ist eine entsprechende Plananpassung so vorzunehmen, dass der ursprüngliche Fertigstellungstermin garantiert werden kann.

20.2 Projektüberwachung

(4) Soll-Werte und Ist-Werte weichen voneinander ab,
und zwar derart, dass Soll-Werte unterschritten werden. Bei diesem in der Praxis selten vorkommenden Fall ist zu prüfen, ob eine frühere Projektfertigstellung möglich ist und realisiert werden soll.

Treten während der Durchführung eines Projekts Verschiebungen von Terminen auf, können diese graphisch in einem Diagramm wie in Abb. 20-9 veranschaulicht werden. Das Diagramm hat zwei Zeitachsen, eine für die Projektlaufzeit (horizontal) und eine für die Projektplanung (vertikal). Aus dem Diagramm ist ersichtlich, wie sich die mit Großbuchstaben bezeichneten Termine mit dem Projektfortschritt entwickelt haben.

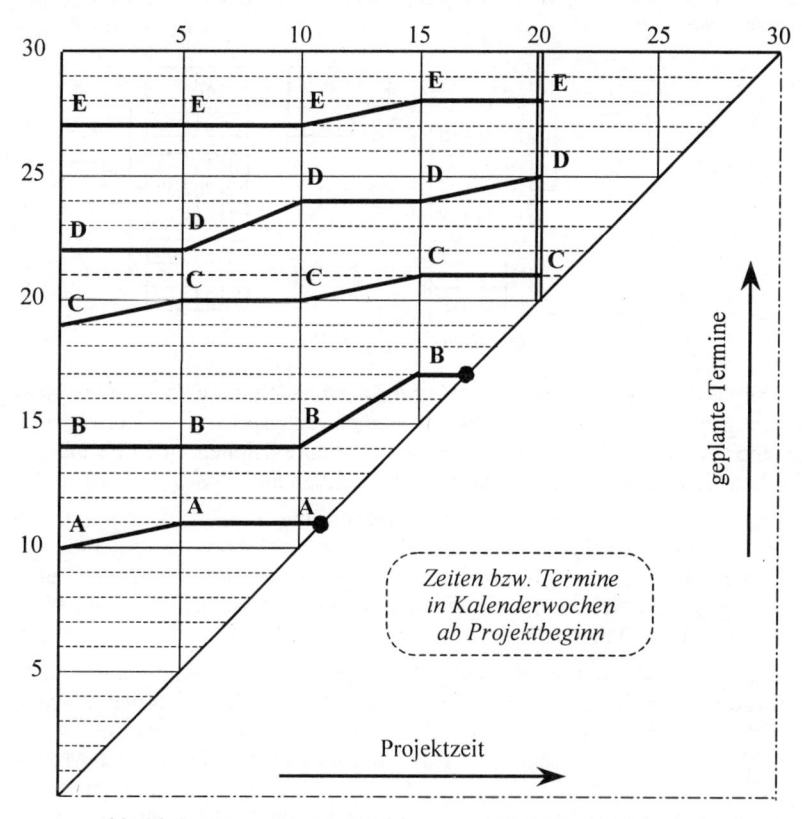

Abb. 20-9: Diagramm zur Verfolgung von Terminverschiebungen

20.2.4 Planrevision

Erfordern Soll-Ist-Abweichungen eine Revision des Zeitplans, dann können alle abgeschlossenen Vorgänge unberücksichtigt bleiben.

Das sei an dem I. Bauabschnitt des Beispiels veranschaulicht.
Eine Kontrolle am 40. Tag der Projektdurchführung ergibt, dass für die restlichen Arbeiten des Vorgangs F noch 10 Tage benötigt werden. Mit E und G wurde noch nicht begonnen. Die Vorgänge A, B, C und D sind abgeschlossen. Die Beendigung von F verzögert sich also um 5 Tage.
Abb. 20-10 enthält einen Netzplan mit einem revidierten Zeitplan der Vorgänge E, F, G und H. Die abgeschlossenen Vorgänge sind mit den ursprünglichen Zeiten enthalten. Eine Neuberechnung wurde nur für E, F, G und H vorgenommen.
Der Abschluss des I. Bauabschnitts verzögert sich um 5 Tage. Die Vorgänge E, F, H sind nunmehr kritisch.

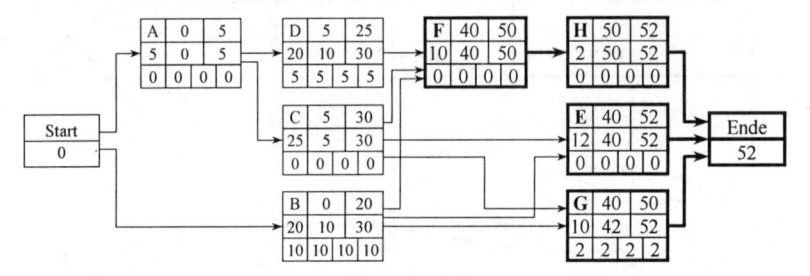

Abb. 20-10: Revidierter Zeitplan für das Restprojekt

Dadurch, dass man für eine durch eine Planabweichung erforderliche Neuplanung nur das restliche Projekt und einen entsprechend kleineren Netzplan zu berücksichtigen braucht, erfordern Planrevisionen einen geringeren Rechenaufwand als die ursprüngliche Projektplanung.

Planrevisionen während der Projektdurchführung werden nicht nur durch Soll-Ist-Abweichungen erforderlich. Es können während der Projektdurchführung zusätzliche Informationen über die Dauer von Vorgängen, über Abhängigkeiten zwischen Vorgängen usw. bekannt werden, die eine Planrevision erforderlich machen.

Auch in diesen Fällen wird man, sofern dies die auftretenden Änderungen erforderlich machen, eine Neuplanung des Projektablaufs vornehmen und mit den geänderten und/oder verfeinerten Daten eine Neuberechnung der Zeiten und Termine vornehmen. Das kann ebenso wie bei Soll-Ist-Abweichungen zu einer Verlagerung des kritischen Weges und u.U. zu unerwünschten Terminverschiebungen führen, wodurch dann Gegenmaßnahmen zur Beseitigung von Engpässen erforderlich werden.

20.3 Änderungsmanagement

Während der Durchführung eines Projekts kann es zu Änderungen gegenüber dem Plan kommen. Dabei kann es sich um Revisions- oder Anpassungsmaßnahmen aufgrund von Soll-Ist-Abweichungen handeln. Sofern diese Änderungen zur Einhaltung von Verträgen oder Terminen zwingend erforderlich sind, kann sich das Änderungsmanagement auf folgende Aufgaben beschränken:
* Planrevision,
* Erstellung geänderter Planungsunterlagen,
* Information der betroffenen Stellen über die Änderungen,
* Dokumentation der Änderungen.

Bei weitreichenden Änderungen oder bei Änderungen, die nicht durch Soll-Ist-Abweichungen erzwungen werden, sollten Änderungen nur aufgrund eines **Projektänderungsantrags** erfolgen.

Ein Muster eines solchen Antrags zeigt Abb. 20-11.

Änderungsantrag		
Projekt: Teilprojekt: Arbeitspaket:		
Auftraggeber des Projekts:		
Projektleitung:		
Antragsteller:		
Gegenstand des Änderungsantrags:		
Betroffene Bereiche/Stellen:		
Detailbeschreibung der beantragten Änderungen:		
Konsequenzen der beantragten Änderungen:		
Kosten bzw. Aufwand:		
Durchführbarkeit wirtschaftliche: personelle: organisatorische: rechtliche: technische: politische: finanzielle: terminliche:		
Bemerkungen:		

Abb. 20-11: Muster eines Änderungsantrags

20.4 Projektcontrolling

Vielfach kann es nützlich sein, für ein Projekt oder generell für Projekte ein Projektcontrolling einzurichten.

> **Projektcontrolling**
> unterstützt das Projektmanagement bei seinen Planungs-, Steuerungs- und Überwachungsaufgaben durch Koordination des Gesamtführungssystems und übernimmt die Informationsversorgung des Projektmanagements[1].

Die Koordination bezieht sich auf zwei Aufgabenbereiche[2]:
(1) Entwurf und Implementierung von Planungs-, Steuerungs- und Kontrollsystemen sowie von Informationsversorgungssystemen einschließlich der optimalen Gestaltung dieser Systeme (*systembildende Aufgaben*).
(2) Optimale Abstimmung der Subsysteme aufeinander, laufende Dispositionen, Störungsbeseitigung und Gewährleistung der laufenden Informationsversorgung (*systemkoppelnde Aufgaben*).

Man beachte, dass Projektcontrolling – wie das allgemeine Controlling[3] – eine **Unterstützungsfunktion** des Projektmanagements ist, kein Ersatz dafür. Ein echtes Projektcontrolling ist deshalb auch nur sinnvoll bei sehr großen Projekten oder in Unternehmen mit sehr vielen Projekten.

Die Grundaufgaben eines Projektcontrolling sind
- Unterstützung des Projektmanagements bei der Projektplanung,
- Unterstützung des Projektmanagements bei der Projektdurchführung und
- frühzeitiges Erkennen von Problemen, die sogenannte **Frühwarnung**.

Im Einzelnen kann das Projektcontrolling folgende Aufgaben übernehmen bzw. dabei mitwirken:
- Zielformulierung,
- Durchführbarkeitsuntersuchungen,
- Aufwandsschätzungen,
- Wirtschaftlichkeitsanalysen,
- Projektinformationssystem,
- Projektdokumentation,
- Berichtswesen,
- Durchführung von Projektsitzungen,

---

[1] Kontrolle bzw. Überwachung ist nur ein Teil des Controlling!
[2] Vgl. HORVÁTH [1999].
[3] Vgl. dazu beispielsweise HORVÁTH [1999].

- Soll-Ist-Vergleiche,
- Ermittlung von Abweichungsursachen,
- Aufbau einer Projektdatenbank,
- Entwicklung von hausinternen Standards und Projektmanagementregeln,
- Erarbeitung und Pflege eines Projektmanagementhandbuchs.

Eventuell kann das Projektcontrolling auch für Beschaffung, Implementierung und Pflege einer Projektmanagement-Software zuständig sein.

20.5 Zusammenfassung

Zusammenfassend kann man die laufende Kontrolle und Revision der Zeit- und Terminplanung in folgende Hauptaufgaben einteilen:

(1) Kontrolle der zeitlichen Projektabwicklung und Soll-Ist-Vergleich.

(2) Analyse der Konsequenzen, die sich aus den zeitlichen Soll-Ist-Abweichungen ergeben und die Bestimmung von Maßnahmen, die dadurch gegebenenfalls erforderlich sind.

(3) Sukzessive Detaillierung von Vorgängen, die bisher nur im Rahmen einer Globalplanung festgelegt wurden.

(4) Berücksichtigung neuer Vorgänge im Netzplan.

(5) Neuplanung von Vorgängen oder Anordnungsbeziehungen.

(6) Untersuchung der Abweichungen, um dadurch für die Zukunft bessere Planungsunterlagen zu erhalten.

Dazu kommt
- Überwachung der Kosten,
- Überwachung der Ausgaben,
- Überwachung des Ressourceneinsatzes,

usw.

Durch die laufende Überwachung des Projektfortschritts und die damit einhergehende Anpassung des zeitlichen und strukturellen Projektablaufs an die tatsächlichen Gegebenheiten wird die Netzplantechnik zu einem dynamischen Planungs- und Kontrollinstrument.

Die Installation einer funktionsfähigen Projektsteuerung und -überwachung stellt hohe Anforderungen an die Organisation. Übersichtliche und leicht zu handhabende Planungsunterlagen mit rationell verdichteten Informationen, Schaffung der betriebsklimatischen Voraussetzungen zur Mitarbeit aller am Projekt Beteiligten und ein schneller Informationsfluss sind wichtige Voraussetzungen für ein effizientes Projektmanagement.

Beim Einsatz der Netzplantechnik für das Projektmanagement sollte man immer beachten, dass die Leistungsfähigkeit des Projektmanagements weniger von den methodischen Eigenheiten der Netzplantechnik und anderer Verfahren abhängt, als von der organisatorischen Konzeption.

Teil VI:
Kosten- und Kapazitätsplanung

21 Ansätze zur Kosten- und Kapazitätsplanung

21.1 Grundsätzliche Bemerkungen

In den Anfängen eines systematischen Projektmanagements standen Ablauf- und Zeitplanung eines Projekts im Vordergrund. Ein erfolgreiches Projektmanagement war dadurch nur begrenzt möglich. Der detaillierte und aussagefähige Zeitplan eines Projekts nützt beispielsweise wenig, wenn begrenzt vorhandene Kapazitäten die Einhaltung des Plans unmöglich machen. Für eine wirtschaftliche Projektplanung reicht es nicht aus, zu wissen, dass für eine Projektdauerverkürzung nur kritische Vorgänge verkürzt werden müssen. Man muss dazu auch wissen, wie diese Verkürzungen mit minimalen Kosten erreicht werden können.

Um auch solche Probleme zu lösen, begann man deshalb bald, Projektmanagementansätze, insbesondere die Netzplantechnik, durch die Einbeziehung von Kosten- und Kapazitätsgesichtspunkten zu erweitern. Auch Fragen der Finanzierung bzw. Finanzplanung, der Liquiditätsplanung, der Beschaffungsplanung usw. wurden erörtert. Dadurch entstanden Konzepte eines umfassenden Projektmanagements.

Es gibt allerdings Projekte, bei denen die Zeitfrage so stark im Vordergrund steht, dass Kosten und Kapazitätsfragen hinter das Ziel einer möglichst schnellen Projektfertigstellung zurücktreten. Man denke nur an militärische Forschungsvorhaben, wie die Entwicklung der Atombombe im zweiten Weltkrieg in den USA, wo die Frage der Kosten nur eine untergeordnete Rolle gespielt hat. Im Allgemeinen wird man sich aber mit der Ablauf- und Zeitplanung für ein Projekt nicht begnügen, sondern die Planung durch Berücksichtigung anderer Gesichtspunkte erweitern.

Projektmanagement unter Berücksichtigung von Kosten, Kapazitäten und weiteren Aspekten kann grundsätzlich unter den folgenden zwei Gesichtspunkten gesehen werden:

- Zeitorientierte Planung, Steuerung und Überwachung des Bedarfs bzw. Einsatzes von Arbeitskräften, Maschinen, Material, Kapital, Kosten, Ausgaben usw.
- Kosten- und/oder zeitoptimale Planung, Steuerung und Überwachung des Einsatzes von Arbeitskräften, Maschinen, Kapital usw.

21.2 Bedarfs- bzw. Bereitstellungsplanung

Bei der Bedarfs- bzw. Bereitstellungsplanung geht es um folgendes:
Für jeden Vorgang eines Projekts kann ermittelt werden, wie hoch die zu erwartenden Kosten sind, welche Kapazitäten (Arbeitskräfte, Maschinen usw.) beansprucht werden, welche Materialien in welcher Menge benötigt werden, inwieweit mit der Ausführung des Vorgangs unmittelbar Ausgaben verbunden sind usw. Auf der Basis der Zeitplanungsergebnisse, die detaillierte Zeitinformationen über die Ausführung jedes Vorgangs enthalten, können dann „zeitliche" Pläne für Kosten, beanspruchte Kapazitäten, benötigte Materialien usw. aufgestellt werden. Auf diese Weise erhält man aus dem Zeitplan abgeleitete Pläne für

- Materialbeschaffung,
- Materialbereitstellung,
- Einsatz von Arbeitskräften,
- Einsatz von Maschinen,
- Kosten und
- Ausgaben,

die in Abb. 21-1 veranschaulicht sind.

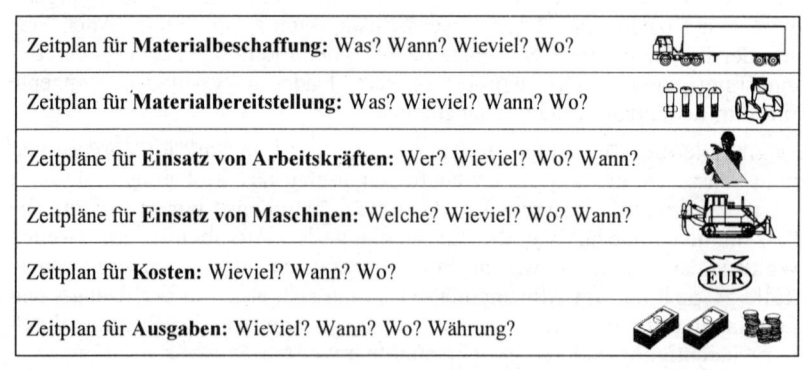

Zeitplan für **Materialbeschaffung**: Was? Wann? Wieviel? Wo?
Zeitplan für **Materialbereitstellung**: Was? Wieviel? Wann? Wo?
Zeitpläne für **Einsatz von Arbeitskräften**: Wer? Wieviel? Wo? Wann?
Zeitpläne für **Einsatz von Maschinen**: Welche? Wieviel? Wo? Wann?
Zeitplan für **Kosten**: Wieviel? Wann? Wo?
Zeitplan für **Ausgaben**: Wieviel? Wann? Wo? Währung?

Abb. 21-1: Aufgaben der Bereitstellungs- und Beschaffungsplanung

Mit der Zuordnung von Kosten, Ausgaben, Kapazitätsbeanspruchung usw. zu den einzelnen Perioden (Tagen, Wochen, Monaten usw.) erhält man wichtige Grundlagen für andere Planungsbereiche.

Abgesehen von dem Problem der Informationsbeschaffung handelt es sich bei der Bedarfs- und Bereitstellungsplanung um eine schlichte und unproblematische Erweiterung der Zeitplanung, so dass darauf nicht weiter eingegangen wird.

21.3 Optimierungs- und Beschränkungsplanung

Bei den meisten Projekten besteht direkt oder indirekt die Aufgabe, sie mit möglichst geringen Kosten zu realisieren. Kapazitäten und finanzielle Mittel stehen nicht in unbegrenztem Umfang zur Verfügung. Daraus ergibt sich bei der Planung das Problem, Beschränkungen zu berücksichtigen und den Projektablauf unter Kosten- und Kapazitätsgesichtspunkten optimal zu planen. Optimierungsaufgaben ergeben sich vor allem aus der Forderung nach möglichst gleichmäßiger Kapazitätsauslastung oder bei der Ermittlung der kostenminimalen Projektdurchführung. Bei manchen Projekten ist eine möglichst kurze Projektdauer ein weiteres Optimierungskriterium.

Projektmanagement-Software geht heute üblicherweise weit über eine reine Ablauf- und Zeitplanung von Projekten hinaus und ist in der Lage, Kosten-, Kapazitäts- und andere Gesichtspunkte zu berücksichtigen. In den folgenden Ausführungen kann nur ein kurzer Überblick über die anstehenden Probleme und Lösungsansätze dazu gegeben werden.

Vor allem auf Optimierungsverfahren wird nicht im Einzelnen eingegangen, weil es sich hierbei teilweise um aufwendige mathematische Verfahren bzw. Ansätze aus dem Operations Research handelt und weil ein Teil der Optimierungsverfahren praktisch bedeutungslos ist, da die für eine Anwendung der Verfahren erforderlichen Informationen in der Praxis im Allgemeinen nicht beschafft werden können. Das trifft insbesondere auf die Kostenoptimierung zu.

22 Kostenplanung

22.1 Grundlagen

22.1.1 Aufgaben und Ziele der Kostenplanung

Für die Ziele einer Kostenplanung gilt folgendes:

Kostenplanung
Die Planung und Kontrolle der Kosten eines Projekts dient vor allem folgenden Zwecken:
- Ermittlung eines Angebotspreises auf Basis der Selbstkosten.
- Bereitstellung von Informationen für Kostenrechnung und Betriebsabrechnung.
- Soll-Ist-Vergleich oder Kostenkontrolle, d.h. Gegenüberstellung der geplanten Kosten und der tatsächlich entstandenen Kosten.
- Erfassung und Bereitstellung von Informationen für zukünftige Projektplanungen.

Die Angebotspreiskalkulation auf Selbstkostenbasis ist ein spezieller Bereich aus der Kostenrechnung, auf den nicht weiter eingegangen wird. Es handelt sich im Prinzip um eine **Vorkalkulation**.

Für die vielfältigen Aufgaben des Rechnungswesens werden **Kosteninformationen** aus dem Projektkostenplan und der Projektkostenkontrolle benötigt. Andererseits muss die Projektkostenplanung und -kontrolle auf Angaben über Kostenarten, Höhe der Kosten, Variabilität der Kosten usw. zurückgreifen, die das Rechnungswesen bereitstellt. Eine Planung und Kontrolle von Projektkosten muss diese informatorischen Wechselwirkungen berücksichtigen.

Soll-Ist-Vergleich und **Kostenkontrolle** sind außerordentlich wichtig, da nur durch eine sorgfältige Kontrolle der geplanten Kosten eine wirtschaftliche Projektabwicklung möglich ist. Der Soll-Ist-Vergleich sollte während der Projektdurchführung laufend erfolgen und nicht erst nach Projektfertig-

22.1 Grundlagen

stellung begonnen werden. Eine laufende Kontrolle der geplanten Kosten eines Projekts kann vor allem folgende Aufgaben erfüllen:
- **Frühwarnung** bei drohenden Kostenüberschreitungen: Die laufende Kostenkontrolle zeigt bei richtiger Handhabung die Gefahr von Überschreitungen der Projektkosten rechtzeitig an. Dadurch können Gegenmaßnahmen eingeleitet werden, um die zu hohen Kosten noch auszugleichen. Ist das nicht möglich, so kann man sich früh genug auf die höheren Kosten einstellen und notwendige Konsequenzen ziehen.
- **Kostenprognose** für das Projekt: Diese Aufgabe hat enge Beziehung zur Frühwarnung. Aus vorhandenen Ist-Werten und gegebenenfalls Soll-Ist-Abweichungen versucht man, die voraussichtliche Kostenentwicklung und die zu erwartende Gesamtkosten des Projekts vorherzusagen.
- **Schwachstellenanalyse**: Eine sorgfältige und detaillierte Kostenplanung und Kostenkontrolle liefert Hinweise auf mögliche Schwachstellen der Projektabwicklung, die zu überhöhten Kosten führen.
- **Wirtschaftlichkeitskontrolle**: Das ist sicherlich die wichtigste Aufgabe der Kostenplanung und Kostenkontrolle, da generell die Überwachung und Sicherstellung eines wirtschaftlichen Betriebsgeschehens die wichtigste Aufgabe der Kostenrechnung ist.

Kosten entstehen durch Personaleinsatz, Maschineneinsatz, Materialverbrauch usw. Dadurch besteht ein enger Zusammenhang der Kostenplanung mit anderen Plänen, vor allem Kapazitätsplanung und Materialplanung. Die Einflüsse sind dabei wechselseitig, denn beispielsweise können zu hohe Kosten die Kapazitätsplanung (z.B. Einsatz kostengünstigerer Maschinen) oder die Materialplanung (Suche nach einem billigeren Material) beeinflussen. Abb. 22-1 veranschaulicht die Zusammenhänge.

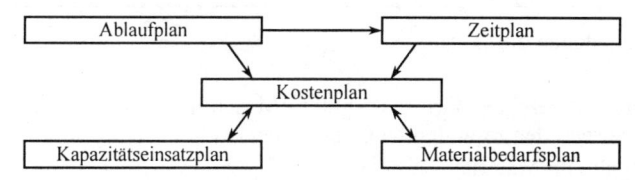

Abb. 22-1: Stellung der Kostenplanung innerhalb der Projektplanung

Man beachte, dass die Kostenplanung und -kontrolle von Projekten wesentlich älter ist als Projektmanagement und Netzplantechnik. Die schon lange bekannten Verfahren zur Vor- und Nachkalkulation von Aufträgen entsprechen unmittelbar der Planung und Kontrolle von Projektkosten.

In den folgenden Abschnitten wird auf die Grundzüge von Kostenplanung, Kostenkontrolle und Kostenoptimierung eingegangen. Zuvor ist jedoch auf folgendes hinzuweisen:

Kostenplanung und Kostenkontrolle ist eine betriebswirtschaftliche Aufgabe. Das bedeutet:
- Für die Projektkostenplanung sind wenigstens solide Grundkenntnisse der betriebswirtschaftlichen Kostenrechnung und möglichst des gesamten Rechnungswesens Voraussetzung.
- Kostenplanung und -kontrolle sollte sich an den bewährten betriebswirtschaftlichen Konzepten orientieren und von dort
  - Begriffe,
  - Aufbau und
  - Verfahrensregeln

  übernehmen, und man sollte sich davor hüten, eigene (meist unausgegorene) Begriffe und Regeln zu verwenden. (In der Praxis findet man das leider hin und wieder.)
- Es muss sorgfältig zwischen Ausgaben und Kosten getrennt werden. Dazu sei auf die Ausführungen im nächsten Abschnitt verwiesen.

22.1.2 Zum Kostenbegriff

Für Projektkostenplanung und -kontrolle ist es wichtig, den Kostenbegriff richtig zu verwenden und Kosten nicht mit Ausgaben zu verwechseln.

Kosten
sind bewerteter, betriebsbedingter Verzehr an Gütern und Dienstleistungen. Sie setzen sich aus zwei Komponenten zusammen:
- Menge (z.B. Maschinen, Arbeitsstunden, Material) und
- Preis oder Wert (z.B. Kosten pro Maschinenstunde, Lohnsatz, Kosten pro Materialeinheit).

Kosten[1] entstehen durch
- Personaleinsatz,
- Nutzung langlebiger Wirtschaftsgüter (Maschinen, Gebäude usw.), und zwar während der gesamten Nutzungsdauer,
- Verbrauch von Material, Energie usw.,
- Inanspruchnahme von Fremdleistungen,
- betriebsbedingte Steuern, Versicherungen, Lizenzen usw.

Von den Kosten zu unterscheiden sind **Ausgaben**. Ausgaben können vereinfacht im Sinne von Bargeldausgaben verstanden werden, also als ein Betrag, der tatsächlich bezahlt wird.

---

1 Es muß darauf hingewiesen werden, dass in der Literatur zum Projektmanagement die einzelnen Kostenbegriffe (z.B. direkte Kosten, Einzelkosten usw.) z.T. unterschiedlich und manchmal auch verwirrend verwendet werden.

Den Unterschied zwischen Ausgaben und Kosten[1] kann man sich an einem einfachen Beispiel klarmachen: Zu Beginn eines Jahres wird ein Auto für DM 20.000 gekauft und bar bezahlt. Dieser Betrag zählt in dem betreffenden Jahr zu den Ausgaben. Das Auto wird 5 Jahre gleichmäßig genutzt und kann am Ende des 5. Jahres noch für DM 5.000 verkauft werden. Den Wertverlust von DM 15.000 verteilt man nun entsprechend der gleichmäßigen Nutzung auf die 5 Jahre. Pro Jahr sind das DM 3.000. Dieser Betrag sind die jährlich durch die Nutzung des Autos entstehenden Kosten[2]. Es gibt also im 1. Jahr Ausgaben von DM 20.000. Vom 1. bis zum 5. Jahr gibt es pro Jahr Kosten von DM 3.000. Im 5. Jahr hat man dann noch Einnahmen in Höhe von DM 5.000.

Zwischen Ausgaben und Kosten muss bei der Projektplanung streng getrennt werden.

Das wird – auch in der Praxis – nicht immer konsequent getan. Die Ausgaben, für die liquide Mittel zur Verfügung stehen müssen, sind vor allem für die Finanzplanung wichtig. Die Kosten geben dagegen den tatsächlichen, bewerteten Einsatz der betrieblichen Faktoren wieder.

22.2 Kostenanalyse

So wie der Zeitplanung eine sorgfältige und detaillierte Zeitanalyse voranzugehen hat, ist die erste Stufe jeder Kostenplanung oder Kostenoptimierung eine Kostenanalyse, d. h. eine genaue Erfassung bzw. Ermittlung der bei der Projektdurchführung anfallenden Kosten.

Für die Kostenanalyse ist ein gut ausgebautes und organisiertes Rechnungswesen Voraussetzung, da andernfalls die erforderlichen Informationen nicht beschaffbar sind. Informationen für die Kostenanalyse (z.B. erforderliche Materialmengen für die Vorgänge, benötigte Zeit für die Ausführung usw.) können aber auch aus anderen Betriebsbereichen, z.B. aus der Arbeitsvorbereitung oder aus der Konstruktion, kommen.

In der betriebswirtschaftlichen Kostenrechnung werden Kosten nach Kostenarten gegliedert und meistens in dieser Form auf die Kostenstellen (Abteilungen, Bereiche usw.) sowie auf die Kostenträger (Leistungseinheiten, Produkte usw.) verteilt. Auch für die Projektkostenplanung und -kontrolle empfiehlt sich die Verwendung einer geeigneten Kostenartensystematik. Dabei sollten folgende Arten von Kosten unterschieden werden:
- Personalkosten,
- Materialkosten,
- Abschreibungen auf Maschinen, Gebäude usw.,

---

1 Auf die in der Betriebswirtschaftslehre übliche Unterscheidung zwischen Auszahlungen, Ausgaben, Aufwand und Kosten soll hier nicht weiter eingegangen werden. Dazu sei auf einführende Literatur zu Betriebswirtschaftslehre, betrieblichem Rechnungswesen und Kostenrechnung verwiesen.
2 Die Ermittlung der Jahreskosten entspricht linearen Abschreibungen auf den Anschaffungswert. Von anderen Kosten, wie z.B. für Treibstoff, Steuern, Versicherung, Wartung, wird hier abgesehen.

- Betriebsmittel (einschl. Energie) für Maschinen, Gebäude usw.,
- Kapital- und Finanzierungskosten,
- Steuern, Versicherungen, Gebühren,
- Kosten für fremdbezogene Teile und andere Fremdleistungen,

und schließlich auch die
- Kosten für das Projektmanagement.

Schwierigstes Problem der Projektkostenanalyse ist, wie auch in anderen Bereichen der Kostenrechnung, die Frage der Zurechenbarkeit. Für die Verrechnung bzw. Zuordnung der Kosten zu Kostenstellen und Kostenträgern gilt grundsätzlich das **Verursachungsprinzip**. Dieses Verursachungsprinzip verlangt, dass alle Kosten immer der sie verursachenden Stelle bzw. dem sie verursachenden Kostenträger zugerechnet werden. Die Durchsetzung des Verursachungsprinzips ist in der Praxis jedoch nicht vollständig möglich, da es viele Kosten gibt (insbesondere bestimmte Kostenarten), für die eine verursachungsgerechte Zurechnung unmöglich ist.

So können z.B. die Personalkosten einer kaufmännischen Verwaltung den einzelnen Produkten nicht verursachungsgerecht zugeordnet werden, da nicht feststellbar ist, welcher exakte Anteil der Personalkosten der kaufmännischen Verwaltung auf das einzelne hergestellte Stück entfällt. Hier ist eine Verrechnung nur über Schlüsselgrößen möglich.

Das Problem der verursachungsgerechten Zuordnung tritt auch bei der Projektkostenplanung auf, da es Kosten gibt, die einem Projekt nicht verursachungsgerecht zugerechnet werden können. Das sind z.B. anteilige Kosten der Unternehmensführung, Kosten der Raumnutzung für die Projektplanung usw. Für einige Zwecke der Kostenplanung und -kontrolle kann auf die Verrechnung dieser Kosten auf das Projekt verzichtet werden. Das trifft z.B. für die Wirtschaftlichkeitskontrolle oder für Kostenprognosen zu, da die nicht verursachungsgerecht zurechenbaren Kosten oft vom Projektmanagement nicht beeinflusst werden können.

Das Problem der verursachungsgerechten Kostenzuordnung tritt verstärkt auf, wenn für ein Projekt eine differenzierte Kostenplanung und -kontrolle angestrebt wird, bei der Kosten nicht nur insgesamt für das Projekt, sondern auch für Teilprojekte, Arbeitspakete oder sogar für einzelne Vorgänge bestimmt werden sollen.

Geht man davon aus, dass die Kostenplanung für das Projekt auf der Grundlage der Vorgänge durchgeführt wird, dann sind bei der Kostenanalyse für jeden Vorgang die **direkten Kosten** zu ermitteln. Dazu gehören alle Kosten, die mit der Durchführung des Vorgangs zusammenhängen und die diesem Vorgang verursachungsgerecht zurechenbar sind. Das bereitet jedoch oft Probleme, und zwar vor allem aus zwei Gründen:

(1) Das Rechnungswesen ist vielfach nicht in der Lage, die erforderlichen Kosteninformationen in dem verlangten Detaillierungsgrad zu liefern. Das

22.2 Kostenanalyse

ist insbesondere dann der Fall, wenn das Rechnungswesen nicht tief genug gegliedert ist und/oder wenn der Projektablauf mit einem sehr hohen Feinheitsgrad geplant wurde.

(2) Der Aufwand für eine detaillierte Kostenplanung ist zu groß, und man begnügt sich mit groben Werten. Es empfiehlt sich dann, nicht die Kosten für einzelne Vorgänge zu erfassen, sondern für Arbeitspakete (die aus mehreren Vorgängen bestehen) oder für Teilprojekte. Dazu kann ein Projektstrukturplan verwendet werden. Auf jeder Ebene dieses Projektstrukturplans werden alle Kosten erfasst, die für diese Ebene verursachungsgerecht zu ermitteln sind. Das sind die direkten Kosten des jeweiligen Elements des Projektstrukturplans. Dieses Vorgehen entspricht dem Ansatz der mehrstufigen Deckungsbeitragsrechnung (vgl. dazu Abb. 22-2, S. 248).

Für eine **mehrstufige Kostenplanung auf der Basis eines Projektstrukturplans** kann die Zergliederung der Projektstruktur in Teilprojekte, Unterprojekte und Arbeitspakete speziell für die Zwecke der Kostenplanung erfolgen. Dabei kann man nach drei Gesichtspunkten vorgehen:

(1) Die Zusammenfassung der Vorgänge zu Arbeitspaketen wird durch die im Netzplan dargestellte Projektstruktur bestimmt. Es werden solche Vorgänge (und auf höheren Stufen Arbeitspakete) zusammengefasst, die im Netzplan unmittelbar zusammenhängen und ein möglichst geschlossenes Teilnetz bilden.

(2) Die Vorgänge werden entsprechend ihrer Zugehörigkeit zu einzelnen Projektteilen zusammengefasst, unabhängig von den strukturellen Verknüpfungen des Netzplans. Entscheidend ist hier die Zuordnung der Vorgänge zu einer technischen oder organisatorischen Einheit.

(3) Schließlich können die Vorgänge auch nach unternehmensorganisatorischen Gesichtspunkten zusammengefasst werden, wobei insbesondere die Kostenstellengliederung zu erwähnen ist. Die Vorgänge werden hierbei den ausführenden Kostenstellen zugeordnet und entsprechend zusammengefasst. Kann ein Vorgang einer Kostenstelle nicht zugeordnet werden, weil mehrere Stellen beteiligt sind, dann ist er in geeigneter Form zu zerlegen.

Die Verdichtung nach (2) entspricht einem objektorientierten und die nach (3) einem funktionsorientierten Projektstrukturplan. Entscheidend ist, dass die hierarchische Gliederung des Projekts für die Zwecke der Kostenplanung so vorgenommen wird, dass den Elementen jeder Stufe Kosten verursachungsgerecht zugerechnet werden können.

Die auf den verschiedenen Ebenen des Projektstrukturplans ermittelten direkten Kosten bilden die Grundlage der Kostenplanung. Je nach Planungsgrundsätzen und Aufbau des Rechnungswesens können zu diesen direkten Kosten noch indirekte hinzukommen, etwa in Form von Verwaltungsgemeinkosten. Sofern diese Kosten einem Projekt zugerechnet werden sollen, geschieht das über Schlüsselgrößen.

Die Erfassung von Kosten auf den verschiedenen Ebenen eines Projektstrukturplans veranschaulicht Abb. 22-2. Die direkten Kosten auf den einzelnen Ebenen sind als fette Zahlen wiedergegeben. Die kursiv geschriebenen Zahlen auf den drei oberen Ebenen stellen die Summe der direkten Kosten der jeweils nachgeordneten Ebenen dar.

```
                          Projekt
                      36.200 / 176.200
            ┌─────────────┴─────────────┐
       Teilprojekt 1                Teilprojekt 2
      12.400 / 71.100              18.600 / 74.100
      ┌──────┴──────┐              ┌──────┴──────┐
 Unterprojekt 11  Unterprojekt 12  Unterprojekt 21  Unterprojekt 22
 2.900 / 50.200   5.200 / 12.800   12.500 / 16.000  14.700 / 30.900

 Arbeitspaket 111  Arbeitspaket 121  Arbeitspaket 221  Arbeitspaket 221
 3.500             6.400             4.100             1.600

 Arbeitspaket 112  Arbeitspaket 122  Arbeitspaket 222  Arbeitspaket 222
 8.200             2.900             2.400             12.700

 Arbeitspaket 113  Arbeitspaket 123  Arbeitspaket 223  Arbeitspaket 223
 4.700             3.500             5.800             5.500

 Arbeitspaket 114                    Arbeitspaket 224  Arbeitspaket 224
 33.800                              3.700             11.100
```

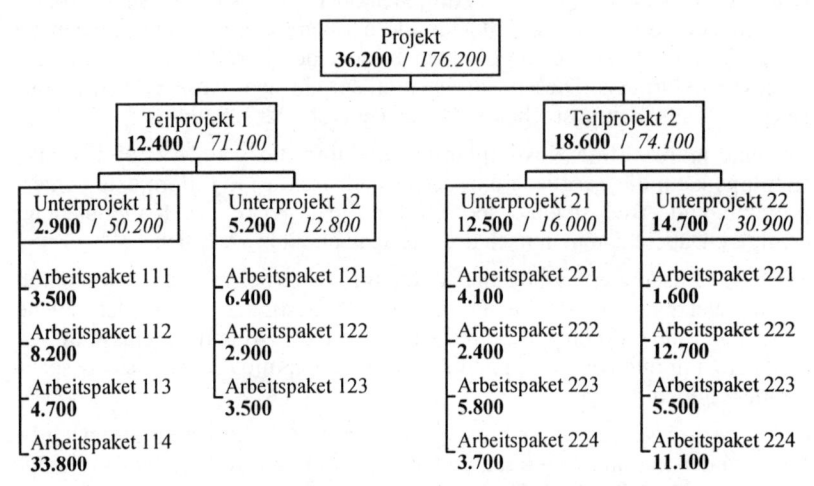

Abb. 22-2: Erfassung direkter Kosten im Projektstrukturplan

In der Anwendung wird man die Kosten natürlich nicht in der graphischen Darstellung des Projektstrukturplans festhalten, sondern in Listenform. Diese Listen können in der gleichen Struktur aufgebaut sein wie die hierarchische Ordnung des Projektstrukturplans.

Abb. 22-3 zeigt zu dem Projektstrukturplan in Abb. 22-2 eine solche Liste. Die Listen sollten dann so angelegt werden, dass sie gleichzeitig auch für die Kontrolle der Kosten verwendet werden können.

Für die Kostenoptimierung ist außer der Einteilung der Kosten in direkte und indirekte noch eine Klassifizierung in **zeitabhängige** und **zeitunabhängige Kosten** von Bedeutung. Werden, z.B. bei einer Plananpassung, Vorgangsdauern verändert, dann ändern sich mit der Dauer meistens auch die Kosten (z.B. durch Überstundenzuschläge).

	Plan / Soll	Ist	Abweichung	Datum	Bemerkungen
Projekt: Gesamtkosten	**212.400**				
Projekt: direkte Kosten	36.200				
Projekt: Summe Teilprojektkosten	*176.200*				
Teilprojekt 1: Gesamtkosten	**83.500**				
Teilprojekt 1: direkte Kosten	12.400				
Teilprojekt 1: Summe Unterprojektk.	*71.100*				
Unterprojekt 11: Gesamtkosten	**53.100**				
Unterprojekt 11: direkte Kosten	2.900				
Unterprojekt 11: Summe Arbeitspakte	*50.200*				
Arbeitspaket 111	3.500				
Arbeitspaket 112	8.200				
Arbeitspaket 113	4.700				
Arbeitspaket 114	33.800				
Unterprojekt 12: Gesamtkosten	**18.000**				
Unterprojekt 12: direkte Kosten	5.200				
Unterprojekt 12: Summe Arbeitspakte	*12.800*				
Arbeitspaket 121	6.400				
Arbeitspaket 122	2.900				
Arbeitspaket 123	3.500				
Teilprojekt 2: Gesamtkosten	**92.700**				
Teilprojekt 2: direkte Kosten	18.600				
Teilprojekt 2: Summe Unterprojektk.	*74.100*				
Unterprojekt 21: Gesamtkosten	**28.500**				
Unterprojekt 21: direkte Kosten	12.500				
Unterprojekt 21: Summe Arbeitspakte	*16.000*				
Arbeitspaket 211	4.100				
Arbeitspaket 212	2.400				
Arbeitspaket 213	5.800				
Arbeitspaket 214	3.700				
Unterprojekt 22: Gesamtkosten	**45.600**				
Unterprojekt 22: direkte Kosten	14.700				
Unterprojekt 22: Summe Arbeitspakte	*30.900*				
Arbeitspaket 221	1.600				
Arbeitspaket 222	12.700				
Arbeitspaket 223	5.500				
Arbeitspaket 224	11.100				

Abb. 22-3: Erfassung direkter Kosten in einer Liste (vgl. Abb. 22-2)

22.3 Kostenplanung und -kontrolle

Nach der Kostenanalyse kann der Kostenplan für das Projekt aufgestellt werden. Dafür gibt es grundsätzlich mehrere Möglichkeiten. Eine Möglichkeit ist die, den Kostenplan unabhängig vom Zeitplan des Projektablaufs aufzustellen. Wichtigste Basis dafür ist der Projektstrukturplan (s.o.). Die zweite Möglichkeit ist die Orientierung des Kostenplans am Zeitplan des Projekts. Auf beide Möglichkeiten wird hier eingegangen.

> **Zeitunabhängige Projektkostenplanung**
> kann auf folgende Arten erfolgen:
> * Planung der Kosten auf der Grundlage des Netzplans,
> * Planung der Kosten auf der Grundlage des Projektstrukturplans.

Bei der **Planung der Kosten auf der Grundlage des Netzplans** werden die direkten Kosten der Vorgänge benötigt. Alle übrigen Kosten werden dem Projekt zugeordnet. Ein solcher Kostenplan hat vor allem folgende Aufgaben:
* Bereitstellung detaillierter Informationen über die Projektkosten,
* genaue „Lokalisierung" einzelner Kostenbestandteile im Projekt, um auf diese Weise eine differenzierte Kostenkontrolle zu ermöglichen.

Während der Projektrealisierung wird für jeden Vorgang ein Soll-Ist-Vergleich durchgeführt, ebenso für die nur dem Projekt als ganzem zurechenbaren Kosten. Zusätzlich können mit dem Projektfortschritt die Kosten kumuliert werden. Auch für die kumulierten Kosten ist dann ein Soll-Ist-Vergleich möglich. Abb. 22-4 zeigt ein einfaches Beispiel, das sich an dem I. Bauabschnitt des schon mehrfach benutzten Projekts orientiert.

Vorgang	geplante Kosten	Ist-Kosten	Abweichung	kumulierte Kosten		
				Soll	Ist	Abw.
Fundamente errichten	3.000	3.200	200	3.000	3.200	200
Kanalisationsanschluss	1.500	1.400	-100	4.500	4.600	100
Wände hochziehen	4.000	4.500	500	8.500	9.100	600
Elektr. Hauptanschluss	600	700	100	9.100	9.800	700
Dachdecke herstellen	2.500	2.300	-200	11.600	12.100	500
Fenster einsetzen	1.200					
Türen einsetzen	1.100					
Dach abdichten	1.500					

Abb. 22-4: Kostenplan mit Soll-Ist-Vergleich

Die Kumulation der Kosten erfolgt üblicherweise in der Reihenfolge des Projektfortschritts. Deshalb ist es meistens zweckmäßig, für die Kostenkontrolle eine Liste zu verwenden, in der die Vorgänge in der Reihenfolge ihrer Fertigstellung enthalten sind.

Kostenplanung auf Basis des Netzplans führt zu folgenden Problemen:
* hoher Erfassungs- und Kontrollaufwand,
* verursachungsgerechte Zuordnung der Kosten zu den Vorgängen.

Bei der **Planung der Kosten auf Basis des Projektstrukturplans** ist die unterste Ebene der Kostenermittlung die Zuordnung der Kosten zu Arbeitspaketen. Da Arbeitspakete meistens mehrere Vorgänge umfassen, ist auf diese Weise der Erfassungsaufwand geringer, aber auch die Aussagefähigkeit. Mit dem Projektstrukturplan kann man auch für die einzelnen Gliederungsebenen gesonderte Kostenpläne erstellen. Im übrigen können die vorhergehenden Ausführungen sinngemäß übertragen werden.

Für die beiden zeitunabhängigen Ansätze der Projektkostenplanung ist zu beachten, dass es in vielen Fällen nützlich sein kann, die Kosten nach Kostenarten oder wenigstens nach Kostenartengruppen zu differenzieren[1].

Zeitorientierte Projektkostenplanung
Bei einer zeitorientierten Kostenplanung und -kontrolle werden die Kosten für die einzelnen Perioden der Projektrealisierung ermittelt und zusätzlich kumuliert.

Aus einem zeitorientierten Kostenplan geht hervor, wie hoch die Kosten sind, die in den einzelnen Zeitabschnitten der Projektdurchführung anfallen. Abb. 22-5 zeigt die graphische Darstellung eines solchen Kostenplans. Für jede Woche der geplanten Projektabwicklung ist die Höhe der geschätzten Kosten eingetragen.

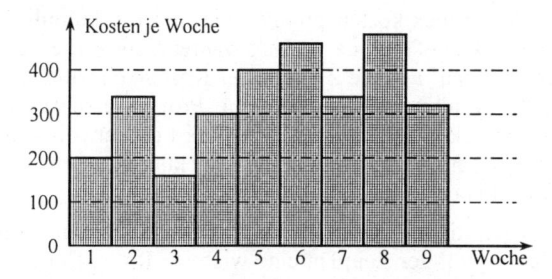

Abb. 22-5: zeitbezogene Kostenplanung

Häufig wird vorgeschlagen, anstelle eines zeitorientierten Kostenplans wie in Abb. 22-5 kumulierte Kosten zu verwenden – vor allem bedingt durch die Eigenschaften von Projektmanagement-Software. Dazu bestimmt man für die einzelnen Perioden der Projektdurchführung, wie viel Kosten bis zum Ende der jeweiligen Periode insgesamt angefallen sind.
Abb. 22-6 zeigt die graphische Darstellung der kumulierten Kosten (Soll-Kosten-Kurve) zu dem Kostenplan aus Abb. 22-5.

---

[1] Die zeitunabhängige Kostenplanung für ein Projekt stellt prinzipiell nichts Neues dar, sondern wird in der Industrie seit Jahrzehnten praktiziert. Jede Vorkalkulation bzw. jede Angebotskalkulation ist ein derartiger Kostenplan. Es empfiehlt sich, bei einem solchen Kostenplan die Kosten auch nach Verantwortungsbereichen zu gliedern.

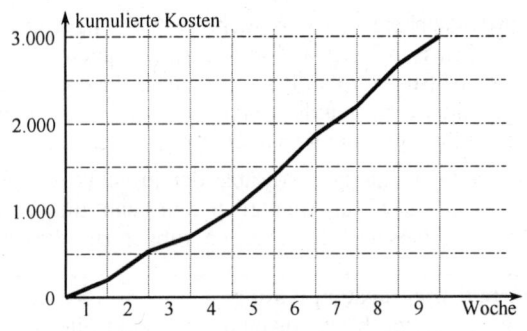

Abb. 22-6: kumulierte Kosten zu Abb. 22-5

Da die Planwerte der Kosten Vorgabecharakter haben, spricht man oft auch von **Kostenbudgetierung.**

Die zeitorientierte Kostenplanung, vor allem die Planung kumulierter Kosten, wird in der Literatur häufig vorgeschlagen, obwohl sie unter Kostenrechnungsaspekten problematisch ist. Jede Projektablaufänderung, die zu einem geänderten Zeitplan führt, und jede Terminverschiebung während der Projektabwicklung kann eine Änderung des zeitlichen Kostenplans zur Folge haben. Die Projektkosten pro Periode und die kumulierten Kosten sind also wenig aussagefähig, da sie sich während der Projektdurchführung ständig ändern können. Für die Zwecke der Kostenkontrolle sind sie kaum geeignet. Dafür ist immer der tatsächliche Projektfortschritt maßgebend. Vor allem in Hinblick auf die Kostenkontrolle ist es sinnvoller, den Kostenplan für ein Projekt am Netzplan oder am Projektstrukturplan zu orientieren und nicht am zeitlichen Ablauf des Projekts.

Plant man dagegen die mit einem Projekt unmittelbar zusammenhängenden **Ausgaben,** dann spielt der Zeitplan eine wichtige Rolle. Bei den Ausgaben ist es wichtig zu wissen, zu welchen Zeitpunkten sie getätigt werden müssen, um die Bereitstellung der liquiden Mittel entsprechend planen zu können. Für die Ausgabenplanung kann auch die Kenntnis der Pufferzeiten wichtig sein. Sind mit einem Vorgang sehr hohe Ausgaben verbunden, dann kann es zweckmäßig sein, den Vorgang in seiner spätesten Lage auszuführen. Dadurch werden Ausgaben erst später fällig, und es können Zinsgewinne erzielt werden (oder Kreditzinsen gespart werden).

Für die Kostenkontrolle und die damit zusammenhängende Analyse eventueller Abweichungen ist besonders zu beachten, dass Termineinhaltungen oft nur möglich sind, wenn ein Ansteigen der Kosten zugelassen wird.

22.4 Kostenoptimierung

Zum Abschluss dieses Kapitels werden die Grundzüge der kostenoptimalen Planung eines Projekts behandelt. In der Praxis hat diese Kostenoptimierung kaum eine Bedeutung, da es nicht gelingt, die für eine praktische Anwendung der Ansätze erforderlichen Informationen zu beschaffen. Für einen wirkungsvollen Einsatz der Netzplantechnik ist es aber außerordentlich nützlich, wenn man die Grundzüge der Kostenoptimierung kennt, da man dadurch z.B. bei einer anstehenden Projektdauerverkürzung eine bessere Entscheidungsgrundlage hat.

Bei der Kostenoptimierung wird zunächst untersucht, wie sich die Vorgangskosten verhalten, wenn die Dauer eines Vorgangs verändert wird.

Die Veränderung einer Vorgangsdauer kann durch

- **zeitliche** (z.B. Überstunden der Arbeitskräfte),
- **quantitative** (z.B. Einsatz zusätzlicher Arbeitskräfte oder Maschinen),
- **intensitätsmäßige** (z.B. Erhöhung der Produktionsgeschwindigkeit) oder
- **qualitative** (z.B. Anwendung anderer Verfahren)

Anpassung erfolgen.

Mit der Vorgangsdauer ändern sich meistens auch die Vorgangskosten. Ist z.B. eine Verkürzung der Ausführungszeit eines Vorgangs nur durch Überstunden der eingesetzten Arbeitskräfte möglich, dann fallen Überstundenzuschläge an. Verschleiß und Energieverbrauch schneller laufender Maschinen steigen häufig progressiv und führen zu höheren Vorgangskosten.

Bei der Veränderung der Vorgangsdauer und damit der Vorgangskosten sind zwei Fälle zu unterscheiden:

(1) Die Vorgangsdauer kann nicht (auch nicht annähernd) stetig variiert werden.

Der Übergang vom Land-See-Weg zum Luftweg beim Transport ist z.B. ein solcher Fall. Die Verkürzung der Transportzeit wird erheblich sein, aber es sind keine Zwischenwerte möglich. In einem solchen Fall kann man natürlich nur einzelne Punkte für die Beziehung zwischen Kosten und Dauer eines Vorgangs bestimmen.

(2) Die Vorgangsdauer kann, wenigstens näherungsweise, stetig variiert werden. In diesem Fall können die Beziehungen zwischen Kosten und Dauer durch eine stetige Funktion beschrieben werden.

Ohne hier auf produktions- und kostentheoretische Gesichtspunkte einzugehen, kann man davon ausgehen, dass die Kostenkurve eines einzelnen Vorgangs, wenigstens tendenziell, einen Verlauf hat wie in Abb. 22-7.

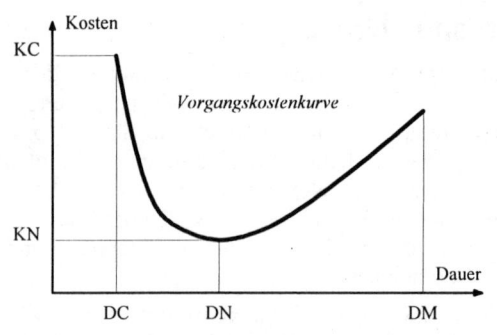

Abb. 22-7: Vorgangskostenkurve

DN ist die **normale Dauer** des Vorgangs, bei der üblicherweise die Kosten des Vorgangs am geringsten sind.

DC ist die **minimale Dauer,** für die sich auch die Bezeichnung „Zusammenbruchspunkt" (crash-point) findet.

DM ist die **maximale Dauer.**

KN und KC sind die zu DN und DC gehörenden Kosten.

Eine exakte Beschreibung der Kostenfunktion stößt auf praktische Schwierigkeiten. Man kann sich hier dadurch helfen, dass man die Kostenfunktion linear approximiert. Dazu benötigt man nur zwei Punkte der Kostenkurve und kann aus diesen die zwischen ihnen verlaufende Gerade bestimmen (Abb. 22-8a). Der nach rechts aufsteigende Ast der Kurve der Vorgangskosten wird dabei üblicherweise vernachlässigt.

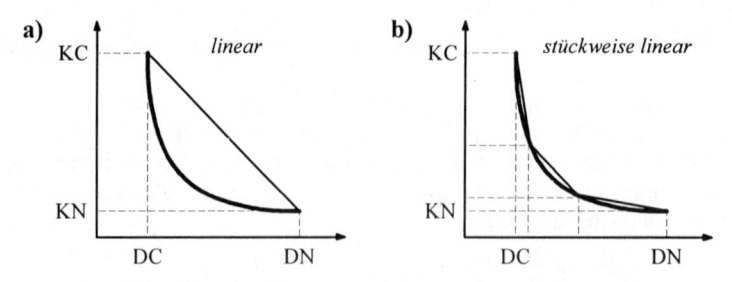

Abb. 22-8: lineare und stückweise lineare Approximation einer Vorgangskostenkurve

Die Approximation kann verbessert werden, wenn man durch mehrere Funktionen **stückweise linear** annähert (Abb. 22-8b).

22.4 Kostenoptimierung

Beschleunigungskosten
Die Beschleunigungskosten b eines Vorgangs geben an, um wie viel sich die Kosten des Vorgangs erhöhen, wenn man die Vorgangsdauer um eine Zeiteinheit verkürzt. Es gilt:

$$b = \frac{KC - KN}{DN - DC}$$

Für eine linear angenäherte Kostenkurve entsprechen die Beschleunigungskosten dem Anstieg der linearen Kostenkurve bei einer Reduzierung der Vorgangsdauer.

In der Praxis wird man die Beschleunigungskosten nicht immer in der angegebenen Form bestimmen können. Oft wird man sie aber dennoch schätzen können, z.B. bei Kenntnis der Überstundenzuschläge oder über die höheren Energieverbrauchskosten schneller laufender Maschinen.

Aus den Beziehungen zwischen Vorgangsdauer und Vorgangskosten lassen sich im Regelfall keine eindeutigen Beziehungen zwischen Projektdauer und Projektkosten herleiten, wie das folgende einfache Beispiel zeigt.

Das „Projekt" besteht nur aus den beiden hintereinander liegenden Vorgängen A und B mit den in Abb. 22-9 dargestellten Kostenkurven.

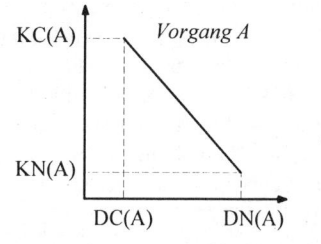

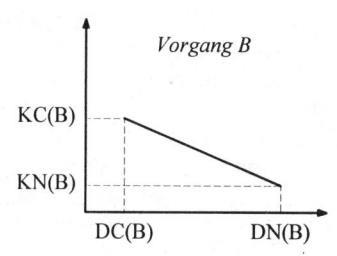

Abb. 22-9: Vorgangskostenfunktionen

Versucht man nun für diesen einfachen Fall die Gesamtkosten K = K(A) + K(B) für beide Vorgänge in Abhängigkeit von der Gesamtdauer T = D(A) + D(B) zu ermitteln, so stellt man fest, dass keine eindeutigen Angaben möglich sind. Für eine bestimmte Gesamtdauer sind verschieden hohe Gesamtkosten möglich, je nachdem wie sich die Gesamtdauer aus D(A) und D(B) zusammensetzt. Eine graphische Darstellung dazu enthält Abb. 22-10 (S. 256).
Sämtliche in der schraffierten Fläche liegenden Kosten-Zeit-Kombinationen können realisiert werden. Die obere Begrenzungslinie erhält man, wenn man, ausgehend von der maximalen Gesamtdauer, eine Verkürzung der Projektdauer dadurch zu erreichen sucht, dass man zunächst die Zeit für Vorgang B konstant hält und nur die Ausführungsdauer des Vorgangs A herabsetzt. Kann A nicht mehr verkürzt werden, dann verringert man die Dauer von B. Die untere Begrenzungslinie erhält man im umgekehrten Fall, wenn man zuerst die Dauer von B herabsetzt und erst wenn dafür das Zeitminimum erreicht ist, eine Verkürzung von A vornimmt. Punkte innerhalb der schraffierten Fläche erhält man, wenn man die Zeiten beider Vorgänge nur zu einem Teil verkürzt.

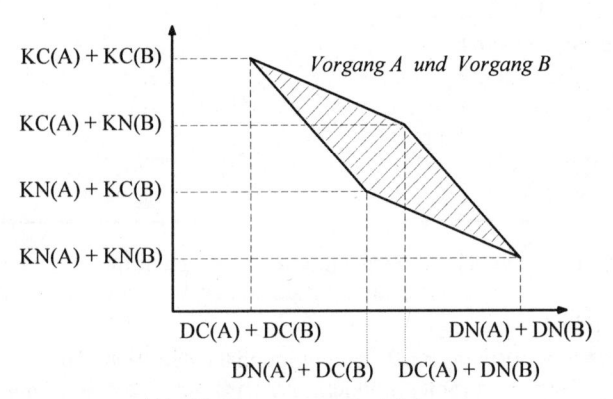

Abb. 22-10: gesamte Projektkosten

Bei größeren Projekten werden die Zusammenhänge entsprechend komplizierter, u.a. dadurch, dass eine Verkürzung der Projektdauer bisweilen nicht nur durch Verkürzung eines einzigen, auf einem kritischen Weg liegenden Vorgangs herbeigeführt werden kann, sondern durch gleichzeitige Verringerung der Dauer mehrerer parallel liegender kritischer Vorgänge.

Eine Betrachtung von Abb. 22-10 zeigt, dass unter wirtschaftlichen Gesichtspunkten nicht alle Verkürzungsmöglichkeiten bedeutsam sind. Man wird in der Regel anstreben, eine gegebene Projektdauer mit geringstmöglichen Kosten zu erreichen. Für Abb. 22-10 besagt das, dass nur die auf der unteren Begrenzungslinie der schraffierten Fläche liegenden Punkte von Bedeutung sind. Auf dieser unteren Begrenzungslinie liegen die Zeit-Kosten-Kombinationen, die den geringsten Kosten entsprechen.

Bei einer Verkürzung der Projektdauer werden also die Vorgangsdauern so verkürzt, dass der dadurch hervorgerufene Kostenanstieg am geringsten ist. Bei dem einfachen Beispiel in Abb. 22-9 und Abb. 22-10 ist der Kostenanstieg durch eine Verringerung der Dauer bei Vorgang B niedriger als bei Vorgang A. Eine Verringerung der Projektdauer wird man also so vornehmen, dass man zunächst die Dauer von Vorgang B verkürzt. Erst wenn das nicht mehr möglich ist, wird man die Dauer des Vorgangs A herabsetzen.

Prinzipiell geht man bei einer Projektdauerverkürzung wie folgt vor:

Vorgehensweise für eine kostenminimale Projektdauerverkürzung

(1) Bestimmung der kritischen Vorgänge, über deren Dauer die Projektdauer verringert werden kann.

(2) Bestimmung der Beschleunigungskosten für die einzelnen Verkürzungsmöglichkeiten. Müssen mehrere Vorgänge gleichzeitig verkürzt werden, sind die entsprechenden Beschleunigungskosten zu addieren.

(3) Verkürzung der Projektdauer an der kostengünstigsten Stelle.

Bei Schritt (1) ist darauf zu achten, dass manchmal zwei oder mehr Vorgänge gleichzeitig verkürzt werden müssen, um die Projektdauer zu reduzieren.
In Schritt (2) reicht eine grobe Schätzung aus, da es vor allem auf die Rangordnung der Beschleunigungskosten ankommt.

Neben diesen einfachen Überlegungen zur Ermittlung einer **kostenminimalen Projektbeschleunigung** gibt es auch Ansätze zur Bestimmung einer **kostenminimalen Projektdauer**.

Für die Lösung beider Problembereiche stehen verschiedene Algorithmen zur Verfügung, und zwar aus der Graphentheorie (Flussalgorithmen bzw. Algorithmen zur Bestimmung eines Minimalschnittes in einem Graphen) und im Rahmen der Linearen Optimierung.

Wie bereits zu Beginn dieses Abschnitts gesagt wurde, spielen diese Ansätze für die Anwendung keine Rolle. Dafür reichen die hier behandelten Grundüberlegungen über Beschleunigungskosten und kostenminimale Projektbeschleunigung aus.

Zum Abschluss dieses Abschnitts sei noch einmal ausdrücklich darauf hingewiesen, dass man Kosten bei der Projektplanung niemals isoliert betrachten sollte, sondern - vor allem bei Projektbeschleunigungen - auch im Zusammenhang mit den die Kosten beeinflussenden Größen (Arbeitskräfte, Maschinen, Material usw.) sehen muss.

22.5 Kosten im Projektlebenszyklus

Für viele Projekte kann man einen „Projektlebenszyklus" definieren. Dieser besteht aus den Phasen
- Initialisierung,
- Planung,
- Entwurf,
- Realisierung,
- Nutzung

und reicht bis zum Ende der Nutzungsphase.

Betrachtet man die mit einem Projekt verbundenen Gesamtkosten während des Projektlebenszyklus, dann wird die Höhe dieser Gesamtkosten wesentlich in den Phasen Planung und Entwurf festgelegt, auch wenn die Kosten tatsächlich erst später entstehen.

In Abb. 22-11 (S. 258) ist dieser Zusammenhang veranschaulicht.

Das in Abb. 22-11 ersichtliche Phänomen macht deutlich, wie wichtig eine sorgfältige Projektplanung ist und dass dabei auch immer die Kosten des Projektergebnisses während der Nutzungsphase beachtet werden müssen.

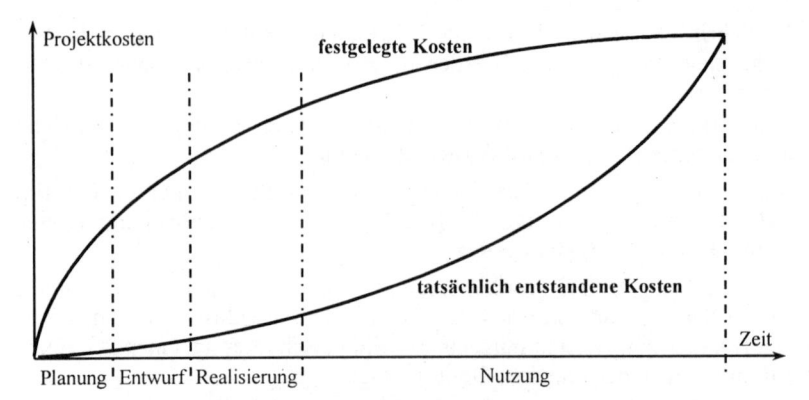

Abb. 22-11: Kostenfestlegungen und tatsächlich entstandene Kosten im Projektlebenszyklus

In Zusammenhang mit der Projektkostenplanung ist für technisch ausgerichtete Projekte auch auf Wertanalyse[1] und Zielkostenmanagement[2] (Target Costing) hinzuweisen.

---

1 Vgl. z.B. JEHLE [1993] und VDI ZENTRUM WERTANALYSE [1991].
2 Vgl. z.B. BUGGERT/WIELPÜTZ [1995] und SEIDENSCHWARZ [1993].

23 Kapazitätsplanung

23.1 Einsatzplanung für Arbeitskräfte und Maschinen

Mit der in Kapitel 22 behandelten Kostenplanung wurde indirekt bereits auf Kapazitätsplanung eingegangen, denn Kosten entstehen u.a. durch Arbeitskräfte und Inanspruchnahme der Produktionsmittel im weitesten Sinne.

> **Kapazitätseinsatzplan**
> Die einfachste Form der Berücksichtigung von Kapazitäten bei der Projektplanung ist die zeitbezogene Planung des Einsatzes der Arbeitskräfte und Produktionsmittel. Dazu ist für jeden Vorgang zu ermitteln, welche Produktionsmittel benötigt werden und in welchen Mengen diese zur Verfügung stehen müssen. Auf der Grundlage des Projektzeitplans kann dann ein Einsatzplan für Arbeitskräfte, Maschinen usw. erstellt werden.
> Dieser Kapazitätseinsatzplan gibt an,
> - welche Arbeitskräfte und Produktionsmittel,
> - zu welchen Zeitpunkten,
> - in welchen Mengen,
> - an welchem Ort
>
> bereitgestellt werden müssen.

Die Aufstellung eines zeitorientierten Bedarfs- oder Einsatzplans für Arbeitskräfte, Maschinen usw. bereitet im Allgemeinen keine Probleme, da der Zeitplan festliegt und nur eine Modifikation derart erfährt, dass zusätzlich zu Zeitpunkten bzw. Zeitintervallen die einzusetzenden Ressourcen angeführt werden. Dabei ist zu beachten, dass eine Zerlegung von Vorgängen dadurch notwendig werden kann, dass der Arbeitskräfteeinsatz und/oder Produktionsmitteleinsatz während der Vorgangsdauer nicht immer konstant ist. Die Vorgänge sind dann so zu zerlegen, dass sich für einen Vorgang eine gleichmäßige Beanspruchung aller benötigten Ressourcen ergibt.

Schwierigkeiten bei der Kapazitätsplanung können sich bei der Beschaffung der erforderlichen Informationen ergeben. Der Plan selbst kann tabellarisch und/oder graphisch aufgestellt werden. Für einen tabellarischen Kapazitätsplan bieten sich mehrere Möglichkeiten:

Terminlisten für ein Projekt (vgl. Kapitel 19) können um die Angabe der benötigten Arbeitskräfte, Maschinen usw. ergänzt werden. Werden unterschiedliche Berufsgruppen und Maschinen eingesetzt, dann ist
* in die Terminliste für jede Kapazitätsart eine besondere Spalte einzufügen, oder
* man plant jede Kapazitätsart in einer gesonderten Liste.

Zweckmäßigerweise wird in jedem Fall der Einsatzort mit angegeben.

Die beiden Listenformen erfüllen im Allgemeinen verschiedene Funktionen bei der Projektplanung und -realisierung. Die erste Liste gibt zu jedem Vorgang die benötigten Kapazitäten an. Die zweite Liste gibt für jede Zeiteinheit die benötigten Kapazitäten an. Aus dieser Liste kann für jede Kapazitätsart und für jede Zeiteinheit der Gesamtbedarf abgelesen werden. Diese Liste ist für die eigentlichen Zwecke einer Kapazitätsplanung wesentlich aussagefähiger. Abb. 23-1 enthält ein einfaches Beispiel dazu.

Projekt Einfamilienhaus Lehmann: Arbeitskräftebedarf

Tag	Dachdecker	Einsatzort	Tischler	Einsatzort
20.09.	5	Baustelle	3	Werkstatt
21.09.	5	Baustelle	3	Werkstatt
22.09.				
23.09.				
24.09.	8	Baustelle	3	Werkstatt
25.09.	8	Baustelle	3	Werkstatt
26.09.	8	Baustelle	4	Baustelle
27.09.	7	Baustelle	4	Baustelle
28.09.	7	Baustelle	4	Baustelle
29.09.				
30.09.				
01.10.	7	Baustelle	3	Baustelle

Abb. 23-1: Arbeitskräftebedarfsplan

Den zeitlichen Verlauf einer Kapazitätsbeanspruchung kann man graphisch darstellen, indem man in einem Koordinatensystem die Zeit in waagerechter Richtung und die beanspruchte Kapazität in senkrechter Richtung abträgt.

Kapazitätsbelastungsdiagramm
Die graphische Darstellung der Inanspruchnahme einer Kapazität über einer Zeitachse als Säulendiagramm oder als Kurve heißt Kapazitätsbelastungsdiagramm oder Kapazitätsbelastungsprofil.

23.1 Einsatzplanung für Arbeitskräfte und Maschinen

Für ein Projekt erhält man soviel Kapazitätsbelastungsdiagramme, wie verschiedene Produktionsmittel und Arbeitskräftearten eingesetzt werden. Abb. 23-2 zeigt ein einfaches Beispiel mit den Daten aus Abb. 23-1.

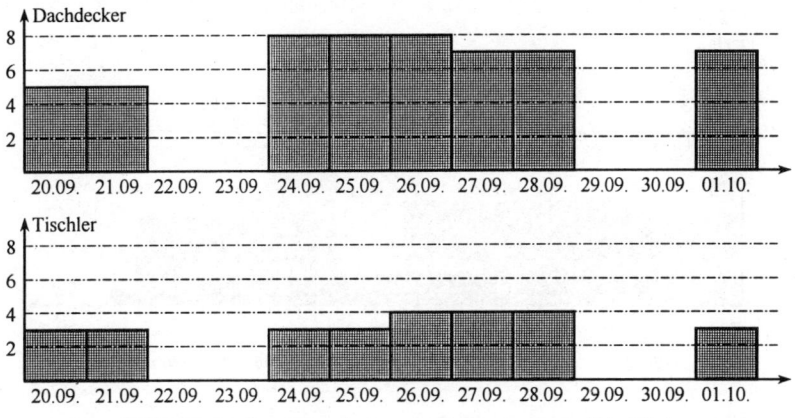

Abb. 23-2: Kapazitätsbelastungsdiagramme zu Abb. 23-1

Zur weiteren Veranschaulichung wird wieder das Beispiel herangezogen. Die für jeden Vorgang benötigten Hilfsarbeiter, Elektriker, Maurer und Monteure sind in Abb. 23-3 noch einmal zusammengestellt.

Vorgang		Hilfsarb.	Arbeitskräfte Elektriker	Maurer	Monteure
A	Fundamente errichten	10			
B	Kanalisationsanschluss herstellen	4			
C	Wände hochziehen	2			
D	Elektr. Hauptanschluss herstellen	4			
E	Fenster einsetzen	4			
F	Dachdecke herstellen	5			
G	Türen einsetzen	3			
H	Dach abdichten	1			
K	Elektr. Leitg. für Kraftstrom verlegen		6		
L	Maschinenfundamente erstellen			8	
M	Elektr. Leitg. für Lichtstrom verlegen		3		
N	Halterungen für Maschinen anbringen			7	
P	3 Maschinen aufstellen				5
Q	Verputz außen			5	
R	Elektr. Anschl. für Kraftstrom anbringen		5		
S	Verputz innen			10	
T	3 Maschinen anschließen				5
U	Elektr. Anschl. für Lichtstrom anbringen		2		
V	Probelauf der 3 Maschinen				2

Abb. 23-3: Arbeitskräftebedarf des Beispiels

In Verbindung mit den Ergebnissen der Zeitplanung ergeben sich die Kapazitätsbelastungsdiagramme in Abb. 23-4 bis Abb. 23-7, wobei jeweils die früheste Lage für die Vorgänge gewählt wurde. Durch unterschiedliche Schraffierung ist kenntlich gemacht, wie sich die Gesamtbelastung der Kapazität aus den Einzelbelastungen der jeweiligen Vorgänge zusammensetzt. Auf die stark hervorgehobene waagerechte Linie in Abb. 23-4 wird später eingegangen.

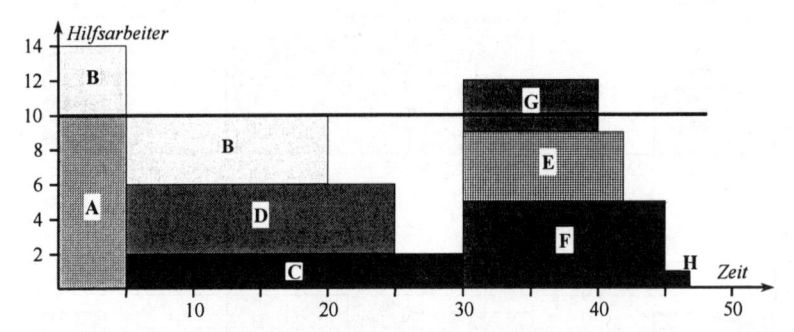

Abb. 23-4: Kapazitätsbelastungsdiagramm für Hilfsarbeiter

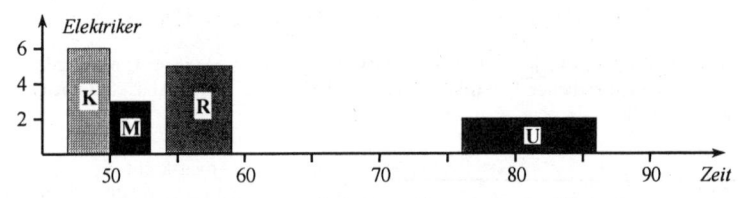

Abb. 23-5: Kapazitätsbelastungsdiagramm für Elektriker

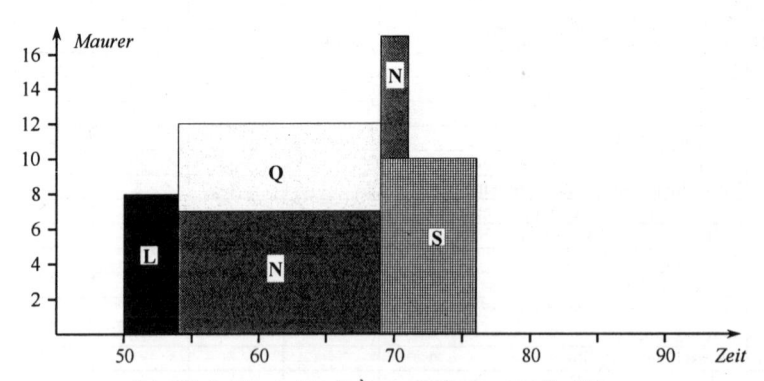

Abb. 23-6: Kapazitätsbelastungsdiagramm für Maurer

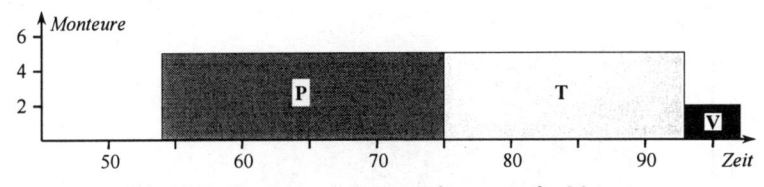

Abb. 23-7: Kapazitätsbelastungsdiagramm für Monteure

23.2 Optimierungsprobleme der Kapazitätsplanung

23.2.1 Kapazitätsausgleich

Aus Abb. 23-4 bis Abb. 23-7 ist ersichtlich, dass der Einsatz von Arbeitskräften und Maschinen im Zeitablauf schwanken kann. Ziel einer Kapazitätsplanung ist aber u.a. eine möglichst gleichmäßige Auslastung der Kapazitäten. Auslastungsschwankungen sind unerwünscht.

Kapazitätsausgleich
Eine möglichst gleichmäßige Kapazitätsauslastung bei vorgegebener Projektdauer kann man erreichen durch
- Verschiebung nichtkritischer Vorgänge innerhalb von Pufferzeiten,
- Veränderung der Dauer nichtkritischer Vorgänge.

Weiterhin besteht die Möglichkeit, die Projektdauer zu verlängern.

Die Verfahren zur Glättung der Kapazitätsbelastungsdiagramme bzw. Produktionsmitteleinsatzdiagramme sind unter dem Namen **Resource Levelling** oder **Manpower Levelling bzw. Smoothing** bekannt. Hauptaufgabe dieser Verfahren ist die Erreichung einer möglichst gleichmäßigen Kapazitätsauslastung bei vorgegebener Projektdauer.

Die vorhandenen Verfahren arbeiten fast alle unter Zuhilfenahme systematischer Probiermethoden. Es wird schrittweise „ausprobiert", ob durch zulässige Verschiebung von Vorgängen eine gleichmäßige Kapazitätsauslastung erreicht werden kann. In jedem Fall ist zu bedenken, dass sich bei Verschiebung von Vorgängen zur Glättung eines Kapazitätsbelastungsdiagramms in der Regel auch andere (evtl. alle) Kapazitätsbelastungsdiagramme ändern werden. Eine gute Lösung erreicht man dann nur über einen simultanen Ansatz.

Abb. 23-8 zeigt das Kapazitätsbelastungsdiagramm für Maurer (vgl. Abb. 23-6), das man erhält, wenn man mit Vorgang S 3 Tage später beginnt. Man beachte, dass sich dann auch die Kapazitätsbelastungskurve für Elektriker ändert. Abb. 23-9 zeigt diese Änderung.

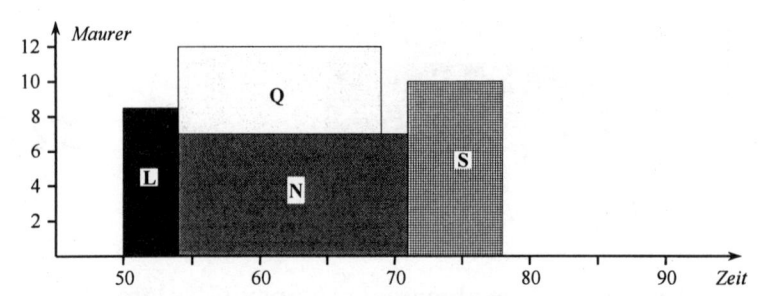

Abb. 23-8: geglättetes Kapazitätsbelastungsdiagramm für Maurer

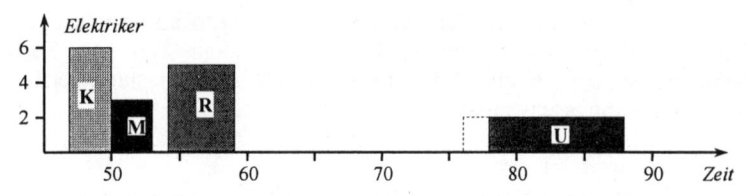

Abb. 23-9: geändertes Kapazitätsbelastungsdiagramm für Elektriker

23.2.2 Berücksichtigung von Kapazitätsbeschränkungen

Da Arbeitskräfte und Produktionsmittel üblicherweise nicht in unbegrenzten Mengen zur Verfügung stehen, sind bei der Projektplanung oft auch **Kapazitätsbeschränkungen** zu berücksichtigen.

Beim Kapazitätsausgleich bzw. der Glättung des Kapazitätsbelastungsprofils geht es darum, für eine vorgegebene Projektdauer eine möglichst gleichmäßige Kapazitätsbelastung zu erreichen.

> **Kapazitätsbeschränkungen**
> Bei begrenzt verfügbaren Arbeitskräften und/oder Produktionsmitteln ist unter Berücksichtigung der Kapazitätsbeschränkungen eine möglichst geringe Projektdauer zu planen.

Eine isolierte Zeitplanung ist dann nicht mehr möglich. Man spricht in diesem Zusammenhang von **Resource Allocation** oder **Manpower Scheduling**. Auf Einzelheiten dazu kann im Rahmen dieser Einführung nicht eingegangen werden. Es wird nur ein einfaches Beispiel besprochen.

Wenn während des I. Bauabschnitts des Beispiels nur höchstens 10 Hilfsarbeiter zur Verfügung stehen (vgl. die stark ausgezogene Linie in Abb. 23-4), dann kann das Projekt in der

23.2 Optimierungsprobleme der Kapazitätsplanung

ursprünglich geplanten Form nicht durchgeführt werden[1]. Die Überbeanspruchung der Kapazität zu Beginn des I. Bauabschnitts kann beseitigt werden, indem man den Vorgang B durch Ausnutzung von Pufferzeit erst nach 5 Tagen beginnen lässt. Die Überbeanspruchung zwischen dem 30. und 40. Tag kann beseitigt werden, indem man den Vorgang G erst am 42. Tag beginnen lässt. Das Ende des I. Bauabschnitts verzögert sich dadurch um 5 Tage auf den 52. Tag. Die sich dann ergebende Belastungskurve ist in Abb. 23-10 dargestellt.

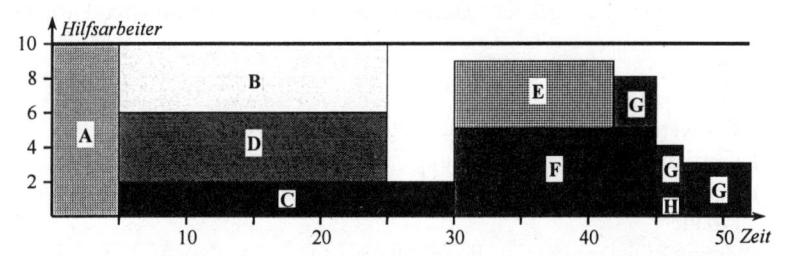

Abb. 23-10: Berücksichtigung einer Kapazitätsbeschränkung für Hilfsarbeiter

Muss der errechnete Endtermin von 47 für den I. Bauabschnitt eingehalten werden, so kann man sich dadurch helfen, dass man versucht, die Ausführungsdauer nichtkritischer Vorgänge im Rahmen des durch Pufferzeiten gegebenen Spielraums zu verlängern, um dadurch den Bedarf an Hilfsarbeitern zu verringern. Für das Beispiel gelte folgendes:
- Für Vorgang G werden insgesamt 30 Hilfsarbeitertage benötigt. Statt mit 3 Hilfsarbeitern in 10 Tagen kann man den Vorgang auch mit 2 Arbeitern in 15 Tagen ausführen.
- Für Vorgang E werden 48 Hilfsarbeitertage benötigt. Statt 4 Hilfsarbeiter 12 Tage arbeiten zu lassen, kann man auch 3 Arbeiter für 16 Tage einplanen.
- Mit diesen Änderungen ergibt sich die Kapazitätsbelastungskurve in Abb. 23-11.

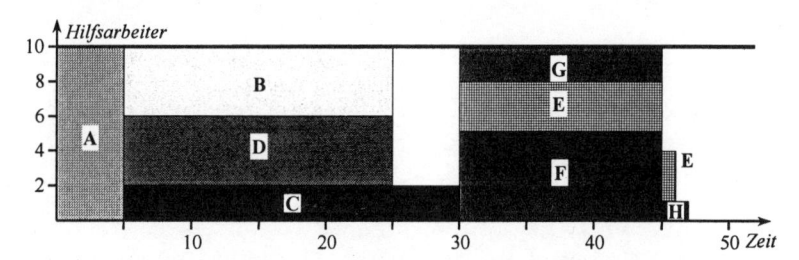

Abb. 23-11: Berücksichtigung einer Kapazitätsbeschränkung für Hilfsarbeiter

Die Behandlung des Kapazitätsproblems kann bereits die Ablaufplanung beeinflussen. Das betrifft die Reihenfolge der Vorgänge, die nicht immer zwingend festliegt, und den Detaillierungsgrad der Planung. Eine Verfeinerung der Projektstruktur wird oftmals eine Verbesserung der Kapazitätsausnutzung zur Folge haben. Die Existenz von Kapazitätsbeschränkungen hat also nicht nur, wie häufig behauptet wird, das Problem der Planung einer

---

[1] Vgl. den Zeitplan in Abb. 14-16 und die Kapazitätsbelastungskurve in Abb. 23-4 (S. 262).

minimalen Projektdauer bei vorgegebenen Kapazitäten zur Folge, sondern auch die gleichzeitige Optimierung des Projektablaufs in bezug auf die Kapazitätsgegebenheiten und die Minimierung der Projektdauer.

Die Anpassung des Projektablaufs an die Kapazitätsgegebenheiten kann man auch dazu benutzen, bei fester Projektdauer die Produktionsmitteleinsatzkurve(n) zu glätten. Damit ergibt sich zusammenfassend folgendes:

Kapazitätsplanung
Bei der Kapazitätsplanung ist zu unterscheiden zwischen
- Kapazitätsbereitstellungsplanung;
- Planung einer gleichmäßigen Kapazitätsauslastung bei gegebener Projektdauer;
- Planung einer minimalen Projektdauer (und optimalen Ablaufstruktur) bei gegebenen Kapazitätsbeschränkungen.

Es wird deutlich, dass für ein aussagefähiges und wirtschaftlich sinnvolles Projektmanagement Zeit-, Kosten-, Kapazitäts- und Ablaufplanung nicht isoliert durchgeführt werden dürfen, sondern immer im Zusammenhang und mit ihren gegenseitigen Beziehungen zu sehen sind.

24 Weitere Projektplanungsaspekte

24.1 Überlagerung mehrerer Netzpläne

In den bisherigen Ausführungen wurde die Netzplantechnik nur für die Planung und Durchführung eines einzelnen Projekts beschrieben. In der Praxis werden jedoch nicht nur einzelne Projekte isoliert ausgeführt. Sind durch den Einsatz derselben Ressourcen mehrere Projekte ganz oder teilweise parallel durchzuführen, dann ergeben sich daraus spezielle Planungs- und Steuerungsprobleme.

Grundsätzlich ist es möglich, die für die einzelnen Projekte aufgestellten Netzpläne zu einem Gesamtplan zusammenzufassen, indem man Scheinvorgänge als Verbindungen benutzt (Vorgangspfeilnetz) oder die einzelnen Startknoten von einem gemeinsamen Startknoten abhängen lässt (Vorgangsknotennetz). Für diesen Gesamtnetzplan gelten dann die gleichen Überlegungen, wie sie in den vorangegangenen Ausführungen angestellt wurden.

Spezielle Probleme tauchen bei paralleler Durchführung mehrerer Projekte vor allem durch Kapazitätsbeschränkungen auf. Eine Glättung der Kapazitätsbelastungsprofile wird bei Mehrprojektplanung wesentlich schwieriger.

Sind die Kapazitäten beschränkt, so entsteht die Frage, in welcher Weise sie auf die verschiedenen Projekte aufzuteilen sind bzw. in welcher Reihenfolge die Projekte bei der Kapazitätsbeanspruchung bedient werden sollen. Von besonderem Interesse ist in diesem Zusammenhang, inwieweit die Ausführung einzelner Vorgänge „in einem Stück" erfolgen muss, oder ob sie unterbrochen werden kann. Durch eine Unterbrechung einzelner Vorgänge wird in vielen Fällen eine bessere Kapazitätsplanung erreicht.

24.2 Finanzplanung

Zur Finanzplanung hat das Projektmanagement zwei Berührungspunkte:
- Einmal kann der Prozess der Finanzplanung selbst Gegenstand des Projektmanagements sein und
- zum anderen können die Planungsunterlagen und -ergebnisse des Projektmanagements Informationen für die Finanzplanung liefern.

Hier interessiert der zweite Punkt. Dabei geht es nicht nur um die Lieferung von Informationen an die Finanzplanung, sondern auch um eine Übermittlung von Informationen aus der Finanzplanung an die Projektplanung, denn bei der Projektplanung sind häufig finanzielle Gegebenheiten zu berücksichtigen. Das betrifft vor allem die mit der Projektrealisierung verbundenen Ausgaben.

Da das Entstehen von Ausgaben im Allgemeinen nicht zeitraum-, sondern zeitpunktbezogen ist, kann man Ausgaben jeweils einem Ereignis zuordnen. Dazu muss man gegebenenfalls eine geeignete Verfeinerung des Projektablaufplans vornehmen, indem man die Vorgänge, deren Ausführungsdauer mehrere Ausgabenzeitpunkte umfasst, zerlegt. Man kann dann die Ausgaben dem Anfang oder dem Ende eines Vorgangs oder gesonderten Meilensteinen zuordnen. Das Ergebnis ist ein detaillierter Zeitplan der Ausgaben, und zwar liefert der ausgabenorientierte Netzplan Angaben über den frühestmöglichen und den spätestnotwendigen Fälligkeitszeitpunkt der Ausgaben. Entlang des kritischen Wegs fallen beide Zeitpunkte zusammen. Der ausgabenorientierte Netzplan ist ein wichtiges Hilfsmittel der Finanzplanung.

Im Hinblick auf die Kostenplanung ist zu beachten, dass man Informationen für einen Ausgabenplan aus der Kostenplanung erhält, wenn man ausgabenwirksame und ausgabenunwirksame Kosten unterscheidet.

In Verbindung mit einem Ausgabenplan lässt sich auch leicht ein Kapitalbindungsplan aufstellen, der angibt, wie viel Kapital durch die Projektdurchführung in jedem einzelnen Zeitabschnitt gebunden wird. Für einen solchen projektbezogenen Kapitalbindungsplan werden außer den Ausgaben die mit dem Projekt verbundenen Einnahmen berücksichtigt.

Ergeben sich von der Finanzplanung her Engpässe, liegt ein ähnliches Problem vor, wie bei der Berücksichtigung von Kapazitätsgegebenheiten: die Projektdurchführung ist so zu planen, dass die „finanzielle Kapazität" nicht überschritten wird. Kann man die Einhaltung der finanziellen Beschränkungen nicht durch Ausnutzung der bestehenden Pufferzeiten erreichen, dann muss gegebenenfalls der Endtermin für das Projekt verschoben werden. Die finanziellen Beschränkungen können sich dabei einmal aus dem verfügbaren Kapital und zum anderen aus Liquiditätsgesichtspunkten ergeben.

Zu tiefergreifenden Ausführungen muss hier auf die betriebswirtschaftliche Literatur zur Finanzplanung verwiesen werden.

Teil VII:
Allgemeine Aufgaben des Projektmanagements

Dieser Teil ist verschiedenen allgemeinen Aufgaben des Projektmanagements gewidmet. Dazu gehören
- Hinweise zur Erstellung einer Projektdokumentation sowie zu Aufbau und Inhalten eines Projektinformationssystems,
- Projektorganisation,
- Mitarbeiterführung,
- Projektmanagement-Software.

Im Rahmen dieses Buches kann dabei größtenteils nur auf wichtige Grundzüge eingegangen werden, da jedes dieser Gebiete bei ausführlicher Darstellung eine eigene Monographie erfordern würde.

25 Projektdokumentation und Projektinformationssystem

25.1 Dokumentation

25.1.1 Aufgaben einer Projektdokumentation

Zu einem wirksamen Projektmanagement gehört auch die Erstellung einer Projektdokumentation.

Projektdokumentation
Mit dem Begriff Projektdokumentation wird zweierlei bezeichnet:
(1) **Prozess der Erstellung und Verwaltung von Dokumenten**, d. h. Sammeln, Erfassen, Beschreiben, Systematisieren, Darstellen und Speichern von Informationen zu einem Projekt.
(2) **Dokument** als Ergebnis dieses Prozesses, also die Gesamtheit der festgehaltenen, zusammengehörigen Informationen über ein Projekt.

Projektdokumentation bezeichnet also
(1) eine Aktivität im Rahmen der Planung, Steuerung und Überwachung von Projekten und
(2) eine Menge zusammengehöriger, auf Papier oder elektronisch gespeicherter Informationen über ein Projekt.

Aufgaben einer Projektdokumentation
liegen vor allem in folgenden Bereichen:
- Sammlung bzw. Bereitstellung von Informationen über das Projekt und den Projektverlauf für Auftraggeber, Projektleitung, Projektmitarbeiter und Betroffene,
- Sammlung von Projektinformationen, um die Erfahrungen für zukünftige Projekte nutzen zu können,
- Bereitstellung von Informationen über die Projektergebnisse für die Phase der Nutzung der Projektergebnisse nach Projektende.

Für die Erstellung einer Projektdokumentation sind vorab verschiedene Fragen zu klären:
- Wer ist für die Erstellung verantwortlich?
  Im Regelfall wird die Verantwortung bei der Projektleitung liegen. Gibt es ein spezielles Projektcontrolling, dann kann die Verantwortung diesem übertragen werden.
- Wer ist an der Projektdokumentation beteiligt?
  Es ist meistens sinnvoll, jeden Projektmitarbeiter seine Arbeitsergebnisse selbst dokumentieren zu lassen. Das setzt allerdings die Einhaltung vorzugebender, einheitlicher Dokumentationsrichtlinien voraus.
- Welche Informationen soll eine Projektdokumentation enthalten[1]?
- Auf welche Art soll die Projektdokumentation erstellt werden?
  Alle Informationen einer Projektdokumentation sollten elektronisch gespeichert werden. Bei größeren Projekten empfiehlt sich der Einsatz eines Dokumentenmanagement-Systems.
- Welche Grundsätze und Richtlinien sind bei der Anfertigung einer Projektdokumentation zu beachten[2]?
- In welcher Form und in welchen Zeitabständen soll eine Aktualisierung der Dokumentation erfolgen?
- Wem soll die Projektdokumentation zugänglich sein?
  Gegebenenfalls sind unterschiedliche Dokumentationen für die verschiedenen Adressaten bzw. Adressatengruppen anzufertigen.

---

1 Vgl. dazu Abschnitt 25.1.2, S. 271ff.
2 Vgl. dazu Abschnitt 25.1.3, S. 272ff.

In engem Zusammenhang mit der Projektdokumentation muss ein Projektinformationssystem gesehen werden[1].
Mit der Dokumentenerstellung ist grundsätzlich zusätzlicher Aufwand verbunden. Hinzu kommt, dass bei Projektmitarbeitern meistens eine Abneigung gegen Dokumentationsarbeit besteht. Daraus ergeben sich folgende **Regeln für die Dokumentenerstellung**:
* Erstellung der Dokumentation parallel zur eigentlichen Projektarbeit,
* sofortige Aktualisierung der Dokumentation bei Änderungen oder Fehlerkorrekturen,
* Vorgabe und Beachtung von Standards, Normen, Richtlinien und dgl.,
* Unterstützung der Dokumentationsarbeit durch Werkzeuge.

25.1.2 Aufbau einer Projektdokumentation

Für Projektdokumentationen empfiehlt sich eine standardisierte Gliederung bzw. ein standardisierter Aufbau, so dass alle Projektdokumentationen nach einer einheitlichen Systematik aufgebaut sind. Dabei ist zu beachten, dass eine Projektdokumentation alle relevanten Informationen über ein Projekt enthalten soll.
Die folgende Liste kann als Grundlage für die Systematik bzw. Gliederung einer Projektdokumentation gewählt werden. In konkreten Anwendungsfällen kann sie nach Bedarf erweitert, reduziert oder modifiziert werden.
* Projektbezeichnung,
* Auftraggeber,
* Projektleitung,
* Projektlaufzeit mit Anfangs- und Endtermin,
* Projektbeschreibung,
* Projektziele,
* angestrebte und erreichte Projektergebnisse,
* Projektorganisation,
* Projektteam,
* Projektskizze,
* Durchführbarkeitsuntersuchung,
* Projektauftrag,
* Projektstrukturplan,
* Projektablaufplan,
* Projektterminplan,
* Projektkostenplan,
* Soll-Ist-Vergleiche mit Abweichungsanalysen,
* Projektsitzungsprotokolle,

---

1 Vgl. dazu Abschnitt 25.2, S. 273ff.

- Projektzwischenberichte,
- Projektabschlussbericht.

Eine Projektdokumentation sollte auch alle Änderungen und Modifikationen gegenüber dem ursprünglichen Plan mit Ursachen und Konsequenzen enthalten.

Teilweise sind die Informationen zu den angegebenen Punkten in Berichten, Protokollen und anderen Unterlagen enthalten und müssen nicht besonders erstellt werden. Die Projektdokumentation besteht also zu einem Teil aus Unterlagen, die während der Vorbereitung, Planung und Durchführung eines Projekts sowieso anzufertigen sind.

Wichtiger Teil einer Projektdokumentation ist die Analyse von Soll-Ist-Abweichungen während der Projektkontrolle.

25.1.3 Grundsätze für eine Projektdokumentation

Für eine Projektdokumentation und deren Erstellung gibt es eine Reihe von Anforderungen bzw. wünschenswerten und unverzichtbaren Eigenschaften, die im Folgenden zusammengestellt und erläutert sind[1].

- **adressatengerecht**
  Dokumente müssen auf den jeweiligen Adressaten ausgerichtet sein, z.B. Auftraggeber, Projektmanagement, Nutzer der Projektergebnisse.
- **sprachgerecht**
  Diese Eigenschaft besagt, dass die Dokumentationsinhalte in einer den Aufgaben und den Adressaten angemessenen Weise zu formulieren sind.
- **aktuell**
  Übereinstimmung des Dokumenteninhalts mit dem jeweils gültigen Projektzustand.
- **Beachtung von Normen und Standards**
  Die für Dokumente geltenden Richtlinien müssen eingehalten werden, z.B. inhaltliche Struktur, Layout und Typographie.
- **einheitlich**
  Begriffe, Darstellungsmethoden, Techniken usw. müssen in einer Dokumentation konsequent einheitlich verwendet werden.
- **eindeutig**
  Dokumenteninhalte sollten von allen Benutzern gleich interpretiert werden.
- **rechtzeitig**
  Dokumente müssen zum richtigen Zeitpunkt fertig sein.
- **umfanggerecht**
  Der Umfang muss Aufgaben und Inhalt der Dokumentation entsprechen.

---

1 Vgl. dazu auch BALZERT [1982, S. 49ff.] und DGQ [1986, S. 61ff.].

- **verständlich**
  Verständlichkeit wird vor allem durch eine klare, angemessene Sprache[1], Textstrukturierung (z.b. durch Gliederung, Aufzählungen, Listen), Typographie und Layout, Visualisierung (grafische Darstellungen, Diagramme, Tabellen) erreicht.
- **vollständig**
- **übersichtlich**
- **widerspruchsfrei**

Forderungen existieren auch an den Prozess der Dokumentenerstellung[2]:
- **Systematik**
  Für die Dokumentenerstellung müssen klare formale, inhaltliche, strukturelle, ablauforganisatorische usw. Richtlinien existieren, deren Einhaltung sichergestellt sein muss.
- **Automatisierung**
  Erstellung, Verwaltung, Bearbeitung und Speicherung von Dokumenten sollte mit einem geeigneten, computerunterstützten Dokumentationssystem erfolgen.
- **Integration**
  Die Dokumentation muss integraler Bestandteil des Projektdurchführungsprozesses sein.

25.2 Projektinformationssystem

25.2.1 Aufgaben eines Projektinformationssystems

Eine wichtige Aufgabe des Projektmanagements ist die Sammlung und Speicherung von Projektinformationen und die interne und externe Bereitstellung dieser Informationen. Dabei besteht ein enger Zusammenhang zur Projektdokumentation[3].

Projektinformationen
sind Informationen
a) über Planung, Steuerung und Überwachung eines Projekts, die man auch als Projektmanagementinformationen bezeichnen kann,
b) über den Projektgegenstand bzw. die angestrebten oder erreichten Projektergebnisse.

---

1 Zu einer angemessenen Sprache gehört u. a. die Vermeidung unnötiger Fach- und Fremdworte, von Schachtelsätzen und von nicht definierten Begriffen.
2 Vgl. BALZERT [1982, S. 52].
3 Vgl. Abschnitt 25.1, S. 269ff.

Zu den Projektinformationen gehören beispielsweise[1]
- Projektbeschreibung,
- Projektziele,
- Zusammensetzung des Projektteams,
- Projektorganisation,
- Projektstrukturplan,
- Projektablaufplan,
- Projektzeitplan,
- Kosten-, Ausgaben- und Kapazitätspläne,
- Soll-Ist-Vergleiche,

aber auch die weiter unten angeführten Berichte[2].

Projektinformationssystem
Die Einrichtungen, Methoden, Konzepte und Hilfsmittel zur Erfassung, Übertragung, Speicherung, Verarbeitung, Auswertung und Bereitstellung von Projektinformationen ergeben ein Projektinformationssystem.

Ein Projektinformationssystem dient folgenden Zwecken:
- Unterstützung der Projektabwicklung durch Versorgung der Projektverantwortlichen und aller Projektbeteiligten mit den für den jeweiligen Verantwortungs- und Aufgabenbereich erforderlichen Informationen.
  Bei der Feststellung von Störungen während der Projektrealisierung ist es beispielsweise unbedingt erforderlich, dass Informationen schnell an die richtige Stelle gelangen, um sofort geeignete Maßnahmen zur Beseitigung der Störungen einleiten zu können.
- Bereitstellung von Projektinformationen für alle mittelbar von einem Projekt Betroffenen, u.a. zur Erreichung von Akzeptanz.
- Information der Öffentlichkeit über ein Projekt bzw. über die angestrebten oder erreichten Projektergebnisse und die sich daraus ergebenden Konsequenzen.
- Sammlung von Informationen und Erfahrungen, um die Planung und Durchführung zukünftiger Projekte zu verbessern. Das geschieht durch den systematischen Aufbau einer Projektdatenbank.

Grundsätzlich ist ein Projektinformationssystem immer eng verbunden mit einer Projektdokumentation, wobei es je nach individuellen Gegebenheiten zweckmäßig sein kann, die Projektdokumentation als Bestandteil oder Basis eines Projektinformationssystems festzulegen.

---

1 Vgl. dazu auch die Auflistung der möglichen Inhalte einer Projektdokumentation auf S. 271.
2 Vgl. Abschnitt 25.3, S. 276ff.

25.2.2 Aufbau eines Projektinformationssystems

Ein Projektinformationssystem sollte computerunterstützt betrieben werden. Hardwareplattform ist dann zweckmäßigerweise ein Rechnernetz mit einer Client-Server-Architektur. Auf dem Server befindet sich die Projektdatenbank. Je nach individuellen Gegebenheiten kann auf dem Server zusätzlich ein Dokumenten-Management-System betrieben werden.

Über ein Rechnernetz können dann den Projektmitarbeitern, den vom Projekt Betroffenen und anderen zu informierenden Stellen Projektinformationen zeitgesteuert in regelmäßigen Abständen oder ereignisgesteuert in Abhängigkeit vom Projektfortschritt zugeleitet werden, beispielsweise über E-Mail.

Bei einer Anbindung ans Internet können auf diese Weise auch externe Beteiligte mit Informationen versorgt werden.

Über das Rechnernetz können alle am Projekt Beteiligten und die vom Projekt Betroffenen auch von sich aus auf die Projektinformationen und auf die Projektdokumente zugreifen. Dafür ist ein Berechtigungskonzept zu entwickeln und es sind Zugangs- bzw. Zugriffskontrollen vorzusehen.

Beim Aufbau eines Projektinformationssystems sind zunächst die Inhalte der Projektdatenbank festzulegen. Abb. 25-1 zeigt, zu welchen Bereichen die Datenbank Informationen enthalten sollte.

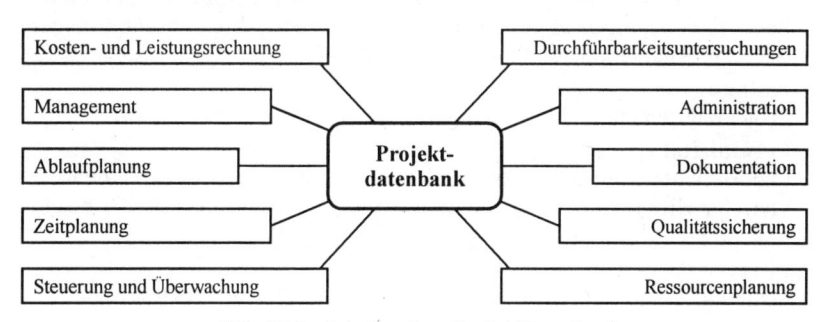

Abb. 25-1: Inhalte einer Projektdatenbank

Festzulegen sind auch die Inhalte des Dokumenten-Management-Systems.

In Ergänzung eines computerunterstützten Projektinformationssystems sind auch andere Formen der Informationsbereitstellung und -übertragung zu planen, beispielsweise schriftliche Berichte oder telefonische Information.

Schließlich ist auch zu bestimmen, wer für Aufbau und Betrieb eines Projektinformationssystems verantwortlich ist.

25.3 Projektberichtswesen

Insbesondere bei größeren Projekten oder bei Projekten mit längerer Laufzeit ist ein Berichtswesen unverzichtbar. Dazu gehören Zwischenberichte und ein Projektabschlussbericht.

> **Projektzwischenbericht**
> Projektzwischenberichte haben die Aufgabe, Beteiligte und Betroffene während der Projektdurchführung regelmäßig über den Projektfortschritt und alle besonderen Vorkommnisse, insbesondere Planabweichungen und Planänderungen, zu informieren.

Verantwortlich für Erstellung und Verteilung von Zwischenberichten ist die Projektleitung oder das Projektcontrolling. Vor Projektbeginn sind – gegebenenfalls durch die Projekt-Lenkungsgruppe[1] – Einzelheiten zu den Zwischenberichten festzulegen. Dazu gehören beispielsweise:

- **Adressaten**
  Je nach Adressatenkreis können unterschiedliche Zwischenberichte angefertigt werden.
- **Inhalte**
  Projektzwischenberichte müssen in jedem Fall über den Projektfortschritt informieren. Sie sollen aber auch Angaben über aufgetretene Probleme, über Abweichungen vom Projektplan, über Änderungen und über andere wichtige Sachverhalte enthalten.
- **Aufbau**
  Projektzwischenberichte sollten einen einheitlichen Aufbau haben.
- **Periodizität**
  Die Berichte können in festen Zeitabständen (wöchentlich, monatlich, vierteljährlich) oder in Abhängigkeit vom Projektfortschritt (z.B. bei Erreichen von Meilensteinen) angefertigt und verteilt werden.
- **Form**
  Generell festzulegen ist auch die Form: schriftlich oder elektronisch.

Abb. 25-2 zeigt exemplarisch Aufbau und Inhalte eines Zwischenberichts.

Ein Projektzwischenbericht kann auch gegliedert werden in die Bereiche
- Projektablauf,
- Termine,
- Kosten,

jeweils mit den Unterpunkten: Verlauf in der Berichtsperiode, Abweichungen, Konsequenzen daraus, besondere Vorkommnisse.

---

[1] Vgl. dazu Abschnitt 26.5, S. 286ff.

25.3 Projektberichtswesen

Projektzwischenbericht für Projekt:

Verteiler: Name: Abteilung: Name: Abteilung:
              Name: Abteilung: Name: Abteilung:
              ...

Auftraggeber:
Projektbeginn: ___/___/___ ;   Projektende: ___/___/___   Projektstand vom: ___/___/___
Zwischenbericht erstellt von:
Projektfortschritt gegenüber dem letzten Bericht vom ___/___/___ Ablauf: _____ Termine: _____ Kosten: _____
seit dem letzten Bericht aufgetretene Probleme: personelle: _____ organisatorische: _____ rechtliche: _____ technische: _____ finanzielle: _____ terminliche: _____
Abweichungen mit Begründung bzw. Erläuterung:
zu erwartende Abweichungen gegenüber den ursprünglich geplanten Projektergebnissen:
notwendige Änderungen der Projektplanung Ablauf: _____ Termine: _____ Kosten: _____

Abb. 25-2: Aufbau und Inhalte eines Projektzwischenberichts

> **Projektabschlussbericht**
> Der Projektabschlussbericht dient der Dokumentation der Projektergebnisse und des gesamten Projektverlaufs. Er enthält auch Angaben zu Abweichungen und aufgetretenen Problemen, sowie Hinweise oder Anregungen zu Folgeprojekten bzw. Folgemaßnahmen.

Bei Projekten mit einem klar definierten Ende ist sofort ein Abschlussbericht zu erstellen. Erfolgt nach dem ersten Teil der Nutzung der Projektergebnisse eine Evaluation, dann wird der endgültige Projektabschlussbericht erst nach dieser Evaluation zusammengestellt.

Prinzipiell sind für einen Projektabschlussbericht folgende Fragen zu klären:
- Wann wird der Projektabschlussbericht erstellt? Sofort oder erst nach Evaluation der Projektergebnisse?
- Wer ist für die Anfertigung des Berichts verantwortlich?
- Wer sind die Adressaten? Gegebenenfalls sind je nach Adressat verschiedene Abschlussberichte anzufertigen.

- In welcher Form soll der Bericht erstellt und verteilt werden?
- Welche Inhalte gehören in den Projektabschlussbericht[1]?

Für einen Projektabschlussbericht empfiehlt sich eine Standardgliederung oder eine Dokumentenvorlage wie in Abb. 25-3.

Projektabschlussbericht für Projekt:				
Verteiler:	Name: Name: ...	Abteilung: Abteilung:	Name: Name:	Abteilung: Abteilung:
Projekt-Auftraggeber:				
Abschlussbericht erstellt von:				am: __/__/__
Projektbeginn: __/__/__		Projektende: __/__/__		
Projektleitung: Projektteam: externe Berater: Zusammenarbeit im Projektteam:				
Projektorganisation: Erfahrungen mit der Projektorganisation:				
Projektziele: Abweichungen von den Projektzielen: Zielerreichungsgrad: Konsequenzen daraus:				
Projektergebnisse: Abweichungen vom ursprünglichen Plan:				
Maßnahmen zur Umsetzung der Projektergebnisse:				
Maßnahmen zur Sicherung der Projektergebnisse:				
Projektverlauf Ablauf: _____ Abweichungen: _____ Termine: _____ Abweichungen: _____ Kosten: _____ Abweichungen: _____				
Besondere Probleme während der Projektdurchführung: personelle: _____ organisatorische: _____ technische: _____ finanzielle: _____ Zusammenarbeit mit externen Beratern:				
Während der Projektdurchführung in anderen Bereichen erkannte Mängel/Schwachstellen: Vorschläge zu deren Behebung:				
Sinnvolle / notwendige Folgeprojekte:				
Bemerkungen:				

Abb. 25-3: Aufbau und Inhalte eines Projektabschlussberichts

Der Projektabschlussbericht ist Bestandteil der Projektdokumentation.

---

1 Vgl. dazu auch die Auflistungen auf S. 271 und S. 274 sowie Abb. 25-2.

26 Organisation des Projektmanagements

26.1 Organisationsaufgaben eines Projektmanagements

Ein effizientes Projektmanagement erfordert die Schaffung der notwendigen Voraussetzungen auf betrieblicher und gegebenenfalls überbetrieblicher Ebene. Für erfolgreiche Projektarbeit ist dabei auch eine klare Lösung der organisatorischen Fragen wichtig. Dazu gehören:

- Eingliederung des Projektmanagements in die jeweilige Gesamtorganisation (Abschnitt 26.2, S. 280ff.),
- Einbindung von Projekten in die jeweilige Gesamtorganisation (Abschnitt 26.3, S. 284),
- interne Organisation des Projektmanagements für die Abwicklung eines Projekts[1] (Abschnitt 26.4, S. 284ff.),
- organisatorische Regelungen für eine Projekt-Lenkungsgruppe (Abschnitt 26.5, S. 286ff.),
- Richtlinien für die Durchführung von Projektsitzungen (Abschnitt 26.6, S. 288ff.),
- organisatorische Regelungen im Umfeld des Projektmanagements (Abschnitt 26.7, S. 291f.),
- organisatorische Hilfsmittel und Werkzeuge für das Projektmanagement (Abschnitt 26.8, S. 291f.),
- Projektmanagement-Handbuch (Abschnitt 26.9, S. 292ff.).

Im weiteren Sinne gehören zur Organisation des Projektmanagements auch
- Projektdokumentation[2],
- Projektinformationssystem[3] und die
- Nutzung von Projektmanagement-Software[4].

---

1 Dabei kann es in diesem Kapitel nur um die Aufbauorganisation gehen, da die Fragen der Projektablauforganisation für ein Projekt in Teil III ausführlich dargestellt wurden.
2 Vgl. Abschnitt 25.1, S. 269ff.
3 Vgl. Abschnitt 25.2, S. 273ff.
4 Vgl. dazu Kapitel 28, S. 302ff.

26.2 Organisatorische Eingliederung des Projektmanagements

In Unternehmen oder anderen Organisationen (z.B. Behörden), bei denen häufig Projekte durchzuführen sind, empfiehlt sich die Einrichtung eines Verantwortungsbereichs „Projektmanagement", der zuständig ist für alle allgemeinen, projektübergreifenden Projektmanagementaufgaben, z.B.
- Erarbeitung von Richtlinien und Standards,
- Erarbeitung und Pflege eines Projektmanagement-Handbuchs,
- Entwurf, Realisierung und Betrieb eines Projektinformationssystems,
- Verwaltung von Projektdokumentationen,
- Auswahl, Administration und Pflege einer Projektmanagement-Software,
- Schulungen,
- Support der Projektmitarbeiter.

Ein solcher Verantwortungsbereich Projektmanagement kann unterschiedlich in die Gesamtorganisation eingegliedert werden. Eine Möglichkeit ist die Eingliederung in eine Linienorganisation.

> **Linienorganisation**
> Bei einer Linienorganisation wird der Verantwortungsbereich Projektmanagement gleichrangig neben andere Verantwortungsbereiche der Organisation in die Hierarchie eingegliedert.

Die Linienorganisation ist in Abb. 26-1 veranschaulicht. Die Untergliederung des Verantwortungsbereichs Projektmanagement in vier Abteilungen hat dabei nur exemplarischen Charakter.

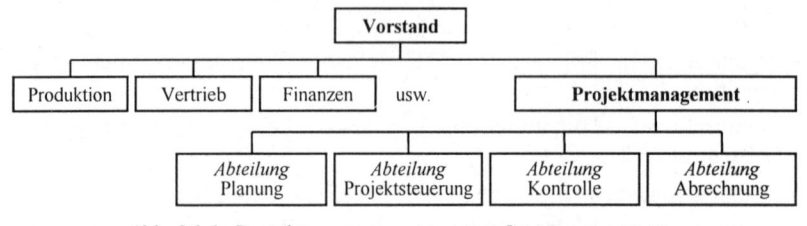

Abb. 26-1: Projektmanagement in einer Linienorganisation

Die Linienorganisation weist folgende Charakteristika auf:
- Im Projektmanagement liegt die Gesamtverantwortung für alle Projekte.
- Die an der Projektrealisierung beteiligten Fachabteilungen usw. unterstehen nicht dem Projektmanagement.
- Projektbezogene und disziplinarische Weisungsbefugnisse stimmen nicht überein.
- Es besteht die Gefahr von Zielkonflikten.

26.2 Organisatorische Eingliederung des Projektmanagements

Sind an Projekten verschiedene Abteilungen eines Unternehmens oder einer Behörde beteiligt, dann liegt die jeweilige fachliche und disziplinarische Verantwortung bei den beteiligten Fachabteilungen, die Projektverantwortung aber beim Projektmanagement. Der Bereich Projektmanagement hat dann eine ausgeprägte **Querschnittsfunktion**, die in Abb. 26-2 veranschaulicht ist.

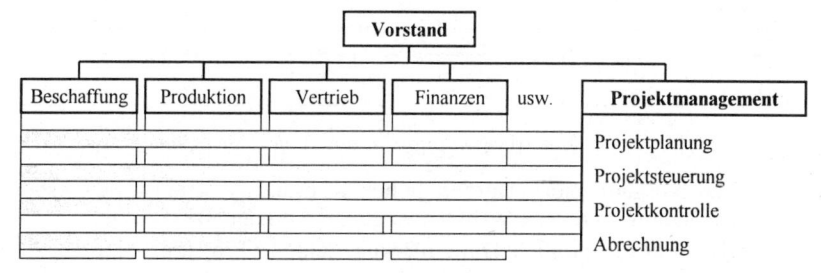

```
                            Vorstand
    ┌──────────┬──────────┬──────────┬──────────┬──────┬─────────────────┐
 Beschaffung  Produktion  Vertrieb   Finanzen   usw.   Projektmanagement
                                                      Projektplanung
                                                      Projektsteuerung
                                                      Projektkontrolle
                                                      Abrechnung
```

Abb. 26-2: Linienorganisation mit Querschnittsfunktionen des Projektmanagements

Die Querschnittsaufgaben und -befugnisse des Projektmanagements müssen so geregelt werden, dass das Konfliktpotential möglichst gering ist.

Eine andere Form der organisatorischen Einordnung für das Projektmanagement ist die Matrixorganisation.

Matrixorganisation
Bei einer Matrixorganisation wird die Linienorganisation eines Unternehmens von einer Organisationsebene der Projekte überlagert.
Die fachbezogenen Kompetenzen der Ausführung von Vorgängen usw. liegen bei den einzelnen Fachabteilungen des Unternehmens. Die projektbezogenen Kompetenzen und Verantwortungen liegen bei den einzelnen Projektleitungen.

Abb. 26-3 (S. 282) zeigt eine schematische Darstellung der Matrixorganisation. Das Bild macht deutlich, dass bei einer Matrixorganisation die oben erwähnte Querschnittsfunktion des Projektmanagements explizit berücksichtigt wird.

Die wichtigsten Charakteristika der Matrixorganisation sind:
- Das Projektmanagement hat nur projektbezogene Kompetenzen.
- Projektmanagement und Fachabteilungen sind gemeinsam für die Realisierung der Projekte verantwortlich.
- Die Kompetenzenteilung führt zwangsläufig zu Ziel- und Kompetenzkonflikten.

Unternehmensleitung				
Projektmanagement	Fachabteilung 1	Fachabteilung 2	Fachabteilung 3	Fachabteilung 4
Projekt 1				
Projekt 2				
Projekt 3				
Projekt 4				
...				
Projekt n				

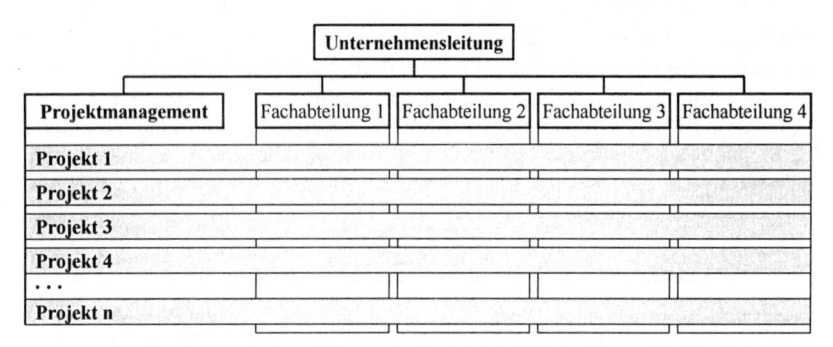

Abb. 26-3: Matrixorganisation für das Projektmanagement

- Die Matrixorganisation erfordert hohen Koordinierungsaufwand, insbesondere auch wegen der erwähnten Ziel- und Kompetenzkonflikte.
- Sie erleichtert die parallele Durchführung mehrerer Projekte.

Der schon erwähnten Querschnittsfunktion des Projektmanagements kann man auch dadurch gerecht werden, dass man die Linienorganisation um **Projekt-Koordinatoren** in den Fachabteilungen erweitert. In Abb. 26-4 ist dieser Organisationsansatz dargestellt.

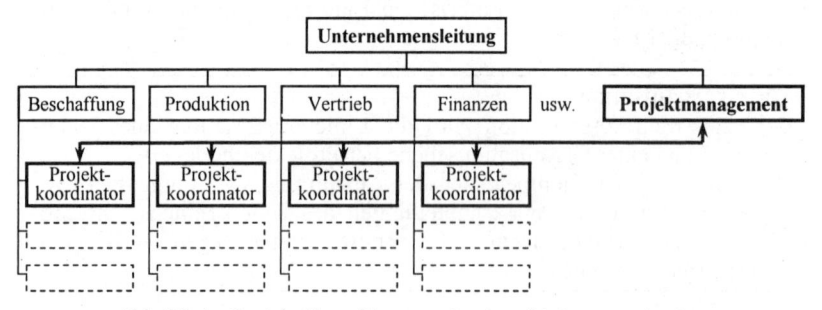

Abb. 26-4: Projekt-Koordinatoren in einer Linienorganisation

Projekt-Koordinatoren können auch in einer Matrixorganisation eingesetzt werden, wie Abb. 26-5 (S. 283) zeigt. Durch Sterne wurde kenntlich gemacht, welche Bereiche an den einzelnen Projekten beteiligt sind.

> **Staborganisation**
> Bei einer Staborganisation werden Zuständigkeiten und Verantwortlichkeiten für zentrale Projektmanagementaufgaben in einer Stabstelle angesiedelt, die einer Stelle in einer oberen Führungsebene zugeordnet ist.

In Abb. 26-6 (S. 283) ist diese Organisationsform dargestellt.

26.2 Organisatorische Eingliederung des Projektmanagements

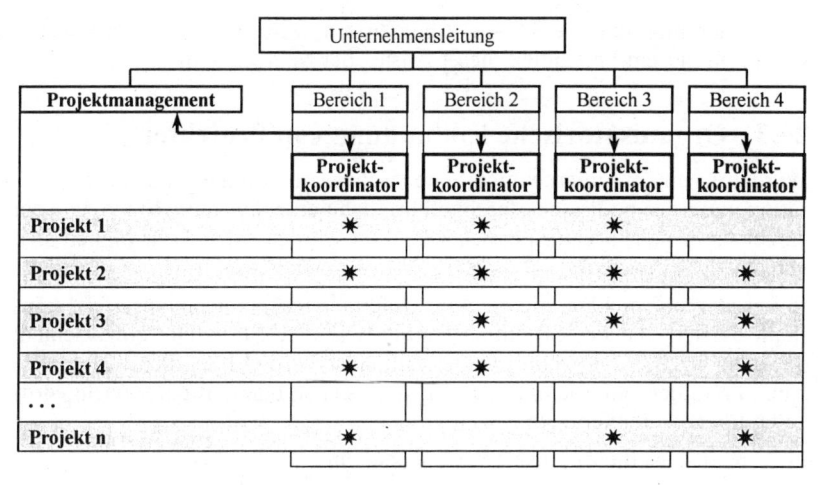

Abb. 26-5: Projektkoordinatoren in einer Matrixorganisation

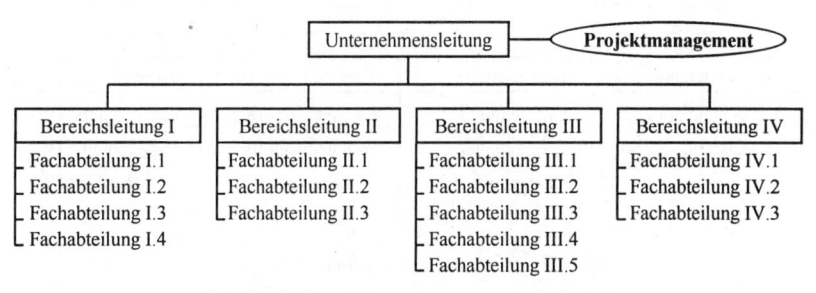

Abb. 26-6: Projektmanagement als Stabstelle

Die Staborganisation weist folgende Charakteristika auf:
- Das Projektmanagement hat keinerlei Weisungsbefugnisse.
- Das Projektmanagement koordiniert nur, ohne direkt in den Prozess der Projektrealisierung eingreifen zu können.
- Die Verantwortung und die Kompetenzen für die Projektrealisierung liegen bei den Fachabteilungen und sind damit verteilt.
- Es besteht die Gefahr von Zieldivergenzen, da die beteiligten Fachabteilungen unterschiedliche Prioritäten und Zielvorstellungen haben.
- Wegen der verteilten Verantwortung und Kompetenzen treten große Abstimmungsprobleme auf.
- Das Projektmanagement ist „nur noch" Koordinations-, Informations- und Kommunikationszentrale.

Es ist auch möglich, die Stäbe mit begrenzten Weisungsbefugnissen auszustatten. In diesem Fall ähnelt dieser Ansatz der Matrixorganisation.

26.3 Organisatorische Einbindung von Projekten

Werden in einem Unternehmen, einer Behörde oder einer anderen Organisation nur einzelne Projekt durchgeführt, dann erhebt sich die Frage, wie ein einzelnes Projekt organisatorisch verankert werden soll. Dafür eignen sich verschiedene Ansätze.

Bei größeren Projekten, die mehrere Unternehmensbereiche betreffen, empfiehlt es sich, die Projektleitung ähnlich wie eine **Stabstelle** einzurichten, die dann nach Projektende wieder aufgelöst wird. Eine solche Stabstelle kann direkt der Unternehmensleitung unterstehen oder auf einer nachgeordneten Ebene verankert sein.

In Abb. 26-7 ist dieser Ansatz veranschaulicht.

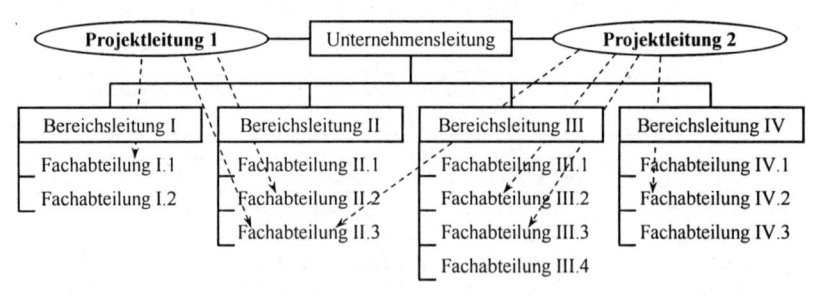

Abb. 26-7: Projektleitung durch Stabstellen

Das Organisationskonzept in Abb. 26-7 ist auch geeignet für Projekte mit Beteiligung externer Berater oder anderer Unternehmen.

Für Projekte, die ganz oder vorwiegend in die Zuständigkeit eines Unternehmensbereichs oder einer Fachabteilung fallen, wird das Projekt in dieser Abteilung bzw. in dem betroffenen Bereich angesiedelt und untersteht der Bereichs- oder Abteilungsleitung.

26.4 Interne Organisation des Projektmanagements

Für die interne Organisation des Projektmanagements gibt es ebenfalls verschiedene Modelle, die hier kurz vorgestellt werden. Auf Einzelheiten kann dabei nicht eingegangen werden.

26.4 Interne Organisation des Projektmanagements

Einzweck-Projektorganisation
Bei einer Einzweck-Projektorganisation wird das Projektteam wie bei einer klassischen Linienorganisation hierarchisch gegliedert. Alle Aufgaben und Verantwortungen für die Planung und Realisierung eines Projekts werden zentral koordiniert.

Abb. 26-8 veranschaulicht dieses Organisationsmodell.

```
                       Projekt-Leitung
    ┌──────────────────────┼──────────────────────┐
  Teilprojekt I         Teilprojekt II       Projektüberwachung
    (Firma A)             (Firma B)          und Dokumentation
  - Ablaufplanung       - Ablaufplanung      - EDV
  - Terminplanung       - Terminplanung      - Kontrolle
  - Kostenplanung       - Kostenplanung      - Soll-Ist-Vergleich
  - Arbeitskräfte       - Arbeitskräfte      - Planrevision
  - Ressourcen          - Ressourcen         - Dokumentation
  - Arbeitsvorbereitung - Arbeitsvorbereitung- Berichtswesen
  - Steuerung           - Steuerung
  - EDV                 - EDV
```

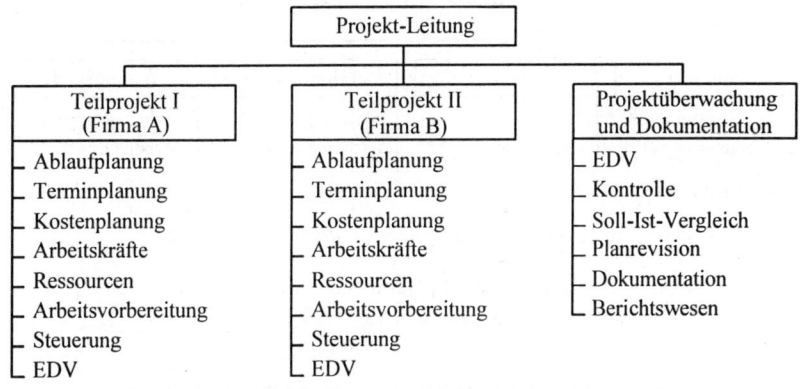

Abb. 26-8: Einzweck-Projektorganisation

Die Einzweck-Projektorganisation weist folgende Charakteristika auf:
- Das Projektmanagement hat die Gesamtverantwortung für das Projekt, aber auch alle Kompetenzen.
- Das Projektmanagement hat die zentrale Verantwortung für die Projektrealisierung. Die an der Projektrealisierung beteiligten Stellen unterstehen unmittelbar dem Projektmanagement.
- Fachliche und disziplinarische Weisungsbefugnisse stimmen überein.
- Ziel- und Kompetenzkonflikte sind relativ selten.
- Die parallele Durchführung mehrerer Projekte wird erschwert.

Die Einzweck-Projektorganisation eignet sich vor allem bei Großprojekten, an denen mehrere Firmen beteiligt sind. Für eine effiziente Koordination der Beteiligten empfiehlt sich dann ein überbetriebliches Projektmanagement mit einer firmenunabhängigen bzw. firmenübergreifenden Projektplanung, -steuerung und -kontrolle.

Projektorganisation mit Projektstäben
Die Einzweck-Projektorganisation kann um Projektstäbe für spezielle Aufgaben erweitert werden.

Die Projektstäbe können z.B. für das Projektcontrolling[1], für die Projektdokumentation[2] oder für das Berichtswesen[3] zuständig sein.

In Abb. 26-9 ist eine Einzweck-Projektorganisation mit Projektstäben in einfacher Form schematisch dargestellt.

Auftraggeber	Projektleiter	Management
	(Projektstab A) (Projektstab B)	

Teilprojekt 1	Teilprojekt 2	Teilprojekt 3	Teilprojekt 4
∟Arbeitsgruppe 11	∟Arbeitsgruppe 21	∟Arbeitsgruppe 31	∟Arbeitsgruppe 41
∟Arbeitsgruppe 12	∟Arbeitsgruppe 22	∟Arbeitsgruppe 32	∟Arbeitsgruppe 42
...	...	...	...
∟Arbeitsgruppe 1n	∟Arbeitsgruppe 2n	∟Arbeitsgruppe 3n	∟Arbeitsgruppe 4n

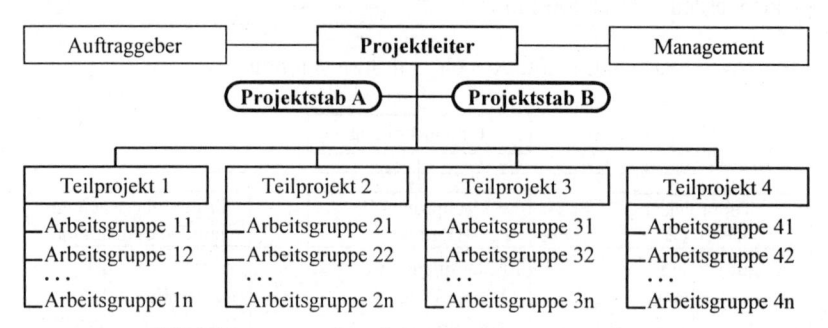

Abb. 26-9: interne Projektorganisation mit Projektstäben

Weitere Ansätze für die interne Projektorganisation sind bei den Projektstrategien in Abschnitt 3.5 behandelt.

26.5 Projekt-Lenkungsgruppe und Arbeitsgruppen

Befugnisse und Verantwortung für die Planung und Durchführung eines Projekts liegen bei der Projektleitung, die meistens aus einer Person besteht, bei großen Projekten aber durchaus mehrere Personen umfassen kann.

Bei größeren Projekten oder solchen, von denen mehrere Bereiche betroffen sind, kann es sich empfehlen, zwischen Unternehmensleitung und/oder Auftraggeber und Projektleitung eine Projekt-Lenkungsgruppe einzusetzen.

Projekt-Lenkungsgruppe
Eine Projekt-Lenkungsgruppe oder kurz Lenkungsgruppe ist die oberste Steuerungs-, Entscheidungs- und Kontroll-Instanz für ein Projekt.

Eine Lenkungsgruppe ist das Gremium, in dem alle relevanten Schritte für ein Projekt entschieden werden.

Unternehmensleitung und/oder Auftraggeber entscheiden in der Initialisierungsphase eines Projekts, ob eine Lenkungsgruppe eingesetzt werden soll

---

1 Vgl. Abschnitt 20.4.
2 Vgl. Abschnitt 25.1, S. 269ff.
3 Vgl. Abschnitt 25.3, S. 276ff

26.5 Projekt-Lenkungsgruppe und Arbeitsgruppen

und bestimmen ihre Zusammensetzung. Eine Lenkungsgruppe kann mit einem existierenden Gremium identisch sein oder für ein Projekt besonders eingerichtet werden.

Bei der Einsetzung einer Lenkungsgruppe ist auf folgendes zu achten:
- Mitglieder müssen Fach- und Entscheidungskompetenz für das betreffende Projekt haben.
- Im Regelfall ist die Projektleitung Mitglied der Lenkungsgruppe.
- Alle oder alle wichtigen betroffenen Bereiche sollten vertreten sein.
- Es sollte ein Mitglied des Betriebs- oder Personalrats in der Lenkungsgruppe sein.
- Die Mitglieder der Gruppe sollten frühzeitig über ihre Rechte und Pflichten informiert werden und sich ihrer Verantwortung für das Projekt bewusst sein.

Vor allem bei Organisationsprojekten und Projekten zur Einführung neuer Informationsverarbeitungssysteme hat sich häufig die Berufung eines externen Moderators in die Lenkungsgruppe bewährt. Das geschieht in aller Regel durch den Auftraggeber. Projektleitung und Moderator müssen dann eng zusammenarbeiten.

Wichtige Aufgaben einer Projekt-Lenkungsgruppe sind z.B.
- Verabschiedung der Projektziele,
- Ernennung der Projektleitung,
- Erteilung des Auftrags zu einer Projektskizze,
- Erteilung des Projektauftrags,
- Genehmigung der Projektplanung,
- Überwachung der zielgerechten Projektrealisierung,
- Genehmigung von Abweichungen bzw. Änderungen während der Projektdurchführung,
- Entlastung der Projektleitung nach Projektabschluss,
- Genehmigung von Zwischenberichten,
- Genehmigung des Projektabschlussberichts,
- Entscheidung über Projektabbruch.

Abb. 26-10 zeigt ein Organisationsmodell für Projekte mit einer Lenkungsgruppe. Die Lenkungsgruppe kann nach diesem Bild bei Bedarf für Sonderaufgaben Arbeitsgruppen einsetzen. Der Qualitätsbeauftragte für das jeweilige Projekt ist – ähnlich wie eine Stabstelle – dem Lenkungsausschuss zugeordnet. Das Projektcontrolling[1] ist eine Stabstelle der Projektleitung.

---

1 Vgl. dazu Abschnitt 20.4.

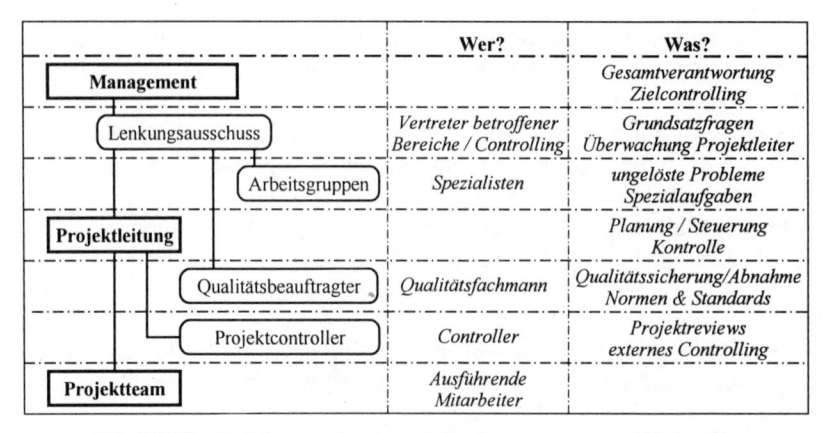

	Wer?	Was?
Management		Gesamtverantwortung Zielcontrolling
Lenkungsausschuss	Vertreter betroffener Bereiche / Controlling	Grundsatzfragen Überwachung Projektleiter
Arbeitsgruppen	Spezialisten	ungelöste Probleme Spezialaufgaben
Projektleitung		Planung / Steuerung Kontrolle
Qualitätsbeauftragter	Qualitätsfachmann	Qualitätssicherung/Abnahme Normen & Standards
Projektcontroller	Controller	Projektreviews externes Controlling
Projektteam	Ausführende Mitarbeiter	

Abb. 26-10: Projektorganisation mit Lenkungsgruppe und Stabstellen

Bei größeren Projekten kann es zweckmäßig sein, für bestimmte Aufgaben oder Aufgabenbereiche **Arbeitsgruppen** einzusetzen. Dafür ist folgendes zu klären:
- Arbeitsauftrag,
- Zusammensetzung,
- Organisation,
- Verhältnis zum Projektleiter bzw. zur Lenkungsgruppe.

26.6 Projektsitzungen

Ein Projektteam sollte sich regelmäßig zu Projektsitzungen treffen.

Aufgabe von Projektsitzungen
ist die Abstimmung der kurzfristigen Projektplanung, die Koordination der an einem Projekt Beteiligten und die Lösung von Problemen und Konflikten.

Die Häufigkeit von Projektsitzungen ist projektabhängig. Sie finden in regelmäßigen Zeitabständen oder nach Bedarf statt.

Inhalte von Projektsitzungen
sind insbesondere:
- Präsentation der bisherigen Arbeitsergebnisse bzw. des Projektstands,
- Vergleich der Ergebnisse mit dem Projektplan und Analyse der Ursachen eventueller Planabweichungen,
- Evaluation und möglicherweise Revision der Projektziele,

26.6 Projektsitzungen

- Vorstellung der nächsten Projektschritte,
- Erörterung von Problemen und von besonderen Vorkommnissen.

Zu den Projektsitzungen lädt die Projektleitung mit einer Tagesordnung ein.

Themen der ersten Projektsitzung sind
- Vorstellung der Projektleitung,
- Vorstellung des Projektteams,
- Vorstellung des Projekts bzw. der Projektidee,
- Diskussion der Projektbedeutung,
- Klärung der Frage, welche Förderer und welche „Behinderer" für das Projekt existieren,
- Diskussion der Einstellungen aller Beteiligten zum Projekt:
  - Erwartungen,
  - Befürchtungen,
  - Hoffnungen,
  - Wünsche,
  - Gerüchte,
- Festlegung von Regeln für die Zusammenarbeit,
- Erläuterung der Rechte und Pflichten der Projektleitung,
- Erläuterung der Rechte und Pflichten des Projektteams.

Für die Einstimmung der an einem Projekt Beteiligten auf ein Projekt, kann man einen Fragenkatalog der folgenden Art verwenden.
- Welches Ziel wird verfolgt?
- Was muss wie getan werden, um das Ziel zu erreichen?
- Wer wird für das Projekt eingesetzt?
- Wie viel kostet es?
- Wann wird begonnen?
- Wann wird das Projekt voraussichtlich beendet sein?
- Wen betrifft das Projekt?
- Welche eigenen Mittel und Möglichkeiten können für das Projekt eingesetzt werden?

Für eine systematische Vorbereitung und Durchführung von Projektsitzungen sind folgende Fragen zu klären[1]:
- Was wird besprochen?
- Welches Ziel hat die Besprechung?
- Welche Problempunkte gibt es?
- Welche Punkte aus der letzten Besprechung sind noch offen?
- Welche Personen sind vorher zu konsultieren?

---

1 In Anlehnung an FEYHL/FEYHL [1996, S. 169].

- Wer soll an den Sitzungen teilnehmen?
- Wer erhält vorab Informationen?
- Wer könnte Probleme in der Besprechung bereiten?
- Wer kann wichtige Informationen liefern?
- Wann findet die Besprechung statt?
- Wie lange soll die Besprechung dauern?
- Wo findet die Besprechung statt?
- Wie muss der Besprechungsraum ausgerüstet sein?

Für Vorbereitung und Durchführung von Projektsitzungen ist die Projektleitung zuständig. Sie hat bei der Sitzungsleitung vor allem folgende Aufgaben[1]:

- Ziele der Besprechung bekannt geben,
- Besprechungsthemen vorstellen,
- Gesprächs- und Arbeitsregeln erläutern,
- Moderation der Sitzung:
  - Integration aller Teilnehmer,
  - Gesprächsführung (nur einer spricht (!), Reihenfolge nach Wortmeldungen (!))
- Zielorientierung nicht verlieren,
- Verteilung von Aufgaben an die Mitglieder des Projektteams:
  - Benennung von Personen (Wer soll etwas machen?),
  - klare Beschreibung der Aufgaben (Was soll gemacht werden?),
  - verbindliche Festlegung von Terminen (Bis wann soll etwas gemacht werden?).

Projektsitzungen sind zu protokollieren. Dafür sollte zu Beginn einer Sitzung festgelegt werden

- wer Protokoll führt und
- welche Form das Protokoll haben soll, d.h. insbesondere ob ein Ergebnisprotokoll oder ein Verlaufsprotokoll angefertigt werden soll.

Sofern für die Protokollierung nicht eine Person ständig verantwortlich ist, beispielsweise der Projektcontroller oder der Assistent der Projektleitung, kann sich ein rollierendes System für die Protokollführung empfehlen.

Es ist auch festzulegen, bis zu welchem Termin das Protokoll fertig zustellen und zu verteilen ist. Dabei ist auf eine angemessene Frist zu achten.

---

1 In Anlehnung an FEYHL/FEYHL [1996, S. 170].

26.7 Organisatorische Regelungen für das Projektmanagement

Ein effizientes Projektmanagement erfordert umfassende und klare organisatorische Regelungen. Dazu gehören:
- Ausführliche Stellenbeschreibung für den Projektleiter mit Regelung von Kompetenzen und Verantwortlichkeiten.
- Klare Regelungen für Projektmitarbeiter:
  - Aufgaben im Projekt,
  - Verantwortung im Rahmen der Projektarbeit,
  - Umfang und Dauer einer Freistellung für das Projekt,
  - Über- und Unterordnung im Rahmen der internen Projektorganisation.

  Für Projektmitarbeiter, die nicht nur Projektarbeit übernehmen, sondern auch andere Aufgaben, ist in den entsprechenden Stellenbeschreibungen Projektarbeit – und eventuell der Zeitanteil dafür – als eine spezielle Aufgabe festzuhalten.
- Richtlinien für die Projektarbeit:
  - Zuständigkeiten,
  - Kooperation,
  - Abstimmungen,
  - Entscheidungswege,
  - Projektsitzungen,
  - Kommunikation.
- Verbindliche, allen bekannte Organisationsschemata[1].
- Verbindliche Festlegung der einzusetzenden Hilfsmittel und Techniken (vgl. dazu den nächsten Abschnitt).
- Regelungen zu Projektinformationssystem[2] und Projektdokumentation[3].
- Regelungen zum Konflikt- und Krisenmanagement.

Die organisatorischen Regelungen werden zweckmäßigerweise in einem Projektmanagement-Handbuch[4] zusammengestellt.

26.8 Hilfsmittel für das Projektmanagement

Für das Projektmanagement gibt es eine Reihe von Hilfsmitteln und Werkzeugen. Dazu gehören auch Projektmanagement-Software, auf die weiter unten in Kapitel 28 (S. 302ff.) eingegangen wird, und verschiedene methodische Ansätze.

---

1 Vgl. die Abschnitte 26.2 bis 26.5, S. 280ff.
2 Vgl. Abschnitt 25.2, S. 273ff.
3 Vgl. Abschnitt 25.1, S. 269ff.
4 Vgl. dazu Abschnitt 26.9, S. 292ff.

Zu den methodischen Konzepten für das Projektmanagement ist zunächst auf die **Netzplantechnik** hinzuweisen, auf die in den Teilen III und IV ausführlich eingegangen wurde. Ferner sind Balkendiagramme, Weg-Zeit-Diagramme aber auch Listen, insbesondere Checklisten, zu erwähnen, auf die auch in Teil III eingegangen wurde.

Weitere Hilfsmittel sind
- **Vordrucke**, die auch computerunterstützt als Dokumentenvorlagen angelegt werden können,
- **Planungstafeln**, insbesondere für den Entwurf von Ablaufplänen,
- **Standardpläne** als Projektstrukturpläne oder Netzpläne, die für verschiedene Projekte identisch oder in modifizierter Form verwendet werden können.

Eine Reihe von Mustern für Vordrucke bzw. Vorschläge für Dokumentenvorlagen sind in diesem Buch enthalten. So z.B. für Projektskizze, Durchführbarkeitsuntersuchung, Vorgehensmodell, Projektauftrag, Vorgangsliste sowie Kostenplanung und -kontrolle.

Zu erwähnen sind hier auch einschlägige **Softwaresysteme**, die für die Unterstützung der Projektarbeit eingesetzt werden können, wie z.B.
- Textverarbeitungssysteme,
- Tabellenkalkulation,
- Graphiksoftware,
- Dokumentenmanagementsysteme,
- Groupwaresysteme,
- Workflowsysteme und
- Systeme zur Unterstützung der Kommunikation (z.B. E-Mail).

Zu den Hilfsmitteln gehört auch ein Projektmanagement-Handbuch, mit allen unternehmensindividuellen Regelungen und Konzepten für das Projektmanagement, auf das im nächsten Abschnitt eingegangen wird.

26.9 Projektmanagement-Handbuch

In Unternehmen und anderen Organisationen, in denen häufig Projekte durchgeführt werden, empfiehlt sich die Erarbeitung eines **Projektmanagement-Handbuchs**, das alle individuellen Regelungen, Methoden, Konzepte usw. für das Projektmanagement enthält.

Sofern ein Verantwortungsbereich für das Projektmanagement existiert, ist dieser auch zuständig für Erarbeitung, Aktualisierung und Pflege eines Projektmanagement-Handbuchs.

Wird das Handbuch traditionell auf Papier vervielfältigt, so sollte es als Loseblattsammlung angelegt werden. Dadurch werden Ergänzungen und

26.9 Projektmanagement-Handbuch

Aktualisierungen erleichtert. Heute wird es meistens zweckmäßiger sein, ein Projektmanagement-Handbuch elektronisch anzulegen und auf einem zentralen Server zu speichern. Auf diese Weise ist eine laufende Aktualisierung bequem möglich.

Bei der Erarbeitung eines Projektmanagement-Handbuchs sollten alle intern anzuwendenden Methoden, Verfahren und Konzepte sowie die zu beachtenden Regelungen und Standards zusammengestellt werden. Dabei ist insbesondere auch auf unternehmensindividuelle Regelungen (z.B. Aufteilung der Vorgangsknoten in Netzplänen, zulässige Anordnungsbeziehungen in Netzplänen, Layout von Balkendiagrammen usw.) zu achten.

Die folgende Liste der möglichen Inhalte eines Projektmanagement-Handbuchs kann zugleich als Vorschlag für eine Gliederung verwendet werden. Dabei wurde von einem Handbuch ausgegangen, das nicht ein „Lehrbuch" oder dergleichen ersetzt. Auf die meisten Punkte wurde in diesem Buch eingegangen, auf entsprechende Querverweise wird an dieser Stelle verzichtet.

- Vorwort,
- Inhaltsverzeichnis,
- Benutzungshinweise,
- Ansprechpartner für Fragen bezüglich des Projektmanagements,
- Grundsätzliche Bedeutung von Projektmanagement im Unternehmen,
- Grundsätze für das Projektmanagement,
- organisatorische Einordnung des Projektmanagements (mit Organigramm),
- organisatorische Einordnung von Projekten,
- interne Organisation von Projekten, evtl. mit verschiedenen zulässigen Varianten,
- unternehmensindividuelles Vorgehensmodell, dessen einzelne Phasen gegebenenfalls in einem Kapitel des Handbuchs erläutert werden,
- Erläuterungen zu den einzelnen einzusetzenden Methoden und Techniken für das Projektmanagement, z.B.
  - Projektstrukturpläne,
  - Netzpläne, mit detaillierten Angaben zu unternehmensindividuellen Standards und Festlegungen,
  - Balkendiagramme,
- Informationsflüsse bei der Projektsteuerung und -kontrolle,
- Hinweise zum Konfliktmanagement,
- Glossar,
- Stichwortverzeichnis.

In einem Anhang können Vordrucke angefügt werden. Dabei ist anzugeben, inwieweit die Vordrucke (bzw. deren Aufbau) verbindlich sind oder ob sie gegebenenfalls modifiziert werden können. Bei elektronischer Verwaltung eines Projektmanagement-Handbuchs sollten die Formulare als Dokumentenvorlagen gespeichert werden.

Wichtige Formulare betreffen
- Vorgehensmodell in Tabellenform,
- Projektskizze,
- Durchführbarkeitsuntersuchung,
- Nutzwertanalyse,
- Argumentenbilanz,
- Projektauftrag,
- Projektstammdaten,
- Arbeitsauftrag,
- Aufgaben- bzw. Arbeitsauftragsübersicht,
- Projektänderungs-Antrag,
- Projektfortschrittsmeldung,
- Änderungsmitteilung bei Planrevision,
- Einladung zu Projektsitzungen,
- Protokoll von Projektsitzungen,
- Projektzwischenbericht,
- Projektabschlussbericht.

27 Mitarbeiterführung

Ein wirkungsvolles und wirtschaftliches Projektmanagement setzt ausreichende Ausbildung, Motivation und Führung der Mitarbeiter voraus. Wichtige Grundlagen der Mitarbeiterführung werden nachfolgend behandelt.

27.1 Projektteam

In vielen Fällen wird für Planung und Durchführung eines Projekts ein Projektteam gebildet. Dabei sollten einige Grundsätze beachtet werden, denn eine Personengruppe ist nicht automatisch ein echtes Team.
- Die Anzahl der Teammitglieder sollte drei bis sieben betragen. Bei zu großen Teams leiden Koordination und Kooperation. Gegebenenfalls ist eine interne Projektorganisation zu wählen, bei der durch die Projektleitung mehrere Teams eingesetzt werden.
- Die Mitglieder in einem Team sollten sich ergänzende und nicht konkurrierende Qualifikationen und Fähigkeiten besitzen.
Die eigentliche Projektplanung und -überwachung sollte nur von qualifizierten Fachleuten vorgenommen werden, die außer gut fundierten Kenntnissen im Projektmanagement möglichst breite Projekterfahrungen besitzen, um auch die nicht in unmittelbarem Zusammenhang mit dem eigentlichen Projektmanagement stehenden Probleme lösen zu können.
- Die Teammitglieder sollten sich mit dem Projekt und der gemeinsamen Aufgabe identifizieren.
- Es müssen gemeinsame Leistungsziele existieren.
- Alle Teammitglieder müssen nach einer einheitlichen Arbeitsstrategie vorgehen.
- Es muss für eine wechselseitige Verantwortung gesorgt werden.
- Es muss eine eindeutige Zuweisung von Rollen an die Teammitglieder erfolgen.
- Die Zuweisung von Projektaufgaben an einzelne Teammitglieder muss entsprechend den jeweiligen Qualifikationen erfolgen.
- Es muss versucht werden, Synergien auszunutzen.

Aufgabe der Projektleitung ist die Teammotivation und eine regelmäßige Teambeurteilung. Dazu eignen sich folgende Fragen:
* Worauf ist das Team stolz?
* Womit ist das Team nicht zufrieden?
* Was macht das Team sehr gut?
* Welche Aufgaben erledigt das Team noch nicht zufriedenstellend?
* Was sollte das Team besser machen?
* Wie kann das Team kreativer werden?
* Wie kann das Team stärker zu einer „Einheit" werden?

Für die Effizienz eines Projektteams ist die Qualität der Kommunikation im Team ein entscheidender Einflussfaktor. Für die Kommunikation sind verschiedene Regelungen zu treffen:
* Kommunikationsmedien
* Kommunikationswege
* Periodizität (regelmäßig oder fallweise)
* Inhalte (Wer erhält welche Informationen?)

27.2 Mitarbeitermotivation

Erfolgreiche Projektarbeit erfordert die Motivation der Projektmitarbeiter durch die Projektleitung, gegebenenfalls auch durch den Auftraggeber. Wichtige Aspekte der Mitarbeitermotivation sind[1]:
* Die Projektziele sind realistisch zu setzen und mit dem Projektteam zu evaluieren. Die gemeinsame Evaluation erhöht die Akzeptanz und die Motivation, unrealistische Ziel sind demotivierend.
* Alle Projektmitarbeiter sind gleich wichtig zu nehmen und ihre Arbeit ist anzuerkennen, denn Anerkennung ist ein wichtiges Element der Mitarbeitermotivation.
* Entscheidungen sind schnell und sicher zu treffen, denn verzögerte Entscheidungen demotivieren.
* Das Projektteam sollte in Entscheidungsprozesse integriert werden, um dadurch die Entscheidungsakzeptanz zu erhöhen.
* Mitarbeiter sind nach Interesse und Neigung einzusetzen.
* Die Projektleitung sollte das Projektteam nach außen „als Anwalt" vertreten.
* Das Projektteam sollte kooperativ geführt werden und Verantwortung sollte delegiert werden.
* Die Projektleitung sollte klare Konzepte entwickeln, denn konzeptionslose Ad-hoc-Maßnahmen schaden der Effektivität.

---

1 In Anlehnung an FEYHL/FEYHL [1996, S. 7].

27.3 Schulung

Erfolgreiches Projektmanagement erfordert eine motivierende und akzeptanzfördernde Information und entsprechende Qualifizierung bzw. Schulung der aktiv beteiligten und der passiv betroffenen Mitarbeiter. Bei Schulung geht es nicht nur um die Heranbildung von Projektmanagementspezialisten. Alle Beteiligten und Betroffenen sollten gründlich in die Ziele, Grundsätze und Methoden des Projektmanagements eingeführt werden und dabei mit den wichtigsten Vorteilen, aber auch mit möglichen Nachteilen vertraut gemacht werden. Man sollte dabei immer bedenken, dass die meisten Probleme des Projektmanagements nicht in den Konzepten und Methoden des Projektmanagements liegen, sondern im jeweiligen Projekt.

Für ein erfolgreiches Projektmanagement sollten folgende Gedanken allen Beteiligten und Betroffenen nahegebracht werden:
- Projektmanagement lässt sich nicht schematisch nach vorgegebenen, starren Regeln betreiben sondern erfordert neben hohen Fachkenntnissen auch Kreativität, Phantasie und Flexibilität. Projektleitung und Projektmitarbeiter müssen strukturiert denken können und sollten in der Lage sein – vor allem in Problemsituationen – pragmatisch vorzugehen.
- Projektmanagement muss immer auf die individuellen Gegebenheiten eines Projekts Rücksicht nehmen.
- Netzplantechnik und andere Werkzeuge des Projektmanagements sind flexible und vielseitige Instrumente, die für eine optimale Nutzung an die jeweiligen individuellen Bedürfnisse angepasst werden müssen.
- Projektmanagement muss selbst wirtschaftlich sein und darf nicht zum Selbstzweck werden.

Bei allen Schulungs- und Informationsmaßnahmen kann zwischen folgenden Personengruppen unterschieden werden:
- Management, eventuell differenziert nach Führungsebenen,
- Projektverantwortliche oder Projektleitung,
- Projektkunden, bei denen es sich um Kunden am Markt aber auch um „interne" Kunden handeln kann,
- aktive Projektbeteiligte bzw. Projektmitarbeiter, die aus dem eigenen Hause kommen können, bei denen es sich aber auch um Externe handeln kann,
- passive Projektbeteiligte bzw. vom Projekt Betroffene, die im eigenen Unternehmen aber auch außerhalb existieren können,
- nicht betroffene Mitarbeiter.

Für diese Personengruppen kommen unterschiedliche Maßnahmen infrage, wie Abb. 27-1 exemplarisch veranschaulicht.

	Management	Projektverantwortliche	Projektkunden	interne Projektmitarbeiter	externe Projektmitarbeiter	interne Betroffene	externe Betroffene	nicht betroffene Mitarbeiter
Informationsveranstaltungen	✘		✘		?	✘	?	✘
Schulung				✘	✘			
Weiterbildung				✘	✘			
Änderung Aufgabenbereiche/Stellenbeschreibungen				✘	✘			
Interne Arbeitsgruppen / Hotline				✘	✘			

Abb. 27-1: Informations- und Schulungsmaßnahmen nach Personengruppen

Qualifizierungsmaßnahmen können sich auf folgende inhaltlichen Bereiche erstrecken:
- Projektmanagement mit
  - Grundlagen des Projektmanagements,
  - Techniken und Hilfsmittel des Projektmanagements,
- Betriebswirtschaftliches Grundlagenwissen,
- Qualitätsmanagement für Projekte,
- Verhaltenstraining mit
  - Führungsverhalten,
  - Konfliktmanagement,
  - Teamarbeit,
  - Techniken systematischen Arbeitens,
- Kommunikation mit
  - Präsentationstechniken,
  - Moderation,
- Software-Nutzung:
  - EDV-Grundkenntnisse,
  - Projektmanagement-Software,
  - Software zur Unterstützung des Projektmanagements (z.B. Tabellenkalkulation, Textverarbeitung, Dokumentenmanagementsysteme).

Alle Schulungen sollten den unternehmensindividuellen Bedürfnissen und Anforderungen gerecht werden. Für die Schulungsmaßnahmen ist ein differenzierter Schulungsplan aufzustellen.

27.4 Konfliktmanagement

Eine wesentliche Führungsaufgabe des Projektmanagements ist das Erkennen und vor allem Beheben von Problemen und Konflikten. Diese Aufgabe hat häufig einen so hohen Anteil an der Tätigkeit des Projektmanagements, dass man sagen kann:

Projektmanagement ist Problem- und Konfliktmanagement

Die schnelle Lösung von Konflikten ist eine wesentliche Voraussetzung für eine erfolgreiche Projektarbeit. Konflikte müssen frühzeitig erkannt und analysiert werden, um sie zu lösen.

Konflikte können unterschiedliche Ursachen haben. Sie entstehen beispielsweise durch
- mangelhafte Projektplanung,
- zu wenig Ressourcen,
- mangelhafte oder ungeeignete Ressourcen,
- unklare Aufgabenbeschreibungen,
- fehlende Motivation der Projektmitarbeiter,
- Überlastung der Projektmitarbeiter, z.B. durch unzureichende Freistellung von Routineaufgaben für Projektaufgaben,
- unterschiedliche Zielvorstellungen der Beteiligten bzw. Betroffenen.

Das Projektmanagement muss bestrebt sein, Konflikte so früh wie möglich zu erkennen, um dann sehr schnell Maßnahmen zur Konfliktbewältigung einzuleiten.

Konflikte deuten sich auf unterschiedliche Art an, z.B.
- häufige Terminüberschreitungen,
- schlechte Stimmung im Projektteam,
- Qualitätsmängel bei der Ausführung von Vorgängen.

Wird ein Konflikt durch solche oder andere Warnsignale wahrgenommen, muss das Projektmanagement möglichst zügig eine Konfliktanalyse vornehmen. Dazu gehört vor allem die Klärung folgender Fragen:
- Wer ist am Konflikt beteiligt?
- Was ist der Konfliktgegenstand (Konfliktobjekt)?
- Wodurch wurde der Konflikt ausgelöst (Konfliktauslöser)?
- Was sind die Ursachen für den Konflikt (Konfliktgründe)?
- Welche Bedeutung hat der Konflikt für das Projekt?

Die Konfliktanalyse ist Grundlage zur Entwicklung einer Strategie zur Konfliktreaktion. Dabei sind die Konfliktbeteiligten konstruktiv einzubeziehen, und es sollte eine von allen akzeptierte Lösung angestrebt werden, da sonst die Gefahr neuen Konfliktpotentials besteht.

In Abb. 27-2 sind die Ausführungen zu einem Vorgehensmodell zur Konfliktbewältigung zusammengefasst.

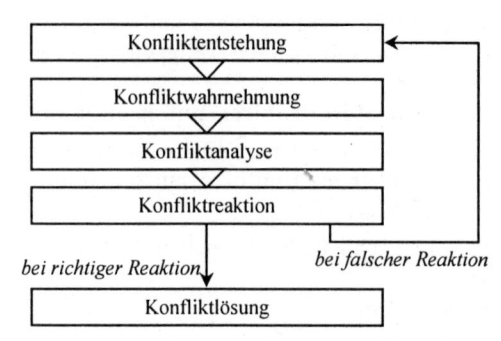

```
┌─────────────────────────┐
│   Konfliktentstehung    │◄──────┐
└───────────┬─────────────┘       │
            ▽                     │
┌─────────────────────────┐       │
│   Konfliktwahrnehmung   │       │
└───────────┬─────────────┘       │
            ▽                     │
┌─────────────────────────┐       │
│     Konfliktanalyse     │       │
└───────────┬─────────────┘       │
            ▽                     │
┌─────────────────────────┐       │
│     Konfliktreaktion    │       │
└───────────┬─────────────┘       │
                                  │
  bei richtiger Reaktion↓   bei falscher Reaktion
┌─────────────────────────┐
│     Konfliktlösung      │
└─────────────────────────┘
```

Abb. 27-2: Vorgehensmodell zur Konfliktbewältigung

Bei größeren Projekten oder bei Projekten, an denen mehrere Unternehmen beteiligt sind, kann es zweckmäßig sein, für bestimmte Konflikte einen externen Schlichter einzusetzen.

Konflikte können zu Verzögerungen im Terminplan, zu Beeinträchtigungen der Motivation der Projektmitarbeiter und zu anderen Nachteilen führen. Systematisches Projektmanagement dient deshalb auch dazu, die Wahrscheinlichkeit für das Auftreten von Problemen oder Konflikten möglichst gering zu halten.

Für eine zügige Konfliktbewältigung kann es sich empfehlen, häufige Konfliktursachen und Ansätze zur Behebung der Konflikte in einer Tabelle wie in Abb. 27-3 (S. 275) zusammenzustellen.

Die Abarbeitung des folgenden Fragenkatalogs am Ende der Planungsphase eines Projekts kann helfen, Konflikte im Vorfeld zu vermeiden.
• Sind die Projektziele klar definiert?
• Ist der Projektablauf ausreichend geplant?
• Sind Zeitvorgaben angemessen?
• Ist die Projektleitung mit ausreichenden Kompetenzen ausgestattet?
• Wird die Projektleitung vom Projektteam akzeptiert?
• Sind die Projektmitarbeiter ausreichend für ihre Aufgaben im Projekt qualifiziert?
• Ist das Projektteam mit motivierten Personen besetzt?
• Sind alle vom Projekt betroffenen Stellen und Bereiche über das Projekt informiert?
• Gibt es ein Projektinformationssystem, über das alle Beteiligten und alle Betroffenen zeitnah und ausreichend informiert werden?

27.4 Konfliktmanagement

Indikation	Lösung
Termine werden nicht eingehalten	Die für den jeweiligen Vorgang verantwortliche Stelle gibt die Verzögerung an die Projektleitung weiter, damit diese entsprechend reagieren kann. Kann die Verzögerung nicht durch zusätzliche Ressourcen (Personen-Tage, Material) ausgeglichen werden, überprüft die Projektleitung, ob die Terminüberschreitung durch Pufferzeiten aufgefangen werden kann. Ist das nicht der Fall, muss die Projektleitung die Planung korrigieren.
Projektmitarbeiter bekommen von anderen Bereichen nicht die nötigen Informationen oder die erforderliche Unterstützung	Die Projektleitung muss prüfen, (1) ob die Projektorganisation allen Betroffenen bekannt gemacht wurde und (2) ob alle Stellen, von denen Informationen benötigt werden oder Unterstützung nötig ist, darüber während der Planung informiert wurden. Falls nicht, muss das nachgeholt werden. Manchmal kann Arbeitsüberlastung dazu führen, dass Informationen nicht rechtzeitig herausgegeben werden oder dass Unterstützung versagt wird. Frühzeitiger Abruf der notwendigen Informationen bzw. rechtzeitige Arbeitsdisposition in den zuarbeitenden Fachabteilungen kann Engpässe vermeiden.
Unklare Zuständigkeiten im Projektteam	Können Mitglieder des Projektteams einen Konflikt nicht klären, ist die Projektleitung zu informieren. Diese versucht eine Lösung herbeizuführen. Ist eine Klärung mit den beteiligten Personen nicht zu realisieren, muss eine veränderte Zusammensetzung des Projektteams ins Auge gefasst werden. Wirkt sich die Modifizierung des Projektteams auf den Projektverlauf aus, ist die Projektplanung anzugleichen.
Unklares Ziel	Projektleitung und Auftraggeber erarbeiten eine klare Zielformulierung.

Abb. 27-3: Maßnahmen zur Konfliktbewältigung

Während sich Konflikte im Regelfall auf Personen beziehen, gehen Krisen über interpersonelle Konflikte hinaus.

Projektkrise
Eine Projektkrise liegt vor, wenn die Erreichung der Sach-, Zeit- oder Kostenziele eines Projekts – und damit das Projekt an sich – sehr stark gefährdet sind, oder sogar erkennbar ist, dass die Zielvorgaben nicht mehr erreichbar sind.

In einem solchen Fall ist eine schnelle Reaktion wichtig, um Schäden (auch Folgeschäden) in Grenzen zu halten. Auftraggeber und Projektleitung oder die Projekt-Lenkungsgruppe[1] müssen dann über die Krisenbewältigung beraten und gegebenenfalls den Projektabbruch beschließen.

---

1 Vgl. dazu Abschnitt 26.5, S. 286ff.

28 Projektmanagement-Software

28.1 Grundsätzliche Überlegungen

Für einfache, überschaubare Projekte können Ablaufplan (Netzplan) und Zeitplan ohne weiteres manuell aufgestellt werden. Bei der Zeitplanung werden nur einfache Rechenoperationen benötigt, und die Verfahrensvorschriften ergeben sich größtenteils aus der Logik des Netzplans. Auch die Projektüberwachung und eventuell erforderliche Planrevisionen können leicht manuell erfolgen.

Bei größeren Projekten, bei Berücksichtigung unterschiedlicher Anordnungsbeziehungen oder bei Einbeziehung von Kosten- oder Kapazitätsplanung empfiehlt es sich jedoch, Projektmanagement mittels einer geeigneten Software computerunterstützt vorzunehmen.

Allgemein verbindliche Angaben darüber, wann computerunterstütztes Projektmanagement zu empfehlen ist, lassen sich nicht machen, da diese Frage von vielen Faktoren beeinflusst wird. Wichtige Faktoren sind:

- Verfügbarkeit einer geeigneten Software
  Falls Computer und/oder Software extra beschafft werden müssen, ist eine sorgfältige Wirtschaftlichkeitsanalyse erforderlich.
- Projektgröße
- Art der vorkommenden Anordnungsbeziehungen und Zeitabstände
- Art, Umfang, Anzahl und Häufigkeit der zu erstellenden Planungsunterlagen (Netzpläne, Balkendiagramme, Zeitpläne, Terminlisten usw.)
- Projektkontrollsystem und Häufigkeit der Soll-Ist-Vergleiche
- Umfang der Projektmanagementaufgaben
- Einbeziehung von Kosten und Kapazitäten

Für Aufgaben des Projektmanagements werden verschiedene leistungsfähige Softwaresysteme angeboten. Auf Einzelheiten kann hier nicht eingegangen werden, da jede einzelne Softwarebeschreibung den Umfang eines Buches annehmen kann. Die folgenden Ausführungen beschränken sich deshalb auf grundsätzliche Überlegungen.

Wichtige Gründe für eine Computerunterstützung des Projektmanagements sind:
- Wirtschaftliche Durchführung aller im Zusammenhang mit der Projektplanung, Projektsteuerung und Projektkontrolle auftretenden Berechnungen,
- Kostenplanung und Kostenkontrolle,
- Arbeitskräfte- und Ressourceneinsatzplanung,
- Bequeme Erstellung vielfältiger Planungsunterlagen, wozu vor allem Listen für die verschiedensten Zwecke und Graphiken (vor allem Netzpläne und Balkendiagramme über Plotter oder Drucker) gehören,
- Leichtes und schnelles Ändern der Planungsunterlagen,
- Bequeme und wirtschaftliche Verwaltung aller Projektdaten,
- Effiziente und schnelle Projektsteuerung und -überwachung.

Bei den Überlegungen für ein computerunterstütztes Projektmanagement spielt eine wichtige Rolle, dass nicht nur die erforderlichen Berechnungen maschinell durchgeführt werden, sondern auch die Erstellung von Unterlagen (Netzpläne, Balkendiagramme, Vorgangslisten usw.).

28.2 Beurteilungskriterien für Projektmanagement-Software

Wie schon erwähnt, gibt es am Markt verschiedene Softwaresysteme für das Projektmanagement. Die folgenden Kriterien können eine Hilfe bei der Auswahl von Programmen sein, wobei jedoch kein Anspruch auf Vollständigkeit erhoben werden kann. In konkreten Fällen ist auch auf individuelle Anforderungen zu achten. Entscheidend für die Auswahl einer Projektmanagementsoftware muss der Leistungsumfang sein, der anhand eines detaillierten Pflichtenhefts gemessen werden sollte.

Bei den folgenden Beurteilungskriterien ist versucht worden, die Vielzahl der einzelnen Gesichtspunkte nach sachlichen Überlegungen zu systematisieren.

Grundlegende Eigenschaften
- Hardwarevoraussetzungen,
- Netzwerkfähigkeit der Software,
- Speicherbedarf,
- Leistungs- bzw. Funktionsumfang,
- Anpassungsfähigkeit an individuelle Benutzerbedürfnisse durch Parametersetzung, Layoutfunktionen usw.,
- Mehrprojektfähigkeit.

Projektstrukturpläne
- Ist die Erstellung und Bearbeitung von Projektstrukturplänen möglich?
- Welche Informationen können im Projektstrukturplan berücksichtigt werden?
- Wie viel Ebenen sind möglich?
- In welcher Form können Projektstrukturpläne ausgegeben werden (Drucker, Plotter, ein- oder mehrfarbig)?

Netzpläne
- Welche Netzplantypen können bearbeitet werden (Vorgangspfeilnetze, Vorgangsknotennetze, Ereignisknotennetze bzw. Meilensteinnetze)?
- Welche Informationen können zu den Vorgängen gespeichert werden? Welche Wahlmöglichkeiten hat dabei der Benutzer?
- Welche Anordnungsbeziehungen können berücksichtigt werden? Sind spezielle Ablaufbedingungen möglich?
- Ist die Berücksichtigung von Meilensteinen möglich?
- Wie erfolgt die Darstellung der Netzpläne (immer von links nach rechts oder von oben nach unten)?
- Welche Ausgabemöglichkeiten für Netzpläne gibt es? Welche Gestaltungsmöglichkeit hat der Benutzer? Wie übersichtlich und ansprechend ist das Layout?

Zeitplanung
- Kann für die Dauer nur ein Wert vorgegeben werden oder ist es möglich, Minimal- und Maximaldauer zu berücksichtigen?
- Welche Arten von Zeitabständen können berücksichtigt werden?
- Welche Pufferzeiten werden vom Programm berechnet?
- Wie viel verschiedene Kalenderarten können berücksichtigt werden?
- Ist die Berücksichtigung vorgegebener Termine möglich?
- Welche Möglichkeiten der Ausgabe der Zeitplanungsergebnisse bietet das Programm?

Balkendiagramme
- Wie ist die graphische Gestaltung von Balkendiagrammen? Welche Wahlmöglichkeiten hat der Benutzer dabei?
- Welche Informationen können in ein Balkendiagramm aufgenommen werden?
- Welche Ausgabemöglichkeiten für Balkendiagramme gibt es?

Kostenplanung
- Wie viel verschiedene Kostenarten können berücksichtigt werden?
- Wie erfolgt die Zuordnung der Kosten (Kosten je Vorgang, Kosten je Arbeitspaket, Kosten je Teilprojekt)?

- Ist die Erfassung von Kosten auf mehreren Ebenen des Projektstrukturplans möglich?
- Wie erfolgt die Kostenkontrolle?
- Können Kostenprognosen erstellt werden?
- Erfolgt bei drohenden Kostenüberschreitungen eine Frühwarnung?
- Welche Ausgaben (Listenformate usw.) sind möglich (Wichtig insbesondere für den Soll-Ist-Vergleich)?

Kapazitätsplanung
- Wie viel verschiedene Kapazitätsarten können berücksichtigt werden?
- Ermöglicht das Programm einen Kapazitätsausgleich? Nach welchen Kriterien erfolgt dieser?
- Können Kapazitätsbeschränkungen berücksichtigt werden? Falls ja: Wie erfolgt die Plananpassung?
- Wie erfolgt die Ausgabe von Kapazitätsplänen?

Projektüberwachung
- Wie können Ist-Daten berücksichtigt werden?
- Welche Formen des Soll-Ist-Vergleichs sind möglich?
- Wie werden Planabweichungen vom Programm erfasst und analysiert?
- In welcher Weise erfolgen Plan-Aktualisierungen?

Ausgabemöglichkeiten[1]
- Welche Ausgabemöglichkeiten bietet das Programm, und inwieweit kann der Benutzer die Formate der Ausgaben frei wählen?
- Über welches Medium (Bildschirm, Drucker, Plotter) sind Ausgaben möglich?

Datenverwaltung
- Werden die Daten in einer gesonderten Datenbank verwaltet, so dass auch andere Programme darauf zugreifen können?
- Unterstützt die Datenverwaltung ein Projektinformationssystem?

Kommunikation
- Können mit Hilfe der Software Projektinformationen an Auftraggeber, Projektmitarbeiter oder andere Betroffene übermittelt werden (z.B. mit einer integrierten E-Mail-Funktion)?
- Ist die Software internetfähig?

---

1 Eine sorgfältige Prüfung der Ausgabemöglichkeiten ist besonders wichtig, wenn die Projektunterlagen an Dritte weitergegeben werden sollen. Das gilt für die Ausgabe von Netzplänen oder Balkendiagrammen über Plotter oder Drucker, Vorgangslisten usw. Dabei ist auf die graphische Präsentation, auf Art und Umfang der enthaltenen Informationen, auf Übersichtlichkeit, auf die Art der Sortierung (bei Listen), auf das Layout und die graphische Qualität sowie weitere Gesichtspunkte zu achten.

Allgemeine Softwareeigenschaften
- Rechenzeit bzw. Verarbeitungsgeschwindigkeit,
- Antwortzeiten,
- Eingabemasken,
- Benutzerführung,
- Hilfefunktionen,
- Schnittstellen zu anderen Programmen,
- Handbuch.

Grundsätzlich ist es wünschenswert, eine netzfähige Projektmanagement-Software einzusetzen, da dann Projektdaten dezentral ver- bzw. bearbeitet werden können. Wichtig ist auch, dass man auf die Möglichkeiten der Projektsteuerung und Überwachung und die Berücksichtigung von Änderungen achtet. Auf jeden Fall sollte eine Software vor einem endgültigen Einsatz sorgfältig getestet werden.

Schließlich ist darauf hinzuweisen, dass in einfachen Anwendungsfällen auch Tabellenkalkulations-Programme für das Projektmanagement herangezogen werden können. Das gilt speziell für die Zeitplanung in Vorgangslisten. Bei eventuellen Terminüberschreitungen werden dann alle Änderungen bei richtiger Programmierung der Tabelle sofort ausgewiesen. Schwierigkeiten dabei macht die Berücksichtigung von Feiertagen.

Literaturverzeichnis

Projektmanagement

BURGHARDT, M.: Einführung in Projektmanagement. Definition, Planung, Kontrolle, Abschluß. Erlangen, 3. Aufl. 2001.

BURGHARDT, M.: Projektmanagement. Leitfaden für die Planung, Überwachung und Steuerung von Entwicklungsprojekten. Erlangen, 5. Aufl. 2000.

DITTBERNER, H.: Projektmanagement und organisationaler Wandel. Frankfurt 1998.

DÖPPLER, K.H.: Projektmanagement. Das große Praxishandbuch für Manager und Projektbeteiligte. Zürich 1999.

FEYHL, A.W.; FEYHL, E.: Management und Controlling von Softwareprojekten. Wiesbaden 1996.

HANSEL, J.; LOMNITZ, G.: Projektleiterpraxis: Erfolgreiche Projektarbeit durch verbesserte Kommunikation und Kooperation. Berlin u.a., 3. Aufl. 1999.

HEEG, F.-J.: Projektmanagement. München, 2. Aufl. 1993.

HEINRICH, L. J.: Management von Informatik-Projekten. München/Wien 1997.

KESSLER, H.; WINKELHOFER, G.: Projektmanagement. Leitfaden zur Steuerung und Führung von Projekten. Berlin u.a., 3. Aufl. 2001.

KUMMER, W.A.; SPÜHLER, R.W.; WYSSEN, R.: Projektmanagement. Zürich 1988.

LITKE, H.-D.: Projektmanagement - Methoden, Techniken, Verhaltensweisen. München, 3. Aufl. 1995.

MÖRSDORF, M.: Konzeption und Aufgaben des Projektcontrolling. Wiesbaden 1998.

PATZAK, G.; RATTAY, G.: Projektmanagement. Leitfaden zum Management von Projekten, Projektportfolios und projektorientierten Unternehmen. Wien, 3. Aufl. 1998.

RINZA, P.: Projektmanagement. Düsseldorf, 4. Aufl. 1998.

SCHELLE, H.: Projekte zum Erfolg führen. München, 2. Aufl. 1999.

STEINBERG, C.: Projektmanagement in der Praxis. Berlin/Heidelberg, 2. Aufl. 1994.

STEINBUCH, P.: Projektorganisation und Projektmanagement. Ludwigshafen, 2. Aufl. 2000.

WISCHNEWSKI, E.: Modernes Projektmanagement. Braunschweig, 6. Aufl. 1999.

Netzplantechnik

BERG, R.; MEYER, A.; MÜLLER, M.; ZOGG, A.: Netzplantechnik. Zürich 1973.

ELMAGHRABY, SALAH E.: Activity Networks. New York/London/Sidney/Toronto 1977.

GÖTZKE, H.: Netzplantechnik. Leipzig 1969.

KÜPPER, W.; LÜDER, L.; STREITFERDT, L.: Netzplantechnik. Würzburg/ Wien 1975.

WILLE, H.; GEWALD, K.; WEBER, H.D.: Netzplantechnik. Band 1: Zeitplanung. München/Wien 1968.

Theoretische Grundlagen

SCHWARZE, J.: Netzplantheorie. Herne/Berlin 1983.

Übungsbücher

SCHWARZE, J.: Übungen zur Netzplantechnik. Herne/Berlin, 3. Aufl. 1999.

Computerunterstützung

DWORATSCHEK, S.; HAYEK, A.: Marktspiegel Projektmanagement-Software. Köln, 3. Aufl. 1992.

HAYEK, A.: Projektmanagement-Software. Köln 1993

Graphentheorie

BUSACKER, R.G.; SAATY, TH.L.: Endliche Graphen und Netzwerke. München/Wien 1968.

DIESTEL, R.: Graphentheorie. Berlin u.a., 2. Aufl.2000.

HARARY, F.: Graphentheorie. München/Wien 1974.

JUNGNICKEL, D.: Graphen, Netzwerke und Algorithmen. Heidelberg/Berlin, 3. Aufl. 1994.

SACHS, H.: Einführung in die Theorie der endlichen Graphen. München 1971.

TINHOFER, G.: Methoden der angewandten Graphentheorie. Wien/New York 1976.

VOLKMANN, L.: Graphen und Digraphen. Eine Einführung in die Graphentheorie. Wien 1991.

Kostenplanung

ERLEN, H.: Kostenprognose für F & E-Projekte. München/Wien 1972.

GEWALD, K.; KASPER, H.; SCHELLE, H.: Netzplantechnik. Band 3: Kosten- und Finanzierungsplanung. München/Wien 1974.

WERNER, M.: Zweistufige stochastische Zeit-Kosten-Planung und Netzplantechnik. Frankfurt/M. 1974.

Kapazitätsplanung

DAVIS, E.W.: Resource allocation in project network models - a survey. In: The Journal of Industrial Engineering 17 (1966). S. 177-188.

ELMAGHRABY, S. E.: Activity networks. New York/London/Sidney/Toronto 1977.

GEWALD, K.; KASPER, H.; SCHELLE, H.: Netzplantechnik. Band 2: Kapazitätsoptimierung. München/Wien 1972.

Finanzplanung

GEWALD, K.; KASPER, H.; SCHELLE, H.: Netzplantechnik. Band 3: Kosten- und Finanzierungsplanung. München/Wien 1974.

SPICKHOFF, F.: Anwendung der Netzplantechnik bei der langfristigen Finanzplanung. In: Zeitschrift für Betriebswirtschaft 36 (1966). S. 592-604.

Entscheidungsnetzpläne

HASTINGS, N.A.; MELLO, J.M.C.: Decision Networks. Chichester/New York/Brisbane/Toronto 1978.

HENNICKE, L.: Wissenbasierte Erweiterung der Netzplantechnik. Heidelberg 1991.

KLAUSMANN, H.-S.: Stochastische Entscheidungsbäume. Meisenheim am Glan 1976.

NEUMANN, K.; STEINHARDT, Ü.: Gert-Networks. Berlin/Heidelberg/New York 1979.

NEUMANN, K.: Stochastic Project Networks. Berlin/Heidelberg/New York 1990.

PRITSKER, A.B.: Modeling and analysis using Q-GERT networks. New York/London/Sydney/Toronto 1977.

VÖLZGEN, H.: Stochastische Netzwerkverfahren und deren Anwendungen. Berlin/New York 1971.

DIN-Normen

DIN 69 900 Teil 1: Projektwirtschaft: Netzplantechnik – Begriffe. Ausgabe August 1987.

DIN 69 900 Teil 2: Projektwirtschaft: Netzplantechnik – Darstellungstechnik. Ausgabe August 1987.

DIN 69 901: Projektwirtschaft: Projektmanagement – Begriffe. Ausgabe August 1987.

DIN 69 902: Projektwirtschaft: Einsatzmittel – Begriffe. Ausgabe August 1987.

DIN 69 903: Projektwirtschaft: Kosten und Leistung. Finanzmittel – Begriffe. Ausgabe August 1987.

DIN 69 904: Projektwirtschaft: Projektmanagementsysteme – Elemente und Strukturen. Ausgabe November 2000.

DIN 69 905: Projektwirtschaft: Projektabwicklung – Begriffe. Mai 1997.

Im Text zitierte Literatur zu speziellen Bereichen

BALZERT, H.: Die Entwicklung von Softwaresystemen: Prinzipien, Methoden, Sprachen, Werkzeuge. Mannheim 1982.

BEHNKE, H.: Netzplantechnik und operative Planung in der Industrie. München 1970.

BRANDENBERGER, J.; KONRAD, R.: Netzplantechnik. Zürich, 4. Aufl. 1968.

BUGGERT, W.; WIELPÜTZ, A.: Target Costing. Grundlagen und Umsetzung des Zielkostenmanagements. München/Wien 1995.

DGQ – Deutsche Gesellschaft für Qualität; Nachrichtentechnische Gesellschaft im VDE (Hrsg.): Software-Qualitätssicherung – Aufgaben, Möglichkeiten, Lösungen. Berlin/Offenbach 1986.

GOLENKO, D.I.: Statistische Methoden der Netzplantechnik. Stuttgart 1972.

HERRMANN, O.: Kalkulation von Softwareentwicklungen. München/Wien 1983.

HÖHER, R.: Einführung in die Netzplantechnik. Wiesbaden 1969.

HORVÁTH, P.: Controlling. München, 7. Aufl. 1999.

JEHLE, E.: Wertanalyse. In: Handwörterbuch der Betriebswirtschaft. Stuttgart, 5. Aufl. 1993, Sp. 4647ff.

NOTH, T.; KRETZSCHMAR, M.: Aufwandsschätzung von DV-Projekten. Berlin/Heidelberg, 2. Aufl. 1985.

RINGER, L.J.: A statistical theory for PERT in which completion times of activities are inter-dependent. In: Management Science 17 (1971), S. 717-723.

SCHWARZE, J.: Zwei Bemerkungen zur Bestimmung von Pufferzeiten in Netzplänen. In: Zeitschrift für Operations Research 17 (1973). S. B111-B118.

SCHWARZE, J.: Simulation von Netzplänen mit stochastischen und abhängigen Vorgangsdauern. In: Fandel/Fischer/Pfohl/Schuster/Schwarze (Hrsg.): Operations Research Proceedings 1980. Berlin/Heidelberg/New York 1981, S. 190-197.

SCHWARZE, J.: Systementwicklung. Herne/Berlin 1995.

SCHWARZE, J.: Mathematik für Wirtschaftswissenschaftler. Band 1: Grundlagen. Herne/Berlin, 11. Aufl. 2000a.

SCHWARZE, J.: Mathematik für Wirtschaftswissenschaftler. Band 3: Lineare Algebra, Lineare Optimierung und Graphentheorie. Herne/Berlin, 11. Aufl. 2000b.

SCHWARZE, J.: Grundlagen der Statistik I - Beschreibende Verfahren. Herne/Berlin, 9. Aufl. 2001.

SEELING, J.: Die Optimierung von Netzwerken durch Bildung bewerteter Trennungsmengen. Düsseldorf 1969.

SEIDENSCHWARZ, W.: Target Costing. Marktorientiertes Zielkostenmanagement. München 1993.

THUMB, N.: Grundlagen und Praxis der Netzplantechnik. München 1968.

TODT, H.: The effect of the distribution-type on the statistical calculation of networks. In: LOMBAERS, H.J.M. (Ed.): Project planning by network analysis. Amsterdam/London 1969, S. 192-196.

VDI ZENTRUM WERTANALYSE (Hrsg.): Wertanalyse. Düsseldorf, 4. Aufl. 1991.

Abkürzungsverzeichnis

Die zu den nachstehenden Abkürzungen angegebenen Zahlen in Klammern geben die Seiten an, auf denen der jeweilige Begriff näher erläutert ist.

AF	=	Anfangsfolge (122)
AT	=	Anfangstermin (217)
b	=	Beschleunigungskosten (255)
CPM	=	Critical Path Method (29)
D	=	Ausführungsdauer eines Vorgangs (95)
DC	=	minimale Dauer eines Vorgangs (254)
DM	=	maximale Dauer eines Vorgangs (254)
DN	=	normale Dauer eines Vorgangs (254)
EF	=	Endfolge (124)
EKN	=	Ereignisknotennetz (33)
FAT	=	frühestmöglicher Anfangstermin eines Vorgangs (215)
FAZ	=	frühestmöglicher Anfangszeitpunkt eines Vorgangs (158)
FET	=	frühestmöglicher Endtermin eines Vorgangs (215)
FEZ	=	frühestmöglicher Endzeitpunkt eines Vorgangs (158)
FP	=	freie Pufferzeit (168)
FRP	=	freie Rückwärtspufferzeit (171)
FT	=	frühestmöglicher Termin für ein Ereignis (215)
FZ	=	frühestmöglicher Zeitpunkt für das Eintreten eines Ereignisses (177)
GP	=	gesamte Pufferzeit (168)
HD	=	wahrscheinlichste Ausführungsdauer eines Vorgangs (99)
KC	=	Gesamtkosten eines Vorgangs bei minimaler Dauer (254)
KN	=	Gesamtkosten eines Vorgangs bei normaler Dauer (254)
MAXAA	=	Anfang-Anfang-Beziehung (Anfangsfolge) mit zeitlichem Maximalabstand (122)
MAXAE	=	Anfang-Ende-Beziehung (Sprungfolge) mit zeitlichem Maximalabstand (124)

MAXD	=	maximal verfügbare Zeit für die Durchführung eines Vorgangs (165)
MAXEA	=	Ende-Anfang-Beziehung (Normfolge) mit zeitlichem Maximalabstand (122)
MAXEE	=	Ende-Ende-Beziehung (Endfolge) mit zeitlichem Maximalabstand (124)
MAXZ	=	maximaler Zeitabstand einer Anordnungsbeziehung (121)
MD	=	erwartete Ausführungsdauer eines Vorgangs (186)
MINAA	=	Anfang-Anfang-Beziehung (Anfangsfolge) mit zeitlichem Mindestabstand (122)
MINAE	=	Anfang-Ende-Beziehung (Sprungfolge) mit zeitlichem Mindestabstand (124)
MINEA	=	Ende-Anfang-Beziehung (Normfolge) mit zeitlichem Mindestabstand (122)
MINEE	=	Ende-Ende-Beziehung (Endfolge) mit zeitlichem Mindestabstand (124)
MINZ	=	minimaler Zeitabstand einer Anordnungsbeziehung (120)
MPM	=	Metra Potential Methode (29)
N	=	Nachfolger eines Vorgangs oder Nachereignis zu einem Ereignis (158)
NF	=	Normalfolge (122)
OD	=	optimistische Ausführungsdauer eines Vorgangs (99)
PD	=	pessimistische Ausführungsdauer eines Vorgangs (99)
PERT	=	Programm Evaluation and Review Technique (29)
SAT	=	spätestnotwendiger Anfangstermin eines Vorgangs (215)
SAZ	=	spätestnotwendiger Anfangszeitpunkt eines Vorgangs (158)
SET	=	spätestnotwendiger Endtermin eines Vorgangs (215)
SEZ	=	spätestnotwendiger Endzeitpunkt eines Vorgangs (158)
SF	=	Sprungfolge (124)
ST	=	spätester Termin für ein Ereignis (215)
SZ	=	spätestnotwendiger Zeitpunkt für das Eintreten eines Ereignisses (177)
UP	=	unabhängige Pufferzeit (170)
V	=	Vorgänger eines Vorgangs oder Vorereignis zu einem Ereignis (158)
VKN	=	Vorgangsknotennetz (32)
VPN	=	Vorgangspfeilnetz (32)
Z	=	Zeitabstand zwischen Vorgängen (119)

Stichwortverzeichnis

Abhängigkeitsfunktion 191
Ablaufanalyse 88
Ablaufänderung 211
Ablaufelement 134
Ablaufplanung 26, 48
abwartende Strategie 45
abwehrende Strategie 45
adressatengerecht 272
aggressive Strategie 46
Akkordvorgabe 96
Aktivität 23, 88, 136
Amortisationsrechnung 63
Analogieverfahren 74
Änderungsantrag 235
Änderungsmanagement 235
Anfang
 -, frühester 27, 158
 -, spätester 27, 158
Anfang-Anfang-Beziehung 122
Anfang-Ende-Beziehung 124
Anfangsdehnungspufferzeit 208
Anfangsereignis 89
Anfangsfolge 122
Anfangstermin
 -, frühestmöglicher 215
 -, spätestnotwendiger 215
Anfangszeitpunkt
 -, frühester 166
 -, frühestmöglicher 158, 183
 -, spätestnotwendiger 158, 183
Angebotspreiskalkulation 242
Annuitätenmethode 64
Anordnungsbeziehung 14, 26, 90

Anpassung
 -, intensitätsmäßige 213, 253
 -, qualitative 213, 253
 -, quantitative 213, 253
 -, zeitliche 213, 253
Anpassungskoeffizient 191
Anschlussereignis 138
Arbeitsauftrag 226, 227
Arbeitsgang 23
Arbeitsgruppe 288
Arbeitskräftebedarfsplan 260
Arbeitskräfteeinsatz 240
Arbeitspaket 83, 86
Argumentenbilanz 70
Aufgabenmatrix 87
aufsteigende Nummerierung 116
Aufwandsschätzung 72
Ausführungsdauer 95, 96
 -, erwartete 186
Ausgaben 240, 244, 252, 268
ausgabenorientierter Netzplan 268
Ausgabenplan 268
Ausgabenplanung 252
ausgabenwirksame Kosten 268
autoritärer Führungsstil 45

Balkendiagramm 24, 94, 113, 143
Bedarfsplanung 240
Bereitstellungsplanung 240
Berichtswesen 276
Beschleunigungskosten 255
Betaverteilung 186, 190
bewerteter Graph 31

Bottom-Up-Strategie 42
BROOKsches Gesetz 73
Bündelbedingung 136, 149, 152

Checkliste 94, 143
CPM-Netzplan 34, 136
Critical Path Method 29, 136

Dauer 95
-, häufigste 99, 186
-, maximale 254
-, minimale 254
-, normale 254
-, optimistische 99, 186
-, pessimistische 99, 186
-, wahrscheinlichste 99, 186
Deckungsbeitragsrechnung 247
deduktive Strategie 43
defensive Strategie 46
Dehnungspufferzeit 206, 208
destruktive Strategie 46
Detaillierung 229
-, schrittweise 141
Detaillierungsgrad 81, 94, 140
Detailplanung 150
deterministische Zeitplanung 99
deterministischer Knotenausgang 152
Digraph 30
direkte Kosten 246
Dokumentation 41, 269
-, Anforderungen 272
Dokumenten-Management-System 275
Dreieckverteilung 190
Dreizeitenschätzung 99, 186, 190
Durchführbarkeit
-, finanzielle 61
-, funktionelle 58
-, organisatorische 59
-, personelle 59
-, politische 60
-, psychologische 60
-, rechtliche 60
-, soziale 60
-, technische 59
-, wirtschaftliche 61
Durchführbarkeitsuntersuchung 50, 54, 57

Easiest-first-Strategie 43
einfaches Vorgangsknotennetz 33, 101, 122, 160
Einflussgröße
-, monetär quantifizierbare 65
-, qualitative 65
-, quantifizierbare 65
einmalige Kosten 62
Einzeitenschätzung 99
Einzweck-Projektorganisation 285
Enddehnungspufferzeit 208
Ende
-, frühestes 27, 158
-, spätestes 27, 158
Ende-Anfang-Beziehung 122
Ende-Ende-Beziehung 124
Endereignis 89
Endfolge 124
Endtermin
-, frühestmöglicher 215
-, spätestnotwendiger 215
Endzeitpunkt
-, frühestmöglicher 158, 183
-, späterer 166
-, spätestnotwendiger 158, 183
Entscheidungsbaum 151
Entscheidungsereignis 150
Entscheidungsknoten 150, 151
-, stochastischer 151
Entscheidungsnetz 150
Entscheidungsnetzplan 148, 153
Entwicklungsvorhaben 150
Ereignis 14, 89
-, kritisches 182
Ereignisknoten 33
Ereignisknotennetz 33, 109, 115
ereignisorientierter Netzplan 33
Ereigniszeitpunkt 177
-, frühester 179
-, spätester 181
Erfolgsfaktor 38, 62
-, des Projektmanagements 39
-, eines Projekts 39
-, kritischer 38, 39, 62
erwartete Ausführungsdauer 186
erwartete Projektdauer 187

erzeugnisorientierter
   Projektstrukturplan 85
exklusiv-oder 152
explosive Strategie 46

Fabrikkalender 215
Faktorenverfahren 75
finanzielle Durchführbarkeit 61
Finanzplanung 267
Flexibilität 210
Forschungsvorhaben 150
Fortschrittserfassung 230
Fortschrittsmeldung 231
freie Dehnungspufferzeit 207
freie Pufferzeit 168, 174, 202, 232
Freie Rückwärts-Pufferzeit 171, 203
früheste Lage 163, 166
frühester Anfang 27, 158
frühester Anfangszeitpunkt 166
frühester Ereigniszeitpunkt 179
frühester Vorgangszeitpunkt 159, 160, 200
frühestes Ende 27, 158
frühestmöglicher Anfangstermin 215
frühestmöglicher Anfangszeitpunkt 158, 183
frühestmöglicher Endtermin 215
frühestmöglicher Endzeitpunkt 158, 183
frühestmöglicher Termin 215
frühestmöglicher Vorgangszeitpunkt 158
frühestmöglicher Zeitpunkt 177
Frühwarnung 236, 243
Führungsstil
   -, autoritärer 45
   -, kooperativer 45
funktionelle Durchführbarkeit 58
funktionsorientierter
   Projektstrukturplan 84

gemischtorientierter Netzplan 34, 111
gemischtorientierter
   Projektstrukturplan 85
gerichteter Graph 30

gesamte Dehnungspufferzeit 206
gesamte Pufferzeit 167, 174, 202
Gesamtnetzplan 138
Geschäftsprozess 21
Gestaltungsstrategie 42
Gewinnvergleichsrechnung 63
Gleichverteilung 190
Graph 29
   -, bewerteter 31
   -, gerichteter 30
   -, zusammenhängender 30
Graphentheorie 29
gregorianischer Kalender 217
Grenzwertsatz, zentraler 189
Grobplanung 150
Grobvorgang 94

Handbuch 292
Hardest-first-Strategie 43
Häufigkeitsverteilung 99
häufigste Dauer 99, 186

Indexverfahren 74
individueller Kalender 218
induktive Strategie 43
Initiatoren eines Projekts 53
inklusiv-oder 152
innovative Strategie 45
Inside-Out-Strategie 43
intensitätsmäßige Anpassung 213, 253
Interface 103, 138
Ist-Wert 232
Ist-Zustand 43

Kalender 98
   -, gregorianischer 217
   -, individueller 218
   -, ressourcenbezogener 218
Kalendrierung 214, 217
Kante 29
Kapazitätsausgleich 263
Kapazitätsauslastung 241, 263, 266
Kapazitätsbelastung 264
Kapazitätsbelastungsdiagramm 260
Kapazitätsbelastungsprofil 260

Kapazitätsbereitstellungsplanung 266
Kapazitätsbeschränkung 264, 266
Kapazitätseinsatzplan 259
Kapazitätsplanung 243, 259, 266
Kapitalbindungsplan 268
Kapitalwert 64
Kapitalwertmethode 64
Kernaufgaben des
 Projektmanagements 18
Kette 31
Knoten 29, 32, 33
Knotenausgang 152
-, deterministischer 152
-, stochastischer 152
Knotennummerierung 116
Knotentyp 153
Komplexität 73
Konfliktmanagement 299
kooperativer Führungsstil 45
Koordinierung 14
Korrelationskoeffizient 190, 191
Kosten 240, 244
-, ausgabenunwirksame 268
-, ausgabenwirksame 268
-, direkte 246
-, einmalige 62
-, kumulierte 250, 251, 252
-, laufende 63
-, zeitabhängige 248
-, zeitunabhängige 248
Kostenanalyse 245
Kostenarten 245
Kostenbudgetierung 252
Kosteninformation 242
Kostenkontrolle 242, 243, 250, 251
Kostenkurve 253
Kostenoptimierung 241, 243, 253
Kostenplan 249
Kostenplanung 242, 251, 268
-, mehrstufige 247
-, zeitorientierte 251
-, zeitunabhängige 250
Kostenprognose 243
Kostenrechnung 242, 244
Kostenstelle 245

Kostenträger 245
Kostenvergleichsrechnung 63, 64
kritische Erfolgsfaktoren 62
kritischer Vorgang 164
kritischer Weg 164, 187, 210
kritisches Ereignis 182
kumulierte Kosten 250
Lage
-, früheste 163, 166
-, späteste 163, 166
-, zeitliche 125
laufende Kosten 63
Lenkungsgruppe 286
lineare Optimierung 257
Linienorganisation 280, 285
Liste 143, 224
logisches „exklusiv-oder" 152
logisches „inklusiv-oder" 152
logisches „und" 152
lückenlos aufsteigende
 Nummerierung 116

Management 14
Manpower Levelling 263
Manpower Scheduling 264
Maschineneinsatz 240
Materialbereitstellung 240
Materialbeschaffung 240
Materialplanung 243
Matrixorganisation 281
maximal verfügbare Zeit 165
maximale Dauer 254
maximaler Zeitabstand 121, 127, 199
Mehrfachverwendung 44
Mehrprojektplanung 267
mehrstufige Kostenplanung 247
Mehrzeitenschätzung 100
Meilenstein 89, 100, 110, 174, 224
Meilensteinnetz 141
Meilensteinnetzplan 109, 111
Meilensteinplan 111
Meilensteintermin 100
Methods Time Measurement 96

Stichwortverzeichnis

Metra-Potential-Methode 135
minimale Dauer 254
minimaler Zeitabstand 120, 126
Mischform 135
Mitarbeitermotivation 40
moderate Strategie 46
monetär quantifizierbare
   Einflussgröße 65
Motivation der Mitarbeiter 40
MPM-Netzplan 34, 136

Nachereignis 90, 177
Nachfolger 90
Nachkalkulation 243
Netzplan 25, 31
-, ausgabenorientierter 268
-, ereignisorientierter 33
-, gemischtorientierter 34, 111, 174
-, stochastischer 148
-, vorgangsorientierter 32
Netzplanentwurf 104
Netzplantechnik 23
Netzplanverdichtung 141
Netzwerkanalyse 28
normale Dauer 254
Normalfolge 122
Normalverteilung, gestutzte 190
Nummerierung 116
-, aufsteigende 116
-, lückenlos aufsteigende 116, 118
-, systematische 116
-, willkürliche 116
Nutzwert 67
Nutzwertanalyse 66

objektorientierter
   Projektstrukturplan 85
Operations Research 241
Optimierung, lineare 257
Optimierungsaufgabe 241
optimistische Dauer 99, 186
Ordinalskala 66
organisatorische Durchführbarkeit 59
Outside-In-Strategie 43

personelle Durchführbarkeit 59
PERT 29, 99, 109, 136, 186, 209
pessimistische Dauer 99, 186
Pfeil 30, 32, 103
Pflichtenheft 58, 79
phasenweise Planung 142
Pilotprojekt 50
Plananpassung 211, 229, 232
Plankontrolle 14
Planrealisierung 14
Planrevision 48, 228, 229, 234
Plantermin 220
Planung 14
-, phasenweise 142
-, zeitoptimale 240
-, zeitorientierte 240
Planungsmatrix 87
Planungsstufen 228
Planungstafel 105
Plan-Wert 232
Planzeitpunkt 220
politische Durchführbarkeit 60
Potential-Methode 29
Problemmanagement 299
Program Evaluation and Review
   Technique 29, 136
Projekt 13, 23
Projektablauf 25
Projektabschlussbericht 41, 276, 277
Projektanalyse 48, 50
Projektänderungsantrag 235
Projektanfang 89, 104, 166
Projektauftrag 50, 77
Projektbeschleunigung 257
Projektcontrolling 236, 287
Projektdatenbank 90, 274
Projektdauer 180, 211
-, erwartete 187
-, kostenminimale 257
-, kostenminimale Verkürzung 256
-, Verkürzung 210, 211, 213, 239, 253
-, Verteilung 194
Projektdauerverteilung 196
Projektdefinition 80

Projektdokumentation 17, 269
Projektdurchführung 214, 229
-, kostenminimale 241
Projektende 89, 104, 166
Projektfortschritt 229, 230
Projektfortschrittsdaten 232
Projektfortschrittserfassung 230
Projektfortschrittskontrolle 231
Projektführung 41, 45
-, mehrstufige 44
-, zentralisierte 44
Projektidee 49
Projektinformationen 273
Projektinformationssystem 90, 274
-, Aufbau 275
Projektinitialisierung 53
Projektkontrolle 15, 48, 229
Projekt-Koordinator 282
Projektkosten 62
Projektkostenkontrolle 242
Projektkostenplan 242
Projektkrise 301
Projektlebenszyklus 257
Projektleiter 37
Projektleitung 80, 281
Projekt-Lenkungsgruppe 286
Projektmanagement 15
 -, allgemeine Aufgaben 19
 -, Anforderungen 35
 -, Aufgaben 16
 -, Kernaufgaben 18
 -, Prinzipien 40
 -, Sekundäraufgaben 18
 -, Voraussetzungen 36
 -, Ziele 15
Projektmanagement-Handbuch 292
Projektmanagement-Software 302
Projektmanagementstrategie 42
Projektmanager 15, 37
 -, Anforderungen 37
 -, Aufgaben 17
 -, Kernaufgaben 17
Projektmitarbeiter 81
Projektorganisation 17, 40, 81, 285
Projektorientierung 22

Projektplanung 15, 50
Projektrevision 17
Projektsitzung 231, 288
Projektskizze 50, 54
Projektstammdaten 77
Projektsteuerung 15, 48, 222
 -, Aufgaben 222
 -, Möglichkeiten 223
Projektstrukturplan 50, 83, 247
 -, erzeugnisorientierter 85
 -, funktionsorientierter 84
 -, gemischtorientierter 85
 -, Nummerierung 84
 -, objektorientierter 85
Projektteam 80, 295
 -, Grundsätze 295
Projektüberwachung 222, 228, 229
Projektziel 40, 56, 80
Projektzustand 89
Projektzwischenbericht 276
Prozentsatzverfahren 75
Prozess 21
Prozessorganisation 21
Prozessorientierung 21
psychologische Durchführbarkeit 60
Pufferzeit 27, 166, 184, 210, 224
 -, Dehnungs- 208
 -, freie 168, 169, 174, 202, 232
 -, Freie Rückwärts- 171, 174, 203
 -, gesamte 167, 168, 174, 182, 202
 -, unabhängige 169, 170, 174, 202
 -, Verschiebungs- 208
 -, Verteilung 219

Qualifizierung 297
qualitative Anpassung 213, 253
qualitative Einflussgröße 65
Qualitätsmanagement 41
quantifizierbare Einflussgröße 65
quantitative Anpassung 213, 253
Querschnittsfunktion des
 Projektmanagements 281

Rahmenplan 141
rechtliche Durchführbarkeit 60
Refa-Verfahren 96

Stichwortverzeichnis

Regressionsrechnung 75
Reihenfolge 14
Reihenfolgebedingung 14, 25, 90
Relationsverfahren 74
Rentabilitätsrechnung 63
Resource Allocation 264
Resource Levelling 263
ressourcenbezogener Kalender 218
retardierende Strategie 46
Rückwärtsrechnung 162, 166

Sammelereignis 106
Sammelvorgang 139
Scheinvorgang 32, 107, 135
Schleife 30, 31, 103, 108, 153, 154
Schlüssel 89
schrittweise Detaillierung 141
Schulung 297
Schwachstellenanalyse 243
Sekundäraufgaben des
   Projektmanagements 18
Selbstkosten 242
Simulation 189, 193
Simultan-Strategie 44
Soll-Ist-Abweichung 237, 243
Soll-Ist-Vergleich 229, 242, 250
Soll-Kosten 251
Solltermin 220
Soll-Wert 232
Soll-Zustand 43
soziale Durchführbarkeit 60
späteste Lage 163, 166
spätester Anfang 27, 158
spätester Endzeitpunkt 166
spätester Ereigniszeitpunkt 181
spätester Vorgangszeitpunkt 161, 201
spätestes Ende 27, 158
spätestnotwendiger Anfangstermin 215
spätestnotwendiger
   Anfangszeitpunkt 158, 183
spätestnotwendiger Endtermin 215
spätestnotwendiger Endzeitpunkt
   158, 183

spätestnotwendiger Termin 215
spätestnotwendiger
   Vorgangszeitpunkt 158
spätestnotwendiger Zeitpunkt 177
Sprungfolge 124
Staborganisation 282, 283
Stabstelle 284
Standardnetzplan 112, 114
Startereignis 89, 108
Startknoten 104
Steuerung 14
stochastisch unabhängig 188
stochastische Zeitplanung 186
stochastischer Entscheidungsknoten 151
stochastischer Knotenausgang 152
stochastischer Netzplan 148
Strategie 42
-, abwartende 45
-, abwehrende 45
-, aggressive 46
-, deduktive 43
-, defensive 46
-, destruktive 46
-, einmalige 42
-, explosive 46
-, induktive 43
-, innovative 45
-, iterative 42
-, moderate 46
-, retardierende 46
-, Simultan- 44
-, Sukzessiv- 44
Streuungsmaß 186
subkritischer Vorgang 164
subkritischer Weg 164
Sukzessivplanung 150
Sukzessiv-Strategie 44
systematische Nummerierung 116

Target Costing 258
Tätigkeit 88, 136
technische Durchführbarkeit 59
Teilnetz 94
Teilnetzplan 113, 138
Teilprojekt 83, 113, 138

Termin
-, frühestmöglicher 215
-, spätestnotwendiger 215
Terminliste 224
Terminplan 220
Terminvorgabe 95, 220
Top-Down-Strategie 42
Überlappung 127, 129, 211, 213
Übersichtsnetzplan 109, 139
Überwachung 15
unabhängig, stochastisch 188
unabhängige Pufferzeit 169, 202
unabhängige Vorgangsdauern 190
und, logisches 152
Unterprojekt 83
Verhaltensstrategie 45
Verkürzung der Projektdauer 210
Verschiebungspufferzeit 208
Verursachungsprinzip 246
Vorereignis 90, 177
Vorgang 14, 21, 23, 88, 136
-, kritischer 164
-, subkritischer 164
Vorgänger 90
Vorgangsbeschleunigung 213
Vorgangsdauer 95
-, unabhängige 190
Vorgangsgröße 94
Vorgangskette 21
Vorgangsknoten 32, 102, 135, 158
Vorgangsknotennetz 32, 101, 115
-, einfaches 33, 101, 122, 160
Vorgangskostenkurve 254
Vorgangsliste 91, 92, 224
vorgangsorientierter Netzplan 32
Vorgangspfeil 32
Vorgangspfeilnetz 32, 105, 115, 134, 135, 136
Vorgangsschlüssel 89
Vorgangszeitpunkt 157, 183
-, frühester 159, 160, 200
-, frühestmöglicher 158
-, spätester 161, 163, 201
-, spätestnotwendiger 158

Vorgehensmodell 46, 70
Vorkalkulation 242, 243
Vorüberlegungen 80, 82
Vorwärtsrechnung 160, 166
Wahrscheinlichkeitsverteilung 99
wahrscheinlichste Dauer 99, 186
Weg 31
-, kritischer 164, 187, 210
-, subkritischer 164
Weg-Zeit-Diagramm 94, 145
Wertanalyse 258
willkürliche Nummerierung 116
wirtschaftliche Durchführbarkeit 61
Wirtschaftlichkeit 243
Wirtschaftlichkeitskontrolle 243
Wirtschaftlichkeitsprinzip 41, 61
Wirtschaftlichkeitsrechnung 62
zeitabhängige Kosten 248
Zeitabstand 100, 119
-, maximaler 121, 127, 199
-, minimaler 120, 126
Zeitanalyse 95
Zeitbedingung 95
Zeitkalkulation 95
zeitliche Anpassung 213, 253
zeitliche Lage 125
zeitoptimale Planung 240
zeitorientierte Kostenplanung 251
zeitorientierte Planung 240
Zeitplanung 26, 27, 48, 155
-, deterministische 99
-, stochastische 186
Zeitpunkt
-, frühestmöglicher 177
-, spätestnotwendiger 177
Zeitreserve 210
Zeitschätzung 95, 98
Zielereignis 89, 108
Zielknoten 104
Zielkonflikt 16
Zielkostenmanagement 258
Zufallsdauer 190
Zwischenbericht 276
Zyklus 30